INTRODUCCIÓN
A LA
LINGÜÍSTICA ESPAÑOLA

Introducción
A LA
Lingüística Española

SECOND EDITION

Milton M. Azevedo
University of California, Berkeley

Upper Saddle River, New Jersey 07458

Library of Congress Cataloging-in-Publication Data

Azevedo, Milton Mariano
  Introducción a la lingüística española/Milton M. Azevedo.-- 2nd ed.
    p. cm.
  Includes bibliographical references and index.
  ISBN 0-13-110959-6 (alk. paper)
  1. Spanish language. 2. Linguistics. I. Title.
  PC4073.A96 2004
  460--dc22

  2004021996

Sr. Acquisitions Editor: Bob Hemmer
Sr. Director of Market Development: Kristine Suárez
Asst. Director of Production: Mary Rottino
Production Supervision: Claudia Dukeshire
Editorial Assistant: Pete Ramsey
Manufacturing Manager: Nick Sklitsis
Prepress and Manufacturing Buyer: Brian Mackey
Composition/Full-Service Project Management:
Katie Ostler and Sue Katkus, Seven Worldwide
Interior Design: Seven Worldwide
Cover Art Director: Jayne Conti
Cover Design: Kiwi Design
Cover Image: Illustrated Letters, Harnet/Hanzon,
Photodisc Green, Getty Images
Formatting and Art Manager: Maria Piper
Assistant Editor: Meriel Martínez Moctezuma
Publisher: Phil Miller

For permission to use copyrighted material, grateful acknowledgment is made to the copyright holders on page 431, which is considered an extention of this copyright page.

This book was set in Garamond by Seven Worldwide.
The cover was printed by Phoenix Book Tech.

© 2005, 1992 by Pearson Education, Inc.
Upper Saddle River, NJ 07458

Printed in the United States of America
10 9 8 7 6 5 4

ISBN: 0-13-110959-6

Pearson Education LTD., London
Pearson Education Australia PTY, Limited, Sydney
Pearson Education Singapore, Pte. Ltd.
Pearson Education North Asia Ltd., Hong Kong
Pearson Education Canada, Ltd., Toronto
Pearson Educación de México, S.A. de C.V.
Pearson Education Japan, Tokyo
Pearson Education Malaysia, Pte. Ltd.
Pearson Education, Upper Saddle River, New Jersey

In memoriam

Graciela Ascarrunz Gilman

Índice

El español en contacto

Presentations
List of ethical issues
Mapas
Problemas sociales

MAPAS

FIGURAS

PREFACIO

Esta segunda edición de *Introducción a la lingüística española*, que se originó a partir de unos apuntes para mis cursos introductorios, va dirigida específicamente a estudiantes universitarios y presupone el grado de familiaridad con esta lengua que se puede adquirir en cuatro o cinco semestres de estudios a nivel post-secundario. Por otra parte, no presupone conocimientos de lingüística, ya que su objeto es la presentación ordenada de información sobre algunas áreas fundamentales de esta disciplina, con enfoque específico en la lengua española.

Gracias en parte a los comentarios y sugerencias de varios colegas, se ha reorganizado el libro, redistribuyendo parte de sus contenidos y añadiéndole algún material nuevo. La parte de sintaxis, que constaba de un capítulo, ha sido redistribuida en dos, más manejables y con más ejercicios. Hay un capítulo nuevo introductorio sobre el español en el mundo, y los temas sobre variación lingüística, que se encontraban concentrados en un sólo capítulo, han sido expandidos a tres, íntimamente relacionados, sobre variación regional, social y contextual.

Al principio de cada capítulo se encuentra un párrafo titulado *Objetivos,* con una descripción somera de los asuntos tratados, que permitirá ubicar la temática del capítulo en el conjunto de la lingüística. La terminología más importante de cada capítulo viene marcada con la señal °, que remite a las definiciones que se encuentran en el *Glosario.* Se han creado *Actividades,* distribuidas a lo largo de cada capítulo, para que los usuarios puedan rever y poner en práctica lo aprendido a medida que avanzan en la lectura. Cada capítulo incluye además una lista de *Términos clave* que deberá facilitar los repasos y asimismo una sección sobre *Mitos sobre el lenguaje* que permite comentar ciertas ideas hechas, a menudo carentes de base científica, que una introducción a la lingüística debe permitir analizar con objetividad. Como en la primera edición, cada capítulo incluye un *Sumario* y secciones de *Práctica, Temas para profundizar, Principales fuentes consultadas* y *Sugerencias para lecturas.*

Se encuentran a lo largo de cada capítulo del libro referencias a ejercicios específicos del *Cuaderno de ejercicios* que acompaña esta segunda edición, pensado como parte íntegra del libro, para proporcionarles a los usuarios, a medida que avance la lectura, oportunidades para prácticas, reflexión y repaso, a modo de refuerzo del aprendizaje. En cada capítulo del *Cuaderno de ejercicios* el penúltimo ejercicio es una prueba modelo *¿Verdadero o Falso?* que permite un repaso rápido de la materia, y el último ejercicio es una pequeña *Prueba de autoevaluación,* que debe proporcionar a cada usuario una idea de su grado de aprendizaje. Hay, además, una *Clave de respuestas,* publicada por separado, que facilita el estudio independiente.

Al tratarse de un manual introductorio, destinado a usarse en un semestre, no se ha podido más que incluir algunas áreas y, dentro de cada una de estas, algunos temas. La idea es proporcionarles a los estudiantes un primer contacto con la disciplina y plantear algunas cuestiones que les estimulen a proseguir los estudios a un nivel más avanzado. Asimismo, el carácter introductorio ha impuesto limitaciones en las referencias bibliográficas (más breves de lo que serían en una obra de investigación dirigida a especialistas), y el acercamiento teórico es más bien ecléctico, de manera a permitir una atención a los problemas planteados por la lengua sin atenerse a detalles de formalismo teórico que requieren más tiempo de lo disponible en un curso semestral, ni a la comparación de análisis alternativos propuestos por diversos autores. Además de presentar la información básica de la disciplina, el libro busca proporcionar una oportunidad para pensar críticamente sobre el lenguaje, planteándose temas de reflexión que por lo ge-neral escapan al ámbito de las asignaturas de lengua y gramática.

Es un placer dar constancia de gratitud a diversas personas cuya contribución ha hecho posible esta segunda edición. Cabe destacar a los siguientes colegas, profesores de lingüística española, que leyeron partes del manuscrito a pedido de Prentice Hall e hicieron útiles comentarios y sugerencias: Jerry R. Craddock, *University of California, Berkeley;* Laura Callahan, *The City College, The City University of New York;* Domnita Dumitrescu, *California State University, Los Angeles;* Anne Edstrom, *Montclair State University;* Jennifer Ewald, *Saint Joseph's University;* David Foster, *Arizona State University;* Ariana Mrak, *University of Houston, Downtown;* Hildebrando Ruiz, *University of Georgia;* Barry Velleman, *Marquette University;* Julia Villaseñor, *Malone College;* Kirk A. Widdison, *Illinois State University.*

Pocos autores tienen la dichosa ventaja de los iluminadores comentarios de estudiantes, usuarios de sus manuales. Por eso, es un privilegio poder agradecer los comentarios de los siguientes estudiantes de la professora Julia Villaseñor, de *Malone College,* cuya perspectiva fue sumamente útil durante la planificación: Sonia Auker, Rachel Bowden, Elizabeth Creps, Bryan Kandel, Robin Lewis, Heleana Mangeri, Rachel Rummell, Amanda Ruple y Michael Tipple.

Se agradece también la asistencia bibliográfica de Raffi Aharonian, José Lisi, Jessica Morrison y Eugene Park, participantes del Undergraduate Research Assistant Program de la *University of California, Berkeley,* y asimismo de

Rakhel Villamil-Acera y Rashmi Rama, del programa de posgrado en Lingüística Hispánica de la misma institución.

Deseo asimismo expresar mi reconocimiento a Claudia Dukeshire, Meriel Martínez Moctezuma, Katie Ostler y Mary Rottino, responsables por la parte editorial y de producción, quienes asistieron con cortesía y dedicación desde el trabajo de revisión del manuscrito hasta la corrección de las pruebas. Muy particularmente, deseo expresar mi gratitud a Bob Hemmer, Senior Acquisitions Editor de Prentice Hall, sin cuyo apoyo, estímulo y paciencia este proyecto no se hubiera realizado. A cada uno de estos colaboradores le toca una buena parte del mérito que tenga la obra, de cuyas imperfecciones, desde luego, me reservo la insoslayable paternidad.

El hecho de que se publique una nueva edición de ILE sugiere que ha sido útil a los colegas que la han elegido, por cuya preferencia —la más alta recompensa a que pueda aspirar un autor— me complace expresarles mi profundo agradecimiento.

M.M.A.

ABREVIACIONES Y SÍMBOLOS

AD	fecha de la era cristiana (lat *Anno Domini*)
AC	antes de Cristo
cf.	compárese (Lat *confer*)
col.	coloquial
dial.	dialectal
esp.	español
ing	inglés
f.	femenino
fr.	francés
gall	gallego
gen.	genovés
gr.	griego
lat.	latín
lit.	literalmente
m.	masculino
mil.	militar
mod.	moderno
esp. mod.	español moderno
esp. ant.	español antiguo
ort.	ortografía, ortográfico
P1sg	primera persona del singular
P1pl	primera persona del plural
P2sg	segunda persona del singular
P2pl	segunda persona del plural
P3sg	tercera persona del singular
P3pl	tercera persona del plural
pop.	popular
port.	portugués
pr.	provenzal
S	sustantivo
SAdj	sintagma objetival
SAdv	sintagma adverbial
SN	sintagma nominal
SPrep	sintagma preposicional
est.	estándar
v.	vernáculo
SV	sintagma verbal
[ ]	transcripción fonética
/ /	transcripción fonológica
°	entrada del *Glosario*
$x < y$	x se origina o resulta de y (diaciomicamente)
$x > y$	x se transforma en y o da origen a y (diacrómicamente)
*	En los ejemplos, señala una forma malformada o agramatical; en lingüística diacrónica, señala una forma hipotética.
a → b	a da origen a b (o b se origina de a)
a ~ b	a y b son equivalentes

La lengua española en el mundo

> ... acordé ante todas las otras cosas reduzir en artificio este nuestro lenguaje castellano, para que lo que agora y de aquí adelante en él se escriviere pueda quedar en un tenor, y estender se en toda la duración de los tiempos que están por venir, como vemos que se ha hecho en la lengua griega y latina...
>
> **Antonio de Nebrija, *Gramática de la lengua castellana*, Prólogo**

OBJETIVOS En este capítulo echaremos un vistazo a la historia externa de la lengua española y su expansión por el mundo.

El español o castellano —ambos nombres se emplean ampliamente a través el mundo— es la primera lengua de entre 322 y 358 millones de personas; ese número alcanza los 417 millones si se incluyen a las que lo hablan como segundo idioma (www.ethnologue.com). Esos números lo ponen en cuarto lugar entre los idiomas con mayor número de hablantes, después del chino mandarín, el inglés y el hindi, y antes del portugués. Es la lengua oficial de veinte países y en el Estado Libre Asociado de Puerto Rico (ing. *Commonwealth of Puerto Rico*), donde es cooficial con el inglés (Figura 1.1). Se habla además en comunidades inmigrantes en diversos países europeos (como Andorra, Bélgica, Finlandia, Francia y otros más), en el Canadá, en los Estados Unidos y en el territorio de Guam. Se calcula que haya unos 20 millones de hispanohablantes en Estados Unidos; de ser así, este país ocuparía el sexto lugar en número de hablantes, después de México, Colombia, Argentina, España y Venezuela, según se ve por las cifras de la Figura 1.1.

Pese a esos números, hace unos cinco siglos el territorio del idioma español se limitaba a una parte de la Península Ibérica. A continuación echaremos un vistazo a la historia de su formación en su territorio original y su propagación por el mundo.

 Cuaderno de ejercicios 1.1 "El español en el mundo"

■ **FIGURA I.I**　Países de lengua oficial española y su población

Argentina	38.740.807
Bolivia	8.586.443
Chile	15.665.216
Colombia	41.662.073
Costa Rica	3.896.092
Cuba	11.263.429
Ecuador	13.710.234
El Salvador	6.470.379
España	40.217.413
Guatemala	13.909.384
Guinea Ecuatorial	510.473
Honduras	6.669.789
México	104.907.991
Nicaragua	5.128.517
Panamá	2.960.784
Paraguay	6.036.900
Perú	28.409.897
Puerto Rico	3.885.877
República Dominicana	8.715.602
Uruguay	3.413.329
Venezuela	24.654.694

Fuente: CIA World Fact Book (www.cia.gov). Estimados de julio de 2003.

ACTIVIDAD 1.1　¿Hay un idioma oficial en este país? ¿Y en este estado (o provincia)? ¿Qué implicaciones tiene la oficialidad de un idioma?

I.I DE LOS ORÍGENES LATINOS A LA HISPANIA ROMANA

El Imperio Romano, el más grande y poderoso de la antigüedad, se extendió alrededor del Mediterráneo por una vasta área que incluía la Península Ibérica (Mapa 1.1). La lengua del imperio era el latín, que se desarolló en la región del Lacio (lat. *Latium*), en el centro de la Península Itálica, y se propagó por todo el imperio. El idioma español se formó a partir del latín hablado por los colonizadores romanos, que empezaron a llegar a la Península Ibérica en el año 218 a.C. Tiene, por lo tanto, el mismo origen que las demás lenguas neolatinas°, como el portugués, el francés, el italiano, el rumano y otras que mencionaremos más adelante (1.7), las cuales se desarro- llaron más o menos en la misma época, en otras regiones del imperio.

El idioma se desarrolló en la región al norte de la ciudad de Burgos, e inicialmente fue el habla de la región llamada Castilla (de ahí viene el nombre *castellano*), de donde se extendió a otras regiones de la península. El proceso de su formación a partir del latín hablado —es decir, los cambios por los que pasaron sus sonidos, palabras y gramática— constituyen su historia interna, que será el tema del Capítulo 8. Por ahora nos limitaremos a su historia externa, o sea los procesos históricos y sociales que condicionaron su formación y expansión. Podemos caracterizar seis periodos, con las siguientes fechas aproximadas:

1. Periodo prerománico (hasta la llegada de los romanos en 218 a.C.)
2. Periodo del latín al romance peninsular (de 218 a.C. al siglo V)
3. Español antiguo (del siglo V a 1500)
4. Desarrollo del español moderno (1500–1700)
5. Español moderno (1700–1800)
6. Español contemporáneo (de 1800 en adelante)

La Península Ibérica cubre unos 596.830 kilómetros cuadrados o 230.436 millas cuadradas, poco menos que la extensión de los estados de Arizona y Utah. Fue habitada desde tiempos prehistóricos por pueblos de origen

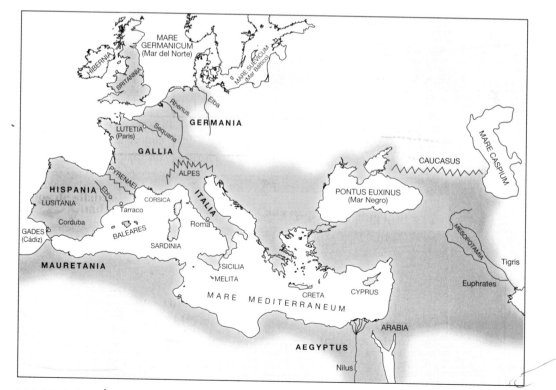

MAPA 1.1   Área de máxima expansión del Imperio Romano (siglo II d.C.)

[margin notes: Iberos / SE / Tartesios / Sur / 1000 a.C. / celtas / celtiberos]

desconocido que han desaparecido. Los más importantes fueron los *iberos* al sureste y los *tartesios* al sur. Alrededor del año 1000 a.C. llegaron los *celtas,* originarios de Asia, que se mezclaron con los iberos, originando una cultura *celtibérica.* Sabemos relativamente poco sobre esas culturas prehistóricas, cuyos idiomas, sin embargo, contribuyeron algunos elementos léxicos° al castellano:

topónimos°	sustantivos	sufijos°
Segovia	*cerveza*	*-iego: mujeriego, andariego*
Sigüenza	*carro*	*-ego: gallego*
Coruña	*colmena*	

Los romanos no fueron los únicos habitantes del Mediterráneo que tuvieron colonias en la Península Ibérica. Los fenicios (de Fenicia, región del actual litoral sirio-libanés) las tuvieron en el sur, en las regiones de Málaga, Cádiz y Almería. Más hacia el noreste, en la Costa Brava, los griegos establecieron alrededor de 550 a.C. un puesto de comercio llamado *Emporion* (del gr. *emporion,* 'mercado'), que hoy día es un importante sitio arqueológico, ubicado cerca del actual pueblo de Ampurias. Los *cartagineses,* provenientes de la ciudad de Cartago (cerca de la actual Túnez, en el norte de África), tuvieron colonias en las regiones de Cartagena y Murcia, y también en Mahón (en la isla de Menorca), pero las perdieron en el siglo III a.C. ante los romanos, que conquistaron no sólo la Península Ibérica sino también toda la región del Mediterráneo, al que llamaban orgullosamente *Mare Nostrum,* 'nuestro mar'.

Los romanos llamaron a la península *Hispania,* nombre que según cierta graciosa leyenda derivaría de una supuesta expresión fenicia, *i-shepham-im,* 'tierra de conejos' (Eslava Galán 1998:13). En dos siglos extendieron su control sobre toda Hispania (con excepción de una faja norteña, en la región del actual País Vasco) y la dividieron en tres grandes provincias (Mapa 1.2), la *Tarraconensis* (capital: *Tarraco,* la actual Tarragona), la *Lusitania* (capital: *Emerita Augusta,* hoy Mérida) y la *Baética* (capital: *Corduba,* la Córdoba de hoy). Los eficaces administradores romanos hicieron construir ciudades magníficas, dotadas de teatros, circos, templos, baños públicos y puentes. Las conectaba una red de carreteras calzadas, cuyos restos todavía existen en varios puntos de España y Portugal. Algunas de las ciudades hispanorromanas más importantes dieron origen a las actuales Barcelona (< lat. *Barcino),* Tarragona (< lat. *Tarraco),* Astorga (< lat. *Asturica Augusta),* Zaragoza (< lat. *Cesar Augusta),* Cádiz (< lat. *Gades),* Lugo (< lat. *Lucus Augusti)* o León (< lat. *Legione).*

Cuaderno de ejercicios 1.2 "Ciudades emblemáticas de la Península Ibérica"

El latín, originalmente uno de varios idiomas de la Península Itálica, fue la lengua administrativa y cultural que unía las provincias romanas. Como cualquier idioma hablado en una gran extensión territorial, el latín era bas-

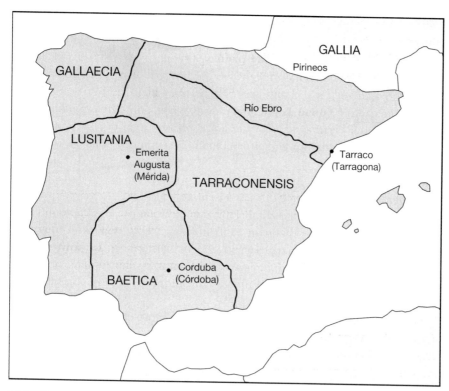

MAPA 1.2   Distribución aproximada de las provincias romanas en Hispania.

tante diferenciado regional y socialmente. Además del habla popular de los colonos y soldados, existía una variedad culta, hablada por los funcionarios y la élite instruida. El latín literario estaba basado en aquella variedad culta. La élite hispanolatina produjo, en el primer siglo de la era cristiana, importantes escritores, como los poetas Lucano y Marcial, el retórico Quintiliano, el filósofo Lucio Anneo Séneca y su hijo, el retórico Marco Anneo Séneca.

Para estimular la colonización, el gobierno romano daba tierras a los veteranos que habían cumplido su servicio militar. A la administración imperial no le importaba el idioma que hablaran los pueblos dominados —en realidad, los romanos consideraban que hablar latín era un privilegio, no una obligación. Sin embargo, los soldados, colonos y administradores hablaban latín, y el prestigio de la civilización romana bastaba para impresionar a los pueblos conquistados, que al fin y al cabo adoptaban la lengua y las costumbres de los romanos. De esa manera, después de un periodo de bilingüismo, las lenguas habladas antes de la llegada de los romanos fueron remplazadas por el latín popular de los colonizadores, con la excepción del vasco o *euskera*, que sigue hablándose y es cooficial con el español en la Comunidad Autónoma del País Vasco.

Durante el periodo imperial, la influencia del latín culto utilizado por las autoridades y administradores romanos funcionó como elemento de cohesión entre las provincias, garantizando una relativa uniformidad lingüística. Con la desintegración política del Imperio Romano de Occidente a partir del siglo quinto (el último emperador fue depuesto en 476) y la consecuente pérdida de la centralización administrativa, se deshizo la cohesión entre las regiones de Hispania, que quedaron aisladas unas de las otras, entregada cada una a sus propios recursos, en cuestiones de lengua como en todo lo demás. Ese aislamiento intensificó la diferenciación regional del latín hablado, el cual se fue transformando gradualmente en un habla distinta, el *romance*.

No hay que pensar que la palabra *romance,* en este contexto, tenga algo que ver con "amantes latinos" ni nada por el estilo. Al contrario, *romance* viene del adverbio latino *romanice,* 'romanamente' o sea, 'a la manera de los romanos,' que se usaba para describir esa manera de hablar que todos reconocían como algo distinto del latín. Éste seguía usándose como lengua escrita administrativa, como idioma religioso del culto cristiano y como lengua hablada por una minoría instruida asociada a la vida de los conventos, que eran los únicos lugares donde se podía aprender a hablar y escribir latín. De la expresión *fabulare romanice,* 'hablar a la manera de los romanos' se originó la idea de *hablar romance,* es decir, el uso de *romance* como sustantivo que designaba aquella habla en sí misma.

Ese romance, que durante muchos siglos fue solamente hablado y no escrito, fue diferenciándose regionalmente cada vez más debido a varios factores. Se encuentran entre éstos la extensión geográfica de la Península, el relativo aislamiento en que vivían los habitantes de las distintas regiones y la influencia de las lenguas habladas por los invasores germánicos que llegaron a Hispania a partir del siglo quinto. Es posible que hayan influido también otras lenguas habladas por colonos y soldados romanos bilingües, originarios de áreas de la Península Itálica donde se hablaban idiomas como el osco y el umbro, o lenguas de otras regiones del Imperio Romano. Como la mayoría de la gente era analfabeta y los pocos que sabían escribir lo hacían en latín, pasaron varios siglos antes que palabras y frases de las nuevas lenguas romances empezaran a aparecer en la escritura.

1.2 VISIGODOS Y MOROS

En el siglo quinto, diversos pueblos germánicos, como los suevos, los vándalos, los alanos, los godos, los ostrogodos y sobre todo los visigodos, empezaron a invadir la Península Ibérica. Los vándalos estuvieron dos décadas en la región de la Bética, a la que legaron el nombre de Vandalusia, y luego se pasaron a África. Los visigodos, que llegaron en el año 412, habían vivido muchos años en Galia como aliados de los romanos, y por eso estaban ya bastante romanizados. Una vez instalados en la Península Ibérica, conquistaron o expulsaron a los demás invasores y, habiendo adoptado la lengua latina y la religión católica, crearon su propio reino, que duró hasta 711. La contribución lingüística germánica de ese periodo al romance peninsular es relativamente modesta e incluye palabras del léxico militar (*guardia, guardián, espuela, guerra*), de la vestimenta (*ropa*) y nombres como *Álvaro, Fernando, Rodrigo, Elvira, Alfonso* y *Adolfo*.

En el año 711, un ejército islámico formado de bereberes y árabes invadió y conquistó casi toda la Península Ibérica. La invasión, que se hizo por el estrecho de Gibraltar, contribuyó de pronto con dos nuevos términos al romance peninsular. Uno fue el nombre genérico de *moros* (hoy considerado algo despectivo) debido a que los bereberes venían de la región llamada Mauritania, situada en el norte de África. El otro fue el topónimo *Gibraltar*, que celebra el nombre del comandante invasor (*gebel-al-Tarik*, 'montaña de Tarik'). En pocos años los invasores se apoderaron del reino visigótico, y por el año 718 quedaban libres sólo algunos núcleos hispanogodos en el Pirineo al noreste y en las montañas de Asturias al norte. Durante los siglos siguientes se formaron en aquellas regiones varios reinos cristianos (Mapa 1.3), que participaron en la empresa de reconquistar los territorios bajo el dominio árabe-bereber, conocidos colectivamente como *Al-Andalus* ('tierra de vándalos' en árabe), adaptación

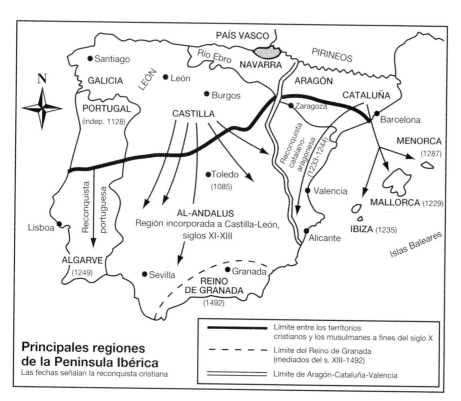

MAPA 1.3   Principales regiones de la Península Ibérica

árabe del nombre latino *Portus Vandalus,* 'puerto de los vándalos'). A partir de la segunda década del siglo octavo, por lo tanto, la Península Ibérica se encontró dividida en dos bandos antagónicos, perpetuados en la tradición popular como "Moros y Cristianos". En muchos lugares se celebran hoy día la fiestas populares de "Moros y Cristianos," que señalan la reconquista de los territorios de la Península Ibérica ocupados por los árabes durante 781 años. Dichas fiestas incluyen representaciones de batallas de "Moros" contra "Cristianos" en las que figurantes pelean disfrazados con trajes de época y armados de lanzas, espadas y escudos, a la usanza medieval.

ACTIVIDAD 1.2   Con la ayuda de un atlas o enciclopedia, localice las regiones mencionadas en la sección anterior. ¿Qué países se encuentran actualmente en la región de la Mauritania?

1.3 LA FORMACIÓN DE LOS ROMANCES HISPÁNICOS

La división de la Península Ibérica en dos bandos, uno cristiano y el otro musulmán, tuvo un papel fundamental en la diferenciación regional de las hablas romances que dieron origen a distintas lenguas neolatinas actuales. En el territorio cristiano del noroeste peninsular, donde se encuentra Galicia, se formó el romance *gallego* medieval, que sirvió de base a dos idiomas muy parecidos, el *gallego,* que se sigue hablando en Galicia, y el *portugués,* que se propagó hacia la región del Algarve, en el sur, y es la lengua oficial de Portugal. Más hacia el este, en el actual territorio de Asturias y León, se formó el *asturiano,* en realidad un grupo de hablas con alguna diferenciación local, también conocidas por el nombre de *bables.* Un poco más hacia al sur, se formó el leonés, también diferenciado regionalmente. En Cantabria y Castilla, teniendo a Burgos como centro, se formó el *castellano,* que como quedó dicho, ha sido el origen del español moderno. Aún más hacia el este, en las tierras de los reinos de Navarra y Aragón, se desarrolló otro conjunto de hablas conocidas como *navarro-aragonés.* En la parte oriental de los Pirineos, al norte de Barcelona, se formó el *catalán,* que en el siglo XIII se extendió hasta Valencia, Alicante y Baleares. En las tierras bajo el dominio musulmán, en fin, existió un conjunto de hablas romances que reciben el nombre genérico de *mozárabe* (del ár. *musta'rib,* 'semejante a lo árabe'). El mozárabe fue absorbido por el castellano y, en el sur de Portugal, por el portugués, a medida que estos idiomas se establecieron en los territorios reconquistados (Mapa 1.4).

La transformación de los romances medievales regionales en las actuales lenguas románicas tiene mucho que ver con la historia de los reinos cristianos peninsulares. La región de Castilla fue originalmente un condado dependiente

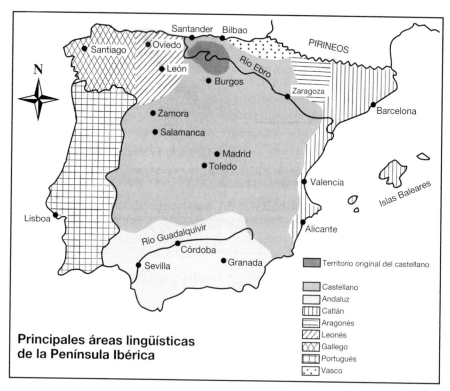

Principales áreas lingüísticas de la Península Ibérica

Leyenda del mapa:
- Territorio original del castellano
- Castellano
- Andaluz
- Catlán
- Aragonés
- Leonés
- Gallego
- Portugués
- Vasco

MAPA 1.4 Principales áreas lingüísticas de la Península Ibérica

del reino de León. En el siglo X se independizó bajo el legendario Conde Fernán González, transformándose en reino y asumiendo el liderazgo en la guerra contra los musulmanes. Galicia, en cambio, siguió incorporada a León, que en el siglo XIII cayó bajo el dominio de Castilla (lo que explica las referencias a los reyes de "Castilla y León" como si se tratara de una sola entidad política). Alrededor de 1250, Castilla ya había conquistado e incorporado a su territorio los reinos musulmanes que quedaban, con excepción del reino de Granada, que no fue tomado hasta 1492. En 1128 Portugal ganó una batalla decisiva contra Castilla, que le reconoció la independencia en 1143. Los portugueses continuaron la reconquista del territorio hacia el sur, completándola en 1249 con la toma del Algarve, que por muchos siglos tuvo estatuto de reino (Mapa 1.3).

Durante el periodo de las guerras contra los musulmanes bajo el liderazgo castellano, empezó la influencia de la cultura francesa en la Península Ibérica. Los reyes castellanos seguían una política de alianzas con los reinos francos del otro lado del Pirineo (Francia, Borgoña, Provenza), de donde vinieron muchos nobles a establecerse en los reinos cristianos. Por influencia de la poesía provenzal° (de Provenza, reino del sur de Francia) se desarrolló en la Península un género poético escrito en *gallego-portugués*°, que duró hasta principios del siglo XII. La religión también tuvo un papel importante: se crearon en España monasterios conectados con la Abadía de Cluny, en Borgoña, la nueva liturgia romana que se usaba en Francia reemplazó la antigua liturgia hispánica heredada de los visigodos, y miles de peregrinos visitaron, año tras año, el santuario de Santiago de Compostela, después de andar durante semanas por el *Camino de Santiago,* que todavía se usa hoy día.

ACTIVIDAD 1.3   Busque en la Internet la expresión "Moros y Cristianos". ¿Cuántos sitios puede identificar en España? ¿Y en otros países? ¿Cuántos idiomas se encuentran representados en esos sitios? Elija un sitio y prepare un informe sobre lo que ha encontrado allí.

1.4 EL DESARROLLO DEL CASTELLANO

Hay razones para creer que las lenguas románicas peninsulares se formaron todas más o menos en la misma época, mediante un proceso gradual de cambio que tardó varios siglos. El castellano se formó en una zona bilingüe, donde el romance de Castilla se encontraba en contacto con el vasco. Ese contacto, según muchos lingüistas, influyó en la formación del castellano, contribuyendo a cierta simplificación respecto a los demás romances. Por ejemplo, el castellano tiene cinco vocales, mientras que otros romances tienen siete u ocho; en otros romances se encuentra cierta variación morfológica que no se da en castellano (por ejemplo, el diptongo castellano *ue* de *puerta* corresponde a *ue, ua, uo como en puerta/puarta/puorta* en leonés). Teniendo en cuenta que todas las lenguas presentan alguna variación regional, el castellano ha sido desde el principio más uniforme que sus vecinos. Esta característica ha contribuido a que fuera adoptado como una *koiné°,* es decir, una lengua común, por hablantes de otros romances que se desplazaron al centro y luego hacia el sur de la Península Ibérica durante la Reconquista y el proceso de repoblamiento que le siguió. Por otra parte, la prosa en romance empezó muy modestamente. Los documentos más antiguos que contienen palabras reconociblemente castellanas son de fines del siglo X o principios del XI, y por lo tanto podemos suponer que el castellano ya se hablaba con anterioridad. Se trata de unas glosas, es decir, unas listas de palabras hechas por algún lector anónimo en dos manuscritos, las *Glosas Emilianenses,* del monasterio de San Millán de la Cogolla, y las *Glosas Silenses,* del monasterio de Santo Domingo de Silos (8.2.2). Tuvo particular importancia en el desarrollo de la prosa castellana el trabajo de traducción y compilación de manuscritos históricos y literarios realizado bajo el patrocinio del rey Alfonso X, llamado "el Sabio," que reinó de 1252 a 1284.

1.5 LA EDAD MODERNA

Ciertos hechos históricos influyeron decisivamente en el destino del idioma. En 1479 la victoria en una guerra civil consolidó el poder de los Reyes Católicos —nombre dado a la reina Isabel de Castilla y León y su marido, Fernando, rey de Aragón, cuyos dominios incluían a Cataluña, Valencia y Baleares. Se crearon así condiciones para unificar sus dominios bajo su nieto Carlos I, que fue el primer rey de España en 1517, y para la adopción del castellano como lengua administrativa y de cultura literaria en toda España y por su imperio colonial, que llegó a extenderse hasta las Filipinas.

Muchas fechas históricas son aproximativas. Ciertos historiadores consideran el año 1453 como el final de la Edad Media y el principio de la Edad Moderna, porque en aquel año el sultán Mahoma II tomó la ciudad de Constantinopla (hoy Estambul), la capital del Imperio Romano de Oriente, y la transformó en capital del Imperio Otomano (o Turco). Otros prefieren el año 1492, fecha de la llegada de Cristóbal Colón a América. De todos modos, los acontecimientos que tuvieron lugar a fines del siglo XV y comienzos del XVI influyeron profundamente en la historia del mundo. En 1492 los Reyes Católicos tomaron el reino de Granada, el último territorio peninsular bajo dominio islámico, y en ese mismo año decretaron la expulsión de los judíos que no quisieran convertirse al catolicismo.

El gran resorte del desarrollo del idioma castellano como lengua de cultura literaria fue el Renacimiento, movimiento de renovación artística, literaria y científica que tuvo lugar en Europa en los siglos XV y XVI. Entre 1500 y 1700, a medida que las ideas renacentistas renovaban la cultura, el idioma español se fue convirtiendo en un medio de expresión a la vez vigoroso e innovador. A partir de la tercera década del siglo XVI, Juan Boscán (ca.1492–1542) y Garcilaso de la Vega (1501–1536) empezaron a escribir poemas al estilo renacentista, abriendo así el camino para un notable desarrollo literario durante el llamado Siglo de Oro, periodo que se extendió desde mediados del siglo XVI hasta fines del XVII. La producción literaria en prosa de ese periodo incluye la novela picaresca, como *La vida de Lazarillo de Tormes* (de autor anónimo), *Guzmán de Alfarache*, de Mateo Alemán, y en su punto más alto, *El ingenioso hidalgo don Quijote de la Mancha*, de Miguel de Cervantes. En poesía se destacaron, además de Boscán y Garcilaso de la Vega, Luis de Góngora y Francisco de Quevedo. El misticismo fue cultivado en poesía por Fray Luis de León y San Juan de la Cruz, y en prosa por Santa Teresa de Ávila. Tuvo gran desarrollo el teatro, cultivado por el mismo Cervantes y por Lope de Vega, Tirso de Molina y Pedro Calderón de la Barca.

Además, crecía en España el interés en la lengua como objeto de estudio. En 1490 Alfonso Fernández de Palencia publicó en Sevilla el primer diccionario latín-castellano, llamado *Universal vocabulario en latín y en romance*. Le siguió en 1492 un diccionario latín-español, el *Lexicon ex Sermone Latino in Hispaniensem* ("Léxico del Habla Latina en España"), del gramático sevillano

Antonio de Nebrija. En 1492 Nebrija publicó un libro fundamental: la *Gramática de la lengua castellana,* la primera gramática de un idioma romance, que fue complementada en 1517 por sus *Reglas de ortografía de la lengua castellana.* En 1499 Fernando de Rojas —judío converso, probablemente originario de Toledo— publicó *La Celestina,* que algunos críticos consideran precursora de la novela.

Durante la Edad Moderna aumentó la publicación de libros escritos en español y de traducciones españolas de libros en otros idiomas. Contribuyó al crecimiento del léxico español (pese a las críticas de algunos puristas) la incorporación de cientos de vocablos extranjeros, sobre todo del italiano y el francés, los idiomas de más prestigio cultural en la época. La publicación de obras de autores romanos clásicos, tanto en el original como en traducción, contribuyó a la adopción de muchas palabras latinas (los llamados *cultismos*). Asimismo, la prosa española se estilizó mediante la adopción de estructuras sintácticas y recursos retóricos del latín. Se fue consolidando así una norma lingüística literaria, reflejada en obras como el *Diálogo de la lengua,* de Juan de Valdés (ca. 1535), y el *Tesoro de la lengua castellana o española,* de Sebastián de Covarrubias (publicado en 1611), cuyo título plantea la cuestión de la dualidad del nombre de la lengua (1.10).

ACTIVIDAD 1.4 Busque la palabra *Renacimiento* (ing. *Renaissance*) en una enciclopedia o en Internet. ¿A qué se refiere la idea de 'renacer' en ese contexto histórico? ¿Qué importancia tuvo ese periodo histórico?

1.6 DE LA EDAD MODERNA HASTA HOY

Un dato importante para la historia de la lengua entre 1700 y 1808 (es decir, durante el periodo llamado *Ilustración* o *Siglo de las Luces*) es el aumento de la influencia de la cultura francesa. La fecha de 1700 es simbólica: con la muerte del rey Carlos II en 1700, le sucedió un príncipe francés, Felipe de Anjou, que reinó con el nombre de Felipe V. Este rey fundó la Biblioteca Nacional (1711) y, siguiendo el modelo de la Academia Francesa, creó en 1714 la Real Academia Española, cuyo lema ("limpia, fija y da esplendor"), que daría origen a mucha polémica, explica su objetivo de cuidar la propiedad, elegancia y pureza de la lengua. Entre 1726 y 1739 la Academia publicó la primera edición (seis volúmenes) del *Diccionario de Autoridades,* y en 1771, la primera edición de la *Gramática* (11.6).

ACTIVIDAD 1.5 En una enciclopedia o en Internet, busque informaciones sobre la Ilustración (ing. *Enlightenment*). ¿Cuáles son las principales características de ese período histórico?

[handwritten: 1808 – Contemporáneo]

[handwritten right margin: 1808 – 1813 – Guerra de la Indep. contra Francia y Napoleón]

El periodo del español contemporáneo empieza, también simbólicamente, en 1808, año del inicio de la llamada *Guerra de Independencia* (1808–1813) en contra de la invasión francesa mandada por Napoleón I, emperador de Francia. Durante el siglo XIX, el romanticismo, un amplio movimiento literario, artístico y cultural de ámbito europeo, reavivó el interés en los estudios históricos, particularmente sobre la Edad Media. Sobre todo, gracias a la influencia de sabios como el dinamarqués Rasmus Rask y los alemanes Jacob Grimm, Franz Bopp y Wilhelm von Humboldt, los estudios de filología° enfocaron objetivamente problemas de las relaciones entre las lenguas y su historia. En 1830 se editó la *Gramática castellana según ahora se habla,* de Vicente Salvá, basada en un análisis de obras literarias publicadas desde 1750. Significativamente, en ese periodo aumentó la contribución de autores hispanoamericanos y ya se reconocía la diferenciación idiomática entre España e Hispanoamérica. En 1847 el venezolano Andrés Bello publicó en Santiago de Chile su *Gramática de la lengua castellana destinada al uso de los americanos,* a la que el colombiano Rufino José Cuervo añadió sus *Notas* en 1874. Ya en el siglo XX, Friedrich Hanssen, alemán residente en Chile, publicó una *Gramática histórica de la lengua castellana* (1910, 1913). A partir de fines del siglo XIX empezó a desarrollarse en España, principalmente bajo la influencia de Ramón Menéndez Pidal (1869–1968), una tradición filológica que ha marcado profundamente los estudios de la lengua.

[handwritten right margin: se reconoce dif. entre Esp. vs. L. Am. — conciencia lingüística]

1.7 OTRAS LENGUAS DE LA PENÍNSULA IBÉRICA

Como hemos visto (1.2), se formaron en la Península Ibérica diversos romances, pero la expansión del castellano tuvo importantes consecuencias para las hablas hermanas. A lo largo de los siglos, el astur-leonés y el navarroaragonés, en particular, han sido afectados de tres maneras complementarias. En primer lugar, lingüísticamente, han tenido parte de su léxico y de sus estructuras sintácticas progresivamente reemplazados por vocablos y estructuras castellanas. En segundo lugar, geográficamente, la implantación del castellano en los centros urbanos de León, Asturias, Navarra y Aragón los ha arrinconado progresivamente en los pueblos y en los ambientes rurales. Y en tercer lugar, socialmente, el peso del castellano como lengua de cultura literaria, de la administración pública, de la instrucción y de los medios de comunicación masiva, les has restado prestigio, limitándolos al ámbito familiar. A partir de las dos últimas décadas del siglo XX se ha tratado de desarrollar una norma culta tanto para las hablas astur-leonesas (con el nombre de *llingua asturiana*) y aragonesas (con el nombre de *fabla aragonesa*), y se les ha reivindicado algún reconocimiento oficial, hasta la fecha con resultados modestos.

[handwritten right margin: asturleonés navarroaragonés]

Al contrario del aragonés, parcialmente dialectalizado por el castellano, el catalán tuvo mucha importancia en la Edad Media por ser el idioma administrativo y literario del poderoso Condado de Barcelona (Cataluña), cuyas actividades en

[handwritten right margin: catalán]

[handwritten margin notes: Catalán ↓ 6 millones lo hablan (bilingües)]

el Mediterráneo lo impusieron como idioma comercial y diplomático. A partir del siglo XIV el ámbito de actuación del catalán empezó a reducirse, a medida que lo reemplazaba el castellano como lengua literaria y administrativa. Más recientemente, en la segunda mitad del siglo XIX, empezó un proceso de recuperación que, no sin dificultades, ha logrado mucho éxito a partir de la implantación de un regimen democrático en España a partir de 1975. Hablado por unos seis millones de personas, en su mayoría bilingües, el catalán es actualmente idioma cooficial con el castellano en las tres Comunidades Autónomas de Cataluña, Valencia y Baleares. En Cataluña más que en las otras dos regiones, su uso se ha recuperado en muchos ámbitos públicos y privados, incluso en los medios comunicativos, la escuela y la universidad, pero la competencia del español es muy fuerte.

[handwritten margin notes: Catalán ↓ co-oficial en Cataluña Valencia Baleares]

ACTIVIDAD 1.6   Busque en Internet el texto de la Constitución Española. ¿Qué dice el Artículo Tercero sobre las lenguas de España? ¿Qué dice la Constitución de este país sobre su idioma?

En 1097 Alfonso VI de Castilla otorgó a su hija Teresa y al marido de ésta, el conde francés Enrique de Borgoña, el Condado Portucalense, territorio comprendido entre los ríos Miño y Mondego. Ese condado se independizó en 1128, constituyendo el reino de Portugal, que se extendió hacia el sur hasta la región del Algarve, conquistada de los árabes en 1249. Al separarse Portugal de Castilla, el idioma portugués siguió desarrollándose con independencia del gallego. Sin papel oficial, éste se quedó limitado a la condición de lengua popular hasta la segunda mitad del siglo XIX, cuando empezó a desarrollar una literatura propia. Hoy, con menos de tres millones de hablantes, y todavía sin una norma escrita unificada, el gallego comparte con el castellano el status de idioma cooficial de la Comunidad Autónoma de Galicia. Se hacen esfuerzos por normalizar su uso en la administración pública, la instrucción y los medios de comunicación, y se ha reanudado la producción literaria, aunque en todas esas áreas sigue predominando el castellano.

[handwritten margin notes: gallego - 3 millones cooficial de Galicia - siempre el castellano es el Koiné]

 Cuaderno de ejercicios 1.3 "España hoy"

1.8 LA EXPANSIÓN DEL ESPAÑOL

Aunque en 1492 el castellano tenía un ámbito territorial más bien limitado, la conquista de América le permitió difundirse de una manera hasta entonces impensable. Por otra parte, la expulsión de los judíos en el mismo año puso en marcha un proceso de cambio lingüístico responsable por la formación de la variedad conocida como *judeoespañol* o *español sefardí* (9.7).

En otras regiones de Europa el español es la lengua de comunidades de inmigrantes en diversos países, como Francia y Alemania. En Andorra, donde la lengua oficial es el catalán, un 43% de los 67.227 habitantes son hispanohablantes. En la colonia británica de Gibraltar (29.481 habitantes), donde el inglés es el idioma de gobierno, el español es la segunda lengua.

La expansión de la lengua en el Atlántico empezó por el archipiélago de Canarias, que constituye hoy día una comunidad autónoma. En 1312 llegó a la isla de Lanzarote el navegante genovés Lancerotto Marocello, y por 1496 todo el archipiélago se hallaba incorporado a la corona de Castilla, que lo hizo poblar y lo utilizó como escala en las expediciones a América. El español es también el idioma oficial de las ciudades autónomas de Ceuta y Melilla (donde también se habla el árabe), que pertenecen a España desde el siglo XVI y gozan de un estatuto de autonomía administrativa desde 1995. Es también oficial en la República de la Guinea Ecuatorial, que bajo el nombre de Guinea Española fue colonia de España desde 1778 hasta 1968.

ACTIVIDAD 1.7 Localice en un mapa las ciudades de Ceuta y Melilla y el archipiélago de las Canarias. Obtenga en Internet datos sobre esas regiones y prepare un informe sobre ellas.

En la primera mitad del siglo XVI se echaron las bases del dominio español de América, empezando por la conquista y colonización de las islas del Caribe, la conquista del imperio azteca por Hernán Cortés (1520–1521), del imperio inca por Francisco Pizarro (1531–1536) y de Chile por Pedro de Valdivia (1540). El castellano, lengua de la administración colonial, se implantó como idioma oficial de las nuevas naciones formadas en consecuencia de la independencia de las colonias españolas a partir de la segunda década del siglo XIX (Marcos Marín 2002: 37), aunque en varias repúblicas hispanoamericanas el español coexiste con idiomas indígenas, según se verá en el Capítulo 7.

Hablan también el español como segunda o tercera lengua muchos habitantes del área caribeña, en países como Belice o Trinidad y Tobago, y en territorios como Aruba y las Antillas Holandesas (Curazao, Bonaire). En la República de las Filipinas, que fue colonia española desde el siglo XVI hasta 1898, y colonia de los Estados Unidos hasta 1946, todavía muchas personas hablan español, aunque éste no tiene rango oficial.

Viven en Canadá unos 228.580 hispanohablantes (www.ethnologue.com), y en Estados Unidos, según el Censo de 2000, hubo entre 1990 y 2000 un incremento de casi 13 millones de personas de origen hispánico. Eso se debe principalmente a la inmigración, responsable de un aumento del 53% en la población originaria de México, que llegó a los 20.600.000 en el año 2000, constituyendo así el 58% de la poplación hispánica de 35.300.000 millones. Hay además unos 3.400.000 puertorriqueños (que tienen ciudadanía estadounidense), unas 1.200.000 personas de origen cubano y unas 10.000.000 de otras regiones de Hispanoamérica.

Aunque hay personas de origen hispánico en todos los estados de la Unión, la mayoría se concentra en el suroeste, particularmente en Tejas, Nuevo México y California. Unos dos tercios de las personas de origen cubano viven en la Florida, mientras que las principales comunidades puertorriqueñas se encuentran en Nueva York, la Florida, Nueva Jersey y Pensilvania. Sin embargo, el español no tiene rango oficial y además, muchas personas de ascendencia hispanoamericana tienden a hablar principal o exclusivamente el inglés. Así, la situación de la lengua española en los Estados Unidos tiene unas características muy especiales que se comentarán en el Capítulo 10.

A nivel internacional el español comparte con el inglés y otros idiomas el rango de lengua oficial en entidades como la ONU (Organización de las Naciones Unidas), la OEA (Organización de los Estados Americanos) y la UE (Unión Europea). El gobierno de España promociona la lengua mediante el Instituto Cervantes (www.cervantes.ed), que tiene cuarenta centros por todo el mundo (tres de los cuales se encuentran en Albuquerque, Chicago y Nueva York). El Instituto mantiene además el Centro Virtual Cervantes (www.cvc.cervantes.es), dedicado a difundir materiales didácticos y culturales.

1.9 CUESTIÓN DE NOMBRES

No hay que dudar que tenía razón Julieta al decir que una rosa olería igual de bien si la llamáramos por otro nombre. Sin embargo, los nombres de los idiomas a veces despiertan enormes pasiones. En particular, el nombre del idioma ha dado origen a fuertes polémicas, a menudo por razones ideológicas o políticas. Por haberse originado en la región de Castilla la Vieja, la lengua ha sido tradicionalmente llamada *castellano,* término que recoge la Constitución Española de 1978 al decir que "el castellano es la lengua oficial del Estado" (Artículo 3.1). Por otra parte, a medida que se extendía por España, transformándose en idioma común de sus habitantes, la lengua se fue caracterizando como *español,* término originario del latín medieval *hispaniolus,* pasando por el provenzal *espanhol* (*DRAE* vol. 1, 890). A partir del siglo XVI, a medida que España se proyecta, política y culturalmente, fuera de sus fronteras, la denominación *español* se generaliza, propagándose por otros idiomas europeos (al. *Spanischen,* fr. *espagnol,* ing. *Spanish,* it. *spagnuolo,* pt. *espanhol*). Como nombre del idioma, *español* es sinónimo al término *castellano* (al. *Kastilienisch,* fr. *castillan,* ing. *Castilian,* it. *castigliano,* pt. *castelhano*), el cual también puede usarse específicamente con referencia a la variante norteña de la lengua.[1] Pero la cuestión de cuál debiese ser el nombre de la lengua no ha encontrado una solución que satisfaga a todos: unos consideran *castellano* demasiado limitado; otros rechazan *español,* recordando que las otras lenguas habladas en España son también "lenguas españolas".

En Hispanoamérica la práctica también se divide: algunos evitan la palabra *español,* quizás por lo de que la mención a España les evoca un pasado colonial que prefieren olvidar. En Uruguay, el término usual es *español,* mientras que en la vecina Argentina más bien se usa *castellano,* aunque alguna vez se ha usado la expresión *idioma argentino,* y en las escuelas ha habido cursos de *idioma nacional* o *idioma patrio.* En Venezuela, el Decreto de Instrucción Pública de 1870 utilizó la expresión *idioma patrio,* pero hoy día en las escuelas hay asignaturas de castellano y la gente, si se le pregunta, igual contesta que habla español o castellano. En el Perú se dice *castellano,* mientras en Guatemala la gente se refiere a la lengua como *español,* aunque los manuales escolares pongan *lengua castellana.*

Toda esa variación es normal: recuérdese que en el siglo XIX se debatió en Estados Unidos si la lengua del país debería llamarse *English* o *American,* y por fin se adoptó tanto *English* como la pragmática denominación *American English.* Ésta tiene un paralelo en *español americano* (o *español hispanoamericano*), por oposición a *español peninsular,* es decir, el español de España (la que incluye, como hemos visto, a Canarias, Ceuta y Melilla, que no están en la Península Ibérica). Y cuando hace falta especificar la variedad de la lengua hablada en Estados Unidos, se entiende perfectamente una referencia al *U.S. Spanish,* o *español estadounidense.*

El topónimo *Hispania* nos ha legado *hispano* (sust. y adj.) e *hispánico* (adj.), que se refieren sea a la Hispania romana, sea a España, sus gentes y cosas (y en ese caso es equivalente a *español*), sea al idioma (como en *hispanohablante*). Según el contexto, además, *hispano* e *hispánico* pueden referirse específicamente a las naciones de Hispanoamérica, contrastándolas con España. Entre los términos derivados de *Hispania* encontramos *hispanizar* 'impartir carácter hispánico a algo/alguien', *hispanismo* 'rasgo (palabra, construcción, o modismo) típico de la lengua española, *hispanista* 'persona que estudia las lenguas, literaturas o cultura hispánicas', *hispanidad* 'características de los pueblos de lengua y cultura hispánicas' o 'conjunto de los pueblos o culturas hispánicos'.

La palabra *latino* (sust. y adj.) tiene que ver con el latín y la cultura romana originaria del Lacio, la cual se propagó por el Imperio Romano. Últimamente en Estados Unidos se ha usado tanto *hispano* como *latino* para designar a las personas de origen español o hispanoamericano que viven en el país. Actualmente *latino* palabra parece gozar de cierta preferencia, pero la nomenclatura étnica tiende a cambiar. La expresión *América Latina* (o *Latinoamérica*), que se generalizó en el siglo XIX, se refiere no sólo a los países americanos de habla española sino también a Brasil, que fue colonizado por Portugal y donde se habla el portugués, y cuyos habitantes no suelen considerarse hispanos, ni hispánicos. Incluye también a Haití, que fue colonia española (1492–1697) y francesa (1697–1804) y donde se hablan el francés y un idioma criollo° (9.8) de base francesa. Según algunos, el Quebec, donde se habla francés e inglés, también hace parte de Latinoamérica. El término *Iberoamérica* (y el adjetivo *iberoamericano*), poco usado hoy día, incluye los países colonizados a partir de la Península Ibérica, o sea las naciones hispano-americanas y el Brasil.

En este libro llamaremos *castellano* o *español* (o *lengua española*, o *idioma español*) a la lengua en su conjunto, y reservaremos el término *variedad castellana, dialecto castellano* o *castellano del norte (de España)* para referirnos al habla específica de la región de Castilla, de modo a distinguirla de las demás modalidades peninsulares de la lengua. Los términos *hispano* e *hispánico,* a su vez, se referirán a la lengua, la cultura y las comunidades cuyo origen remonta a la civilización española trasplantada a América.

Según comentaremos con más detalle en el Capítulo 8, todas las lenguas cambian con el paso del tiempo. Asimismo el español, trasplantado a América en el siglo XVI, ha desarrollado características regionales de pronunciación, sintaxis y vocabulario. Eso se debe tanto a la tendencia natural de los idiomas al cambio, como a factores como el contacto con idiomas indígenas o de inmigración. Se trata de un fenómeno normal: sería imposible que se mantuviera indiferenciada una lengua hablada por tantos millones de personas en un territorio tan amplio, y por eso hay mucha diversidad, tanto regional como social, según veremos en los Capítulos 9 y 10. Por otra parte, la lengua hablada a nivel culto y utilizada en la prensa tiende a ser bastante estandarizada°. Debido a eso, las personas instruidas de un país no tienen mayores dificultades en entender a otras personas del mismo nivel de otras regiones, ni en entender la prensa o la televisión por satélite de otros países.

Pese a sus características particulares, el español es, como todos los demás idiomas del mundo, una manifestación de un mismo fenómeno: el lenguaje. Todas las lenguas, por más diferencias que haya entre ellas, comparten muchas características, sea a nivel de su manifestación externa, sea a nivel de su organización interna. Por lo tanto, como preparación a nuestro estudio sistemático de la estructura del español, en el próximo capítulo haremos un breve repaso de las características fundamentales del lenguaje.

 Cuaderno de ejercicios 1.4 "El español en el Caribe"

Términos Clave

castellano

Castilla

catalán

español

Fernando e Isabel
   (los Reyes Católicos)

gallego

hispánico

hispano

Hispanoamérica

historia externa

historia interna

latín popular/vulgar

Latinoamérica

Nebrija

neolatino

Península Ibérica

Renacimiento

romance

vasco

MITOS SOBRE EL LENGUAJE (1)   En esta sección plantearemos, para que usted los analice y comente, algunos mitos comunes sobre el lenguaje en general o algún idioma en particular.

Se dice que el español es una lengua romance porque los hispanohablantes son muy románticos. A su parecer, ¿se justifica esa idea, o no? ¿Cuál sería su origen? ¿Y las causas de que la gente crea en ella?

SUMARIO

El español o castellano, la cuarta lengua más hablada del mundo y es oficial en 23 países, además de Puerto Rico. El español se desarrolló en la región de Castilla la Vieja a partir de un romance en el que se transformó el latín popular hablado por los colonizadores romanos. También influyeron en la formación del español las lenguas de los invasores germánicos y el árabe. El castellano ha absorbido parcialmente otras lenguas románicas peninsulares, como el astur-leonés y el navarroaragonés, pero no el gallego o el catalán, que son cooficiales con el español en sus respectivos territorios. El español se ha difundido por el mundo como lengua oficial de las repúblicas hispanoamericanas, de Puerto Rico y de la República de la Guinea Ecuatorial, y además se habla como segunda lengua en muchos otros países. Sólo en Estados Unidos hay unos 20 millones de hispanohablantes, lo que hace de Estados Unidos el sexto país en número de hablantes.

Los documentos más antiguos que lo contienen son de fines del siglo X o principios del XI (*Glosas Emilianenses* y *Glosas Silenses*). Luego de la unificación de España bajo Carlos I se adoptó como lengua administrativa y literaria en España y en el imperio colonial español. El idioma fue un importante vehículo de cultura durante el Renacimiento y la literatura española se impuso en Europa por su vigor y creatividad durante el Siglo de Oro. En la Edad Moderna el idioma sigue desarrollándose e incorpora muchas palabras de otras lenguas y del latín clásico. Durante el romanticismo (fines del siglo XVIII–mediados del XIX) se incrementaron los estudios históricos y filológicos, enfocando la historia de los idiomas, y aumentó la contribución de autores hispanoamericanos.

El español comparte con otros idiomas el rango de lengua oficial en organizaciones internacionales como la Organización de las Naciones Unidas, la Organización de los Estados Americanos y la Unión Europea.

Ambos nombres, *castellano* o *español,* son legítimos y se emplean en los países donde se habla la lengua. Del nombre *Hispania* se han derivado *hispano* (sust. y adj.) e *hispánico* (adj.), que han servido como base a *hispanizar, hispanismo, hispanista,* e *hispanidad.*

PRÁCTICA:

A. ¿Qué posición ocupa el español entre las lenguas del mundo según el número de hablantes?

B. ¿Cuáles son las lenguas más habladas que el español?

C. ¿En qué país de África tiene el español rango de lengua oficial?

D. ¿De dónde viene la palabra *castellano*?

E. ¿Qué es la historia externa de una lengua?

F. ¿Qué papel tuvo el Imperio Romano en la historia de España?

G. ¿Qué factores influyeron en la diferenciación del latín hablado en la Península Ibérica?

H. ¿Quién fue Antonio de Nebrija?

I. ¿Cuáles son los periodos de la historia de la lengua española?

J. ¿A qué se refieren las siguientes fechas en el marco histórico de la lengua española?

a. 1978   b. 1492   c. 1975   d. 711   e. 218 a.C.

K. Además de las repúblicas hispanoamericanas, ¿en dónde más en América se habla el castellano?

L. ¿En qué organizaciones internacionales tiene el español rango de lengua oficial?

Temas para profundizar

A. Utilizando los recursos de Internet (como la máquina de búsqueda *Google*), obtenga la información necesaria y prepare un informe sobre uno o más de los temas siguientes:

- Algunos de los países mencionados en la Figura 1.1
- Puerto Rico y su relación con los Estados Unidos
- La situación de la lengua española en su estado o provincia

B. Examine revistas y periódicos para obtener datos sobre el emplo de términos como *Hispanic, Latino, Latin American* o *Spanish*. ¿Qué significados se les atribuye? ¿Qué actitudes le parece que tiene la gente respecto a esas palabras? ¿Encuentra usted alguna contradicción en aquellos significados o actitudes?

Busque el sitio de la Real Academia Española (www.rae.es) y prepare un informe sobre los recursos que ofrece a quienes estudian el español.

Principales fuentes consultadas

Historia de España: Eslava Galán, 1998; Pierson 1999; historia de la lengua española y variación regional, Mar Molinero 1997, 2000, Stewart 1999, Lapesa 1997, Penny 1991, 2000, Zamora Vicente 1970; el nombre de la lengua, Berschin 1982; datos sobre el español en el mundo, Marcos Marín 2002, Crystal 1997: 289; www.ethnologue.com; sobre el español en los EE.UU, U.S. Census Bureau; www.census.gov.

Sugerencias para lectura

Sobre la historia de España: *The History of Spain*, de Peter Pierson (Westport, CT: Greenwood Press, 1999); sobre el desarrollo de la lengua, Penny 1991, Spaulding 1943; sobre la *koiné* castellana, López García 1991; Sobre el español en el mundo, Mar Molinero 1997, Stewart 1999; Sobre la leyenda del Conde Fernán González: Manuel Márquez-Sterling. *Fernán González, First Count of Castile: the man and the legend* (University, MS: Romance Monographs, 1980).

NOTA

[1]Véase Berschin 1982.

Lenguaje, lengua y lingüística

…la lengua, la cual nos aparta de todos los otros animales y es propria del hombre…

Antonio de Nebrija, *Gramática de la lengua castellana,* **Prólogo**

> **OBJETIVOS** En este capítulo hablaremos de la diferencia entre *lenguaje* y *lengua* (o *idioma*), de algunos principios generales del lenguaje y de las lenguas y caracterizaremos las ramas principales de la lingüística.

Desde la mañana hasta la noche, y a menudo incluso en los sueños, usamos el lenguaje para expresar una gran variedad de ideas, actitudes o sentimientos, como por ejemplo:

- Alegría: **¡Estupendo! ¡Fantástico! ¡Fenomenal!**
- Sorpresa: **¡No me digas! ¡No lo puedo creer!**
- Admiración: **¡Estupendo! ¡Muy bien!**
- Desconfianza: **¡Ojo! ¡Cuidado!**
- Indignación: **¡Mal hecho! ¡No hay derecho! ¡Eso no se hace!**
- Amenazas: **¡Ya me las pagarás! ¡Te arrepentirás!**
- Solidaridad: **Lo siento. Mi más sentido pésame. Ayudándole a sentir.**
- Acuerdo: **Vale. De acuerdo. Ándale pues.**
- Desacuerdo:**Ni modo. De eso, ni hablar. Sí, pero…**
- Duda: **¿Ud. lo cree? Puede que sea… Hombre, quién lo diría.**
- Clarificación: **Lo que quiero decir es… Me explico. Se trata de lo siguiente.**

Incluso sin fijarnos demasiado en ello, usamos expresiones que recuerdan creencias en lo sobrenatural, como *vaya con Dios, que Dios te ayude, si Dios quiere, que Dios nos guarde, por todos los santos, que en paz descanse,* y otras menos piadosas como *vete al Diablo, mal rayo te parta, maldita sea,* que tienen un regusto de invocaciones mágicas.

Pero sobre todo, usamos el lenguaje para organizar y transmitir ideas, para pedir y dar información, o sea, en una palabra, comunicarnos con nuestros semejantes. Es ésta una función fundamental, porque en cualquier sociedad humana sólo puede haber cultura mediante la comunicación. La base de ésta es el lenguaje, que nos permite elaborarla y compartirla con otras personas, no sólo directamente, sino también a través del espacio y del tiempo.

2.1 EL LENGUAJE Y LAS LENGUAS

En primer lugar, hay que distinguir entre *lenguaje* y *lengua* (o *idioma*). Son términos que a menudo se usan como sinónimos, pero que en lingüística tienen significados específicos.

Se entiende por "capacidad de lenguaje" la habilidad humana de organizar ideas y expresarlas mediante un código convencional. Ese código puede ser formado por sonidos del habla (lenguaje oral), o movimientos específicos de las manos, los brazos y la cara (lenguaje de señales), o señales gráficos (lenguaje escrito). Lo que define el lenguaje no son las señales en sí mismas, sino nuestra capacidad mental de atribuirles un significado específico y utilizarlas de una manera sistemática. Por otra parte, un idioma, o una lengua, es una manifestación específica del lenguaje, mediante sonidos combinados en palabras y enunciados según ciertas normas. Todos los seres humanos normales tienen esa capacidad de lenguaje que les permite adquirir la lengua del entorno en el que nacen y crecen, y también aprender otros idiomas mediante la interacción con sus hablantes o estudio formal.

ACTIVIDAD 2.1   Durante todo un día, haga un registro de las manifestaciones del lenguaje que encuentre o en que participe. ¿Cuáles fueron las primeras manifestaciones del lenguaje oral con las que tuvo contacto desde que despertó? ¿Y las manifestaciones escritas? ¿O de otra naturaleza? ¿Con qué idiomas tuvo algún contacto?

2.2 FUNCIONES DEL LENGUAJE

Si analizamos la manera como empleamos el lenguaje a lo largo de un día, nos damos cuenta de que realiza funciones distintas. Así, cuando expresamos ideas o trasmitimos información utilizamos su función *informativa* (o *cognitiva*), que abarca desde los chismes sin consecuencia hasta la transmisión de ideas muy complejas.

Otras funciones son aptas a distintas formas de interacción social. La función *directiva* nos permite influir directamente en el comportamiento de otras personas mediante mandatos (**¡Ven acá!**), pedidos (**Lléveme al aeropuerto, por favor**), o invitaciones (**¿No quieres sentarte?**). Esa influencia también se ejerce indirectamente, mediante preguntas casuales (**¿No te parecen sabrosas esas legumbres?**), comentarios banales (**¡Mira qué legumbres tan bonitas te ha puesto la mamá!**) o preguntas retóricas (**Ya sabes lo que te va a pasar si no comes esas legumbres, ¿verdad?**).

La función *fática°* es típica de las interacciones cuyo objeto no es tanto intercambiar información, sino establecer o mantener las relaciones entre los interlocutores. La función fática permite mantener abiertos los canales de comunicación. Es el caso de los diálogos informales sobre el tiempo, la salud, los deportes y tantos otros temas aparentemente banales. No nos comprometen a nada, pero nos permiten charlar y sacar conclusiones acerca de la condición social, el grado de instrucción o estado de ánimo de nuestros interlocutores, incluso si se trata de desconocidos.

Cuando dos amigos o compañeros de trabajo charlan rápidamente o se gastan una broma amable en el pasillo, a lo mejor no dicen nada de trascendental, ni aprenden nada nuevo, pero sí refuerzan sus relaciones de amistad o camaradería, asegurándose de que todo va bien bien entre ellos. La función fática expresa actitudes de solidaridad mediante bromas ligeras **(-Oye, tú cada vez más joven, ¿eh? -Y tú, cada vez más miope, ¿no?)**, fórmulas de cortesía **(¿Me pasas la sal? ¿Me haces el favor de pasarme la sal? Tenga la bondad, páseme la sal, por favor; ¿Usted que si es tan amable, ¿podría alcanzarme la sal?)** o saludos **(Hola, ¿qué tal?, ¿Qué hay de nuevo?, ¿Qué hubo? ¿Muy buenos días, don Antonio, ¿cómo está usted?).** Hay incluso expresiones fáticas que se quedan en el idioma después de perder su significado original, como *adiós,* derivada de la expresión *a Dios seas* (Moliner 1983:56, vol. 1).

La función *expresiva* revela emociones y sentimientos, directa o indirectamente, mediante la elección de palabras con connotaciones específicas o sutiles variaciones de la entonación. Una pregunta como **¿Ya vas a salir?** puede señalar las más variadas actitudes y sentimientos, dependiendo de cambios en la entonación y otros rasgos que no pueden representarse en la escritura. Se incluyen en la función expresiva la mayor parte de las interjecciones, exclamaciones, palabrotas y blasfemias.

Mediante la función *factitiva* (del lat. *facere* 'hacer') el mismo acto del habla constituye una acción. Cuando el sacerdote les dice a una pareja de novios: **"Los declaro marido y mujer",** o el juez al reo: **"Este tribunal lo condena a diez años de prisión",** o el policía a cualquier persona: **"Queda usted arrestado",** no se trata de explicaciones, ni informaciones, sino de enunciados que **hacen algo,** es decir, que ejecutan la acción a la vez que la expresan.

Todas esas funciones no se manifiestan aisladamente, sino que se combinan, incluso en el mismo enunciado. Por ejemplo, si durante un partido de ajedrez uno de los jugadores le dice al otro, **¡Te equivocaste!,** su intención puede ser sólo informativa, pero puede ser también directiva, si pretende que el compañero se disculpe, o expresiva, si denota enfado o quizás alegría por el error cometido.

ACTIVIDAD 2.2   Haga una lista de las manifestaciones de cada una de las funciones del lenguaje (sección 2.2) que haya notado en las últimas veinticuatro horas. Dé algunos ejemplos y coméntelos.

Cuaderno de ejercicios 2.1 "Elementos de la comunicación"

 Cuaderno de ejercicios 2.2 "Funciones del lenguaje"

2.3 CARACTERÍSTICAS DEL LENGUAJE

Desde el filósofo griego Aristóteles (384–322 a.C.) hasta nuestros días, muchos pensadores, poetas, escritores, gramáticos, filólogos y lingüistas han reflexionado sobre los idiomas y el lenguaje. Dada la complejidad de este tema, no admira que hayan llegado a conclusiones muy variadas e incluso contradictorias. Eso se debe a que el lenguaje tiene más facetas de las que hemos podido captar de una manera coherente y uniforme. Sin embargo, aunque la naturaleza íntima del lenguaje se nos escape, los conocimientos de que disponemos no son despreciables, sino todo lo contrario. Sabemos, por ejemplo, que el lenguaje es algo esencialmente humano, con características muy distintas de la comunicación que tiene lugar entre miembros de otras especies animales.[1]

Un obstáculo es que lo que llamamos "lenguaje" es algo abstracto, que sólo podemos observar indirectamente, mediante sus manifestaciones, que son las lenguas o idiomas. Se calcula que hay en el mundo entre tres mil y cinco mil lenguas y dialectos. El recuento se hace difícil debido a que la distinción entre lengua y dialecto, de la que hablaremos más adelante (2.5), es imprecisa. De todos modos, sólo una minoría de las lenguas conocidas han sido analizadas y, en muchos casos, con escasa profundidad.

 Hay enormes diferencias entre los idiomas conocidos. Hay una gran variedad de sonidos del habla, de sus combinaciones, de maneras de formar las palabras y organizarlas para expresar las ideas, objetos y acciones que constituyen el mundo extralingüístico. Pero camuflados por esa diversidad de manifestaciones, hay rasgos compartidos por todas las lenguas. Esos rasgos forman una base común que justifica la hipótesis de que todos los idiomas son manifestaciones de un mismo fenómeno.

Una definición de trabajo es que el lenguaje es *una forma de comportamiento social que permite la comunicación mediante el empleo creativo de un sistema ordenado de signos orales arbitrarios.* Comentemos los elementos esenciales de esta definición.

2.3.1 Comportamiento social comunicativo

Como forma de comportamiento el lenguaje es a la vez individual y colectivo, y se manifiesta en un contexto social. Presupone la interacción de dos o más individuos e implica codificar un significado y transmitirlo a otro ser humano, que a su vez lo descodifica.

Mediante el lenguaje expresamos ideas y emociones, y además influimos el modo de ser y de actuar de los demás. Las órdenes y pedidos son sólo la manera más obvia de ejercer tal influencia. Cuando le digo a un compañero: "Necesito verte", no solamente le informo, sino que formulo una petición o mandato indirecto.

El lenguaje ejerce cierto control sobre el contexto comunicativo. Al decir "En esta reunión quisiera hablar de tal cosa", el empleo del demostrativo *esta* define un espacio y un evento compartidos con mis interlocutores. Cuando digo "Quisiera comentarte tal cosa", no sólo expreso mi voluntad mediante una forma del verbo *querer* sino que encauzo la interacción verbal hacia un tema específico. Al hacer eso, determino con anticipación el vocabulario que se empleará, y quizás también las posibles consecuencias de esa conversación.

Por comunicación se entiende el intercambio de información, la transmisión de ideas, la manifestación de sentimientos, deseos y emociones, la elaboración de conceptos abstractos, la recreación del pasado y hasta la invención del futuro. Todo eso se lleva a cabo mediante la interacción verbal. El ámbito del empleo comunicativo del lenguaje es prácticamente ilimitado, puesto que puede operar a distancia, a través de la escritura o de los medios de comunicación. El lenguaje actúa incluso a través del tiempo, ya sea mediante la escritura o las grabaciones sonoras, ya sea por el método milenario de la trasmisión oral del saber de los mayores a los más jóvenes, recurso éste empleado tanto en las sociedades analfabetas como en las más avanzadas.

ACTIVIDAD 2.3 Imagínese viviendo sólo en una isla desierta. ¿En qué funciones utilizaría usted el lenguaje? En esas condiciones, ¿seguiría el lenguaje siendo para usted una actividad social?

2.3.2 Oralidad

Desde luego, el lenguaje tiene manifestaciones no orales. Por ejemplo, los hablantes de ciertas lenguas indígenas de México y los habitantes de la isla de Gomera (archipiélago de las Canarias) pueden comunicarse por medio de un complejo sistema de silbidos.[2] En otros sistemas comunicativos, como las lenguas de señales usadas por los sordos, se emplean gestos, ya sea para representar letras, que a su vez representan los sonidos del habla, o fonos°, ya sea para representar directamente los significados, dispensando completamente los fonos. Pero se trata de casos condicionados por circunstancias como el medio ambiente o particularidades fisiológicas que impiden la comunicación oral. Por lo general, el lenguaje se manifiesta oralmente mediante un número finito de fonos articulados.

La escritura es sin duda fundamental en las sociedades modernas, que privilegian los contratos escritos, y donde los analfabetos no pueden acceder a muchas profesiones, ni siquiera ejercer ciertos derechos civiles, puesto que hay países en donde no se les permite votar. A lo largo de la historia el acceso a la alfabetización° —y a la instrucción en general— ha sido manipulado como instrumento de dominación, y queda evidente que las sociedades subdesarrolladas no lograrán superar su condición sin vencer la barrera del analfabetismo°. Sin embargo, el prestigio de la escritura no debe llevarnos a confundirla con el lenguaje. El habla representa referentes extralingüísticos —objetos, conceptos, acciones— mediante palabras formadas por combinaciones de sonidos. La escritura, en cambio, es una representación convencional de los fonos por medio de señales gráficas como las letras de los diversos alfabetos (como el latino, el arábico, el cirílico, el griego, o el hebreo). Por lo tanto, la escritura es una representación secundaria y aproximativa de aquellos referentes.

Hay razones biológicas para la primacía del habla. Exceptuadas las personas afectadas por ciertas condiciones sicológicas, como la afasia°, los seres humanos normales que crecen en sociedad aprenden a hablar aproximadamente en la misma fase de su desarrollo físico. En cambio, la escritura es una invención reciente que, según los expertos, no tendrá más que unos cinco o seis mil años de existencia, mientras que se calcula que el lenguaje oral articulado existe desde hace más de cien mil años. La mayoría de las lenguas no tiene representación escrita, y no por eso dejan de ser instrumentos de comunicación perfectamente aptos en el ámbito de sus comunidades. Es decir que, pese a su importancia y utilidad, la escritura no es esencial para la vida en sociedad. La mayoría de las culturas de las que se tiene conocimiento no la han empleado, y una buena parte de la humanidad no sabe leer ni escribir. Pero no se tiene noticia de ninguna cultura normal que haya jamás prescindido del habla.

Hay que considerar también que es la escritura la que se basa en el habla y no al revés. Esto resulta evidente en la escritura alfabética, que representa aproximadamente los fonos: el valor fonético de cada letra es relativamente constante en cada sistema ortográfico, el orden de las letras representa el de la producción de los fonos, y la secuencia de las palabras escritas, la de su producción oral.

ACTIVIDAD 2.4   Observe las modalidades de comunicación que utilizan usted y sus compañeros de piso o residencia estudiantil. ¿Son todas manifestaciones del lenguaje o hay alguna que no lo sea?

2.3.3 Creatividad del lenguaje

Cuando hablamos, podemos crear un sinnúmero de oraciones nuevas, jamás pronunciadas por nadie. Aunque empleemos expresiones hechas (**buenos días, usted que es tan amable, hágame el favor, no hay derecho**), la mayoría de los enunciados no se repiten de memoria sino que se crean en el acto. Ese aspecto creativo del lenguaje nos permite improvisar e interpretar un número teóricamente infinito de enunciados nuevos, mediante un sistema finito de reglas sintácticas y un vocabulario que, por más rico que sea, también es finito. Es poco probable que alguna vez se haya dicho o escrito **Es sumamente dudoso que el empleo de consignas políticamente correctas confiera validez al discurso académico;** sin embargo, su interpretación resulta posible porque conocemos el significado de las palabras y las reglas que organiza aquel enunciado.

ACTIVIDAD 2.5   Analice lo que dice usted, o alguna otra persona, durante algunas horas. ¿Se nota creatividad en todo lo que dice? ¿O es que hay frases o expresiones que se repiten? Y si las hay, ¿qué es lo que predomina: las frases creativas o las frases hechas? ¿Cómo lo explica usted?

2.3.4 Arbitrariedad de los signos lingüísticos

Las secuencias de fonos constituyen **signos** cuya relación con sus **referentes** (es decir, las cosas, o ideas que representan) es arbitraria. Por ejemplo, no hay una conexión directa, lógica, ni necesaria, entre la palabra **silla** y el objeto que llamamos "silla" en español, ni entre el vocablo **guerra** y una acción bélica, ni entre la palabra **amor** y el complejo sentimiento que nos hace pasar noches sin dormir, escribir poemas o proponer matrimonio a alguien. El mismo objeto puede ser descrito por secuencias de fonos totalmente diversas en el mismo idioma, como por ejemplo, **ordenador/computadora, magnetofón/graba-dora** o **ascensor/elevador,** o en idiomas distintos, como esp. **perro,** ing. **dog,** al. **Hund,** fr. **chien,** ptg. **cão,** que tienen el mismo referente.

Una excepción a esta norma son las *onomatopeyas,* secuencias de fonos que representan los sonidos de las cosas que significan, como las voces de ciertos animales **(guau, miau)**, el ruido del agua al correr **(gluglú),** y otras más. Pero aun así, además de constituir un aspecto muy limitado, casi marginal, de la lengua, las onomatopeyas son convencionales. La prueba de ello es que varían de un idioma a otro. Esto ocurre en la representación de las voces de los animales, como por ejemplo el gallo: esp. **quiquiriquí,** ptg. **cocoricó,** ing. **cock-a-doodle-doo.** Por lo tanto, no se puede decir que haya una relación lingüística directa entre esas palabras y lo que representan.

ACTIVIDAD 2.6   Si usted conoce a hablantes de otros idiomas, pregúnteles cómo se representan en sus lenguas las voces de algunos animales y compare esas representaciones. ¿Tienen algo en común? ¿Cómo se explica eso?

2.3.5 Sistematicidad

Aunque la relación entre signo y referente es arbitraria, el lenguaje es sistemático. Su sistematicidad se debe a reglas que determinan la forma de los signos y cómo estos se organizan para formar enunciados. Esa organización sistemática se manifiesta en todos los niveles del lenguaje: cómo los sonidos forman palabras, cómo estas forman frases y oraciones, y cómo estas se organizan en discursos más complejos.

 Cuaderno de ejercicios 2.3 "Publicidad y lingüística"

2.4 OTROS ASPECTOS DEL LENGUAJE

Desde luego, el lenguaje es una cosa muy compleja que sólo se puede empezar a comprender poco a poco. Pero hay tres aspectos importantes que vale la pena mencionar, aunque someramente: reglas lingüísticas, competencia y actuación, y universales lingüísticos.

2.4.1 Reglas lingüísticas

Cuando hablamos de las reglas del lenguaje, no nos referimos a las reglas *prescriptivas* (de pronunciación, sintaxis o vocabulario) encontradas en los manuales de enseñanza de idiomas, sino a reglas *descriptivas,* que tratan de explicar cómo funciona el lenguaje. Las reglas prescriptivas —si se toman con moderación— nos ayudan a aprender a pronunciar las palabras, a usar correctamente el subjuntivo, o a organizar más o menos bien una oración. Las reglas descriptivas, en cambio, funcionan como un modelo teórico de la estructura del idioma.

Los fonos constituyen sistemas definidos mediante el valor distintivo de sus miembros. Por ejemplo, en español contrastan los fonos representados por las letras **r** y **rr,** ya que cada uno de ellos permite señalar un significado distinto, según se nota en contrastes como **caro: carro** o **pero : perro.**

Las secuencias de fonos constituyen *morfemas,* o unidades de significado con las cuales se forman las palabras (Capítulo 4). Como ejemplos se pueden citar los sufijos como **-ble,** que significa 'digno de' (es convención poner entre comillas sencillas los significados de las formas citadas): **despreciable** 'digno de desprecio', o 'que tiene determinado atributo', como **culpable** 'con culpa', **temible** 'que inspira temor', **preferible** 'que se debe preferir'. Otro ejemplo son prefijos como **in-, im-** o **i-,** todos con el significado de 'negación' **(imposible, indigno, ilegible),** y las terminaciones verbales como **-mos,** 'primera persona del plural' **(hablamos, comemos, partimos).**

Hay reglas que describen las secuencias posibles de fonos y palabras. Mientras que en inglés la secuencia **s + consonante** puede empezar palabras *(stress, spleen, standard, squash),* en español hay una regla que no permite dichas secuencias. Esto explica por qué, al ser importadas al español, tales palabras se pronuncian con una **e-** inicial, la cual puede incorporarse a la ortografía común **(estrés, estándar).**

ACTIVIDAD 2.7   Haga una lista de palabras españolas que empiecen con los prefijos **i-, in-, im-** (con el significado de 'negación') y busque sus equivalentes en inglés. ¿Por qué la palabra *inglés* no debe constar de esa lista? ¿Tienen los mismos prefijos las palabras inglesas? ¿Cómo lo explica usted?

Al nivel de la organización interna de las palabras, el español requiere que el plural venga al final (*libros, librito**s***). Por eso, una secuencia como **librsito* está malformada, es decir, no es gramatical. (Por convención, el asterisco señala una forma agramatical, o mal formada.)

Otra regla del español exige que el artículo venga antes del sustantivo y no después, y por eso aceptamos **el hombre** pero no ****hombre el.** Sin embargo, no es una regla universal: en rumano y en vasco, por ejemplo, el artículo definido sigue al sustantivo, ligado a éste como un sufijo: rum. **om** 'hombre' vs. **omul** 'el hombre'; vas. **gizon** 'hombre' vs. **gizona** 'el hombre'.

Otras reglas, también específicas de cada idioma, tienen que ver con las relaciones funcionales entre las palabras. Por ejemplo, en español hay una regla de **concordancia nominal,** según la cual los artículos y adjetivos van en plural si el sustantivo modificado está en plural **(las casas verdes, los carros grandes).** Pero en otros idiomas no es necesariamente así. En inglés, por ejemplo, no hay concordancia de número entre artículo, adjetivo y número **(*the green house/houses, the big car/cars*).** Asimismo, en español ciertas reglas hacen variar la forma del verbo según el sujeto **(yo hablo, nosotros hablamos),** pero en inglés sólo hay variación en la tercera persona singular del presente **(*I/you/we/they speak, he speaks*).**

ACTIVIDAD 2.8   ¿Existe en inglés algún caso de concordancia entre el sustantivo y alguna otra palabra? (Por ejemplo, en una construcción como **this** *house* vs. _____ *houses;* **that** *house* vs. _____ *houses.*) Compare esa situación con la situación correspondiente en español.

La manera de señalar la función gramatical de las palabras también varía de un idioma a otro. En latín, por ejemplo, la terminación del sustantivo y del adjetivo señala la función. Así, en la frase latina (1) la terminación **-a** señala el sujeto **(*puella*),** es decir quien hizo la acción, mientras que el complemento directo **(*canem*),** es decir quien recibió la acción, viene marcado por la terminación **-em.** En cambio, en la frase (2) el complemento directo singular **(puellam)** queda señalado por la terminación **-m,** y la terminación **-is (canis)** señala el sujeto.

1. *puella canem momordit* 'la niña mordió el perro'
2. *puellam canis momordit* 'el perro mordió a la niña'

ACTIVIDAD 2.9   Basándose en las frases (1) y (2), analice las frases latinas (a) y (b). ¿Cuál es el sujeto de (a)? ¿Y el de (b)? ¿Qué función tiene *magistram*? ¿Y *discipulam*?

(a) *magistra discipulam amat* 'la maestra quiere a la alumna'
(b) *magistram discipula amat* 'la alumna quiere a la maestra'

Otras reglas describen los procesos que permiten la combinación de oraciones, como la *coordinación*° y la *subordinación*°. La coordinación permite formar secuencias de palabras o construcciones más complejas, conectadas o no por una conjunción como *y:* **Juan, Mateo, Luca y Judas. Fuimos al cine, dimos un paseo por el parque, llegamos al café y tomanos una copa.** La subordinación, a su vez, consiste en insertar una oración en otra. Eso puede hacerse representando ciertos elementos por un pronombre relativo° como **que**. Éste, desprovisto de significado propio, refleja el significado del término representado. La subordinación permite crear cadenas de oraciones que, por lo menos en teoría, podrían ser infinitas: *La chica* **que** *manejaba el coche* **que** *atropelló a la vieja* **que** *compró la casa* **que** *construyó el arquitecto* **que** *vivía en el pueblo* **que** *fue inundado por la lluvia* **que…**

Un aspecto fundamental de la sistematicidad del lenguaje incluye la *sintaxis*° (Capítulo 5), es decir, el conjunto de reglas que permiten formar ciertas secuencias de palabras a la vez que excluyen otras secuencias. Una misma regla sintáctica puede ser común, o no, a dos idiomas. Por ejemplo, tanto el español como el inglés tienen una regla que permite que a oraciones activas como **Juanita presentó la propuesta al director/***Juanita handed the proposal to the director* corresponda una variante (llamada *pasiva*) en la que el complemento directo **(propuesta/***proposal)* aparece como sujeto: **La propuesta le fue presentada al director por Juanita/***The proposal was handed to the director by Juanita.* Pero mientras que en inglés se puede formar una construcción pasiva en la que el sujeto es el complemento indirecto de la oración activa correspondiente (es decir la persona que recibe la propuesta), en español esa construcción no suele ocurrir: ***Mary was offered a job/****María fue ofrecida un trabajo .

Respecto a la organización del significado, las palabras de cualquier idioma pueden analizarse mediante sistemas de rasgos semánticos como *masculino, femenino, humano, no humano, animado, no animado* y otros más. Además, las lenguas poseen recursos para señalar significados que abarcan el ámbito de todo un enunciado, como los *de afirmación, interrogación, mandato, negación y exclamación.* En español, el contraste entre la afirmación y la interrogación se hace fundamentalmente variando la entonación (es decir la curva melódica del enunciado): **Habla francés.** (entonación descenciente) vs. **¿Habla francés?** (entonación ascenciente). En cambio, en inglés se combinan con la entonación, el orden de las palabras *(You are there.* vs. *Are you there?,* o coloquialmente, *You are there?)* y el uso de una palabra interrogativa como *do (You speak English.* vs. *Do you speak English?* o coloquialmente, *You speak English?)*

2.4.2 Competencia y actuación

Los conceptos de *competencia* y *actuación*, divulgados a partir de las obras del lingüista norteamericano Noam Chomsky, establecen una división entre dos aspectos fundamentales del lenguaje. Quienes han aprendido formalmente la estructura de un idioma pueden explicarla en términos técnicos, pero la mayoría de los hablantes no saben hacerlo, puesto que conocen aquella estructura sólo de una manera intuitiva, y sin embargo pueden utilizar el lenguaje como medio de comunicación.

Se entiende por *competencia lingüística* el conocimiento intuitivo que uno tiene de su primera lengua (también llamada "lengua materna"), adquirido naturalmente en los primeros años de vida. Como todas las personas normales adquieren su primera lengua siguiendo más o menos el mismo proceso, se supone que esto se deba a una "facultad de lenguaje" inherente a la especie humana. Esa facultad de lenguaje es lo que nos permite recibir y procesar el *input* lingüístico que nos proporciona de nuestra primera comunidad de habla, y con base en ello, elaborarnos un modelo de lenguaje. Se trata de una gramática (en el sentido comentado en la sección 2.4.3) mental e intuitiva, que nos permine manejar automática e intuitivamente los elementos de la lengua —sonidos, sílabas, palabras, significados— para formar enunciados comunicativos.

A su vez, la actuación lingüística consiste en el uso del lenguaje en situaciones específicas. Cada vez que decimos algo, sea una frase nueva, sea un saludo convencional **(Buenos días, ¿cómo estás?),** se trata de una manifestación de la actuación lingüística. En principio, el objetivo de la lingüística es el de describir la competencia de los hablantes, pero como no se puede observar directamente, el estudio de la competencia se lleva a cabo mediante la observación de la actuación.

Pese a las divergencias teóricas, inevitables en un campo tan fragmentado como la lingüística, hay acuerdo en que se puede analizar el lenguaje en términos de subsistemas o componentes que rigen sus aspectos fundamentales, a saber:

1. *Componente fonológico:* se encarga de la producción de los fonos, sus combinaciones e interpretación, permitiéndonos distinguir entre las secuencias posibles **(ba, bar, barato)** y las que no lo son, como ***lsf, *mrb, *tgf.**

2. *Componente morfológico:* la formación de palabras, es decir secuencias de fonos dotadas de significado. Este componente permite ciertas formas pero no otras. Por ejemplo, un gerundio puede pluralizarse cuando se usa como sustantivo **(los graduandos, los doctorandos)** pero no como verbo **(están *cantandos, estamos *hablandos).**

3. *Componente sintáctico:* la organización de las oraciones, es decir secuencias de palabras que trasmiten un mensaje. Ciertas secuencias de palabras son gramaticales **(Me dio un libro)** pero otras son agramaticales **(*Fui dado un libro).**

4. *Componente semántico:* las reglas que permiten asignar un significado a las palabras y oraciones, y asimismo interpretar dicho significado y saber cuando un enunciado es redundante **(círculo redondo)** o contradictorio **(*círculo triangular).**

La competencia lingüística se complementa por la *competencia comunicativa,* que representa la capacidad de utilizar el lenguaje para comunicarse con otras personas. Entre otros aspectos, se encuadra en la competencia comunicativa el *componente pragmático* (que algunos autores consideran parte del componente semántico), el cual incluye las reglas que rigen la adecuación de los enunciados al contexto comunicativo. Es decir, el componente pragmático nos permite elegir la palabra o expresión apropiada a la situación. Por ejemplo, **Hola, Paquita** y **Buenos días, señora Nieves** son dos maneras de saludar a una mujer llamada **Francisca Nieves** y la elección entre ellas depende de la relación entre los interlocutores y de la situación en la que se encuentren. Además, permite asociar el significado de oraciones distintas, decidir si la situación requiere respuestas breves o detalladas, interpretar si el interlocutor habla en serio o en broma, o si lo que dice debe interpretarse literal o figuradamente.

 Cuaderno de ejercicios 2.7 "Los componentes del lenguaje"

2.4.3 Significados de la palabra *gramática*

En nuestro estudio de lingüística tendremos ocasión de emplear a menudo la palabra *gramática,* y por lo tanto hace falta entender sus distintos significados. Esencialmente, una gramática es un conjunto sistemático de reglas. Cualquier actividad tiene su gramática, aunque no usemos este término para designar las reglas para jugar al tenis o para manejar el cuchillo y el tenedor a la mesa.

1. Gramática es el conjunto de reglas prescriptivas que se enseñan en las clases de idiomas.

2. Gramática es el libro que contiene aquellas reglas. En esta acepción, cabe distinguir entre las *gramáticas de referencia* o de *consulta,* empleadas para resolver dudas, y las *gramáticas pedagógicas,* utilizadas como manuales de aprendizaje. Ambas son *normativas* o *prescriptivas, es* decir, presentan reglas que suelen basarse en la variedad escrita del idioma, aunque algunas tratan también la variedad hablada.

3. Una gramática *descriptiva* se limita a describir cómo realmente se usa el idioma, sin hacer juicios valorativos ni señalar una u otra forma como más o menos correcta que otra.

4. En un sentido más técnico, el término *gramática* corresponde a la competencia lingüística de los hablantes. Imaginamos esa gramática como un sistema de reglas abstractas que cada hablante desarrolla para sí mismo mientras adquiere su lengua materna.

5. Además, los lingüistas se ocupan de los aspectos descriptivo y explicativo del lenguaje, y algunos se interesan también en temas pedagógicos relacionados con el uso de un idioma. Pero incluso en ese caso tratan de que su perspectiva no sea prescriptiva. Es decir, no se trata de dictar reglas sobre cómo debe ser el lenguaje, sino de explicar cómo es y cómo funciona. Además, elaboran modelos teóricos para explicar los sistemas de reglas abstractas que definen aquellos componentes del lenguaje. Eso se hace mediante el análisis de la actuación lingüística, que es la manifestación del lenguaje en el habla.

ACTIVIDAD 2.10 Cualquier actividad sistemática puede describirse en términos de una gramática, o sistema de reglas. ¿Qué gramática sigue usted para utilizar el cuchillo y el tenedor? ¿Mantiene cada uno en la misma mano o los cambia de mano? Observe cómo lo hacen personas de otras culturas. ¿Siguen la misma gramática que usted o no? ¿Cómo describiría las semejanzas y diferencias?

 Cuaderno de ejercicios 2.8 "Gramáticas"

2.4.4 Universales lingüísticos

El cambio temporal y la variación lingüística subrayan el hecho de que hay mucha diversidad en la organización interna de los idiomas. Más allá de esa variedad, sin embargo, todos los idiomas naturales comparten ciertas propiedades generales que, según la teoría propuesta por Noam Chomsky,[3] reflejan una gramática° universal que nos permite ir más allá de la realidad individual de cada idioma particular y hablar del lenguaje como un fenómeno unitario. Veamos a continuación algunas de esas características universales del lenguaje:

1. Todos los idiomas utilizan un número limitado de fonos que pueden describirse mediante los mismos rasgos articulatorios.

2. En todo idioma hay dos clases de fonos, las vocales y las consonantes.

3. Los fonos, que no tienen significado en sí mismos, se combinan según reglas específicas, formando así las palabras.

4. La relación entre las palabras y sus significados es fundamentalmente arbitraria.

5. El significado de las palabras puede analizarse mediante rasgos universales; aplicables a todos los idiomas, como *masculino, femenino, humano, animado,* etc.

6. Las palabras se combinan según normas sintácticas bien definidas, originando oraciones aseverativas, interrogativas o negativas.

7. Todos los idiomas tienen un conjunto finito de reglas específicas que permiten generar un número infinito de oraciones.

8. Todos los idiomas disponen de recursos para referirse al tiempo físico, distinguiendo entre eventos pasados y no pasados.

9. Todas las lenguas cambian a medida que pasa el tiempo.

ACTIVIDAD 2.11   ¿Cuáles son algunos de los sonidos que existen en el inglés pero no en el español, o vice versa? A su parecer, ¿qué problemas de pronunciación plantearía una lengua sin vocales o consonantes?

 Cuaderno de ejercicios 2.4 "Las funciones del lenguaje en un contexto"

2.5 LENGUAJE Y VARIACIÓN

De tanto referirnos a "la lengua", acabamos convenciéndonos de que se trata de una cosa uniforme, hecha de una sola pieza. Pero una lengua es, sobre todo, variedad. Basta fijarnos en cómo habla la gente —nosotros y los demás— para darnos cuenta de que nuestro idioma varía enormemente. La variación es un rasgo fundamental de cualquier idioma y se manifiesta en distintas dimensiones: de una época a otra, de una región a otra, y entre los distintos grupos de hablantes de lo que se suele considerar el mismo idioma.

2.5.1 Lengua (o idioma), dialecto e idiolecto

¿Es el habla de cierta región un "dialecto de la lengua" o "la lengua propiamente dicha"? ¿Habla usted un dialecto o una lengua? Algunos piensan que hablan "la lengua" y que los que la usan de modo algo distinto —en pronunciación, vocabulario, sintaxis— hablan "dialectos". Pero, ¿qué es un dialecto? ¿Y qué diferencia hay entre lengua y dialecto? Son preguntas cuya respuesta depende de cómo se definan los conceptos de lengua y dialecto. Ambos se refieren a un conjunto de características comunes manifestadas en el habla de una comunidad. Pero en la práctica la diferencia resulta a veces algo borrosa.

En el lenguaje común se suele usar la palabra *dialecto* con ciertas connotaciones negativas, como si se tratara de un habla inferior o incompleta. Pero en lingüística *dialecto* es estrictamente un término técnico que significa lo mismo que "variedad, variante o modalidad de un idioma", y no tiene ninguna connotación valorativa. Por otra parte, *lengua* (o idioma) es un término más general: hablamos de dialectos cuando queremos diferenciar entre dos o más variedades de una entidad más amplia. Los dialectos suelen ser definidos en términos geográficos o regionales. Así, al hablar del español de España, nos referimos al conjunto de dialectos (o variedades) peninsulares, contrastándolo con las variedades (o dialectos) hispanoamericanas. Dentro del marco peninsular distinguimos entre los (sub)dialectos castellano, andaluz, extremeño o murciano, entre otros. Y refiriéndonos al español hispanoamericano, hablamos de los (sub)dialectos argentino, peruano, mexicano o caribeño, entre otros. A su vez, el porteño sería un subdialecto del dialecto argentino; el sonorense, un subdialecto del dialecto mexicano; y el habanero, un subdialecto del dialecto cubano.

El término *macrodialecto*, en cambio, designa el conjunto de dialectos o variedades lingüísticas de una región. Por ejemplo, los dialectos cubano, dominicano y puertorriqueño son (sub)dialectos del (macro)dialecto caribeño.

Las connotaciones negativas que tiene la palabra *dialecto* en el habla corriente han sido aprovechadas para fines represivos. En España, el régimen dictatorial del general Francisco Franco (1939–1975) que siguió a la Guerra Civil (1936–1939) trató de suprimir las lenguas regionales, como el catalán o el gallego. Para eso, difundió la equivocada idea de que no eran lenguas, sino "dialectos regionales" del español, no aptos para usos culturales. Esa noción, sin ningún valor científico, se basaba en una jerarquía artificiosa entre una variedad prestigiosa del idioma ("lengua") y una variedad sin prestigio ("dialecto"). Pero esa manipulación de la terminología no refleja una realidad lingüística, sino una motivación ideológica y política.

Bien miradas las cosas, queda claro que la idea de "lengua" es una abstracción, y que cada uno de nosotros habla un dialecto u otro. Para los lingüistas, una lengua está formada por un conjunto de variedades —regionales, étnicas, sociales—, cada una de las cuales tiene unos rasgos específicos por los que contrasta con los demás. Por lo tanto, para hablar con precisión de un dialecto deberíamos definir claramente los rasgos que lo caracterizan. En cambio, el término *variedad* es más flexible y resulta práctico cuando queremos referirnos, sin demasiada precisión, al habla de una región o de un grupo social: la variedad limeña del español peruano, la variedad murciana del español peninsular, o el habla de determinado grupo étnico o socioeconómico.

En la definición de lo que sea una lengua intervienen a menudo criterios no lingüísticos. Un criterio comúnmente empleado por los no lingüistas es la nacionalidad de los hablantes. Lo que se llama el "idioma chino", por ejemplo, se habla de maneras distintas según la región, y hay suficientes diferencias entre algunas de sus variedades, como el mandarín y el cantonés, para que los hablantes de uno no comprendan a los del otro. Pero como tienen una escritura uniforme y se hallan además dentro de las fronteras del mismo estado soberano, tradicionalmente se consideran variedades del mismo idioma y no lenguas distintas, como se podría hacer, si se empleara como criterio clasificatorio la inteligibilidad recíproca.

En cambio, el holandés y el flamenco, aunque se hablen en países distintos (Holanda y Bélgica) y tengan algunos rasgos distintos, se consideran variedades del mismo idioma. Algo parecido pasa con el catalán (originario de la región de Cataluña, región del nordeste de España, donde se originó), cuyas variedades se conocen por nombres regionales, como **valenciano** en Valencia y **mallorquín** en Mallorca, entre otros. Pese a pequeñas diferencias de pronunciación, morfología, sintaxis y vocabulario, se trata de la misma lengua, aunque haya quienes, por razones políticas, digan que son idiomas distintos.

El criterio de comprensión mutua es relativo, puesto que la comprensión no tiene lugar entre sistemas lingüísticos, sino entre individuos, e influyen en ella diversos factores, como el tema de la conversación, el vocabulario y estilo del habla, el grado de instrucción de los interlocutores, el grado de familiaridad que puedan tener unos con otros y, desde luego, el deseo de comunicar. A medida que se delimita el número de hablantes que queremos tener en cuenta, se achica el ámbito de una lengua o de un dialecto. ¿Cuántas personas tiene que haber en una comunidad de habla? Como mínimo, dos, pero está claro que en ese caso el término pierde algo de su utilidad si las dos personas forman parte de una comunidad más grande: dos enamorados, ambos hablantes del mismo idioma, pueden compartir en exclusiva unas cuantas palabras y expresiones, pero se trata de una situación de limitado interés dialectológico. Por otra parte, si hablan idiomas distintos, o variedades muy divergentes del mismo idioma, entonces es posible que se desarrolle entre ellos una mezcla de idiomas o dialectos que sí puede tener algún interés lingüístico. Asimismo, si un grupo de hablantes de varios idiomas o dialectos naufragan y tienen que pasar algunas décadas en una isla desierta, es posible que desarrollen un idioma o dialecto particular.

Lo que caracteriza un dialecto (o una lengua) es el conjunto de los elementos lingüísticos —fonos, vocabulario, construcciones gramaticales, modismos, etc.— compartidos por una comunidad de habla. Los rasgos que forman la peculiaridad lingüística de un individuo, constituyen su *idiolecto*.

ACTIVIDAD 2.12 Observe a otras personas que hablen el mismo idioma que usted y haga una lista de las diferencias sistemáticas que encuentre entre su manera de hablar y la de ellas. ¿Qué diferencias hay en su pronunciación? ¿Hay alguna palabra que usen ellas pero no usted? ¿Qué otras diferencias se notan? ¿Cómo las explica usted?

2.5.2 Variación temporal y cambio lingüístico

Con el paso del tiempo, cambian todos los aspectos de un idioma. La pronunciación de los fonos se modifica; unas palabras y expresiones cambian de significado o dejan de usarse, a la vez que se incorporan otras a la lengua. Debido al cambio lingüístico se generan los dialectos, es decir las variedades geográficas o sociales del idioma. Se cambian también las normas de la interacción social, y lo que es cortés hoy podrá ser grosero dentro de unas décadas, y vice versa. Una muestra de la literatura en español de los últimos cuatro siglos revela que sólo figuradamente se puede decir que hablamos "el idioma de Cervantes", puesto que la lengua española actual difiere mucho de la que conoció y usó el autor del *Quijote* (1547–1616).

Es ilustrativa la historia de la ortografía de la palabra *México* y sus derivados **(mexicano, mexicanismo).** Hasta principios del siglo dieciséis la letra **x** representaba un fono parecido al de **sh** en inglés **(ship, shot): dixo, mexilla, Quixote,** modernamente **dijo, mejilla, Quijote.** (Por cierto, varios idiomas conservan aquella pronunciación: port. ***Quixote, México;*** fr. ***Quichotte,*** it. ***Chisciotte.*** El fono de la **x** contrastaba con el de la **j** de **hijo** o **mujer,** pronunciada más o menos como a la **z** inglesa de ***azure.*** Pero durante el siglo dieciséis empezó a cambiar la pronunciación de ambos fonos, que acabaron confundiéndose en el fono representado hoy día por la **g** ante **e, i (gente, ginebra)** y la **j (jamás).**

Ahora bien, en el idioma local, el náhuatl, el nombre de la capital azteca era algo como *Me-shik-ko,* que los españoles transcribieron en castellano como **México.** A principios del siglo diecinueve, cuando aquel cambio de pronunciación ya se había consolidado, la Real Academia Española cambió a **j** la ortografía de las palabras en cuestión: **dijo, mejilla, Quijote, Méjico.** Pero en este último país, después de la independencia (1821) y tras un breve período de adhesión a la nueva norma ortográfica, una motivación nacionalista determinó el retorno a la ortografía antigua para el nombre del país y sus derivados. Por solidaridad, luego se hizo lo mismo en las demás repúblicas hispanoamericanas, mientras que la grafía con **j** ha seguido usándose en España, donde actualmente alterna con la forma con **x (mexicano / mejicano, mexicanismo / mejicanismo).** Sin embargo, se adoptó en México la norma académica para topónimos como **Xalapa, Guadalaxara, Xalisco,** que pasaron a escribirse **Jalapa, Guadalajara, Jalisco.**

Con el paso del tiempo cambian también las reglas gramaticales. En castellano medieval los posesivos podían ser precedidos del artículo (ant. **los sus ojos** = mod. **sus ojos),** pero esa práctica ha desaparecido de la lengua moderna. El pronombre **cuyo** se empleó en otros tiempos como interrogativo, significando **¿de quién?,** pero ese uso tampoco existe hoy día. (Compárese el uso de ***whose*** en inglés: ***Whose is this?*** con el español antiguo **¿Cúyo es esto?,** equivalente al moderno **¿De quién es esto?)**

El vocabulario cambia a medida que las palabras se arcaízan° y dejan de emplearse. ¿Quién, además de los filólogos y lingüistas, se acuerda del significado de palabras medievales como **cras, catar, cuita, sen, maguer,** hoy reemplazadas por **mañana, mirar, sufrimiento, juicio, a pesar?** A cada momento se añaden neologismos al léxico del idioma, como **ordenador personal, informática, internet, astronauta, alunizar, emilio** (< ing. **e-mail**) **internauta, globalización,** y tantos más, inventados o tomados como préstamo de otros idiomas, como **fax** o **estrés** (< ing. **stress**) debido a nuevas necesidades expresivas.

La variación y los cambios sufridos por un idioma a lo largo del tiempo constituyen el objeto de la lingüística *diacrónica* (del griego *dia* 'a través' + *khronos* 'tiempo'). Una visión completa debe incluir, además del desarrollo de las formas lingüísticas, información sobre su historia externa, es decir las circunstancias históricas y el contexto cultural del cambio lingüístico. Éste, a su vez, se encuentra íntimamente conectado con otras dos clases de variación, la *geográfica* y la *social*.

ACTIVIDAD 2.13   Haga una lista de palabras o expresiones usadas por sus padres o sus abuelos, pero no por usted. Y al revés, haga una lista de palabras o expresiones usadas por usted y por sus compañeros, pero no por sus padres o sus abuelos. ¿Puede explicar a qué se deben algunas de esas diferencias de vocabulario?

2.5.3 Variación geográfica

Un factor que contribuye a que los hablantes de un mismo idioma hablen de manera semejante es la frecuencia con que se comunican entre sí. Nada es más natural que los vecinos de un pueblo de alta montaña, que han vivido allí por muchas generaciones, compartan más rasgos lingüísticos entre ellos que con los turistas de otras regiones del país, que sólo los visitan en época de vacaciones. Los habitantes del pueblo forman una *comunidad de habla,* es decir, un grupo de personas que interactúan frecuentemente mediante una variedad lingüística común.[4] Por otra parte, los habitantes de aquel pueblo y de otros pueblos vecinos pertenecen a la misma *comunidad de lengua,* es decir, comparten el mismo idioma pero no están necesariamente en contacto regular los unos con los otros. La relativa uniformidad de una comunidad de lengua se revela en el uso de topónimos°, o nombres de lugar, y gentilicios°, o adjetivos de origen regional o nacional, usados para designar la manera de hablar de una región: el habla de Jalisco, el dialecto de Madrid, el andaluz, el extremeño, el español chicano, el español uruguayo o el español andino. Aunque no sean designaciones exactas —algunas, como "español hispanoamericano" o "español caribeño", son verdaderas abstracciones— permiten una útil ubicación inicial.

ACTIVIDAD 2.14 Observe la manera de hablar de alguien de otra región. ¿Qué diferencias (de pronunciación, vocabulario, etc.) encuentra respecto a su manera de hablar?

2.5.4 Variación social

La complejidad de la organización de una sociedad contribuye a la variación lingüística, la cual puede aumentar en las grandes ciudades, donde amplios sectores de la población tienen relativamente poco contacto lingüístico los unos con los otros.

Cuanto más estratificada sea una comunidad, tanto más natural es que haya más comunicación entre los miembros del mismo grupo social que entre un grupo y otro. La variación *social* está definida por aquellos rasgos no compartidos (o compartidos en proporciones variables) por los distintos grupos. Esa variación, que puede afectar cualquier aspecto del lenguaje —la pronunciación, el vocabulario, la sintaxis, la semántica o la pragmática— permite definir las comunidades de lengua desde un punto de vista social.

Éstas pueden hallarse en el mismo espacio geográfico —los barrios ricos de una gran ciudad, por ejemplo— o repartirse por regiones no contiguas. Un caso típico de comunidad de lengua discontinua es el de la pronunciación estándar del inglés británico, la llamada ***received pronunciation*** o ***BBC English*** (Crystal 1997: 396). Esa modalidad del inglés, tradicionalmente empleada en las escuelas privadas (las llamadas ***public schools***) y en universidades como las de Cambridge y Oxford, se derivó históricamente del dialecto del sudeste de Inglaterra, donde se halla Londres (Middlesex) y se impuso como norma debido al prestigio social, económico y político de sus hablantes.

En el caso del español, hasta mediados del siglo veinte se consideró como norma culta para todos los hispanohablantes la pronunciación derivada históricamente del habla de Castilla, descrita por el filólogo español Tomás Navarro Tomás (1974). En lo que a la gramática y al vocabulario se refiere, también se aceptaba como norma culta la variedad castellana, en su modalidad literaria, codificada por la Real Academia Española. Hoy día, sin embargo, está bastante difundida la noción de que distintas regiones hispanohablantes pueden tener cada cual su norma culta, basada en el uso del idioma por las personas instruidas, cuando hablan o escriben en contextos más o menos formales.

En las manifestaciones de la lengua española en su conjunto, se nota mucha más uniformidad en la escritura que en el habla. En ésta, aumenta la uniformidad en proporción directa al grado de formalidad del contexto comunicativo. En un congreso internacional, por ejemplo, profesionales hispanohablantes de diversas nacionalidades emplean un español mucho más uniforme en sus ponencias que en la conversación en los pasillos.

ACTIVIDAD 2.15 Observe la manera de hablar de varias personas y decida si hay alguna diferencia sistemática que se pueda explicar por su distinta condición social. (Una manera práctica de hacer esta actividad consiste en comparar la manera de hablar en programas de televisión dirigidos a teleoyentes de distintos grupos sociales.)

2.5.5 Variación estilística

También contribuyen a la variación la diversidad de estilos del habla. Podría pensarse que, al ser el estilo algo muy personal, esa clase de variación actuara sólo en el ámbito individual. Pero aparte de los estilos literarios, bastante más creativos, el estilo en el habla normal depende del consenso de los hablantes.

Una variable estilística importante tiene que ver con el grado de formalidad del contexto comunicativo. En un almuerzo en el campo, le puedo decir a un amigo: **Oye, pásame el paté,** o si no, **¿Me pasas el paté?,** pero en una cena formal, a una persona a la que acabo de conocer a lo mejor le pido: **Si no es molestia, ¿podría pasarme la mantequilla?,** pero al camarero sólo basta con pedirle, **Mantequilla, por favor.** Para decirles a los demás que no deben fumar, tengo varias opciones: **Se ruega no fumar** es una expresión hecha, formal e impersonal; **Siento informarles que no se puede fumar** es cortés, algo menos impersonal (empleo la primera persona y me dirijo a los demás directamente); **Lo siento, chicos, pero no podemos fumar aquí** es informal y más personal (por lo que me incluyo en el número, incluso si no soy fumador); **¡No fumar!** si soy un sargento dirigiéndome a los reclutas.

ACTIVIDAD 2.16 Elija dos o tres situaciones que contrasten en su grado de formalidad (por ejemplo, una charla con sus amigos en una pizzería, una entrevista para conseguir un trabajo, una conversación en la oficina de un profesor) y analice la manera de hablar de los participantes. ¿Qué clases de palabras se usan o no se usan? ¿Hay alguna diferencia en la pronunciación? ¿En el tono de la voz? ¿En la manera como cada interlocutor espera su turno? ¿O es que se interrumpen mutuamente?

  Cuaderno de ejercicios 2.6 "Características del lenguaje"

2.6 ÁREAS DE LA LINGÜÍSTICA

Pero, ¿cómo tratan los lingüistas su objeto de estudio? Tanto el lenguaje en general como cada idioma en particular tienen muchas facetas y por lo tanto pueden analizarse desde distintos puntos de vista. Cualesquiera que sean éstos, se trata de emplear una metodología objetiva, buscando unos resultados tan exactos como sea posible. Además de ese acercamiento científico, hay otros, como el filosófico o el estético, con presupuestos, objetivos y líneas de investigación distintas que las de la lingüística. Ésta, además, adopta una variedad de presupuestos teóricos y métodos de análisis no siempre compatibles los unos con los otros. Sin embargo, pese a que no siempre están de acuerdo, el trabajo de los lingüistas consiste en describir y explicar cómo se hallan estructuradas las relaciones entre los signos y sus significados.

La estructura del lenguaje no es algo evidente, y como la estructura de la materia, no se puede observar directamente. Al igual que los físicos y químicos, lo que hacen los lingüistas es postular explicaciones mediante unos modelos teóricos más o menos abstractos. Al elaborar dichos modelos, emplean un vocabulario especializado que, aunque pueda parecer complejo a primera vista, no es ni más ni menos complejo que el usado en otras disciplinas académicas, o en cualquier actividad tecnológica o deporte. A su vez, la lingüística tiene diversas ramas o subespecialidades, a saber:

1. La *fonética* analiza los sonidos de las lenguas del mundo, su articulación y propiedades físicas y acústicas.

2. La *fonología* estudia las relaciones entre los fonos como elementos de un sistema.

3. La *morfología* analiza cómo los fonos forman secuencias dotadas de significado, como los *morfemas* y las palabras.

4. La *sintaxis* se ocupa la estructura de las oraciones.

5. La *semántica* estudia el significado de las palabras y oraciones.

6. La *pragmática* analiza la dinámica del empleo del lenguaje en la comunicación y las normas que rigen la conversación.

7. La *dialectología* estudia la variación geográfica de las lenguas, como por ejemplo, las diferencias de vocabulario o pronunciación entre el español de las distintas regiones de España e Hispanoamérica.

Algunas ramas de la lingüística son claramente interdisciplinares, como la *sociolingüística,* que se interesa en la relación entre la variación de un idioma y la estructura social. La *psicolingüística* estudia los procesos mentales que participan en la producción y procesamiento del lenguaje. La *neurolingüística* se ocupa del procesamiento del lenguaje en el cerebro y de problemas del lenguaje, como la afasia, la dislexia y la disgrafia. En las últimas décadas, se ha establecido como una área específica de estudios la *adquisición del lenguaje,* en la que se notan dos áreas principales, la adquisición del idioma materno y el aprendizaje de idiomas.

Además de esas áreas especializadas, hay ciertos perspectivas específicas que definen cómo los lingüistas enfocan el lenguaje. La *lingüística general* o *teórica* se ocupa (a) de las características del lenguaje en general, en oposición a los rasgos específicos de cada lengua en particular y (b) de las características que debe tener la propia teoría lingüística, las clases de problemas que debe tratar, la metodología que debe usar, etc.

La lingüística *diacrónica°*, o *histórica,* trata de describir y explicar cómo las lenguas cambian con el paso del tiempo. Una rama específica de los estudios diacrónicos es la *filología°,* que se ocupa del análisis de documentos escritos. En cambio, la lingüística *sincrónica°* analiza la estructura de los idiomas sin considerar ni la variación temporal, ni el desarrollo cronológico. La lingüística *comparada* estudia las semejanzas y diferencias entre las lenguas.

La lingüística *aplicada,* a su vez, investiga las aplicaciones de los resultados alcanzados en aquellas disciplinas. Una de sus áreas más desarrolladas es la aplicación de los conocimientos de lingüística a la enseñanza de idiomas. Pero la lingüística aplicada se extiende a otras áreas, como la *lexicografía,* que se dedica a la organización de diccionarios, la inteligencia artificial, la traducción automática por ordenadores y el empleo de métodos lingüísticos en el análisis de textos. Incluye también *la planificación lingüística,* se ocupa de tareas como el diseño de sistemas ortográficos y las decisiones acerca de qué variante de un idioma se debe usar en la enseñanza o en los medios de comunicación. Además de la interpenetración que hay entre las diversas disciplinas de la lingüística, ciertas etiquetas académicas dejan claro que hay áreas de convergencia entre ésta y otras disciplinas: filosofía del lenguaje, sociología del lenguaje, etnolingüística, lingüística antropológica, lingüística computacional, lingüística matemática, lingüística literaria y otras más. Se dan nombres específicos al estudio de las familias de idiomas. La lingüística *románica* se ocupa de todas las lenguas derivadas del latín, y la lingüística *hispánica,* de los idiomas románicos de la Península Ibérica.

 Cuaderno de ejercicios 2.5 "Cada oveja con su pareja"

Términos clave

análisis sincrónico vs. análisis
   diacrónico
cambio lingüístico
comportamiento humano
comportamiento social
dialecto
dialecto o variedad lingüística
fono
gramática descriptiva
gramática normativa o prescriptiva
idiolecto

lengua
referente
regla lingüística
signo
signos arbitrarios
signos orales y no orales
sistema de signos
universal lingüístico

Funciones del lenguaje
Función directiva

Función expresiva
Función factitiva
función fática
función informativa (cognitiva)

*Características del lenguaje
    como comportamiento*
arbitrariedad de los signos
    lingüísticos
carácter humano
carácter social
competencia y actuación
oralidad
sistema de reglas
sistematicidad

Areas de la lingüística
dialectología
filología
fonética
fonología

lingüística aplicada
lingüística comparativa
lingüística diacrónica
lingüística general o teórica
lingüística hispánica
lingüística literaria
lingüística románica
lingüística sincrónica
morfología
neurolingüística
psicolingüística
semántica
sintaxis
sociolingüística

Variación en el lenguaje:
variación estilística
variación geográfica
variación social
variación temporal o cambio
    lingüístico

MITOS SOBRE EL LENGUAJE   Hay quienes dicen que el lenguaje escrito es más lógico, e incluso superior al habla, y que por eso deberíamos esforzarnos por hablar como escribimos. A su parecer, ¿sería posible eso? Y de ser posible, ¿sería deseable? ¿O es que hay alguna diferencia fundamental entre el habla y la escritura?   ¿Qué dificultades se encuentran cuando se trata de poner en práctica esa idea?

SUMARIO

El lenguaje es una forma de comportamiento social humano, que permite la comunicación mediante el empleo creativo de un sistema ordenado de signos orales arbitrarios. Las reglas lingüísticas funcionan como un modelo teórico que permite generar formas lingüísticas (fonos, palabras y oraciones).

El lenguaje es esencialmente oral y se manifiesta mediante el habla. Cada lengua (o idioma) tiene una estructura definida que la distingue de las demás; un dialecto (o variedad) es una manifestación específica de un idioma, usualmente definida en términos geográficos. Todos los idiomas cambian con el tiempo y presentan algún grado de variación regional y social.

El lenguaje se estructura alrededor de cinco componentes: los componentes fonológico, morfológico, sintáctico y semántico corresponden a la competencia que tiene el hablante nativo de producir enunciados que otros miembros de su comunidad de habla acepta como correctos. Además, el componente pragmático corresponde a su capacidad de producir enunciados apropiados a cada contexto comunicativo.

Como medio expresivo, el lenguaje tiene diversas funciones (informativa, directiva, fática, expresiva y factitiva). La lingüística estudia objetivamente el lenguaje y se compone de diversas áreas específicas (fonética, fonología, morfología, sintaxis, semántica y pragmática). Según el punto de vista adoptado, la lingüística se clasifica como general o teórica (teoria del lenguaje), histórica o diacrónica (evolución temporal de las lenguas), psicolingüística (adquisición del idioma materno, aprendizaje de idiomas extranjeros), sociolingüística (relaciones entre las formas de una lengua y la estructura social) y lingüística aplicada, que investiga las posibles aplicaciones de los resultados alcanzados en aquellas disciplinas a la enseñanza de idiomas, a la traducción, a las comunicaciones y a otras actividades en las que interviene el lenguaje.

PRÁCTICA

A. Imagine situaciones en que cada uno de los enunciados siguientes pueda usarse con función (i) directiva o (ii) fática.

> ◢ **Ejemplo: Hace frío, ¿no?**
>
> (Directiva: Es un pedido indirecto para que se cierre la ventana.
> Fática: Es una manera de empezar un diálogo.)

1. Parece que va a llover, ¿no?

2. Veo que te gustan los animales.

3. ¿Trabajas o estudias?

4. ¿Qué estás leyendo?

5. ¿Tienes fuego?

B. ¿A qué se debe la doble grafía de palabras como **México/Méjico, mexicano/mejicano?**

C. ¿Por qué se dice que el lenguaje es fundamentalmente oral?

D. Cierto pájaro se llama **ànec** en catalán, **canard** en francés, **duck** en inglés y **pato** en español. ¿Qué relación hay entre esos cuatro significantes y su significado? Explique su respuesta.

E. Si los signos del lenguaje son arbitrarios, ¿cómo se explica que la gente se entienda?

F. ¿Qué diferencia hay entre las funciones informativa y factitiva del lenguaje? Dé ejemplos de cada una.

G. ¿Qué diferencia hay entre *lengua* y *dialecto?*

H. ¿Qué es más importante para el desarrollo de una civilización, el habla o la escritura? Justifique su respuesta.

I. ¿Cómo se explica que un analfabeto se exprese con fluidez en su idioma, mientras que un extranjero que lo ha estudiado varios años lo hable con dificultad?

J. El mismo extranjero puede explicar diversas reglas de la gramática del idioma, pero al hablar no siempre las utiliza correctamente. ¿Cómo se explica esa situación?

Temas para profundizar

1. Busque en la biblioteca algunas revistas o periódicos de décadas pasadas y analice algunos de sus anuncios. ¿Qué palabras o expresiones encuentra usted que ya no se suelen utilizar? ¿Qué palabras o expresiones comunes hoy día no se encuentran en aquellas revistas? Fórmese una hipótesis para explicar esas diferencias.

2. Dedique algún tiempo durante varios días para observar sistemáticamente cómo utilizan su lengua usted mismo y las personas con las que habla. Haga una lista de lo que se ha dicho y clasifique las funciones del lenguaje que encuentre. ¿Qué función ha sido la más frecuente? ¿Y la menos frecuente? Si hay alguna función que no se haya utilizado, ¿a qué se debe eso? ¿Hay alguna función que le parezca más importante? Explique su respuesta.

3. Busque noticias sobre los mismos eventos en revistas o periódicos escritos en el mismo idioma pero originarios de países distintos (Estados Unidos y Gran Bretaña, o México y España, por ejemplo). ¿Qué diferencias de vocabulario o de construcción de frases encuentra usted? ¿Qué contrastes le llaman más la atención entre las expresiones empleadas en esas publicaciones? ¿Qué diferencias o contrastes lingüísticos encuentra en los anuncios?

Principales fuentes consultadas

Sobre temas generales: Trask 1995, Akmajian *et al.* 1990, McManis *et al.* 1987, y O'Grady *et al.* 2001; sobre la *x* de *México* y otras cuestiones ortográficas, Rosenblat 1963; sobre el nombre de la lengua, Berschin 1982. Sobre comunicación animal: Greenfield y Rumbaugh 1990; O'Grady *et al.* 2001: 647–655; sobre universales, Crystal 1997: 84–85, O'Grady *et al.* 2001: 362–365.

Sugerencias para lectura

Una breve pero informativa introducción a la lingüística es Trask 1999; sobre la variación lingüística en español, Rosenblat 1962, Penny 2000; sobre nociones y terminología gramaticales, *The Oxford Companion to the English Language* (McArthur 1992), y sobre el lenguaje e general, Crystal 1997, Burgess 1992.

─────────────────── **N O T A S** ───────────────────

[1]Sigue sin solución positiva la cuestión de si algunos monos superiores, como los chimpancés, tienen la capacidad de desarrollar un lenguaje. Para una visión general del tema, véanse Crystal 1997, Cap. 64, y O'Grady *et al.* 2001: 647–655.

[2]Véanse Bolinger 1975:75 y Alvar 1996.

[3]Véanse Chomsky 1965 y 1966.

[4]Véanse Gumperz 1968 y Hymes 1967.

Fonética: Los sonidos del habla

3

De manera que no es otra cosa la letra, sino figura por la cual se representa la voz; ni la voz es otra cosa sino el aire que respiramos, espesado en los pulmones, y herido después en el áspera arteria, que llaman gargavero, y de allí comenzado a determinarse por la campanilla, lengua, paladar, dientes y bezos.

Nebrija, *Gramática de la lengua castellana*, Libro I, Capítulo III.

OBJETIVOS En este capítulo presentamos los principios básicos de *fonética articulatoria,* analizamos los sonidos del español desde el punto de vista de cómo se forman y se combinan para formar sílabas, y presentamos los principios básicos de prosodia (acento intensivo, ritmo e entonación).

El lenguaje se manifiesta en el habla, por sonidos producidos por el aparato fonador (Figura 3.1a), técnicamente llamados *fonos*°. El aparato fonador puede producir otros sonidos que no se utilizan en el lenguaje, y que por lo tanto no son fonos. El estudio de los fonos se llama *fonética* y, según su objeto específico, se clasifica en tres modalidades. La fonética *acústica* estudia características físicas de los fonos, como la altura, la intensidad, la duración y el timbre. La *fonética auditiva* analiza la fisiología de la percepción de los fonos por el oído. En fin, la *fonética articulatoria,* que es el objeto de este capítulo, estudia cómo los órganos que constituyen el aparato fonador articulan los fonos. Tomaremos como punto de referencia los fonos del español.

3.1 LA REPRESENTACIÓN DE LOS FONOS

Para trabajar con los fonos hace falta representarlos sobre el papel. Pero la ortografía común, aunque práctica para la escritura normal, contiene demasiadas ambigüedades, como por ejemplo:

- un mismo fono representado por letras distintas (**gente, jaleo, México**)
- fonos distintos señalados por la misma letra (**casa, aceite; gato, gitano**)

- una sola letra que representa una secuencia de dos fonos, o un solo fono, como la *x* de *examen,* pronunciada **ks** o **s: ek-sa-men** o **s: e-sa-men**
- *dígrafos°,* o grupos de letras que representan un solo fono: **ch, rr** y **ll: chancho, carro, hallo**
- letras que no representan ningún fono, como la **h (hombre, ahí)** o la **p** inicial ante **s**, en palabras como **pseudo, psicología** (que también se escriben **seudo, sicología**)
- letras dobles que representan un solo fono: **innovación, connotación**

Además, la pronunciación varía de una región a otra, lo cual aumenta la discrepancia entre ortografía y habla. La **z (caza, zapato)** se pronuncia en el castellano del norte de España con la punta de la lengua entre los dientes (como la **th** en ing. *thin, thick*) y como una **s** en otras regiones. Asimismo, la pronunciación de la **ll (calle, llama)** varía según la región (9.2, 9.5.1).

Otro sistema de transcripción es la pronunciación figurada de los manuales para turistas. Por ejemplo, la frase **¿Cómo se llama usted?** puede representarse **KOW-mow SEY YAH-mah oos-TEYD?** Pero aunque esta representación sirve para ayudar a un angloparlante a pronunciar el español de una manera más o menos inteligible, resulta inútil para el estudio sistemático de los fonos.

En lingüística se usa un sistema más preciso, llamado transcripción fonética°, que emplea un alfabeto en el que cada signo corresponde a un fono específico. Los signos utilizados en este libro son los del el Alfabeto Fonético Internacional°, con pequeñas modificaciones que siguen el modelo de los manuales más usados en Estados Unidos y Canadá.

La transcripción fonética tiene algunas convenciones específicas, a saber:

- Se escribe entre corchetes [ ]: **casa** [kása]. Se marca la vocal de la sílaba más fuerte, llamada *tónica,* con un acento° [ ]: **lámpara** [lám-pa-ra], **casa** [ká-sa], **papá** [pa-pá]. Ese acento° tónico se marca incluso si la palabra no lleva acento escrito en su ortografía usual. (Otro sistema consiste en poner la señal de tonicidad antes de la sílaba tónica: **lámpara** [ˈlam-pa-ra], **casa** [ˈka-sa], **papá** [paˈpal]).
- Optativamente, se puede señalar la división silábica con guiones o puntos: *caso* [káso], [ká-so], [ká.so].
- No se empleam las convenciones ortográficas de puntuación, acentuación o uso de mayúsculas, incluso en los nombres propios. Así, tanto el sustantivo común **flores** como el apellido **Flores** se transcriben con el signo [f]: [flóres], [fló-res], [fló.res].

La transcripción es *detallada* si incluye muchos detalles, y *amplia* si incluye sólo los detalles necesarios al análisis que se quiere hacer. En este libro usaremos principalmente una transcripción amplia.

3.2 LA ARTICULACIÓN DE LOS FONOS

Todos tenemos una intuición bastante clara de que los fonos se forman sobre todo en la boca, utilizando el aire usado para respirar. Para describir cómo se articulan los fonos nos referimos a los órganos del aparato fonador (Figura 3.1). Nótese que las funciones principales de esos órganos tienen que ver con la respiración y la ingestión de alimentos. Los monos superiores, como los chimpancés y los gorilas, tienen esencialmente los mismos órganos, que utilizan para respirar, alimentarse y producir gritos y gruñidos, pero debido a ciertas diferencias anatómicas, no son capaces de articular fonos como los humanos.

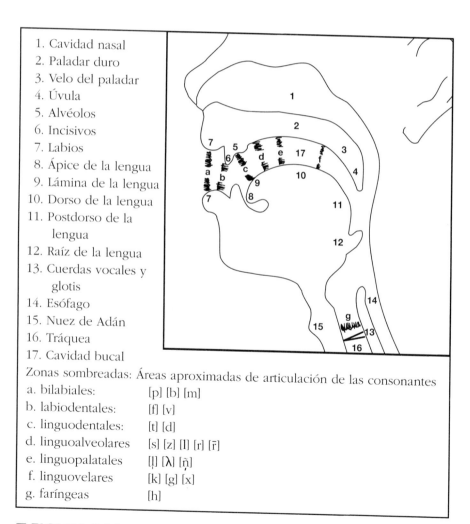

1. Cavidad nasal
2. Paladar duro
3. Velo del paladar
4. Úvula
5. Alvéolos
6. Incisivos
7. Labios
8. Ápice de la lengua
9. Lámina de la lengua
10. Dorso de la lengua
11. Postdorso de la lengua
12. Raíz de la lengua
13. Cuerdas vocales y glotis
14. Esófago
15. Nuez de Adán
16. Tráquea
17. Cavidad bucal

Zonas sombreadas: Áreas aproximadas de articulación de las consonantes

a. bilabiales:	[p] [b] [m]
b. labiodentales:	[f] [v]
c. linguodentales:	[t] [d]
d. linguoalveolares	[s] [z] [l] [r] [r̄]
e. linguopalatales	[ḷ] [λ] [ñ̩]
f. linguovelares	[k] [g] [x]
g. faríngeas	[h]

■ **FIGURA 3.1A**   Partes del aparato fonador

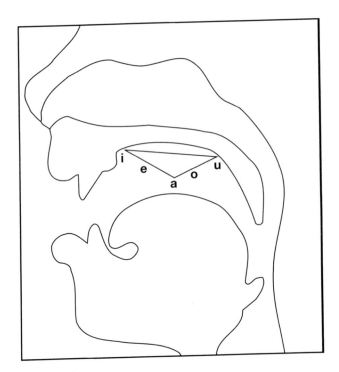

■ FIGURA 3.1B Posición relativa aproximada de las vocales

Los fonos se articulan cuando el aire que usamos en la respiración pasa por esos órganos. Al propagarse a través del aire, siguen los dos movimientos cíclicos que componen la respiración, la *inspiración* y la *espiración*. Durante la inspiración, el aire entra por la nariz o por la boca y pasa por la *faringe,* la *laringe,* la *tráquea* y los *bronquios* hasta los *pulmones*. La espiración tiene lugar cuando los pulmones se contraen, forzando el aire a salir por el trayecto inverso. Todos los idiomas utilizan fonos articulados durante la espiración. Unos pocos usan fonos formados también durante la inspiración. Los fonos del español, como los de las demás lenguas románicas y también los del inglés, se articulan sólo con el aire espirado.

La laringe tiene la forma de un tubo al cual se conectan, a la altura de la nuez de Adán, unos tendones musculares que forman las *cuerdas vocales,* entre las cuales hay una apertura triangular, la *glotis* (Figura 3.2). El aire espirado pasa por la glotis y entra a la *faringe,* que es otra estructura tubular conectada con las cavidades bucal y nasal. Cuando las cuerdas vocales se juntan (como cuando nos esforzamos en alzar un objeto pesado) la glotis se cierra, interrumpiendo momentáneamente el paso de aire.

Las cuerdas vocales vibran, y su vibración se propaga a través del aire encerrado en la laringe y las cavidades bucal y nasal. Ese aire vibra armónicamente, amplificando los fonos, más o menos como las vibraciones de las cuerdas de una guitarra acústica se amplifican en la caja de resonancia. Ese efecto se llama *sonoridad.* Podemos sentir la diferencia entre fonos sonoros (con sonoridad) o sordos (sin sonoridad) tocando la nuez de Adán mientras pronunciamos continuamente sonidos como *vvvv-ffff-vvvv-ffff* o *zzzz-ssss-zzzz-ssss,* o **th** (ing. **th***at*) y **th** (ing. ***think***): ***ththth****-ththth-**ththth**-ththth.* Cuando se nos inflama la laringe (*laringitis*), las cuerdas vocales no pueden vibrar. Entonces, la voz, privada de sonoridad, se reduce a un susurro.

La lengua es el principal órgano articulador y participa en la formación de la mayoría de los fonos. Son *activos* los articuladores que se mueven, como los labios, la lengua y la mandíbula inferior, y *pasivos* los que no se mueven (o que se mueven poco), como los incisivos superiores, el paladar blando y el paladar duro. Para fines descriptivos, podemos dividirla en las regiones señaladas en la Figura 3.1. La *lámina* se halla detrás del *ápice* (o punta) y por debajo de los alvéolos (donde se encajan los dientes). A continuación viene el *predorso,* seguido del *dorso* y del *postdorso,* y más hacia atrás se encuentra la *raíz.*

Los labios, los incisivos superiores y la región de los alvéolos funcionan como áreas de contacto con la lengua. Por detrás de los alvéolos, la parte superior de la cavidad bucal se encorva, formando la *bóveda palatina.* En la porción anterior de ésta hay una estructura ósea, el *paladar duro* (o sencillamente *paladar*), seguida en la porción posterior de una estructura muscular, el *paladar blando* o *velo del paladar* (o sólo *velo*), que termina en un apéndice muscular flexible, la *úvula* o *campanilla.*

La variación de la forma y tamaño de la cavidad bucal influye en la articulación de los fonos. Los labios pueden estar en posición redondeada o alargada. La mandíbula inferior se mueve, ampliando o estrechando la cavidad bucal. La lengua se adelanta o se retrae, se alza o se baja, llegando a tocar los dientes, los alvéolos y otras partes de la cavidad bucal. El resultado de toda esa variación es que los idiomas presentan una enorme diversidad de fonos.

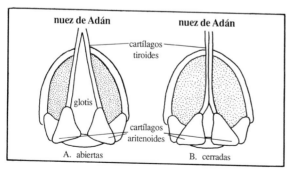

■ **FIGURA 3.2**   Cuerdas vocales

ACTIVIDAD 3.1 ¿Cómo se explica que, en tantos idiomas, la palabra *lengua* se refiere tanto al órgano del habla como a un idioma (esp. **lengua,** port. *língua,* ing. *tongue,* fr. *langue*)?

3.2.1 Rasgos fonéticos

Si hay tanta variedad de fonos, ¿cómo se pueden analizar de una manera sistemática? Eso se hace clasificándolos mediante *rasgos° fonéticos* y según la actuación de los órganos fonadores. Los rasgos fonéticos tienen valencia binaria, es decir, positiva o negativa, que señala respectivamente si el rasgo está presente (+) o ausente (-) en un fono. Dos rasgos fonéticos generales, aplicables a todos los fonos, son *sonoro* y *nasal.*

El rasgo *sonoro* corresponde a la presencia o ausencia de la sonoridad descrita anteriormente (3.2). Las vocales españolas son todas sonoras (se escribe abreviadamente entre corchetes, [+son]). Son también sonoras las consonantes representadas por **b, d, g** en **bodega** [bo-ðé-ɣa]; en cambio, las consonantes representadas por **p, t, c** en **petaca** [pe-tá-ka], articuladas sin vibración de las cuerdas vocales, son no sonoras ([-son]), o como también se dice, *sordas.*

El rasgo *nasal* (de lat. **nasum** 'nariz') depende de la posición de la extremidad del velo. Si ésta se encuentra caída, parte del aire egresivo pasa de la faringe a la cavidad nasal. Ahí tiene lugar una resonancia característica, llamada *nasalidad.* Son nasales (es decir [+nasal] o [+nas]) las consonantes representadas por **n, m, ñ:** [n] **nene,** [m] **mamá,** [ñ] **ñoño;** esas tres consonantes se encuentran en **mañana** [ma-ñá-na]. Si el velo se mantiene alzado, bloqueando la entrada a la cavidad nasal, el aire sale sólo por la boca y el fono es no nasal (este rasgo se representa por [-nasal] o [-nas]), u *oral* (del lat. **or-,** 'boca').

ACTIVIDAD 3.2 ¿Cuál es la valencia (+) o (-) de los rasgos *sonoridad* y *nasalidad* de la consonante inicial de las siguientes palabras?

◼ **Ejemplo:**

casa [-son], [-nas]

vino [son], [nas]	*lado* [son], [nas]	*llama* [son], [nas]
gato [son], [nas]	*nada* [son], [nas]	*mamá* [son], [nas]
dama [son], [nas]	*jarabe* [son], [nas]	*yo* [son], [nas]
soy [son], [nas]	*chapa* [son], [nas]	*tonto* [son], [nas]

3.3 VOCALES Y SÍLABAS

Una característica articulatoria fundamental de las vocales es que se forman *sin obstáculo* a la salida del aire espirado, permitiendo que éste escape continuamente. Corresponde a esta articulación el rasgo [+continuante]. En español todas las vocales son sonoras.

La posición de la lengua o de los labios hace variar el timbre° o sea la cualidad específica de cada vocal. Podemos verificar eso al pronunciar sin interrupción las vocales **i - e - a - o - u,** desplazando la lengua desde arriba hacia abajo y desde delante hacia atrás. Se produce de esa manera un sonido continuo, cuyo timbre se modifica a medida que la lengua cambia de posición. Para identificar las vocales de un idioma, tomamos como referencia un diagrama como el de la Figura 3.3, cuyos vértices corresponden esquemáticamente a las posiciones extremas de la lengua en la cavidad bucal.

Según el grado de elevación de la lengua, las vocales son *altas, medias* o *bajas,* y según el grado de desplazamiento horizontal son *anteriores, centrales* y *posteriores.* El contraste entre los rasgos alto y bajo o anterior y posterior señala la posición relativa de cada vocal respecto a las demás, y no valores absolutos.

Al referirnos a la posición de la lengua, tomamos como punto de referencia su elevación con relación a su posición neutra, que en español es aproximadamente donde se articula la vocal [e] **(se, té, lee)**. En inglés la posición neutra corresponde a una vocal central media, representada por el signo [ə], llamado *schwa.* Es el sonido que se produce para señalar una vacilación, representado en la escritura por *er..., eh...,* o *uh... .* Son altas las

■ FIGURA 3.3 Articulación de las vocales españolas, comparadas con las inglesas (variedad estadounidense)

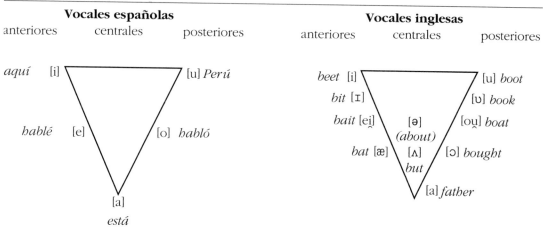

vocales articuladas con la lengua por arriba de esa posición, como [i] (**sí, mí**) o [u] (**tú, su**). Son bajas las que se articulan por debajo de esa posición, como [a] (**cá**). Se consideran *medias* las vocales que no son ni altas ni bajas, como [e] (**dé**) y [o] (**lo**).

La posición del dorso varía al adelantarse la lengua para articular las vocales *anteriores* (o *palatales*) [i] y [e]. Asimismo, la lengua se retrae para formar las vocales *posteriores* (o *velares*) [u] y [o]. Las vocales articuladas en una posición intermedia, como la [a], son *centrales*.

Además, según la posición de los labios las vocales son *alargadas* (i, e, a) o *redondeadas* (o, u). En español los labios se ponen *redondeados* al articular las vocales posteriores [u] y [o], y se alargan al articular las vocales [i e a]. Como ese movimiento es automático, el rasgo *redondeado* es predecible: las vocales posteriores son redondeadas y las demás no lo son.

ACTIVIDAD 3.3 Sujetando un espejo delante de la boca, pronuncie varias veces las series de vocales **i e a o u — u o a e i y** observe los cambios de posición de los labios, y, hasta donde sea posible, de la lengua. Describa sus observaciones.

Al cantar una canción sencilla, como "La cucaracha", si marcamos el ritmo con el pie o los dedos, notamos intuitivamente que las palabras se dividen en segmentos naturales. Por ejemplo, sentimos que una división como *la-cu-ca-ra-cha* suena más natural que, por ejemplo, *lac-uc-ar-ach-a* o cualesquier otras divisiones. Esos segmentos son las sílabas.

La cu-ca-ra-cha, la cu-ca-ra-cha	[la-ku-ka-rá-ʧa - la-ku-ka-rá-ʧa]
ya no pue-de ca-mi-nar	[ŷa-no-pu̯e-ðe-ka-mi-nár]
por-que no tie-ne, por-que le fal-tan	[por-ke-no-ti̯é-ne-por-ke-le-fáɫ-tan]
las pa-ti-tas de a-trás	[las-pa-tí-taz-ðe-a-trás]

Una sílaba contiene siempre una sola vocal, que constituye su *núcleo*. En español sólo las vocales pueden formar un núcleo silábico. Por eso decimos que las vocales tienen el rasgo *silábico* (representado [+silábico] o [+sil]). Además de la vocal, una sílaba puede contener otros fonos más, que se pronuncian junto con la vocal, formando así una unidad rítmica. En la secuencia de palabras *las cucarachas* hay cinco sílabas: *las-cu-ca-ra-chas*. Una sílaba es *abierta* si termina en vocal *(cu, ca, ra)* y *trabada* (o *cerrada)* si termina en consonante *(las, chas)*.

En español como en inglés, en toda palabra de dos o más sílabas, una de éstas se articula con más fuerza articulatoria que las demás *(cu-ca-RA-*

cha, ca-mi-NAR). La sílaba más fuerte es la *tónica* y las demás son *átonas*. Ese incremento de fuerza articulatoria es lo que se llama *acento°* intensivo, o *prosódico*. El contraste entre la tónica y las *átonas* señala diferencias de significado, como se ve en los pares mínimos° *hablo* / *habló* o *papa* / *papá*, que difieren solamente por la posición de la tónica.

ACTIVIDAD 3.4 Reescriba cada palabra, señalando la división silábica e identificando la sílaba tónica. Identifique también las sílabas abiertas y las trabadas.

◢ **Ejemplo:**

Florida: Flo-RI-da

Arizona: _____   Colorado: _____   Barcelona _____

Argentina: _____   Madrid: _____   México: _____

Nevada: _____   Mallorca: _____   California: _____

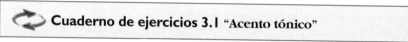 **Cuaderno de ejercicios 3.1** "Acento tónico"

3.4 DESLIZADAS, DIPTONGOS Y TRIPTONGOS

En la canción "La cucaracha" hay dos palabras, **tiene** y **puede**, que contienen respectivamente las secuencias de fonos [i̯e] y [u̯e]. En *tiene,* el fono [i̯], representado por la letra *i,* se articula mientras la lengua se desplaza desde la posición de la vocal [i] hacia la posición de la vocal [e]. Asimismo, en **puede,** el fono [u̯], representado por la letra *u,* se forma durante el desplazamiento de la lengua desde la posición de la [u] hacia la posición de la [e]. Esos dos fonos, [i̯] y [u̯], pertenecen a la clase de las *deslizadas.*[1]

Como las vocales, las deslizadas son sonoras y se articulan sin obstáculo a la salida del aire. Difieren de las vocales porque no pueden ni prolongarse indefinidamente, ni constituir núcleo silábico, y por eso son [-silábicas]. La razón de eso es que no se articulan en una posición fija, sino mientras la lengua se desplaza. Por eso se dice que las deslizadas son fonos de transición.

En el diagrama a la izquierda de la Figura 3.4, las flechas representan el desplazamiento de la lengua desde la posición de una de las vocales [a], [e], [o], hacia la región cercana al velo donde se produce la [u]. De ese movimiento resulta la deslizada posterior [u̯], que se combina con la vocal para

■ FIGURA 3.4   Diptongos decrecientes (vocal + deslizada)

[i]   [u]

[e]   [o]
neutro [eu̯]   *lo humano* [ou̯]*

[a]
causa   [au̯]

[i]   [u]
       muy [ui̯]

[e]   [o]
ley [ei̯]   *hoy* [oi̯]

[a]
hay   [ai̯]

* [ou̯] sólo ocurre en préstamos de otros idiomas, como *bou* (< catalán), en siglas como *COU* (Curso de Orientación Universitaria) o entre palabras (*lo‿humano*).

formar uno de los *diptongos decrecientes* [au̯], [eu̯], [ou̯] como en **causa** [káu̯-sa], **neutro** [néu̯-tro], o *lo* **humano** [lou̯-má-no].[2]

En el diagrama a la derecha de la Figura 3.4 la flecha representa cómo se articula la deslizada anterior [i̯] mientras la lengua se desplaza hacia la región palatal donde se articula la vocal [i]. La deslizada [i̯] se combina con las vocales [a e o] para producir los diptongos decrecientes [ai̯ ei̯ oi̯], como en **hay** [ai̯], **ley** [lei̯], **soy** [soi̯].

La Figura 3.5 muestra el movimiento inverso, es decir, la parte más elevada de la lengua se desplaza desde la región de [i] o [u], hacia la posición de articulación de una de las vocales [a], [e], [o]. El resultado es un diptongo *creciente*, formado por deslizada + vocal: [i̯a], [i̯e], [i̯o], [i̯u], [u̯a], [u̯e], [u̯o]. Si el movimiento empieza en la región palatal, se forma la deslizada anterior [i̯]: **Asia** [á-si̯a], **fiel** [fi̯el]), **dio** [di̯o], **miura** [mi̯ura]; si empieza en la región velar, se articula la deslizada palatal [u̯] y los diptongos crecientes [i̯a], [u̯e], [u̯o]: **cuatro** [ku̯á-tro], **fue** [fu̯e], **cuota** [ku̯ó-ta].

Una vocal entre dos deslizadas, dentro de la misma sílaba, forman un triptongo [i̯ei̯], [u̯ei̯], [u̯ai̯]: **limpiáis** [limpi̯ái̯s], **buey** [bu̯éi̯], **Uruguay** [u-ru-ɣu̯ái̯]. Es habitual la formación de triptongos entre palabras en la pronunciación normal (Figura 3.6).

Por fin, hay un hiato° cuando dos vocales contiguas se pronuncian en sílabas separadas, como en las palabras siguientes:

teatro [te-á-tro]	feo [fé-o]	poeta [po-é-ta]
caer [ka-ér]	caído [ka-í-ðo]	mío [mí-o]
Sahara [sa-á-ra]	alcohol [al-ko-ól]	reescribir [r̄e-es-kri-βír]
la otra [la-ó-tra]	lo odio [lo-ó-ði̯o]	se harta [se-ár-ta]

■ **FIGURA 3.5**   Diptongos crecientes (deslizada + vocal)

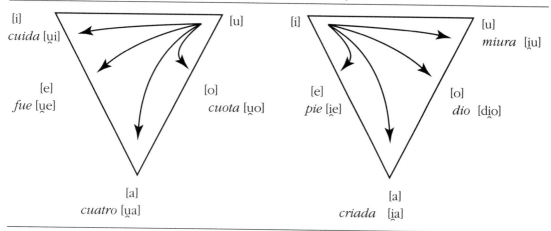

* Algunos dialectos tienen [u̯i̯] por [u̯i], p. ej., **cuida** [kú̯i̯-ða] por [ku̯í-ða], y [i̯u̯] por [i̯u], p. ej., *ciudad* [si̯u̯-ðáð] por [si̯u-ðáð].

FIGURA 3.6   Diptongos y triptongos

Diptongos crecientes		Diptongos decrecientes	
[i̯a] pianola	mi‿amor	[ai̯] hay	la‿iguana
[i̯e] ciego	mi‿error	[ei̯] ley	le‿importa
[i̯o] odio	mi‿honor	[oi̯] soy	lo‿idiota
[u̯a] cuarto	su‿amor	[au̯] causa	la‿humanidad
[u̯e] puede	su‿error	[eu̯] seudo	le‿hundió
[u̯o] cuota	su‿horario	[ou̯] bou	lo‿humano
[u̯i] cuidado	su‿hijito	[ui̯] muy	su‿intento

Triptongos

[i̯ai̯] estudiáis, estudia‿irlandés	[u̯ai̯] Uruguay, antigua‿iglesia
[i̯au̯] inopia‿humana	[u̯au̯] guau, antigua‿unión
[i̯ei̯] estudiéis, estudie‿inglés	[u̯ei̯] buey, fue‿imposible
[i̯eu̯] pie‿ulceroso	[u̯eu̯] fue‿humilde
[i̯oi̯] salió‿irritado	[u̯oi̯] antiguo‿impulso
[i̯ou̯] salió‿humillado	[u̯ou̯] antiguo‿ultraje

ACTIVIDAD 3.5   Transcriba fonéticamente los diptongos y triptongos que se encuentran en las palabras siguientes.

◣ **Ejemplo:**

puede [u̯e]

odio [ ]	tiempo [ ]	siete [ ]	diario [ ]
puede [ ]	cuatro [ ]	aunque [ ]	deuda [ ]
paisano [ ]	peine [ ]	boina [ ]	su aire [ ]
mi amor [ ]	tu hermano [ ]	su honor [ ]	mi estilo [ ]

3.5 CONSONANTES

Al contrario de las vocales y las deslizadas, las consonantes se articulan con un obstáculo, total o parcial, que dificulta la salida del aire espirado. Corresponde a esa articulación el rasgo *consonántico* (representado por [+consonántico] o [+cons]). Analizamos las consonantes mediante tres criterios, a saber:

(a) si hay vibración de las cuerdas vocales, causando *sonoridad* (3.4.1). Si hay sonoridad, las consonantes son sonoras [+son], y si no hay, son sordas o no sonoras [-son].
(b) el *modo de articulación* (3.5.1)
(c) el *punto (o el área) de articulación* (3.5.2)

3.5.1 Modo de articulación

La manera como se articula una consonante depende de tres factores, a saber:

(a) el tipo de obstáculo formado por los órganos articuladores
(b) las modificaciones que éstos causan en el sistema articulatorio
(c) la presencia o ausencia de nasalidad

Según este criterio las consonantes pueden ser *oclusivas, fricativas, africadas, laterales, vibrantes,* o *nasales* (Figura 3.7).

3.5.1.1 Consonantes oclusivas

En la formación de las consonantes oclusivas hay una cerrazón u oclusión total, es decir, los articuladores forman un obstáculo que bloquea totalmente la salida del aire. Es lo que pasa en la articulación de las oclusivas [p] y [b] iniciales de **pino** [pí-no], **vino** [bí-no]: los labios se juntan para impedir completamente la salida de aire. Cuando esa oclusión se deshace, el aire acumulado detrás del obstáculo escapa rápidamente. Son también oclusivas la [t] **taco** [tá-ko], la [d] **dato** [dá-to], la [k] **cata** [ká-ta], y la [g] **gata** [gá-ta]. (El punto donde se forma el obstáculo para estas consonantes se verá en 3.5.2.)

Si repetimos en voz alta pares de palabras como **pino/vino, tía/día, cata/gata,** nos damos cuenta de que las oclusivas iniciales contrastan en sonoridad, es decir, [p], [t] y [k] son sordas o [-son], mientras que [b], [d] y [g] son sonoras o [+son]. Por lo demás las consonantes de cada uno de los pares [p]/[b], [t]/[d], [k]/[g] son *homorgánicas°,* es decir, que se articulan de la misma manera.

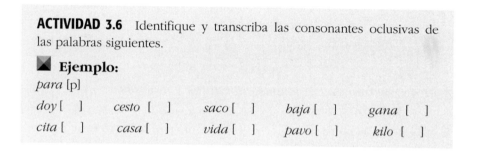

ACTIVIDAD 3.6 Identifique y transcriba las consonantes oclusivas de las palabras siguientes.

◼ **Ejemplo:**

para [p]

doy [ ]	*cesto* [ ]	*saco* [ ]	*baja* [ ]	*gana* [ ]
cita [ ]	*casa* [ ]	*vida* [ ]	*pavo* [ ]	*kilo* [ ]

3.5.1.2 Consonantes fricativas

La característica más marcada de las consonantes fricativas es, como sugiere su nombre, cierta fricción audible, causada por el aire al escapar por una apertura estrecha formada por los articuladores. Es el caso de la [f] de **fuera** [fwé-ra], la [γ] de **haya** [á-ya] o la [θ] del castellano del norte de España, escrita *z* o *c*, por ejemplo: **zapato** [θa-pá-to], **ceniza** [θe-ní-θa]. También es fricativa la [x], escrita **j** o **g,** como en **jauja** [xáu̯-xa], **gema** [xé-ma], **gitano** [xi-tá-no]. Es igualmente fricativa la segunda consonante de **haba** [á-βa], **cada** [ká-ða], **hago** [á-γo].

3.5.1.3 Consonantes africadas

Las consonantes africadas combinan la articulación de las oclusivas y las fricativas. La africada sorda [ʧ], escrita **ch, cha-cha-chá** [ʧa-ʧa-ʧá], empieza más o menos como una [t]. El ápice de la lengua se apoya en los incisivos superiores mientras la lámina y el predorso hacen contacto con los alvéolos y el paladar. Luego ese obstáculo se deshace parcialmente, formando entre el predorso y el paladar una pequeña apertura. El aire se escapa por esa apertura, produciendo la fricción típica de las fricativas.

Tiene articulación similar, pero con el ápice tocando los incisivos inferiores, la africada sonora representada por la letra **y** ante vocal en posición inicial de palabra, como en **¿Yo?** [ŷo], o después de consonante nasal, como en **inyectar** [iɲ̃-ŷek-tár]. La [ɲ̃] es una nasal palatalizada que ocurre ante una consonante palatal. (3.5.2.4) En algunas variedades del español, sin embargo, se pronuncia una [y] fricativa en aquellas posiciones.

ACTIVIDAD 3.7   Identifique y transcriba las consonantes fricativas y africadas en las palabras siguientes. (Algunas palabras admiten dos posibilidades.)

 Ejemplo:

fue [f]

soy [   ]   *zapato* [   ], [   ]   *fin*   [   ]   *cada* [   ]

hago [   ]   *cabo*   [   ]   *hacer* [   ], [   ]   *hacha* [   ]

⟳ **Cuaderno de ejercicios 3.2 "Consonantes fricativas y africadas"**

3.5.1.4 Consonantes laterales, vibrantes y nasales

Los términos *lateral* y *vibrante* describen claramente las articulaciones de que
se trata. En la lateral alveolar [l] hay un obstáculo parcial formado por el contacto del ápice con los alvéolos, y el aire escapa por los lados de la lengua:
lata [lá-ta], **colmo** [kól-mo], **papel** [pa-pél]. La lateral palatal [ʎ] tiene una
articulación similar, pero el obstáculo se hace entre la lámina de la lengua y el
paladar, mientras el aire escapa lateralmente.

En una consonante vibrante, el obstáculo se forma con una vibración del
articulador. Si hay una sola vibración la vibrante es *simple,* como la [r] medial
de **cara** [ká-ra], en que el ápice vibra una vez, tocando brevemente los alvéolos. En cambio, hay tres a cinco vibraciones sucesivas en la *vibrante múltiple*
[r̄], inicial de **rato** [r̄áto] o medial de **carro** [ká-r̄o]. Las laterales y las vibrantes
forman la clase de las consonantes *líquidas*.

Según hemos dicho, en la articulación de las consonantes nasales [m], [n], [ñ],
(**mañana** [ma-ñá-na]) la extremidad del velo se relaja, permitiendo que el aire
pase a la cavidad nasal, donde se produce la resonancia característica que corresponde al rasgo de *nasalidad*. En las articulaciones no nasales, u *orales,* la punta
del velo se mantiene alzada, bloqueando la entrada de la cavidad nasal, y el aire
sale por la boca.

ACTIVIDAD 3.8   Identifique y transcriba las consonantes laterales,
vibrantes y nasales en las palabras siguientes.

◼ **Ejemplo:**

ramo [r̄]

palo [   ]   *para* [   ]   *caro*   [   ]   *cama* [   ]

lata [   ]   *carro* [   ]   *parra* [   ]   *nata* [   ]

sal [   ]   *rata* [   ]   *hablar* [   ]   *saña* [   ]

■ **FIGURA 3.7**   Consonantes según el modo de articulación

Oclusivas:						Nasales:		
[-son]			[+son]			[+son]		
[p]	[t]	[k]	[b]	[d]	[g]	[m]	[n]	[ñ]
papa	*tata*	*coca*	*bata*	*dama*	*gata*	*mama*	*nana*	*ñoño*
[pá-pa]	[tá-ta]	[kó-ka]	[bá-ta]	[dá-ma]	[gá-ta]	[má-ma]	[ná-na]	[ñó-ño]

Fricativas:

[-son]					[+son]				
[f]	[θ]*	[s]	[x]**	[h]**	[β]	[ð]	[ɣ]	[y]	[w]
fofo	*cena*	*cena*	*caja*	*caja*	*haba*	*hada*	*haga*	*haya*	*hueco*
[fó-fo]	[θé-na]	[sé-na]	[ká-xa]	[ká-ha]	[á-βa]	[á-ða]	[á-ɣa]	[á-ya]	[wé-ko]

Africadas:		Laterales:		Vibrantes:	
[+son]	[-son]				
[ŷ]	[tʃ]	[l]	[ʎ]***	[r]	[r̄]
yate	*chucho*	*loco*	*llama*	*cara*	*roca*
[ŷá-te]	[tʃú-tʃo]	[ló-ko]	[ʎá-ma]	[ká-ra]	[r̄ó-ka]
inyectar	*charco*	*fiel*	*calle*	*curar*	*carro*
[iñ̯-ŷek-tár]	[tʃár-ko]	[fi̯él]	[ká-ʎe]	[ku-rár]	[ká-r̄o]

* [θ] es típica del castellano del norte de España y es reemplazada por [s] en otras variedades.
** [x] y [h] no suelen ocurrir en el mismo dialecto.
*** [ʎ] es típica del castellano del norte de España (4.3.2.3)

Podemos resumir la clasificación de las consonantes según el modo de articulación de la siguiente manera:

Oclusivas: hay una oclusión o cerrazón total
Fricativas: hay una oclusión parcial y fricción
Africadas: hay una oclusión inicial seguida de fricción
Laterales: hay un obstáculo central y el aire escapa lateralmente
Vibrantes: hay un articulador que vibra
Nasales: hay resonancia (nasalidad) en la cavidad nasal

 Cuaderno de ejercicios 3.3 "Modo de articulación"

3.5.2 Punto de articulación

Para analizar las consonantes es esencial determinar en cuál región del aparato fonador se forman. Ese criterio tiene que ver con el *punto de articulación*, que tiene en cuenta dos factores:

(a) cuáles son los articuladores que forman el obstáculo;

(b) el área donde se forma el obstáculo.

Según su punto de articulación (Figura 3.8), las consonantes se clasifican según las categorías siguientes. (Se usa el prefijo *linguo* para distinguir, por ejemplo, entre una consonante linguodental y otra labiodental.)

3.5.2.1 Consonantes labiales

En las *bilabiales* el obstáculo se forma en el contacto de los labios. Es el caso de las oclusivas [p] de **pato** [pá-to], [b] de **bate** [bá-te] o **voto** [bó-to] y la nasal [m] de **mata** [má-ta]. Es bilabial la fricativa sonora [β] de **haba** [á-βa]. La fricativa [f] de **fama** [fá-ma] se articula por el contacto del labio inferior con los incisivos superiores y por eso es una labiodental. Tiene la misma articulación labiodental la fricativa sonora [v] del inglés **vet** [vet]. Esta fricativa labiodental sonora no ocurre en la pronunciación española estándar, aunque sí dialectalmente.

3.5.2.2. Consonantes dentales

La articulación dental se caracteriza por el contacto de la lengua con los incisivos superiores. Si el ápice toca la cara posterior de los incisivos, se articula una *apicodental,* como la oclusiva sorda [t] **tata** [tá-ta] o la oclusiva sonora [d] **doy** [dói̯]. Si el ápice toca ligeramente el borde de los incisivos superiores, se forma una fricativa *interdental,* como la fricativa sonora [ð] de *hada* [á-ða] o la sorda [θ], típica del castellano norteño: **caza** [ká-θa], **zapato** [θa-pá-to]. También son dentales la [n̪] y la [l̪] que ocurren ante otra consonante dental, como en **tonto** [tón̪-to], **faltan** [fál̪-tan] (esta [l̪] se ve en el tercer verso de "La cucaracha", pág. 56).

3.5.2.3 Consonantes alveolares

Las consonantes alveolares se forman por el contacto del ápice o la lámina con los alvéolos, como la lateral [l] de **lata** [lá-ta] o la nasal [n] de **nata** [ná-ta]. En la mayor parte del mundo hispanohablante hay una fricativa *dorsoalveolar* [s] que corresponde a la letra **s** en **sala** [sála]: el ápice toca levemente los incisivos inferiores mientras el predorso de la lengua (la porción inmediatamente por detrás de la lámina) se apoya en los alvéolos. Son también alveolares la lateral [l] de **lana** [lá-na], la vibrante simple [r] de **moro** [mó-ro] y la vibrante múltiple [r̄] de **morro** [mó-r̄o]. (La letra *s* representa otros fonos, cuya articulación se comentará en el Capítulo 9, Variación Regional.)

ACTIVIDAD 3.9   Pronuncie las palabras siguientes, transcriba sus consonantes e identifique su punto de articulación.

▣ **Ejemplo:**

pata [p] *bilabial,* [t] *dental*

bota [　]＿＿＿, [　]＿＿＿,　　boda [　]＿＿＿, [　]＿＿＿＿

capa [　]＿＿＿, [　]＿＿＿,　　cabo [　]＿＿＿, [　]＿＿＿＿

laca [　]＿＿＿, [　]＿＿＿,　　lado [　]＿＿＿, [　]＿＿＿＿

lana [　]＿＿＿, [　]＿＿＿,　　baba [　]＿＿＿, [　]＿＿＿＿

3.5.2.4 Consonantes palatales

Las consonantes palatales se caracterizan por el contacto de la lengua con el paladar. La africada sorda [ʧ] de **chapa** [ʧá-pa] se articula con la lámina y el predorso de la lengua en los alvéolos y el paladar. (Se trata de una articulación alveopalatal, pero el rasgo *palatal* es predominante.) Tienen articulación palatal la nasal [ñ] de **caña** [ká-ña] y la lateral sonora [ʎ], del castellano norteño, como en **calle** [ká-ʎe], **¡Llámalo!** [ʎá-ma-lo], **un llanero** [uṅ-ʎa-né-ro]. La [ṅ] tiene menos palatalización que la [ñ] (3.5.1.3) y viene antes de una consonante palatal : **chancho** [ʧáṅʧo].

Otras palatales son la fricativa sonora [y] de **leyes** [léyes] y la africada sonora [ŷ] de **¿Yo?.** Articuladas con el ápice tocando los incisivos inferiores y el dorso alzado hacia el paladar. En el castellano del norte de España ambas corresponden a la letra **y,** como en los ejemplos. En cambio, en la pronunciación del sur de España y de la mayor parte de Hispanoamérica, estas dos consonantes corresponden también al dígrafo **ll,** como en : **calle** [ká-ye], **¡Llámalo!** [ŷá-ma-lo], **un llanero** [uṅ-ŷa-né-ro].

3.5.2.5 Consonantes velares

Las consonantes velares se articulan con el postdorso de la lengua alzado hacia el velo del paladar. Se forma así la oclusiva sonora [g] de **gato** [gá-to]), su homorgánica sorda [k] de **cama** [ká-ma] y la fricativa sonora [ɣ] de **hago** [á-ɣo]. También es velar, pero articulada entre el postdorso y el velo, la fricativa sorda [x] de **género** [xé-ne-ro], **giro** [xí-ro], **jota** [xóta], **caja** [káxa].

Finalmente, hay que considerar la fricativa velar sonora [w], representada ortográficamente por *hu* ante una vocal, en palabras como **hueso** [wé-so], **hueco** [wé-ko], **huerto** [wér-to]. La [w] se articula con el dorso alzado hacia el velo, formando una apertura estrecha por donde el aire escapa con fricción. Esta consonante tiene otro punto de articulación, formado por los labios en posición redondeada. Debido a ese doble punto de articulación, a la vez bilabial y velar, la [w] se clasifica como una fricativa *bilabiovelar*.

 Cuaderno de ejercicios 3.4 "Consonantes velares"

3.5.2.6 Consonantes uvulares y faríngeas

Las consonantes uvulares se articulan mediante la vibración de la úvula, el apéndice muscular flexible que se halla en la extremidad del velo. Es el caso de la [ʀ] del francés parisiense *(français, rare)*. En el español puertorriqueño es común tanto la fricativa uvular sonora [ʀ] como la fricativa uvular sorda [X]: **carro** [ká-ʀo] ~ [ká-Xo], **rueda** [ʀu̯é-ða] [Xu̯é-ða].

Las consonantes faríngeas se caracterizan por una fricción causada por el aire en la región de la faringe. Es el caso de la fricativa sorda [h], de articulación parecida, aunque no idéntica, a la fricativa sorda inicial del ing. ***home, history***. La fricativa [h] reemplaza a [x] en el sur de España, Canarias y buena parte de Hispanoamérica, sobre todo en regiones caribeñas y centroamericanas: **género** [hé-ne-ro], **giro** [hí-ro], ***jota*** [hó-ta], **caja** [ká-ha].

En muchas regiones (como el sur de España y el Caribe) la fricativa faríngea [h] corresponde también a la pronunciación de la *s final de sílaba*: **discos** [díh-koh], **los tres** [loh-tréh] (9.3, 9.4, 9.5).

ACTIVIDAD 3.10 Pronuncie las palabras siguientes, transcriba sus consonantes e identifique su punto de articulación.

◼ **Ejemplo:**

pata [p] *bilabial*, [t] *dental*

llaga	[ ] _____,	[ ] _____,	*huella* [ ] _____,	[ ] _____
caña	[ ] _____,	[ ] _____,	*choca* [ ] _____,	[ ] _____
paja	[ ] _____,	[ ] _____,	*caja* [ ] _____,	[ ] _____
cacahuete	[ ] _____,	[ ] _____,	*nada* [ ] _____,	[ ] _____

 Cuaderno de ejercicios 3.5 "Signos fonéticos"

■ FIGURA 3.8   Consonantes según el punto de articulación

Labiales

Bilabiales

[-son]	[+son]			**Labiodentales**	
[p]	[b]	[β]	[m]	[-son]	[+son]
papa	*voy*	*haba*	*mama*	[f]	[ɱ]
[pá-pa]	[boi̯]	[á-βa]	[má-ma]	*fue*	*ánfora*
				[fu̯e]	[áɱ-fo-ra]

Dentales:

Apicodentales

[-son]	[+son]				**Interdentales**	
[t]	[d]	[ð]	[l̪]	[n̪]	[-son]	[+son]
foto	*sueldo*	*todo*	*alto*	*canto*	[θ]*	[n̪]
[fó-to]	[su̯él̪-do]	[tó-ðo]	[ál̪-to]	[kán̪-to]	*ceniza*	*panza*
					[θe-ní-θa]	[pán̪-θa]

Alveolares:

Apicoalveolares

[-son]	[+son]				**Laminoalveolares**
[ś]*	[l]	[n]	[r]	[r̄]	[-son]
soso	*lata*	*no*	*caro*	*carro*	[s]
[śó-śo]	[lá-ta]	[no]	[ká-ro]	[ká-r̄o]	*soso*
					[só-so]

Palatales:

Alveopalatales

[-son]	[+son]	**Dorsopalatales**			
[t͡ʃ]	[ɲ̂]	[+son]			
chapa	*plancha*	[y]	[ŷ]	[ʎ]**	[ñ]
[t͡ʃá-pa]	[plan̂-t͡ʃa]	*oye*	*yo*	*calle*	*caña*
		[ó-ye]	[ŷo]	[ká-ʎe]	[ká-ña]

Velares

[-son]		[+son]		[+son]	**Bilabiovelares**	**Faríngeas**	**Uvulares**	
[k]	[x]***	[g]	[ɣ]	[ŋ]	[+son]	[-son]	[+son]	
casa	*caja*	*gato*	*hago*	*banco*	[w]	[h]***	[ʀ]	[R]
[ká-sa]	[ká-xa]	[gá-to]	[á-ɣo]	[báŋ-ko]	*hueco*	*caja*	*carro*	*carro*
					[wé-ko]	[ká-ha]	[ká-ʀo]	[ká-Ro]

* [θ] *y* [ś] *son típicas del castellano del norte de España y son reemplazadas por* [s] *en otras variedades.*
** [ʎ] *es típica del castellano del norte de España*
*** [x] *y* [h] *no suelen ocurrir en la misma variedad.*

Podemos resumir los puntos de articulación (P.A.) de la siguiente manera:

labiales	P.A.: los labios
labiodentales	P.A.: los incisivos superiores y el labio inferior
dentales	P.A.: la lengua y los dientes
apicodentales	
interdentales	
alveolares	P.A.: la lengua y los alvéolos
apicoalveolares	
laminoalveolares	
palatales	P.A.: la lengua y el paladar
alveopalatales	
dorsopalatales	
velares	P.A.: la lengua y el velo
bilabiovelares	P.A.: los labios y la lengua y el velo
faríngeas	P.A.: la región de la farínge
uvulares	P.A.: la úvula

 Cuaderno de ejercicios 3.6 "Palabras y sonidos"

3.6 CLASES NATURALES DE FONOS

Es habitual tratar los fonos como entidades unitarias, como "la consonante [b]" o "la vocal [a]". Pero los fonos comparten ciertos rasgos que se pueden apreciar si los consideramos todos desde un sólo criterio articulatorio, como la obstrucción a la salida del aire espirado. De acuerdo con el grado de dicha obstrucción, es posible usar los rasgos *silábico, sonante* y *consonántico* para agrupar los fonos en cinco clases (Figura 3.9).

Sólo las vocales tienen el rasgo [+silábico]. Tanto las vocales como las deslizadas tienen el rasgo [-consonántico] puesto que se articulan sin ninguna obstrucción. El rasgo [+sonante] se aplica a dos grupos de fonos: aquéllos articulados sin ningún obstáculo (vocales y deslizadas), y aquéllos articulados con un obstáculo moderado, insuficiente para causar fricción, como las laterales y vibrantes y las nasales.[3] Desde un punto de vista articulatorio, el rasgo *sonante* se relaciona con la sonoridad natural. En otras palabras, los fonos [+sonante] son naturalmente sonoros. Por otra parte, los fonos [-sonantes] pueden ser tanto sonoros como sordos. Si hay fricción, se considera que el fono es [-sonante], articulado con (a) un obstáculo parcial, como las fricativas, o (b) un obstáculo total que se transforma en obstáculo parcial, como las africadas, o (c) un obstáculo total, como las oclusivas. En estos tres casos se dice que la consonante es una *obstruyente*.

La clasificación de la Figura 3.9 incluye desde las vocales, articuladas sin obstrucción, hasta las consonantes oclusivas, que tienen un grado máximo de

■ **FIGURA 3.9.**   Cinco clases naturales de fonos

Grado de obstrucción	Clases de fonos	[sil]	[sont]	[cons]
Sin obstrucción	(1) vocales	+	+	–
	(2) deslizadas	–	+	–

Con obstrucción moderada	(3) líquidas
	    laterales
	    vibrantes
		–	+	+

	(4) nasales	–	+	+

Con obstrucción máxima	(5) obstruyentes
	    fricativas
	    africadas
	    oclusivas
		–	–	+

obstrucción. Ese criterio permite explicar cómo ciertas pronunciaciones alternan entre una vocal, una deslizada o una consonante. Por ejemplo, la vocal /i/ puede articularse de maneras fonéticamente distintas, a saber:

(a) En posición inicial: *Y eso?* [i-é-so], [yé-so].
(b) Después de vocal: *Pablo y Marta* [pá-βlo-i-már-ta], [pá-βloi̯-már-ta̩].

Aunque fonéticamente distintas, tales secuencias de sonidos son interpretadas como teniendo el mismo significado, debido a las relaciones que hay entre los fonos considerados como miembros de un sistema dinámico, según veremos en el capítulo siguiente.

 Cuaderno de ejercicios 3.7 "Descripción articulatoria"

3.7 PROSODIA

Ciertos fenómenos sonoros, llamados *rasgos prosódicos*, incluyen variaciones de tono, ritmo y melodía del habla. Son causados por cambios en la presión del aire espirado, o variaciones en la vibración de las cuerdas vocales. Esos fenómenos, que se estudian bajo la rúbrica de *prosodia*, incluyen el *acento intensivo* (o *prosódico*), el *ritmo* y la *entonación*.

3.7.1 Acento intensivo

Se suele llamar *acento* la manera típica de hablar de una persona (el acento de Felipe) o de una región (el acento madrileño). Pero en fonética, el *acento* (o mejor dicho, *acento intensivo, de intensidad* o *prosódico*) se refiere a la intensidad articulatoria que acompaña la producción de un fono. Dicha intensidad varía entre una sílaba y otra, pero en cualquier palabra de dos o más sílabas hay siempre una sílaba más fuerte que las demás: **CAsa, ceREbro, TÉCnica.** La sílaba más fuerte es *tónica* y las demás son *átonas*.

La posición de la sílaba tónica es fija en ciertas lenguas, como el checo y el húngaro (en la primera sílaba de la palabra) o el polaco (en la penúltima). En español, cada palabra tiene el acento en una sílaba específica. (Algunas palabras admiten variación en la posición de la sílaba tónica, como *policíaco/policiaco* o *siquíatra/siquiatra*.) Esa circunstancia permite que el contraste *sílaba tónica* vs. *sílaba átona* señale diferencias de significado. Por ejemplo, **hablo / habló,** o **hacia / hacía,** son pares mínimos que contrastan por la posición del acento. Eso quiere decir que la posición del acento tiene valor significativo.

Según la posición del acento, las palabras españolas son *agudas* u *oxítonas* si el acento intensivo viene en la última sílaba **(aquí, hablad);** *llanas* o *paroxítonas* si viene en la penúltima **(habla, rueda);** y *esdrújulas* o *proparoxítonas* si cae en la antepenúltima **(técnica, tarántula).** Se llaman *sobresdrújulas* ciertas secuencias de verbo y dos o tres pronombres átonos con el acento tónico en la cuarta o quinta sílaba a contar de la última **(cómpremelo, dígasemele, regalársenoslo, comprándosenoslo).**

3.7.2 Ritmo

El ritmo es una característica prosódica que depende de la manera como se encadenan las sílabas en el habla. Aunque puede acelerarse o retardarse, el ritmo del español es bastante regular y se basa en secuencias de sílabas de duración muy pareja. Por eso decimos que el ritmo del español es de tipo silábico, o sea, que tiene como unidad fundamental la sílaba. Ese ritmo silábico contrasta con el ritmo del inglés, que es de tipo acentual, basado en la manera como se alternan las sílabas tónicas, que son más largas, y las átonas, que son más breves.

3.7.3 Entonación

El *tono*, o *altura musical* de un fono, varía con la vibración de las cuerdas vocales. Cuanto más rápido vibren éstas, tanto más alto será el tono, aunque la proporción no es directa.[4] A lo largo de un enunciado, la variación tonal crea una curva melódica continua que constituye la *entonación.* En esa curva melódica pueden identificarse *tonos relativos*, es decir, niveles tonales definidos en relación los unos a los otros, y no en términos absolutos. Los fonos comprendidos en una misma curva melódica forman un *grupo fónico.*

Es natural que, por depender de la frecuencia de vibración de las cuerdas vocálicas, la entonación tienda a variar de un hablante a otro. Las voces femeninas e infantiles alcanzan tonos bastante más altos que las de los varones adultos, y aun entre individuos de mismo sexo y edad se encuentran diferencias absolutas de altura musical. Sin embargo, hay en la entonación típica de cada modalidad del idioma homogeneidad suficiente como para constituir uno de sus rasgos más característicos.

En el análisis de la entonación española normal se consideran tres niveles relativos de altura musical (*bajo, medio y alto*), representados en los diagramas, respectivamente, por los números 1, 2 y 3. (Los niveles arriba de 3 se consideran enfáticos.) Se toma en cuenta también la dirección (ascendente, plana o descendente) de la curva melódica, señalada por flechas (↗ → ↘). En las oraciones *enunciativas* (o *aseverativas*), la curva melódica empieza en el nivel 1 y sube hasta llegar a la primera sílaba acentuada, que se halla en el nivel 2. De allí en adelante, la curva se mantiene más o menos plana hasta alcanzar la última sílaba tónica, y entonces cae hacia el nivel 1. Si la primera sílaba es tónica, la curva melódica empieza directamente en el tono 2 (b).

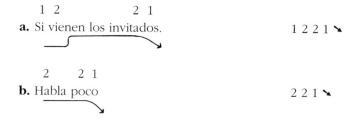

     1 2   2 1

a. Si vienen los invitados.   1 2 2 1 ↘

     2   2 1

b. Habla poco   2 2 1 ↘

Siguen ese patrón entonativo las preguntas que empiezan por una palabra interrogativa (**qué, cómo, cuándo, por qué,** etc.):

     1   2   2 1

c. ¿Por qué no vienes?   1 2 2 1 ↘

     2   2 1

d. ¿Cuándo llegan tus invitados?   2 2 1 ↘

En las preguntas del tipo **sí / no** la curva melódica o bien se mantiene en el nivel mediano en la última sílaba tónica, ascendiendo ligeramente al final (e), o bien sube hacia el nivel alto, cayendo en seguida hacia el nivel bajo, donde se mantiene plana (f):

     2   2 3

e. ¿Viene Pablo?   2 2 3 ↗

     2   3 1

f. ¿Viene Pablo?   2 3 1 →

En cambio, si la pregunta es enfática o contrastiva, la curva melódia sube en la sílaba enfatizada hacia el nivel alto (3), para luego bajar hacia el nivel bajo (1):

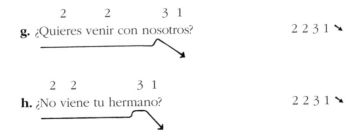

En una oración enunciativa con dos o más grupos fónicos, la curva melódica ligeramente ascendente al final de cada grupo señala la continuación del enunciado; al llegar al último grupo, un contorno final descendente señala el término de la elocución:

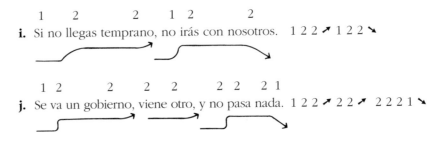

Una enumeración típica consta de una sucesión de *grupos fónicos*. Por lo general, la curva melódica de cada uno de éstos tiene una parte final descendente, hasta llegar al penúltimo, cuya dirección ascendente señala que el grupo siguiente será el último. Éste, a su vez, tiene un descenso más bajo que los demás, con lo que se señala el final de la frase.

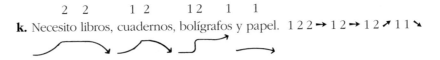

Puesto que los rasgos prosódicos actúan sobre los segmentos que forman una secuencia de fonos, suelen recibir el nombre de *rasgos suprasegmentales*. Además del acento intensivo, el ritmo y la entonación, existen en el habla fenómenos como los modos de hablar lentos o rápidos, o de prolongar o acortar los fonos, y otros ruidos orales difíciles de representar o siquiera describir sistemáticamente, como los gemidos, gritos, susurros, falsetes y chillidos. Desde luego, son fenómenos que juegan un papel en la comunicación y hasta pueden servir para caracterizar a individuos o identificar grupos sociales o étnicos (Abercrombie 1967:95). Pero como su contribución se siente más en el significado afectivo o estilístico, algunos autores los consideran fenómenos *paralingüísticos*, y los excluyen del ámbito de la fonética.[5]

 Cuaderno de ejercicios 3.8 "Transcripción fonética"

Pese a la gran variedad de fonos de las lenguas cada una emplea solamente un número limitado de ellos. Eso es posible porque los fonos de una lengua funcionan como un sistema que permite utilizarlos para formar un número prácticamente infinito de palabras y combinaciones de palabras. Además de saber cómo se articulan los fonos, necesitamos entender las relaciones sistemáticas que hay entre ellos en un idioma específico. El estudio de esas relaciones es la *fonología,* de la que tratará el capítulo siguiente.

Términos clave

aparato fonador
   alvéolos
   cavidad bucal
   cavidad nasal
   cuerdas vocales
   faringe
   glotis
   incisivos
   labios
   nuez de Adán
   paladar
   úvula
   velo
clase natural
consonante
consonantes homorgánicas
deslizada
diptongo
hiato

lengua
   (ápice, dorso, lámina,
   postdorso, predorso)
modo de articulación
   (africado, fricativo, lateral, nasal,
   oclusivo, vibrante)
punto de articulación
   (alveolar, bilabial, bilabiovelar,
   dental, faríngeo, labial, palatal,
   uvular, velar)
prosodia
   (acento intensivo,
   entonación, ritmo)
rasgo fonético
sílaba
   (abierta, cerrada/trabada)
transcripción fonética
triptongo
vocal

MITOS SOBRE EL LENGUAJE Todas las lenguas tienen fonos que se pueden transcribir con los mismos símbolos fonéticos. Sin embargo, a menudo se dice que el español es una lengua fonética mientras que el inglés no lo es, o que el español es "más fonético" que el inglés. A su parecer, ¿cómo se explica esa percepción incorrecta de lo que sea el "carácter fonético" de una lengua? Y ¿qué impacto puede tener sobre el aprendizaje o la enseñanza de idiomas?

SUMARIO

La fonética estudia los fonos y según su enfoque específico se clasifica en *acústica* (características físicas de los fonos), *auditiva* (fisiología de su percepción) y *articulatoria* (formación de los fonos por el *aparato fonador*). Para transcribir los fonos de una manera precisa, se emplean *alfabetos fonéticos*.

Todos los fonos pueden describirse mediante *rasgos fonéticos* binarios, de valencia positiva [+] o negativa [-]. Los principales rasgos fonéticos son *consonántico, silábico, sonoro, nasal* y *sonante*. La clasificación más general de los fonos incluye tres clases, las *vocales*, las *deslizadas* y las *consonantes*.

Otros rasgos importantes son la *sonoridad* (vibración de las cuerdas vocales), que divide los fonos en sonoros [+son] o sordos [-son]; y la *nasalidad*, que depende de la posición del velo (fonos *nasales* [+nas] y orales [-nas]).

Las vocales son silábicas [+sil] porque pueden constituir núcleo de sílaba, y se clasifican según la altura de la lengua en la boca *en altas, medias y bajas,* y según su desplazamiento horizontal, en *anteriores, centrales* y *posteriores.* Junto con las deslizadas, que son [-sil] y [-cons], forman *diptongos* (crecientes o decrecientes) y *triptongos.* Las consonantes tienen el rasgo *consonántico* [+cons] que se caracteriza por la presencia de una obstrucción a la salida del aire.

Las consonantes se clasifican según su modo de articulación en *oclusivas, fricativas, africadas, nasales, líquidas (laterales y vibrantes) y faríngeas.* Según el punto de articulación, pueden ser *bilabiales, labiodentales, dentales, alveolares, palatales, velares, uvulares y faríngeas.* Los fonos pueden *clases naturales,* o sea fonos que comparten uno o más rasgos en común.

Los elementos prosódicos del habla incluyen el *ritmo*, el *acento intensivo* (o *prosódico*), y la *entonación.*

PRÁCTICA

A. Transcriba fonéticamente los fonos consonánticos representados por las letras en cursiva y dé su clasificación articulatoria.

	modo de articulación	punto de articulación	función de las cuerdas vocales

◢ Ejemplo:

*t*odo [t] __oclusiva__, __dental__, __sorda__

1. *c*asa [ ] _____, _____, _____
2. *ch*aval [ ] _____, _____, _____
3. ca*ñ*a [ ] _____, _____, _____
4. sa*b*e [ ] _____, _____, _____
5. *h*ago [ ] _____, _____, _____
6. la*d*o [ ] _____, _____, _____
7. suel*d*o[ ] _____, _____, _____
8. *r*ueda [ ] _____, _____, _____
9. ci*n*co [ ] _____, _____, _____
10. *n*ada [ ] _____, _____, _____

B. Transcriba fonéticamente los fonos vocálicos representados por las letras en cursiva y dé su clasificación articulatoria.

	altura de la lengua	desplazamiento de la lengua	posición de los labios

◢ Ejemplo

*l*o [o] __media__, __posterior__, __redondeados__

1. c*a*sa [ ] _____, _____, _____
2. *e*ra [ ] _____, _____, _____
3. l*i*sto [ ] _____, _____, _____
4. l*o*ma [ ] _____, _____, _____
5. g*u*sto [ ] _____, _____, _____

C. Escriba el símbolo fonético correspondiente a cada descripción articulatoria y escriba una palabra con ese fono en posición inicial.

◢ Ejemplo:

oclusiva bilabial sorda [p] __papá__

1. oclusiva velar sonora [ ] _____

2. fricativa interdental sorda [ ] _____

3. nasal bilabial sonora [ ] _____

4. fricativa velar sorda [ ] _____

5. lateral palatal sonora [ ] _____

6. vibrante múltiple alveolar son. [ ] _____

7. lateral alveolar sonora [ ] _____

8. nasal palatal sonora [ ] _____

9. fricativa labiodental sorda [ ] _____

10. africada dorsopalatal sonora [ ] _____

D. Escriba la transcripción fonética de los diptongos representados en cursiva.

■ **Ejemplo:**

s*oy* [o*i̯*]

1. m*ie*do [ ]   6. est*ái*s [ ]

2. c*uo*ta [ ]   7. c*ua*rto [ ]

3. m*ia*sma [ ]   8. acc*ió*n [ ]

4. h*oy* [ ]   9. r*ei*no [ ]

5. f*ue*rte [ ]   10. *áu*reo [ ]

E. Transcriba los fonos representados en cursiva y dé su clasificación articulatoria.

■ **Ejemplo:**

mi [m] _____ consonante nasal bilabial sonora _____

1. ha*b*las [ ] _____

2. sale*n* [ ] _____

3. atrá*s* [ ] _____

4. ca*rr*o [ ] _____

5. peda*l* [ ] _____

6. ciu*d*ad [ ] _____

7. estud*ié*is [ ] _____

8. *f*ue [ ] _____

9. Parag*ua*y [ ] _____

10. *c*ara [ ] _____

F.   Transcriba fonéticamente:

▲ **Ejemplo:**

cada [ká-ða]

1. poco	_____	9. hay	_____
2. todo	_____	10. buey	_____
3. vaca	_____	11. cuota	_____
4. hago	_____	12. deuda	_____
5. rabo	_____	13. radio	_____
6. caro	_____	14. cuatro	_____
7. ánfora	_____	15. siete	_____
8. mucho	_____	16. bou	_____

G.   Determine qué articulación tiene la consonante lateral en las siguientes palabras o frases y transcríbala:

▲ **Ejemplo:**

balde   _articulación dental_   [bál̪-de]

1. silbo   _____ [   ]

2. alta   _____ [   ]

3. el chalé _____ [   ]

4. lata   _____ [   ]

5. algo   _____ [   ]

Temas para profundizar

A.   Pida a dos o más hispanohablantes (si es posible, de distintos países) que lean en ritmo normal las frases que se dan a continuación. Grabe la lectura, transcriba fonéticamente cada frase y compare la pronunciación de los sonidos correspondientes a las letras **c** (ante **e, i**), **z, y, ll, g** (ante **e, i**), y **j.** ¿Qué diferencias y semejanzas hay entre los informantes? ¿Y entre la pronunciación de ellos y la suya? ¿Hay otros sonidos que se pronuncian de distintas maneras? Compare sus respuestas con la de sus condiscípulos.

1. ¿Quieres que yo te lleve las llaves allá?

2. Un llanto triste llenaba la llanura yerma.

3. La cena de los zoólogos es a las cinco.

4. Había poca gente en el jubileo de los gitanos de la calle Jamaica.

5. El día de Reyes no es en mayo.

B. Pida a dos o más hispanohablantes (de preferencia, de distintos países) que lean las frases siguientes en ritmo normal. Grabe la lectura, transcriba cada frase en ortografía normal y dibuje la curva melódica correspondiente a cada una. Compare las curvas melódicas. Si hay diferencias, ¿cómo se explican? Compare sus respuestas con las de otros estudiantes.

1. Salieron los tres.

2. Tomamos tapas con cerveza.

3. ¿A qué hora sale el tren?

4. ¿Cómo es que no quieres venir?

5. Quiero chocolate caliente, pan con mantequilla y jalea.

Principales fuentes consultadas

Fonética articulatoria en general: Abercrombie 1967, Connor 1973, Jones 1956, Sloat, Taylor y Hoard 1978, Ladefoged 2001. Fonética española: Alarcos Llorach 1965, Barrutia y Schwegler 1996, Dalbor 1997, Gili Gaya 1971, Hammond 2001, Navarro Tomás 1974, Quilis y Fernández 1975, Stockwell y Bowen 1965, Whitley 2002, Zamora Munné y Guitart 1982. El alfabeto fonético tradicionalmente empleado en publicaciones españolas se encuentra en la *Revista de Filología Española* 2:15, (enero–marzo 1915), 374–376. Sobre el Alfabeto Fonético Internacional, véase I.P.A. 1999.

Sugerencias para lectura

Para los que quieran mejorar su pronunciación, recomiéndanse los ejercicios de Barrutia y Schwegler 1996; Dalbor 1997; Quilis y Fernández 1975; Teschner 1996 o Whitley 2002. Para más información sobre fonética en general Alarcos Llorach 1965, Ladefoged 2001; y sobre fonética española, Hammond 2001. Gili Gaya 1971, complementado por Navarro Tomás 1974, presenta una descripción muy detallada de la pronunciación castellana, aunque algunos comentarios se encuentran desfasados. Para una visión general de fonética y fonología, véase Crystal 1997, sección IV, "The medium of language: speaking and listening."

NOTAS

[1]El término *deslizada* corresponde al inglés *glide* e incluye tanto las semiconsonantes, que vienen *antes* de una vocal, como las semivocales, que vienen después de una vocal en los diptongos. Entre las semivocales y las semiconsonantes hay ciertas diferencias técnicas que no hace falta incluir en una introducción como la nuestra.

[2]El diptongo [oṷ] ocurre cuando una [o] final forma un diptongo con una [u] átona que empieza la palabra siguiente: **lo humano, lo universal, lo usado** [oṷ]. Dentro de una palabra, [oṷ] ocurre sólo en **bou,** que viene del catalán y designa cierta modalidad de pesca y el barco que se utiliza en ésta.

[3]Algunos autores clasifican las nasales [m n ñ] como no sonantes [-sont], debido a la presencia de un obstáculo en la cavidad oral, idéntico al que se forma en la articulación de las homorgánicas [b d g]. Pero como el aire sale libremente por la nariz, otros prefieren clasificarlas como sonantes [+sont]. De todos modos, lo que diferencia las nasales de los demás fonos es precisamente el rasgo de nasalidad.

[4]Consúltese a Ladefoged 2001, Capítulo 8, sobre la relación entre altura y frecuencia de vibración y otros temas relacionados.

[5]Sobre rasgos prosódicos y simbolismo sonoro, véanse Crystal 1997, capítulos 29, 30.

Fonología: Los fonemas del español

4

> **OBJETIVOS** En este capítulo analizaremos cómo los fonos del español funcionan como un sistema de fonemas. Tomamos como punto de referencia las características más generales de la lengua y haremos algún comentario sobre la variación regional.

Según quedó claro en nuestro vistazo a la fonética articulatoria, es posible describir los fonos de un idioma como elementos individualizados, según sus rasgos articulatorios. Nos interesa ahora determinar las relaciones regulares que existen entre ellos y cómo interactúan dinámicamente en la manifestación del lenguaje a través del habla. Esa interactuación define un sistema, entendiéndose por este término un conjunto de elementos individualizados e interrelacionados, que funcionan juntos de manera regular hacia un objetivo determinado.

4.1 FONEMAS Y ALÓFONOS

La diferencia entre fonética y fonología puede ilustrarse con un ejemplo. Lo que hace que las palabras **cama** [ká-ma], **cana** [ká-na] y **caña** [ká-ña] sean secuencias distintas de fonos es la *diferencia fonética* entre las consonantes nasales [m], [n], y [ñ]. Pero la diferencia de significado entre esas secuencias se debe a la *relación funcional* que hay entre aquellos fonos en español. Dicha relación marca un contraste sistemático, que permite definir aquellos fonos como unidades funcionales llamadas *fonemas*. Para señalar esa función transcribimos los fonemas entre barras: /m/, /n/, /ñ/.

Los contrastes fonológicos son específicos de cada idioma. Por lo tanto, dos fonos pueden contrastar funcionalmente en una lengua pero no en otra. En otras palabras, dos fonos pueden ser fonemas en un idioma pero no en otro. Por ejemplo, en inglés las secuencias de fonos que forman las palabras ***mace*** [méis] 'maza' y ***maze*** [méiz] 'laberinto' tienen significados distintos, y por eso podemos decir que hay en inglés un *contraste fonológico* entre [s] y [z]. En español, al contrario, hay sólo una *diferencia fonética* entre las dos pronunciaciones de **mismo,** [mís-mo] y [míz-mo], la primera con [s] y la segunda con [z]. Eso quiere decir que en inglés [s] y [z] representan los fonemas /s/ y /z/, mientras que en español [s] y [z] son sólo manifestaciones fonéticas distintas (llamadas *alófonos)* del mismo fonema.

Veamos otro ejemplo. Palabras como **cama/cana,** o **cama/caña,** o **cana/caña,** forman *pares mínimos,* es decir secuencias que contrastan por un único fono. Eso basta para definir /m/, /n/ y /ñ/ como fonemas distintos en español. /m/, /n/ y /ñ/ tienen cada uno una manifestación fonética, o alófono°, respectivamente los fonos [m], [n], [ñ]. El fonema /n/ tiene además otros alófonos (4.2).

Un fonema se define mediante un contraste fonológico que afecta el significado. El fonema es un concepto abstracto que representa un punto de contraste en el sistema fonológico. A su vez, el alófono es una realidad fonética, es decir, un fono, mediante el cual se manifiesta el fonema. Las Figuras 4.7 y 4.8 presentan los fonemas españoles y sus principales alófonos (págs 106–108).

Pares mínimos como *hablo/habló, tenia/tenía, papa/papá* son formados por los mismos fonemas pero contrastan por la posición del acento intensivo (3.7), la cual tiene, por lo tanto, una función fonológica.

ACTIVIDAD 4.1   Siguiendo el ejemplo, transcriba dos pares mínimos en los que se den los contrastes fonológicos siguientes:

/p/ : /b/	pata/bata	_____ /_____;	_____ /_____
/t/ : /d/	ata/hada	_____ /_____;	_____ /_____
/k/ : /g/	callo/gallo	_____ /_____;	_____ /_____
/m/ : /n/	mata/nata	_____ /_____;	_____ /_____

4.2 LA REPRESENTACIÓN FONOLÓGICA Y LOS PROCESOS FONOLÓGICOS

Usando los fonemas, podemos dar a cada palabra una sola representación fonológica genérica, como /káña/, /gáto/, /tángo/ o /mísmo/. De esa representación fonológica se deriva la representación fonética, que incluye los detalles relevantes de cada pronunciación posible.

Representamos la relación entre fonemas y alófonos mediante *reglas fonológicas* que siguen el esquema genérico A → B /____. Los elementos a la izquierda de la flecha, (A), son reemplazados por los que vienen a su derecha, (B). Los elementos situados después de la barra (/) describen el entorno° fonológico en el que opera la regla. La raya (____) representa la posición del fonema en cuestión.

Por ejemplo, la regla /m/ → [m] es una manera abreviada de decir que "el fonema /m/ se realiza mediante el alófono [m], una consonante nasal bilabial sonora". El fonema /m/ tiene sólo un alófono, [m]. Otros fonemas tienen dos o más alófonos. Por ejemplo, cuando /n/ viene ante una consonante velar, se manifiesta fonéticamente por el alófono velar [ŋ]:

tango /tángo/ → [táŋ-go]   **manco** /mánko/ → [máŋ-ko]
ángel /ánxel/ → [áŋ-xel]   **un gato** /un gato/ → [uŋ-gáto]

La diferencia entre ese proceso y la manifestación del alófono alveolar [n] ante vocal (**un amigo** /un amígo/ [u-na-mí-ɣo]) puede representarse por la regla simplificada (1), donde la llave { señala alternativas:

$$(1)\ /n/ \rightarrow \begin{cases} [\eta]\ /\underline{\hspace{2cm}}\ [+\text{cons}] \\ [+\text{velar}] \\ \\ [n]\ \underline{\hspace{2cm}}\ [+\text{sil}] \end{cases}$$

Asimismo, hay un contraste fonológico entre las consonantes iniciales de pares mínimos como **pala : tala : cala : bala : dala : gala.** En otras palabras, hay en español un contraste entre los fonos [p], [t], [k], [b], [d], [g] que nos permite postular /p/, /t/, /k/, /b/, /d/, /g/ como fonemas del español. Por otra parte, entre [b] y [β] no hay ningún contraste fonológico, sino sólo una diferencia fonética. Los fonos [b] y [β] se alternan en entornos distintos: la oclusiva [b] ocurre en posición inicial absoluta, es decir, en principio de enunciado, o después de consonante nasal, mientras que la fricativa [β] ocurre en las demás posiciones (después de vocal o consonante no nasal). Por eso podemos decir que [b] y [β] son alófonos, o variantes posicionales, del mismo fonema /b/.

posición inicial absoluta: [b]	después de nasal: [b]	otras posiciones: [β]
¡Vamonos! [bá-mo-nos]	un vino [um-bí-no]	el bobo [el-βó-βo]
¡Basta! /básta]	un buey [um-bu̯ei̯]	no basta beber [no-βás-ta-βe-βér]

ACTIVIDAD 4.2   Identifique dos pares mínimos para cada uno de los contrastes siguientes:

/ñ/ : /n/   (Ej.: *pañal / panal*)   _____ /_____ ; _____ /_____

/ñ/ : /m/   (Ej.: *maña / mama*)   _____ /_____ ; _____ /_____

/b/ : /k/   (Ej.: *vaca / caca*)   _____ /_____ ; _____ /_____

/d/ : /p/   (Ej: *dar / par*)   _____ /_____ ; _____ /_____

/g/ : /t/   (Ej.: *gata / tata*)   _____ /_____ ; _____ /_____

Si los alófonos de un fonema se manifiestan en entornos específicos, como en el caso de [b] y [β], alófonos de /b/, decimos que están en *distribución complementaria*. Es decir que cada alófono complementa los demás. El caso de [s] y [z], alófonos del fonema /s/, es distinto.[1] Para muchos hablantes, estos alófonos están en distribución complementaria: la fricativa sonora [z] ocurre ante consonante sonora (**los dos** /losdós/ [loz-ðós], **desde** /désde/ [déz-ðe], **mismo** [míz-mo]), mientras que la fricativa sorda [s] viene en los demás entornos, a saber (a) en posición final absoluta (**¿Tres?** /tres/ [tres]), (b) ante consonante sorda (**diste** /díste/ [dis-te]), y (c) ante vocal (**Es eso** /es éso/ [e-sé-so]). Otros hablantes, sin embargo, pronuncian tanto [z] como [s] ante consonante sonora (es decir, **desde** /désde/ puede ser tanto [déz-ðe] como [dés-ðe]). Para esos hablantes, el alófono [s] se encuentra en *variación libre,* porque puede ocurrir en ambos entornos.

La alternancia de [s] y [z] ilustra el concepto de *proceso fonológico.* Éste consiste en la aplicación de una regla fonológica a un fonema, resultando en la articulación de un alófono específico. Los procesos fonológicos (véase la sección 3.15) pueden afectar cualquier aspecto de la articulación de los alófonos. En el caso de [s] y [z], la regla refleja la sonorización de /s/ ante una consonante sonora y puede representarse abreviadamente como

(2) /s/ → [z] /_____ C [+son].

Puesto que los alófonos suelen ser predecibles según el entorno de los fonemas correspondientes, la transcripción fonológica no precisa incluir tantos

■ **FIGURE 4.1**   Fonemas del español y del inglés

Español

Consonantes*	bilabial	labio-dental	dento-alveolar	dental	alveolar	palatal	velar
Oclusivas	p̱ b		t̲ d				k̲ g
Fricativas		f̱		θ̲	s̲	y	x̲***
Africadas						t͡ʃ	
Laterales					l	ʎ	
Nasales	m				n	ñ	
Vibrantes					r		
					r̄		
Deslizadas						i̯	u̯

Vocales

	anteriores	central	posteriores
Altas	i		u
Medias	e		o
Bajas		a	

* Los fonemas sordos están subrayados. Las vocales y deslizadas son todas sonoras.

*** Los fonemas /x/ y /h/ no coexisten en el mismo dialecto.

detalles como la transcripción fonética. Por lo tanto, el inventario fonológico de un idioma incluye un número limitado de fonemas, de los cuales pueden derivarse tantos elementos fonéticos cuantos sean necesarios para representar los fonos que ocurren en la pronunciación.

4.3 LOS FONEMAS DEL ESPAÑOL

La Figura 4.1 presenta los fonemas de lo que podríamos llamar el "español estándar internacional". Todas las variedades de la lengua incluyen las cinco vocales /a e i o u/, las dos deslizadas /i̯ u̯/ y las dieciocho consonantes /p b t d k g f s y x tʃ m n ñ l r r̄ w /. Los otros fonemas que se ven en la Figura 4.1 son:

- la consonante fricativa interdental /θ/, típica del castellano del norte de España;
- la lateral alveolar /ʎ/, que existe en en el castellano del norte de España y en algunas otras variedades hispanoamericanas;
- la fricativa faríngea /h/, que reemplaza la fricativa /x/ en algunas variedades, sobre todo las del sur de España y las hablas del Caribe.

■ **FIGURE 4.1**   Fonemas del español y del inglés *(continuación)*

		Inglés							
faríngea	**bilabio-velar**	**bilabial**	**labio-dental**	**dental**	**alveolar**	**palatal**	**velar**	**faríngea**	**bilabio-velar**
		p̱ b			ṯ d		ḵ g		
ẖ***	w		f̱ v	θ̱ ð	s̱ z	ʃ ʒ tʃ dʒ		ẖ	w**
					l				
		m			n		ŋ		
					ɹ	i̯	u̯		
		anteriores		posteriores					
		i		u					
		ɪ		ʊ					
		e		o					
		ɛ	ʌ	ɔ					
		æ	a						

** La /w/ inglesa se articula con un grado mayor de redondeamiento de los labios que la /w/ española.

La Figura 4.1 presenta también los fonemas del inglés. La comparación de los fonemas de ambas lenguas se hará en la sección 4.10.

ACTIVIDAD 4.3   Escriba la transcripción fonológica e identifique los casos en que puede ocurrir el alófono [z] del fonema /s/.

sus amigos / _____ / estábamos /_____ /

mis casas /_____ / los rasgos /_____ /

sus gatos /_____ /tus libros /_____ /

4.3.1 Vocales y deslizadas

Pares mínimos como **papa / pepa / pipa / popa / pupa** demuestran el contraste entre los cinco fonemas vocálicos /a e i o u/, comunes a todas las modalidades del español. Hay también dos deslizadas, /i̯/ y /u̯/, que interpretamos como fonemas independientes, con sus respectivos alófonos, [i̯] y [u̯].

Sin embargo, los fonos [i̯] u [u̯] también se manifiestan como alófonos de las vocales /i/ y /u/ en ciertos entornos. Cuando una vocal alta (/i/ o /u/) se encuentra en posición átona junto a otra vocal, como en **mi amor** /mi amór/ o **su amor** /su amór/, puede haber dos resultados fonéticos distintos, a saber:

(a) La /i/ o /u/ conserva el rasgo [+silábico], realizándose fonéticamente como una vocal. El resultado es un *hiato,* o sea, dos vocales contiguas en sílabas distintas:

/i/ → [i]: **mi amor** /mi amór/ → [mi-a-mór] (3 sílabas)

/u/ → [u]: **su amor** /su amór/ → [su-a-mór] (3 sílabas)

(b) La vocal alta pasa de [+silábica] a [-silábica], realizándose fonéticamente como una deslizada, la cual forma un diptongo creciente con la vocal siguiente:

/i/ → [i̯]: **mi amor** /mi amór/ → [mi̯a-mór] (2 sílabas)

/u/ → [u̯]: **su amor** /su amór/ → [su̯a-mór] (2 sílabas)

En ambos casos, la deslizada y la vocal alternan como alófonos posibles del fonema vocálico que se encuentra en la representación fonológica.

En otros casos, la representación fonológica incluye una deslizada. Entonces el único resultado fonético posible es una deslizada. Es el caso de palabras como **bueno,** fonológicamente /bu̯éno/ y fonéticamente siempre [bu̯é-no] y no *[bu-é-no]. (Recuérdese que el asterisco antepuesto señala una secuencia fonética incorrecta, o mal formada.) Otros ejemplos son:

bien	/bi̯én/ →	[bi̯én] y no	*[bi-én], ni	*[bi-én]
diablo	/di̯áblo/ →	[di̯á-βlo] y no	*[di-á-βlo], ni	*[di-á-βlo]
fuerte	/fu̯erte/ →	[fu̯ér-te] y no	*[fu-ér-te], ni	*[fu-ér-te]
cuatro	/ku̯atro/ →	[ku̯á-tro] y no	*[ku-á-tro], ni	*[ku̯á-tro]

De los triptongos, sólo [i̯ai̯], [i̯ei̯], [u̯ai̯] y [u̯ei̯] aparecen en interior de palabra: **enviáis, enviéis, Uruguay, buey.** Algo marginalmente, [u̯au̯] y [i̯au̯] se hallan en voces onomatopéyicas, como **guau** y **miau.**

4.3.2 Consonantes

Según vimos en la sección (3.6), las consonantes se agrupan, según su modo de articulación, en *obstruyentes* (oclusivas, fricativas y africadas) y *sonantes* (nasales, laterales y vibrantes).

4.3.2.1 Obstruyentes sonoras

Si nos fijamos en los ejemplos de las dos columnas siguientes, notamos que hay un gran parecido entre la distribución de los alófonos de /b d g/ y los de /y/:

/b/	**¿Vienes?** /bi̯énes/[bi̯é-nes]	**No voy** /no boi̯/ [no-βói̯]
/d/	**¡Dámelo!** /dá me lo/ [dá-me-lo]	**No te lo doy** / no te lo dói̯/
		[no-te-lo-ðoi̯]
	¿Un día? /un día/ [un-dí-a]	**Dos días** /dos días/ [doz-ðí-as]
	Es el dueño /es el du̯eño/	**Es la dueña** /es la dueña/
	[e-sel-du̯é-ño]	[ez-la-ðu̯é-ña]
/g/	**¡García!** /garsía/ [gar-sí-a]	**¿Está García?** /está garsía/
		[es-tá-γar-sí-a]
	/¿Un gato? /un gáto/ [uŋ-gá-to]	**Dos gatos** /dos gátos/ [doz-γá-tos]
/y/	**¿Yo?** /yo/ [ŷo]	**Digo yo** /dígo yó/ [dí-γo-yó]
	¿Un yerno? /unyérno/	**Su yerno** /su yérno/
	[uɲ-ŷér-no]	[su-yér-no]

Los fonemas /b/, /d/, /g/ tienen un alófono oclusivo, respectivamente [b], [d], [g], en posición inicial y después de nasal, mientras que en las demás posiciones vienen, respectivamente, sus fricativos [β], [ð], [γ], excepto que el alófono [d], además, también ocurre después de /l/. Los alófonos de cada uno de esos fonemas, por lo tanto, se encuentran en distribución complementaria. Podemos analizar la articulación de los alófonos [β], [ð] y [γ] como el resultado de un mismo proceso fonológico, la *fricativización* de /b/, /d/ y /g/, respectivamente.

A su vez, el fonema /y/ tiene un alófono africado [ŷ] que se puede analizar como el resultado del proceso fonológico de *africación* del fonema /y/. Para muchos hablantes, la africada [ŷ] ocurre después de nasal y en posición inicial absoluta, mientras que la fricativa [y] viene en las demás posiciones. Para esos hablantes, los dos alófonos se encuentran en distribución complementaria. Para otros hablantes, sin embargo, el alófono [y] puede ocurrir en cualquier posición. (Figura 4.2).

La alternancia de la deslizada [i̯] y la fricativa [y] en palabras como **ley** [lei̯] / **leyes** [lé-yes] se explica a partir de la misma representación fonológica /lei̯/. Mediante un proceso de *refuerzo articulatorio,* aumenta la constricción

■ **FIGURA 4.2**   Procesos fonológicos relativos a los alófonos de /b/, /d/, /g/, /y/

fonema	proceso fonológico			entorno fonológico
/b/ →	[b]	------------	**¿Bajas?** /baxas/ [bá-xas]	inicial
			¿Con vino? /kon bino/ [kom-bí-no]	después de nasal
	[β]	fricativización	**¿Acabaste?** /akabaste/ [a-ka-βás-te]	otros
/d/ →	[d]	----------------	**¿Dos?** /dos/ [dos]	inicial
			¿Son dos? /sondos/ [soṇ-dós]	después de nasal
			¿El de hoy? /el de o̞i/ [el-deo̞i]	después de /l/
	[ð]	fricativización	**La duda** /la duda/ [la-ðú-ða]	otros
/g/ →	[g]	---------------	**¿Ganaste?** /ganaste/ [ga-nás-te]	inicial
			¿Un grande? /un grande/ [uŋ-gráṇ-de]	después de nasal
	[ɣ]	fricativización	**El grande** /el grande/ [el-gráṇ-de]	otros
/y/ →	[ŷ]	africación	**¿Yo?** /yo/ [ŷo]	inicial
			Un yugo /un yugo/ [uǹ-ŷu-ɣo]	después de nasal
	[y]	---------------	**Se cayó** /se kayó/ [se-ka-yó]	otros

formada por la lengua en la región del paladar, provocando la articulación de la consonante fricativa palatal [y], que pasa a ser el fono inicial de la sílaba siguiente: /léi̯es/ → [lé-yes], **rey** /rei̯/ → [r̄éi̯] vs. **reyes** /r̄éi̯-es/ → [r̄é-yes].

La distribución de las palatales [y], [ŷ] es muy variable. En el castellano del norte de España, la africada [ŷ] suele ocurrir en posición inicial (**¿Yo?** /i̯ó/ → [ŷól]) y después de nasal (**un yugo** /un yúgo/ → [unŷú-ɣo]). La fricativa [y] ocurre en las demás posiciones: **leyes** /léi̯es/ → [lé-yes]. En otras modalidades la distribución es al revés, y en otras los dos alófonos se hallan en variación libre.[2]

4.3.2.2 Obstruyentes sordas

Las oclusivas sordas /p/, /t/, /k/ tienen una distribución alofónica sencilla, con sus respectivos alófonos [p], [t], [k] en todas las posiciones: **papá** /pa-pá/ [papá], **tata** /tá-ta/ [táta], **coca** /coca/ [kó-ka]. La fricativa /f/ también tiene un solo alófono, [f]: **fofo** /fó-fo/ [fó-fo].

La fricativa /θ/ del castellano del norte de España tiene un alófono interdental sonoro [ð] ante consonante sonora: **juzgar** /xuθgár/ [xuð-ɣár]. Tiene también un alófono interdental sordo [θ] en las demás posiciones: **ceniza** /θe-ní-θa/ [θe-ní-θa]. En la escritura el fonema /θ/ corresponde a la **z (zapato)** y a la **c** ante **e, i (Cecilia)**.

La fricativa /s/ tiene dos alófonos básicos, a saber, una fricativa sonora dorsoalveolar [z] que viene ante conosonante sonora (**mismo** /mísmo/

[míz-mo], **Israel** /isr̄aél/ [iz-r̄a-él]) y una fricativa sorda dorsoalveolar [s] que viene en las demás posiciones: **sasafrás** /sasafrás/ [sa-sa-frás].

El fonema /s/ tiene, además, un alófono llamado la *s aspirada,* fonéticamente una fricativa faríngea sorda que se transcribe [h]. En ciertas variedades del español (v.g. Andalucía, Canarias y Caribe) este fono ocurre en posición *implosiva* (es decir, al final de una sílaba, trabándola): **los tres días** /los tres días/ [loh-tréh-dí-ah] (4.6.3).

El fonema /ʧ/ se realiza como una africada palatal sorda [ʧ]: **muchacho** /muʧáʧo/ [mu-ʧá-ʧo]. (Sobre la pronunciación de /ʧ/ como [ʃ], véase la sección 4.6.3)

La consonante /w/ se realiza como una africada bilabiovelar sonora [w]: **hueso** /wéso/ [wé-so], **huerto** /wérto/ [wér-to]. (Sobre otras pronunciaciones de /w/, véase la sección 4.6.5).

4.3.2.3 Sonantes o no obstruyentes

Las consonantes sonantes incluyen las nasales /m/, /ñ/, /n /, las laterales /l/, /ʎ/ y las vibrantes /r/, /r̄/. La /m/ y la /ñ/ tienen cada cual un alófono, o sea

/m/ → [m] como en **mamá** /mamá/ → [ma-má]

/ñ/ → [ñ] como en **ñoño** /ñoño/ → [ño-ño]

A su vez, la /n/ es dorsoalveolar [n] ante vocal o en posición final **(no, dan),** pero ante una consonante adquiere el mismo punto de articulación que ésta, por *asimilación*° (4.6), según se ve en la Figura 4.3.

La lateral palatal /ʎ/ sólo tiene el alófono palatal [ʎ]. Es un fonema que sólo existe en el castellano norteño y en algunas variantes hispanoamericanas. En la mayoría de las variantes de la lengua el fonema /ʎ/ es reemplazado por el fonema /y/, que además de los alófonos [y] y [ŷ], tiene otros (9.5.1, 10.2).

La distribución de los alófonos del fonema lateral /l/ tiene cierto parecido con la de la /n/. Tiene el alófono alveolar [l] en posición prevocálica o final, o ante consonante labial o velar:

lateral /laterál/ → [la-te-rál]	**pluvial** /plubi̯ál/ → [plu-βi̯ál]
calma /kálma/ → [kál-ma]	**culpa** /kúlpa/ → [kúl-pa]
algo /álgo/ → [ál-ɣo]	**palco** / pálko/ → [pál-ko]

Ante otra consonante, el fonema /l/ adquiere su punto de articulación por el proceso de asimilación (4.6), como se ve en la Figura 4.3 (pág. 90). La Figura 4.7 (pág. 104) da la clasificación articulatoria de los alófonos de los fonemas consonánticos españoles.

4.4 DISTINCIÓN VS. SESEO, LLEÍSMO VS. YEÍSMO

Para entender ciertas diferencias regionales hay que tener en cuenta que la lista de fonemas no es idéntica para todas las variedades del idioma. Las diferencias que nos interesan aquí tienen que ver con los fonemas /θ/ y /ʎ/ (Figura 3.3).

El contraste /θ/ : /s/, llamado *distinción,* se manifiesta en pares mínimos como **cazar / casar,** en los que /θ/ corresponde ortográficamente a **z** o **c** ante **i,e:**

> **cazar** /kaθár/ → [ka-θár]   vs.   **casar** /kasár/ → [ka-sár]
>
> **cocido** /koθído/ → [ko-θí-ðo]   vs.   **cosido** /kosído/ → [ko-sí-ðo]

El fonema /θ/, y por lo tanto la distinción, sólo existen en el castellano del norte de España. En otras modalidades (Sur de España, Canarias, Hispanoamérica), el fonema /θ/ es reemplazado por el /s/. Tradicionalmente, se llama *seseo* la ausencia de /θ/ y la consecuente pronunciación de **z** y **c** (ante **e, i**) como [s]. La mayoría de los hispanohablantes son seseantes, es decir, tienen una /s/ palabras como **cazar/casar, cocido/cosido, zapato, hace, lápiz, lápices.**

Otro fonema que presenta mucha variación es /ʎ/, correspondiente a la lateral palatal sonora [ʎ] y, ortográficamente, al dígrafo *ll.* En el castellano del norte de España el contraste /ʎ/ : /y/ es funcional, es decir, hay pares mínimos como **calló** /kaʎó/ → [ka-ʎó] : **cayó** /kayó/ → [ka-yó], [ka-ŷó]. Pero en la mayoría de las variedades del idioma, que no tienen el fonema /ʎ/, pares como **calló/cayó** tienen la misma representación fonológica y la misma pronunciación, o sea [kayó]. Tradicionalmente, se llama *yeísmo* la ausencia de /ʎ/ y la consecuente pronunciación de *ll* como [y]. La mayoría de los hablantes del español son yeístas. (Sobre la *ll* como [ʎ] en Hispanoamérica, véase la sección 9.5.1.)

La ortografía española tiene en cuenta el contraste /θ/ : /s/, reflejado en pares como **caza** *(= cacería)* / **casa** *(= vivienda).* Asimismo, recoge el contraste /ʎ/ : /y/ de pares como **hallas** (P2sg, presente del verbo **hallar)** y **hayas** (P2sg presente subjuntivo del verbo **haber).** Esas diferencias ortográficas son fáciles para los hablantes cuya pronunciación incluye dichos contrastes. En cambio, los hablantes de variedades seseantes o yeístas tienen que aprender de memoria la ortografía de las palabras que difieren en **s/z c^{e,i}** o **ll/ŷ.**

ACTIVIDAD 4.4 Transcriba las palabras siguientes según su propia pronunciación y analice su manera de articular los fonos correspondientes a las letras **ll, y, c, z, s:**

cayó [ ]	la llama [ ]	maza [ ]
calló [ ]	la yema [ ]	masa [ ]
¿yo? [ ]	¿Lloras? [ ]	zapatos [ ]

Cuaderno de ejercicios 4.1 "Grafías, alófonos y fonemas"

4.5 DISTRIBUCIÓN DE LOS FONEMAS ESPAÑOLES

No todos los fonemas consonánticos ocurren en todas las posiciones. En posición inicial de palabra, pueden venir todos excepto /r/, pero algunos son poco habituales. Sólo algunas docenas de voces empiezan por /ñ/, en su mayoría originarias de idiomas amerindios, como **ñame, ñandú, ñandubay.** Asimismo, en las variantes que tienen /ʎ/ este fonema viene inicialmente en pocas palabras, como **lluvia, llave, llorar, llegar, llama.** Otro fonema poco común inicialmente es /y/, aunque su frecuencia aumenta en las variantes yeístas, en las que reemplaza a /ʎ/.

En principio de sílaba no inicial de palabra y después de vocal, puede venir cualquier consonante, incluso /r/, que en esa posición contrasta con /r̄/ (*ca-ro* /ká-ro/ : *ca-ro* /ká-r̄o/). En posición final de palabra ocurren /θ/, /d/, /s/, /n/, /l/, /r/, y algo marginalmente, /k/ y /x/, en palabras como **anorak, cognac, reloj, carcaj.** Otras, como /p/, /t/, /b/, /g/, /f/, /m/, vienen en pocas palabras, por lo general originarias de otros idiomas: **salep, zigzag, rosbif, álbum, zigurat.** Muy a menudo esas consonantes, aunque se escriban, no se articulan en la pronunciación corriente: **mamut** [ma-mú], **club** [clu], **cognac** [ko-ñá].

ACTIVIDAD 4.5   Siguiendo los ejemplos, dé dos palabras terminadas en cada una de las consonantes /θ/, /d/, /s/, /n/, /l/, /r/

/θ/: lápiz _____, _____   /n/: gabán _____, _____

/d/: Madrid _____, _____   /l/: papel _____, _____

/s/: anís _____, _____   /r/: azar _____, _____

Los fonemas vocálicos /a e i o u/ pueden ocurrir en cualquier posición, aunque /i/, /u/ son poco frecuentes en final de palabra **(mapamundi, Perú).** Los cinco fonemas vocálicos existen en todas las variantes del idioma y se conservan en todos los entornos fonéticos, aunque puede haber pequeñas variaciones de timbre. Para muchos hablantes, los fonemas /e/ y /o/ en sílaba trabada por consonante se realizan con un alófono más bajo y más abierto que [e], [o]: **hablé** [a-βlé]: **papel** [pa-pɛl] y la de /o/ en **habló** [a-βló] : **sol** [sɔl].

 Cuaderno de ejercicios 4.2 "Palabras, fonos y pares mínimos"

4.6 PROCESOS FONOLÓGICOS

Dependiendo de su entorno fonológico, los fonemas sufren modificaciones de las que resultan sus distintos alófonos. Se puede describir dichas modificaciones mediante procesos fonológicos.

Un proceso fonológico afecta cualquier aspecto de la articulación de sus alófonos. Uno de los procesos más generales que puede involucrar uno o varios cambios fonéticos es la *asimilación*. Esencialmente, un fonema se asimila a otro cuando adquiere uno o más rasgos de éste. Los ejemplos de la Figura 4.3 ilustran la *asimilación,* demostrando cómo la /n/ y la /l/ adquieren el mismo punto de articulación de la consonante siguiente. (Es decir, se transforman en homorgánicas de aquella consonante.) O sea, la /n/ se velariza ante consonante velar, se dentaliza ante consonante dental, se labiodentaliza ante consonante labiodental, o se palataliza ante consonante palatal. Esos procesos pueden ser resumidos por reglas como las siguientes:

un gato [uŋ-gá-to]   **un día [u̪n-día]**   **un favor [uɱ-fa-ßór]**

/n/ → [ŋ] / [+cons]   /n/ → [n̪] / → [+ cons]   /n/ → [ɱ] / [+cons]

         [+velar]   [+ dental]   [+labiodental]

En esos casos, y también en aquellos presentados en la Figura 4.3, la asimilación es *regresiva,* es decir, el fonema modificado (la /n/ o la /l/) viene antes del fonema condicionante (la otra consonante). En cambio, hay asimilación *progresiva* si el fonema condicionante viene antes del fonema modificado. Por ejemplo, en **un buey** /un bu̯ei̯/ [um-bu̯ei̯] la nasal bilabial /m/, articulada con oclusión de los labios, condiciona la asimilación regresiva de la /b/, articulada también como oclusiva [b].

■ **FIGURA 4.3** Asimilación de nasales y laterales

/n/ ante consonante:

bilabial /p b m/:	/n/ → [m] **un palo** [um-pá-lo], **un vaso,** [um-bá-so], **un mago** [um-má-γo]
labiodental /f/:	/n/ → [ɱ] **un fuerte** [uɱ-fu̯ér-te]
dental /t d/:	/n/ → [n̪] **un tio** [un̪-tío], **un tonto** [un̪-tón̪-to, **un dia** [un̪-día]
palatal /tʃ/:	/n/ → [ñ]***un chancho** [uñ̆-tʃañ̆-tʃo]
palatal /y/:	/n/ → [ñ] **cónyuge** [kóñ-ŷu-xe], **un yugo** [uñ-ŷú-γo]
	conlleva [koñ-ŷé-ßa], **un llamado** [uñ-ŷa-má-ðo]
	(o [koñ-ʎé-ßa], [uñ-ʎa-má-ðo] en castellano norteño)
velar /k g/:	/n/ → [ŋ] **ancla** [áŋ-kla], **un gato** [uŋ-gá-to]

/l/ ante consonante:

dental /t d/:	/l/ → [l̪] **culto** [kúl̪-to], **caldo** [kál̪-do]
palatal /tʃ/:	/l/ → [tʃ] **el chal** [eʎ-tʃál], **Elche** [éʎ-tʃe]

* El símbolo [ñ̆] representa una nasal ligeramente palatalizada, en todo caso menos que en [ñ].

Asimismo, el fonema lateral /l/ se asimila a una consonante dental o palatal siguiente, articulándose como la consonante lateral dental [l̪] o palatal [ʎ]. En los demás entornos, /l/ se realiza como el alófono alveolar [l]. La asimilación de nasales y laterales es un proceso automático que puede tener lugar tanto dentro de una palabra como entre dos palabras, pero la aplicación de la regla de asimilación puede ser neutralizada en una pronunciación lenta:

		Pronunciación normal	Pronunciación lenta
Don Carlos	/don kár-los/	[doŋ-kár-los]	[don-kár-los]
un gato	/un gá-to/	[uŋ-gá-to]	[un-gá-to]
el tío	/el-tío/	[el̪-tí-o]	[el-tí-o]
al día	/al dí-a/	[al̪-dí-a]	[al-dí-a]

ACTIVIDAD 4.6   Escriba la transcripción fonológica y la transcripción fonética de las siguientes palabras. Asegúrese de que estén marcados los casos de asimilación:

antes	/	/ [	]	*ancla*	/	/ [	]
anda	/	/ [	]	*invitado*	/	/ [	]
enfermo	/	/ [	]	*imposible*	/	/ [	]
angustia	/	/ [	]	*chancho*	/	/ [	]

4.6.1 Fricativización

El proceso de fricativización consiste en la generación de un fono continuante [+cont] a partir de un fonema no continuante [-cont]. Los fonemas /b/, /d/, /g/ se realizan como alófonos fricativos u oclusivos según se aplique o no este proceso. Por lo tanto, mientras que [b], [d], [g] son [-cont], sus homorgánicos [β], [ð], [ɣ] son [+cont].

4.6.2 Sonorización y ensordecimiento

Se dice que hay *sonorización* cuando un fonema pasa de sordo a sonoro, o abreviadamente, de [-son] a [+son]. Al pronunciarse una palabra como **rasgo** o en una secuencia como **los días,** las cuerdas vocales empiezan a vibrar todavía durante el final de la articulación de la /s/, preparándose para formar el fonema sonoro siguiente. Esa vibración anticipatoria hace que la /s/ pase de [-son] a [+son] y se realice como la fricativa alveolar sonora [z]. Compárense los ejemplos:

Con sonorización	**Sin sonorización**
rasgo /rásgo/ → [ráz-ɣo]	**rasco** /rásko/ → [rás-ko]
los días /los días/ → [loz-ðí-as]	**los tres** /los trés/ → [los-trés]
es bueno /es bu̯éno/ → [ez-βu̯é-no]	**es poco** /es póko/ → [es-pó-ko]

Ese proceso se representa esquemáticamente en la regla (3):

$$(3)\ /s/ \rightarrow [z] / \underline{\hspace{2cm}} \begin{array}{l}[+cons] \\ [+son]\end{array}$$

El *ensordecimiento* es el proceso inverso, o sea, un fonema pasa de sonoro o [+son] a sordo o [-son]. Por ejemplo, el fonema bilabial sonoro /b/ ante una oclusiva sorda puede realizarse como la oclusiva bilabial sorda [p]:

subteniente /sub-te-nien̯-te/ → [sup-tenié̯ŋ-te]
subtítulo /sub-tí-tu-lo/ → [sup-tí-tu-lo]

Respecto al modo de articulación, es habitual que una nasal postvocálica y final de sílaba nasalice la vocal precedente, haciéndola pasar de [-nas] a [+nas]. La razón es que mientras se pronuncia la vocal, el velo se baja, preparándose para articular la nasal. Ese movimiento anticipatorio permite que una parte del aire escape por la cavidad nasal, impartiendo a la vocal un timbre algo nasalizado: **campo** /kampo/ [kã̯m-po]. La regla correspondiente sería (4), donde el símbolo $ representa la posición final de sílaba.

$$(4)\ [+voc] \rightarrow [+nas] / \underline{\hspace{2cm}} [+nas]\ \#$$

4.6.3 Relajamiento

Otro proceso fonológico común es el *relajamiento* de la tensión articulatoria, que contribuye a la pérdida de rasgos e incluso de fonemas enteros. En ciertas regiones del sur de España o de México (Chihuahua), la africada /ʧ/ pierde la oclusión inicial y se realiza como la fricativa [ʃ]: **muchacho** /mu-ʧá-ʧo/ → [mu-ʃá-ʃo], **chamaca** /ʧa-ma-ka/ → [ʃa-má-ka]. Otro ejemplo es el relajamiento de la /d/ en posición final absoluta o intervocálica (sobre todo en sílaba final postónica). Esa /d/ tiende a debilitarse, llegando a desaparecer en la pronunciación: **¿Han estudiado?** /anestudiádo/ → [a-nes-tu-ði̯á-ᵟo] → [a-nes-tu-ði̯á-o].

El relajamiento articulatorio explica la articulación de la /s/ como una fricativa faríngea [h]. Es la llamada "s aspirada", semejante al fono representado por la **h** inglesa *(home, hat)*. Se trata de una pronunciación común en el sur de España y en el Caribe.

ACTIVIDAD 4.7 Escriba la transcripción fonológica de las palabras siguientes y luego la transcripción fonética según su propia pronunciación. Analice su articulación de los fonos correspondientes a las *ch* y *s*.

chancho /	/ [	]	chamaca /	/ [	]
pasta /	/ [	]	estos /	/ [	]
las chapas /	/ [	]	los hinchas /	/ [	]

> ↻ **Cuaderno de ejercicios 4.3** "Reconociendo fonos en un entorno fonético"

4.6.4 Procesos fonológicos y división silábica

Ciertos procesos fonológicos afectan la división silábica. Vimos en la sección (3.4) que dos vocales contiguas en sílabas distintas constituyen un *hiato:*

sea /sea/ → [sé-a], **loa** /loa/ [ló-a], **loor** [lo-ór]

Si aquellas vocales son idénticas, como en **alcohol** /alkoól/, el hiato puede conservarse, [al-ko-ól]. Alternativamente, las vocales pueden fundirse en una sola vocal algo más larga, [al-kó:l], o reducirse a una sola vocal normal, [al-kól].

Si las vocales son distintas y una de ellas es [+alta] y átona, es habitual que se forme un diptongo: **la hijita** /la ixíta/ →[la i̯-xí-ta], **lo humano** /lo umáno/ → [lou̯-má-no].

En la pronunciación rápida, la /e/ y la /o/ átonas, cuando se encuentran al lado de una vocal [-alta] (es decir, /a e o/), pueden relajarse, y perder el rasgo [+silábico], conservando sin embargo su timbre de vocal media, respectivamente [e] o [o]. Ese proceso, llamado *sinalefa,* hace que [e] y [o] se queden dentro de la misma sílaba que la vocal contigua. (Cuando haga falta, se indica la sinalefa representada por el signo ‿ conectando las vocales en cuestión).

hiato   **sinalefa**

teatro /teátro/ →[te-á-tro] o [teá̯-tro]
poeta /poéta/ → [po-é-ta] o [poé̯-ta]

Si ese proceso tiene lugar entre dos palabras, tiene el nombre de *sinéresis:* **se agradece** /se agradese/ → [sea̯-ɣra-ðé-se].

Una vocal media puede también elevarse, es decir, pasar de [-alta] a [+alta]. Como resultado de ese proceso, /e/ y /o/ pasan a articularse como [i] y [u], respectivamente. Esta vocal alta, al encontrarse en la misma sílaba con otra vocal, se articula como una deslizada, o sea, [i] → [i̯], [u] → [u̯], formándose así un diptongo: [te-á-tro] → [ti̯á-tro], [po-é-ta] → [pu̯é-ta]. La Figura 4.4 ejemplifica el hiato, la sinalefa, y la elevación de /e/ → [i] o /o/ → [u] seguida de la diptongación de [i] → [i̯] o [u] → [u̯].

■ FIGURA 4. 4   Hiato, sinalefa, elevación y diptongación de /e/, /o/

Forma escrita	Representación fonológica	Hiato	Sinalefa	Elevación y diptongación
				/e/ → [i] → [i̯]
				/o/ → [u] → [u̯]
teatro	/teátro/	[te-á-tro]	[teá-tro]	[ti̯á-tro]
se aman	/se áman/	[se-á-man]	[seá-man]	[si̯á-man]
cohete	/koéte/	[ko-é-te]	[koé-te]	[ki̯é-te]
lo era	/lo éra/	[lo-é-ra]	[loé-ra]	[lu̯é-ra]
toalla	/toáya/	[to-á-ya]	[toá-ya]	[tu̯á-ya]
lo amo	/lo ámo/	[lo-á-mo]	[loá-mo]	[lu̯á-mo]

ACTIVIDAD 4.8   Las palabras o secuencias de palabras pueden pronunciarse como un hiato, o como una sinalefa, o como elevación y diptongación. Practique cada una de esas pronunciaciones y transcríbala según el modelo.

		hiato	sinalefa	elevación y diptongación
■ Ejemplo:				
peaje	/peáxe/	[pe-á-xe]	[peá-xe]	[pi̯á-xe]
fealdad	/fealdád/	[ ]	[ ]	[ ]
cohesión	/koesi̯ón/	[ ]	[ ]	[ ]
se afeitaba	/se afei̯tába/	[ ]	[ ]	[ ]
la esperó	/la espéro/	[ ]	[ ]	[ ]

 Cuaderno de ejercicios 4.4 "Alófonos y fonemas"

4.6.5 Transposición, eliminación y adición de fonemas

Además de modificar rasgos específicos de los fonemas, los procesos fonológi-cos pueden actuar sobre fonemas enteros. Es común en el habla popular de muchas regiones que dos fonemas cambien de posición mediante un proceso llamado *metátesis*. Es el caso de los ejemplos en la columna derecha, en vez de las formas estándar a la izquierda:

forma estándar	forma con metátesis
aeroplano	areoplano
apoplejía	aplopejía
pared	pader
prelado	perlado
dentífrico	dentrífico
murciélago	murciégalo

Nótese que si postulamos representaciones fonológicas como /aero-pláno/, /preládo/, /dentífriko/, /paréd/, /apoplexía/, explicamos las formas no estándar como el resultado de una metátesis.

Son también productivos los procesos siguientes de *eliminación* y *adición* de fonemas, identificados por la posición en la que tienen lugar (Figura 4.5). La eliminación es habitual en la pronunciación rápida. Es frecuente la *apócope* de una vocal átona final ante una palabra que empieza por una vocal átona, como **la escuela** /la eskuéla/ → [les kué-la] en vez de [la-es-kué-la]. También es común la *síncopa* de /g/ entre vocales (**agua** /água/ → [áua]) o de /d/ también entre vocales, particularmente en los participios (**comprado** /komprádo/ → [kom-prá-o], **comido** /komído/ → [ko-mí-o]) . Virtualmente en todo el dominio de la lengua, la /d/ final también tiende a relajarse hasta ser eliminada por apócope, como en **Madrid** /madríd/ → [ma-ðrí], **usted** /us-téd/ → [us-té]. También

■ **FIGURA 4.5**   Procesos de pérdida de fonemas

Eliminación:

Aféresis (en posición inicial)

enhorabuena	/enórabuéna/	→ [noraβuena]
usted viene	/ustéd biene/	→ [te-βié-ne]
está bien	/está bien/	→ [ta-βién]
papá	/papá/	→ [a-pá]

Síncopa (en el interior de una palabra)

(tú) crees	/krées/	→ [tú-kré]
para	/pára/	→ [pa]
señora	/señóra/	→ [se-ñá]
agua	/água/	→ [áua]
comprado	/komprádo/	→ [kom-prá-o]

Apócope (en posición final)

la escuela	/laeskuéla/	→ [les-kué-la]
reloj	/r̄elox/	→ [r̄e-ló]
usted	/ustéd/	→ [us-té]
Madrid	/madríd/	→ [ma-ðrí]

es habitual la eliminación de la /s/ postvocálica, en posición medial o final: **estos tres amigos** /éstos tres amigos/ → [é-to-tré-a-mí-ɣo].

La aplicación simultánea de varios procesos a la misma palabra puede reducirla drásticamente. Por ejemplo, el pronombre **usted** puede sufrir apócope de la /d/, síncopa de la /s/ y aféresis de la /u/, quedando reducido a una sóla sílaba: **usted** /usted/ → [us-té] → [u-té] → [té], como en **¿Usted lo sabe?** [té-lo-sá-ße].

Los procesos de adición de fonemas también son variados. La *prótesis* es la adición de un fonema en posición inicial. Es el caso de la inserción de /g/ o /b/ mediante un refuerzo articulatorio, ante /u̯/ inicial. En palabras como **hueso** /wu̯éso/ o **huerto** /wu̯ér-to/, si hay un refuerzo articulatorio, la /u̯/ puede favorecer la inserción de una /g/. En ese caso, la /w/ se articula como una semivocal [u̯], formando un diptongo creciente con la vocal siguiente. Fonéticamente, esta /g/ tendrá la distribución alofónica normal, es decir, será una oclusiva [g] en posición inicial o después de nasal o una [ß] en otros entornos. De todos modos, la articulación de la /g/ puede ser muy débil.

el huerto /el wu̯érto/ → [el-ɣu̯ér-to]
un huerto /un wu̯erto/ → [uŋ-gu̯ér-to]
el hueso /el wu̯éso/ → [el-ɣu̯é-so]
un hueso /un wu̯eso/ → [uŋ-gu̯é-so]

La *epéntesis,* o adición de un fonema en posición interior, es responsable por formas populares como **llorisquear** (de **lloriquear**) o **trompezar** (de **tropezar**).

Finalmente, la *paragoge* añade un fonema en posición final de palabra. Este proceso es responsable por dos fenómenos muy difundidos en la pronunciación popular. Uno consiste en añadir una /s/ a la terminación *-ste* del pretérito: **hablaste** → **hablastes, comiste** → **comistes, viviste** → **vivistes.** El otro es la añadidura de una /n/ al pronombre átono **se** pospuesto al verbo en tercera persona plural: **siéntense** → **siéntensen, cállense** → **cállensen, díganle** → **díganlen.**

ACTIVIDAD 4.9   Para cada palabra en *cursiva*, la pronunciación en transcripción fonética señala la pérdida en un fonema. Siguiendo el ejemplo, identifique el proceso involucrado en cada caso.

◼ **Ejemplo:**

¿Usted? /ustéd/ [us-té]   Apócope o pérdida de fonema en posición final

La ha *perdido* /perdído/ [per-ðí-o]   _____

¿Usted viene? /ustédßi̯éne/ [us-té]   _____

La entrada /laentráda/ [len-trá-ða]   _____

¿Hay *alcohol?* /ai̯alkóol/ [al-kó-l]   _____

Valladolid /bayadolíd/ [ba-ya-ðo-lí]   _____

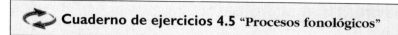

 Cuaderno de ejercicios 4.5 "Procesos fonológicos"

4.7. CLASES DE REGLAS FONOLÓGICAS

Hemos representado la alternancia entre fricativas y oclusivas y la asimilación de las nasales y palatales a la consonante siguiente como reglas *categóricas,* que en principio se aplican siempre que se verifican las condiciones descritas. Pero muchas reglas tienen aplicación variable, que debe entenderse en términos estadísticos. Mientras que una regla categórica tiene una probabilidad de ocurrencia próxima al 100%, una regla *optativa* puede o no aplicarse.

La regla de sonorización del fonema /s/ ante consonante sonora ilustra ambos casos. Es categórica para algunos hablantes, y en ese caso [s] y [z] se hallan en distribución complementaria. Para otros hablantes, esa regla es optativa, y entonces [z] y [s] están en variación libre. La variabilidad de una regla puede hallarse condicionada por el contexto de la comunicación (formal vs. informal) o por características de los hablantes (edad, sexo, nivel de instrucción o condición social). Las relaciones entre la variación lingüística y los factores sociales son el tema de la *sociolingüística*. Una regla es *general* cuando se aplica a todas las variantes del idioma, como la velarización de la /n/ ante consonante velar. En cambio, una regla *dialectal* se limita a ciertas variantes del idioma.

4.8 NEUTRALIZACIÓN FONOLÓGICA

Hay situaciones en que el contraste entre dos fonemas se neutraliza, es decir, deja de ser operativo. En final de sílaba el contraste entre /m/ y /n/ se neutraliza, al asimilarse la nasal a la consonante siguiente: tanto **con padre** /kon padre/ como **compadre** /kompádre/ son fonéticamente [kom-pá-ðre]. También se neutraliza el contraste entre consonantes sonoras y sordas en posición final de sílaba. Por ejemplo, el contraste sordo/sonoro entre /d/ y /t/ o /g/ y /k/ suele neutralizarse ante /n/. Por eso, en palabras como **etnólogo** o **tecnología,** las letras **t** o **c** se pronuncian como una consonante sonora, respectivamente [ð] o [ɣ], por asimilación a la /n/ sonora siguiente (compárese con **adnominal** [að-no-mi-nál] o **indignación** [iŋ-diɣ-na-sįón]).

En algunas modalidades (Caribe, Sur de España) el contraste entre las líquidas (/r/ y /l/) se neutraliza en posición postvocálica. Según la variedad, la /l/ puede realizarse como [r] (**calma** /kálma/ [kár-ma]) y la /r/ como [l] (**forma** /fórma/ [fól-ma]).

 Cuaderno de ejercicios 4.6 "Cada oveja con su pareja"

4.9 ESTRUCTURA SILÁBICA

Cada idioma tiene normas específicas, llamadas *reglas fonotácticas,*° que rigen las secuencias posibles de fonemas. Podemos entender eso con un ejemplo sencillo. A un hispanohablante le resultaría difícil pronunciar palabras como *dlokar, pfornio, stferga* o *ombtarno.* La razón es que secuencias de fonemas como /dl/, /pf/, /stf/, /bt/ no siguen las reglas fonotácticas de la lengua, y por lo tanto no pueden generar secuencias pronunciables de fonos. Por otra parte, no tendría dificultad en pronunciar *gombra, flica* o *caprense,* porque los *grupos consonánticos* /br/, /fl/, /pr/ están de acuerdo con las reglas fonotácticas del español, y representan por lo tanto palabras posibles, aunque inexistentes.

Es debido a las reglas fonotácticas que las palabras extranjeras, al incorporarse al idioma, se adaptan a la pronunciación española. Por ejemplo, el español tiene una restricción a las sílabas iniciales formadas por /s/ + consonante. Por eso, palabras extranjeras con /s/ + consonante inicial adquieren una /e/ protética (4.6.5): ing. **stress > estrés, standard > estándar;** it. **spaghetti > espagueti;** rus. **sputnik > espútnik.**

Como quedó dicho (3.3) una sílaba tiene siempre un *núcleo* (N), que en español debe ser una vocal. Por eso, la vocal es silábica [+sil]. Esa vocal puede estar combinada con una deslizada, formando un diptongo (3.4). Además, antes y después del núcleo pueden venir una o dos consonantes, limitadas a combinaciones específicas. (En inglés hay consonantes que pueden ser núcleo silábico, como **n** en **mutton** [mʌtn̩] o **l** en **little** [lɪtɬ̩].) Las consonantes que preceden el núcleo forman el ataque (O), como [s] in **se** o [l] en **la.** Las consonantes que vienen después del núcleo forman la *coda* (C), como [r] in **por.** El núcleo y la coda forman la *rima* (R). Los típos silábicos del español aparecen en la Figura 4.6.

El ataque puede ser una sola consonante (C) o dos consonantes distintas, $C_1 C_2$, que forman un *grupo consonántico,* a condición de que C_1 sea una de las oclusivas /p t k b g/ o la fricativa /f/ y C_2, una de las líquidas /l r/ (Figura 4.6).

La secuencia /tl/ sólo ocurre como grupo consonántico inicial en palabras originarias del idioma náhuatl, como el nombre de la ciudad mexicana de **Tlascala** o el adjetivo **tlascalteca,** o **tlacuache** (nombre mexicano de la zarigüeya), **tlapa, tlacoyo.** En posición medial, /t/ y /l/ pueden formar un grupo o separarse: **atlántico** /atlántiko/ → [a-tláŋ-ti-ko] ~ [at-láŋ-tiko], y es común que la /t/ se sonorice por asimilación a la /l/: [að-láŋ-ti-ko].

Secuencias de otras consonantes contiguas pertenecen a sílabas distintas, como /dl/, que ocurre en raras palabras como **adlátere** (< Lat. *a + latere* 'al lado') o **adleriano** (< Adler, sust.), y se divide en *d-l: ad-lá-te-re, ad-le-ria-no.* Pasa lo mismo con otras secuencias de consonantes:

b-d	ab-di-car	*s-c*	os-cu-ro	*p-t*	ap-to
b-y	ab-yec-ción	*s-m*	es-me-rar	*l-t*	al-to
c-c	ac-ción	*n-d*	an-dar	*m-n*	a-lum-no
c-t	ac-tuar	*r-n*	pier-na	*n-t*	an-tes
s-t	es-te	*r-d*	gor-do	*l-m*	al-ma

En la coda, donde no hay grupos consonánticos, sólo pueden venir /n l r o s/: *an-te* [án̪-te], *al-ba* [ál-ßa], *ar-te* [ár-te], *muslo* [mús-lo] ~ [múz-lo]. Las secuencias de dos consonantes idénticas, en la misma palabra o en palabras contiguas, suele reducirse a una consonante, que puede ser larga [:] en la pronunciación cuidada: **connotación** [kon-no-ta-si̯ón] ~ [ko-no-ta-si̯ón].

Una regla fonotáctica muy productiva del español es la de *enlace°*. Puesto que la secuencia consonante + vocal forma una sílaba, en la pronunciación normal una consonante final de palabra se junta a la vocal inicial de la palabra siguiente. Este proceso fonológico se debe a una tendencia general, en español, a las sílabas abiertas. Una secuencia como **los amigos y el actor inglés,**

■ FIGURA 4.6   Tipos silábicos del español, grupos consonánticos y secuencias de consonantes

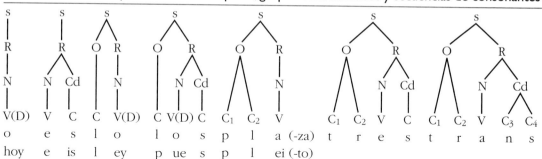

Tipos de sílabas:

V:	*a*	CV:	*tú*	C_1C_2 V:	*cré*
VD:	*hoy*	CVD:	*rey*	C_1C_2 VC:	*tres*
VC:	*es*	CVC:	*vos*	C_1C_2 VD:	*pleito*
				C_1C_2VCC:	*trans-*

Grupos de consonantes (indivisibles y siempre ante el núcleo)

/pl/ *plaza* **/pr/** *prado* **/kl/** *claro* **/kr/** *cruz* **/fl/** *flor* **/tr/** *tres*   **/tl/** *Tlatlelow*
/bl/ *bloco* **/br/** *braga* **/gl/** *glosa* **/gr/** *gruta* **/fr/** *frío* **/dr/** *dragón*

S = sílaba; R = rima; N = núcleo; O = onset; Cd = Coda
V = vocal; C = consonante; D = deslizada C_1, C_2 = consonantes distintas

pronunciadamuypausadamente,puedeser[los-a-mí-ɣos-i-el-ak-tór-iŋ-glés],pero en una pronunciación normal será algo como [lo-sa-mí-ɣo-si̯e-lak-tó-riŋ-glés]. El enlace se aplica a cualquier secuencia de consonante + vocal:

	pronunciación lenta (sin enlace)	pronunciación normal (con enlace)
los otros	[los-ó-tros]	[lo-só-tros]
el amigo	[el-a-mí-ɣo]	[e-la-mí-ɣo]
un alumno	[un-a-lúm-no]	[u-na-lúm-no]
hablar inglés	[a-βlar-iŋ-glés]	[a-βlá-riŋ-glés]

ACTIVIDAD 4.10   Siguiendo el ejemplo, separe cada palabra en sílabas y escriba la transcripción fonológica y la transcripción fonética.

◢ **Ejemplo:**

admisión   ad-mi-sión   /admisión/ [að-mi-si̯ón]

electricidad   _____

atrocidad   _____

aplicación   _____

aproximado   _____

adrenalina   _____

atlántico   _____

transformar   _____

↻   **Cuaderno de ejercicios 4.7 "Transcripción fonológica"**

4.10 COMPARACIÓN DE LOS FONEMAS ESPAÑOLES CON LOS FONEMAS INGLESES

A los angloparlantes que aprenden español les puede ser útil una comparación de los fonemas de los dos idiomas y de la articulación de sus alófonos (Figura 4.1).

Mientras que el español contrasta los diptongos y las vocales, en inglés los fonemas /i e u o/ se articulan fonéticamente con una deslizada semejante a la que se oye en los diptongos decrecientes. De ahí el hecho de que en **sí, ley, tú, lo** hay una vocal sencilla, mientras que en ing. ***see, lay, too, low*** hay un diptongo. Los diptongos ingleses /ai̯, ɔi̯, au̯/ se parecen fonéticamente a los españoles /ai̯ au̯ oi̯/, pero la deslizada es más breve en español que en inglés. Por eso, los diptongos de **causa, váis, soy** son más breves que los de ing. **bow, bye, toy.** Las vocales del inglés suelen ser más largas en sílabas abiertas que en sílabas trabadas, y en éstas la vocal es más breve si la consonante es sorda que si es sonora **(bee, bead, beep).** En español la diferencia de duración entre vocales tónicas y átonas es más bien una cuestión de énfasis, y en la pronunciación cuidada tienen aproximadamente la misma duración.

Otras diferencias tienen que ver con el punto de articulación. Las vocales altas españolas /i/, /u/ son más altas y más adelantadas que las inglesas /i/, /u/. También la /e/ española es más adelantada y breve que la /ɛ/ inglesa (cf. esp. **vete** : ing. **vet**), y la /a/ española es menos posterior que la /ɒ/ inglesa **(padre/father).** Si se articulan las vocales españolas como la inglesas, el resultado es un acento extranjero y posiblemente incomprensión, debido a la pérdida de contastes significativos entre las vocales españolas y los diptongos ingleses.

Las vocales átonas inglesas tienden a ser reducidas a una vocal media central [ə] o a una vocal central alta [ɨ] (Whitley 2002: 60). Este proceso de reducción se ilustra por las vocales tónicas y átonas en pares como r*epe*titive [ɛ] / r*epe*tition [ə], c*o*ntemplate [ɒ] / c*o*ntemplative [ə], *A*dam [æ] / *a*damic [ə]. Esa reducción no ocurre en español, cuyas vocales conservan su timbre distintivo. Por eso, si se pronuncia una [ə] en posición átona, se neutralizan ciertos contrastes importantes como el del masculino / femenino, señalado por /o/ : /a/: **niño : niña.**

Los fonemas españoles / p b t d k g f θ s ʧ l m n/ tienen un homólogo aproximado en inglés, aunque el empleo de los mismos símbolos no quiere decir que la realización fonética sea idéntica, como veremos a continuación:

(1) Oclusivas sordas: /p t k / , fonéticamente [p t k]. En posición inicial de sílaba, estas consonantes se articulan en inglés con una fuerte emisión de aire, llamada aspiración y representada [pʰ], [tʰ], [kʰ], como en **pie, tie, kite.** Dicha aspiración no existe en español, y su empleo en palabras como **pata, tapa, capa** causa un fuerte acento.

(2) Oclusivas sonoras: /b d g/, fonéticamente [b β], [d ð], [g ɣ]. El proceso de fricativización que genera los alófonos fricativos de /b d g/, respectivamente [β δ γ], como en **cabra** [ká-βɾə], **lado** [lá-δo] **higo** [í-ɣo], no tiene equivalente en inglés. Por otra parte, esp. /t d/ tienen una articulación dental, mientras que ing. /t d/ son alveolares, diferencia ésa que puede causar un ligero acento. La pronunciación norteamericana de /t d/ intervocálicos como una vibrante alveolar (ɾ) (**waiter/wader** [wéi̯ɾəl]) no tiene equivalente en español. Debido a eso, la pronunciación de /t d/ como [ɾ], como en **pata/para** o **cada/cara,** puede causar incomprensión,.

(3) Nasales: /m/ y /n/ tienen articulación muy parecida en ambos idiomas, pero en inglés no hay ningún fonema parecido a la nasal palatal /ñ/. Este fonema ocurre inicialmente en unas cincuenta palabras (registradas en el *DRAE*), en su mayoría préstamos de idiomas indígenas como **ñapa** (propina) o **ñoño** (tonto) pero es más frecuente en posición medial. Los angloparlantes tienden a articular la /ñ/ como una secuencia de nasal o vocal y deslizada [nj̣], pronunciando **señor** o **caña** como *[se-ni-ór]~*[se-nj̣ór] o *[ká-ni-a]~*[ká-nj̣a] en vez de [se-ñór], [ká-ña].

(4) Fricativas /θ f s y/ y africada /ʧ/. La articulación de la /θ/, es muy similar a la de la consonante inicial de ***thin, thick,*** no presenta dificultades a los angloparlantes, aunque pocos norteamericanos suelen aprender a hablar la variante norteña del español, la única que tiene aquel fonema. La fricativa labiodental /f/ se articula como ing. [f] y la /s/ dorsoalveolar se parece lo suficiente a la /s/ inglesa. La africada inicial /ʧ/ de **chamaca** es semejante en articulación a la /ʧ/ inglesa initial de ***cheap***. La /y/ presenta rasgos específicos. Su alófono africado palatal [ỹ] se parece a la [ʤ] inicial de ***jeep***, pero ésta es una africada alveopalatal (**¿Yo?** [ỹo]). Por otra parte, no hay en inglés un fono idéntico a la fricativa palatal [y] de **leyes** [léyes], puesto que el fono representado por la **y** inicial de ***yes, yacht*** es más bien una deslizada. Véanse las realizaciones fonéticas de /y/ en la Figura 4.7.

(5) Líquidas /l ʎ r r̄/. La /l/ española tiene una articulación lateral alveolar [l] en todas las posiciones (**miel** [mj̣el]), mientras que en inglés la /l/ es alveolar [l] ante vocal pero tiene una articulación velar [ɫ] en posición posvocálica, como en mill [mɪ̄ɫ]. Es una diferencia suficiente para causar un acento extranjero, aunque no interfiera necesariamente en la comprensión. Ni la palatal lateral /ʎ/ ni las vibrantes /r/, /r̄/ tienen homólogos en inglés. La palatal lateral /ʎ/, escrita **ll**, articulada con la lámina de la lengua tocando el paladar (**calle** [káʎe]), ocurre inicialmente en pocas palabras (**llama , llano**) y medialmente en algunas más (**halla, falla**). Los angloparlantes tienden a pronunciar *ll* como una secuencia de consonante y vocal [li] o consonante y deslizada [lj̣], de manera que **calle** suena *[ká-li-e] o [ká-lj̣e]. Sin embargo, esto no suele ser un problema, puesto que la pronunciación yeísta, de todos modos mayoritaria, les resulta más fácil a los angloparlantes.

Aunque se escriba con la misma letra *r,* la realización fonética de las vibrantes españolas /r/ y /r̄/ difiere del ing. /ɹ/, que es una deslizada alveolar central retrofleja, formada con la punta de la lengua cerca de los alvéolos. Aquellas vibrantes son los fonemas más difíciles para los angloparlantes, aunque la articulación norteamericana de *t* y *d* interdentales como [r] en palabras como ***water, wader*** puede ayudarles a empezar a pronunciar correctamente la /r/ y la /rr/, que como quedó dicho, sólo contrastan en posición intervocálica (**caro/carro, pero/perro**).

Los fonemas y alófonos, aunque constituyan el medio por el que se manifiesta el lenguaje, no significan nada en sí mismos. El significado empieza a hacerse notar mediante ciertas combinaciones de fonemas que forman los morfemas, los cuales a su vez participan en la formación de las palabras, según veremos en el capítulo siguiente.

 Cuaderno de ejercicios 4.8 "Transcripción fonológica y fonética"

Términos clave:

alófono
ceceo
distinción
fonema
posición
   (final, inicial, intervocálica,
   implosiva)
lleísmo
yeísmo
neutralización fonológica
obstruyente (o no sonante)
proceso fonológico
   (fricativización, relajamiento,
   sonorización y ensordecimiento)

sinalefa
sinéresis
diptongación
transposición, eliminación y
   adición de fonemas
regla fonológica
regla fonotáctica
seseo
sonante
   (o no obstruyente)
tensión articulatoria

■ FIGURA 4.7   Fonemas consonánticos del español y sus principales alófonos

Fonemas	Alófonos	Sonoridad	Punto de articulación	Modo de Articulación
/p/	[p]	[–son]	bilabial	oclusivo
/b/	[b]	[+son]	bilabial	oclusivo
	[β]	[+son]	bilabial	fricativo
/t/	[t]	[–son]	linguodental	oclusivo
/d/	[d]	[+son]	linguodental	oclusivo
	[ð]	[+son]	interdental	fricativo
/k/	[k]	[–son]	dorsovelar	oclusivo
/g/	[g]	[+son]	dorsovelar	oclusivo
	[γ]	[+son]	dorsovelar	fricativo
/f/	[f]	[–son]	labiodental	fricativo
/s/	[s][1]	[–son]	predorsoalveolar	fricativo
	[z][1]	[+son]	predorsoalveolar	fricativo
	[h]	[-son]	glótico o faríngeo	fricativo
/θ/[2]	[θ]	[–son]	interdental	fricativo
/x/	[x]	[–son]	dorsovelar	fricativo
	[ç][3]	[–son]	dorsopalatal	fricativo
/h/[4]	[h]	[–son]	glótico o faríngeo	fricativo
/ʧ/	[ʧ]	[–son]	dorsopalatal	africado
	[ʃ]	[-son]	dorsopalatal	fricativo
/l/	[l]	[+son]	dorsoalveolar	lateral
/ʎ/[5]	[ʎ]	[+son]	dorsopalatal	lateral
/y/	[ŷ][6]	[+son]	dorsopalatal	africado
	[y][6]	[+son]	dorsopalatal	fricativo
	[ʒ][7]	[+son]	dorsopalatal	fricativo
	[ʃ][7]	[-son]	dorsopalatal	fricativo
/r/	[r]	[+son]	apicoalveolar	vibrante simple
/r̄/	[r̄]	[+son]	apicoalveolar	vibrante múltiple
/m/	[m]	[+son]	bilabial	nasal
/n/	[n][8]	[+son]	laminoalveolar	nasal
/ñ/	[ñ]	[+son]	dorsopalatal	nasal
/w/	[w]	[+son]	bilabio-velar	fricativo

[1]En la variedad castellana hay las fricativas apicoalveolares [ś] y [ź].
[2]/θ/ ocurre en la variedad castellana y es reemplazado por /s/ en las demás variedades.
[3]El alófono palatal [ç] sólo ocurre en algunas regiones, como en Chile.
[4]El fonema glótico o faríngeo /h/ corresponde al fonema fricativo velar /x/ en ciertas regiones, como el Caribe.
[5]/ʎ/ ocurre en la variedad castellana y en algunas regiones de Hispanoamérica.

■ **FIGURA 4.7** (continued)

Entornos	Ejemplos
todos	*pato* /pato/ [pá-to]
inicial y depués de nasal	*¡Vamos!* /bámos/ [bá-mos] *un vaso* /um baso/ [um-bá-so]
otros	*baba* /ába/ [á-βa]
todos	*tata* /táta/ [tá-ta]
inicial y después de nasal y /l/	*¡Dios!* /dios/ [di̯-os], *un dios* /un di̯ós/ [un̪-di̯ós] *falda* /fálda/ [fál̪-da]
otros	*bada* /áda/ [á-ða], *usted* /ustéd/ [us-téð]
todos	*coco* /kóko/ [kó-ko]
inicial absoluta y después de nasal	*¿Ganaste?* /ganáste/ [ga-nás-te], *un gato* /ungáto/ [uŋ-gá-to]
otros	*baga* /ága/ [á-ɣa]
todos	*café* /kafé/ [ka-fé]
todos	*soso* /sóso/ [só-so]
ante consonante sonora	*mismo* /mísmo/ [míz-mo], *desde* /désde/ [déz-ðe]
postvocálico	*es* /es/ [eh], *los dos amigos* /los dos amigos/ [loh-ðo-ha-mí-ɣoh]
todos	*ceniza* /θeníθa/ [θe-ní-θa], *zapato* /θapáto/ [θa-pá-to]
todos (raro en final)	*jauja* /xáu̯xa/ [xáu̯-xa], *reloj* /r̄e-lóx/ [r̄e-lóx]
regional, ante vocal anterior (/e/, /i/)	*gente* /xénte/ [çén̪-te], *jinete* /xinéte/ [çi-né-te]
todos	*jauja* /hau̯ha/ [háu̯-ha], *gente* /hénte/ [hén̪-te]
todos, excepto final	*chachacha* /tʃatʃa'tʃa/ [tʃ-atʃ-atʃá]
regional, en vez de [tʃ]	*muchacho* /mutʃátʃo/ [mu-ʃá-ʃo]
todos	*lata* /láta/ [lá-ta], *mal* /mal/ [mál]
prevocálico	*calle* /káʎe/ [ká-ʎe], *calló* /ka-ʎó/ [ka-ʎó]
inicial absoluto y después de nasal	*calle* /káye/ [ká-ye], *calló* /kayó/ [ka-yó]
otros	*¿Yo?* /yo/ [ŷo]
prevocálico	*calle* /káye/ [ka-ʒe], *calló* /kayó/ [ka-ʒó]
prevocálico	*calle* /káye/ [ká-ʃe], *calló* /kayó/ [ka-ʃó]
todos excepto inicial	*caro* /káro/ [ká-ro]
todos excepto final	*rata* /r̄áta/ [r̄á-ta], *carro* /kár̄o/ [ka-r̄o]
todos excepto final	*mamá* /mamá/ [ma-má]
ante vocal, final [8]	*no* /no/ [no], *son* /son/ [son]
ante vocal	*caña* /káña/ [ká-ña]
ante vocal	*bueso* /wéso/ [wé-so]

---

[6]Para muchos hablantes, [y] y [ŷ] alternan en las mismas posiciones.
[7][ʒ], [ʃ] ocurren regionalmente, como en el Río de la Plata.
[8]Ver otros alófonos del fonema nasal /n/ en la Figura 4.3.

■ FIGURA 4.8 Fonemas vocálicos y deslizados del español y sus alófonos

Fonemas	Alófonos	Articulación	Entornos	Ejemplos
Vocales:				
/i/	[i]	alta anterior	todos	*lívido* /líbido/ [lí-βi-ðo], *aquí* /akí/ [a-kí]
	[i̯]	deslizada palatal	en posición átona	formando diptongo con otra vocal: *mi amigo* /mi amígo/ [mi̯a-mí-ɣo]
/e/	[e]	media anterior	todos	*efémero* /efémero/ [e-fé-me-ro], *este* /éste/ [és-te]
/a/	[a]	baja central	todos	*apática* /apátika/ [a-pá-ti-ka]
/o/	[o]	media posterior	todos	*oso* /óso/ [ó-so], *coloso* [ko-ló-so]
/u/	[u]	alta posterior	todos	*ultra* /última/ [úl̯-tra], *Perú* /perú/ [pe-rú]
	[u̯]	deslizada velar	en posición átona	formando diptongo con otra vocal: *su idea* /su idéa/ [su̯-ðé-a]
Deslizadas:			Sólo en diptongos:	
/i̯/	[i̯]	palatal	Crecientes:	*piano* /piáno/ [piá̯no], *pie* /pié/ [pi̯é], *piojo* /pióxo/ [pi̯ó-xo], *mi-ura* /mii̯ura/ [mi̯ura], /miu̯ra/ [mi̯ura]
			Decrecientes:	*bay* /ai̯/ [ai̯], *ley* /léi̯/ [léi̯], *doy* /dói̯/ [doi̯], *muy* /mui̯/ [mui̯]
/u̯/	[u̯]	velar	Crecientes:	*cuadro* /kuádro/ [kuá̯-ðro], *pueda* /puéda/ [pu̯é-ða], *ruido* /ruído/ [ru̯i-ðo], *cuota* /kuóta/ [ku̯óta]
			Decrecientes:	*causa* /káusa/ [káu̯sa], *neutro* /néutro/ [néu̯-tro], *bou* /bóu/ [bou̯]

MITOS SOBRE EL LENGUAJE   Hay quienes sostienen que la ortografía debería reflejar la pronunciación con exactitud para facilitar el
aprendizaje de la lectura y la escritura. Sin embargo, eso sólo es posible hasta cierto punto (a menos que se usara la transcripción fonética,
lo que no sería práctico). Pero aunque una ortografía *fonética* sea
imposible, ¿sería viable una ortografía fonológica? ¿Qué características
tendría? Por otra parte, ¿qué ventajas puede tener un sistema de escritura que **no** refleje estrictamente la pronunciación?

SUMARIO

La fonología estudia los *fonemas,* que funcionan como elementos de un
sistema fonológico. Los fonemas se definen por contrastes específicos
de cada idioma y se manifiestan mediante *alófonos.* La generación de
éstos se representa por *reglas fonológicas* que siguen la fórmula básica
A → B / _____. Cada palabra tiene una *representación fonológica* o
subyacente (en fonemas) a partir de la cual se genera la representación
fonética (en fonos que son los alófonos de aquellos fonemas). Los alófonos de un mismo fonema pueden estar en *distribución complementaria*
o *variación libre.*

Los fonemas del español incluyen las cinco vocales /a e i o u/, las dos
deslizadas /i̯ u̯/ y por lo menos dieciseis consonantes, /p b t d k g f s x ʧ y
m n ñ l r r̄/; algunas variantes, como el español norteño, tienen también /θ/
y /ʎ/ . Se llama *distinción* el contraste /θ/: /s/, típico del español norteño;
su ausencia caracteriza el *seseo.* Se llama *lleísmo* la presencia del fonema
/ʎ/, fonéticamente la lateral palatal [ʎ], ortográficamente **ll;** las variantes que
no incluyen ese fonema son *yeístas.*

Los fonemas se clasifican por *rasgos distintivos* binarios, es decir positivos (+) o negativos (-), necesarios y suficientes para distinguir cada fonema
de los demás.

Las restricciones fonotácticas de cada idioma determinan las secuencias
posibles de fonemas.

Los *procesos fonológicos* actúan sobre los fonemas para generar
fonos con rasgos específicos. Incluyen la fricativización, la velarización, la
sonorización, el ensordecimiento, la sinalefa, la diptongación y el relajamiento. Los procesos fonológicos implican *asimilación* si en la generación
de un fono éste adquiere algún rasgo de otro, por lo general contiguo.
Los procesos fonológicos se describen por reglas *categóricas* (se aplican
siempre que se den las condiciones requeridas) o *variables* (pueden o no
aplicarse, a veces dependiendo de factores extralingüísticos).

Los procesos que actúan sobre segmentos enteros incluyen la *metátesis,* la eliminación de fonemas *(aféresis, síncopa* y *apócope)* y la adición de fonemas *(prótesis, epéntesis* y *paragoge).*

Los contrastes entre los fonemas pueden neutralizarse, como el contraste entre las líquidas /r/ : /l/ en posición postvocálica. Esa neutralización hace que tanto la /r/ como la /l/ subyacentes se realicen como [l] o [r].

PRÁCTICA

A. Escriba la transcripción fonológica y la transcripción fonética de las palabras:

◼ Ejemplo:

cadera   /ka-dé-ra/   [ka-ðé-ra]

1. caldera   _____

2. romería   _____

3. los mismos   _____

4. aguado   _____

5. obelisco   _____

6. confuso   _____

7. cangrejo   _____

8. ancho   _____

9. corriente   _____

10. península   _____

B. Cada una de las palabras siguientes tiene por lo menos dos representaciones fonológicas. ¿Cuáles son? ¿Cómo explica usted la diferencia? ¿Cuál es el resultado fonético de cada representación fonológica?

◼ Ejemplo:

caza puede ser /káθa/ en el español del norte de España y /kása/ en el español de otras regiones. /káθa/ → [ká-θa], /kása/ → [ká-sa].

1. calle   _____

2. ceniza   _____

3. ciprés   _____

4. llanta   _____

5. juego   _____

C. Explique la relación fonológica entre los fonos de cada serie:

▲ **Ejemplo:**

[s f] y [z v]

Las consonantes del primer grupo son homorgánicas sordas de las del segundo grupo.

1. [b d g] y [β ð γ]

   _____

2. [b d g] y [p t k]

   _____

3. [m n ŋ] y [b d f]

   _____

D. Los fonemas de cada serie comparten varios rasgos, pero hay en cada serie un fonema que tiene por lo menos un rasgo sólo suyo. Identifique (1) los rasgos comunes a cada clase y (2) el rasgo que sólo lo tiene uno de los fonos.

▲ **Ejemplo:**

/m/, /p/, /b/ :   Sólo /m/ es nasal.

1. /p/, /g/, /k/, /t/   _____

2. /f/, /s/, /θ/, /g/   _____

3. /m/, /n/, /k/, /g/   _____

4. /d/, /θ/, /s/, /f/, /tʃ/   _____

5. /m/, /n/, /ñ/, /b/   _____

6. /p/, /f/, /k/, /s/, /n/   _____

7. /u̯/, /a/, / i̯ /, /p/, /m/   _____

8. /t/, /s/, /d/, /n/, /r/   _____

E. Explique qué señala la diferencia de significado entre pares como **hacia/ hacía, paso/pasó** o **calle/calló.** Añada cuatro pares más que ejemplifiquen el mismo fenómeno.

F. ¿A qué se refieren los términos *distinción* y *seseo?* Dé ejemplos.

G. ¿En qué consiste el *yeísmo?* Dé ejemplos.

H. ¿Cuándo están dos alófonos en distribución complementaria? ¿Y en variación libre? Dé ejemplos de ambos casos.

Temas para profundizar

A. En cierto periódico se encontraron sistemáticamente errores como los que se ven señalados en cursiva en los textos siguientes.¿Qué hipótesis se puede formular acerca de la pronunciación de sus autores?

(1) a. ...un hombre *yamado* Fernández...

b. ...le robaron unas *yantas* de auto...

c. ...es un dulce hecho con *llema* de huevo...

d. ...el *llacaré* o caimán es un reptil...

(2) a. ...los *casadores* trajeron muchos animales...

b. ...en la pelea, le pegaron unos *sapatasos*...

c. ...se *cazó* con una chica del pueblo *vesino*...

B. A su parecer, ¿qué dificultades pueden encontrar los niños para aprender a escribir correctamente palabras como **zapato, casa, caza, hazme, asno**? ¿Y palabras como **calle, caye, halla, haya, lloro, lluvia**? ¿Qué se podría hacer para minimizar esas dificultades?

Principales fuentes consultadas

Barrutia y Schwegler 1994, Contreras y Lleó 1982, Crystal 1969, Dalbor 1997, Hammond 2001, Harmer y Norton 1969, Navarro Tomás 1974, Quilis y Fernández 1975, Robinson 1979; Sloat, Taylor y Hoard 1978; Stockwell y Bowen 1965, Whitley 2002, Zamora Munné y Guitart 1982.

Sugerencias para lectura

Hammond 2001, Zamora Munné y Guitart 1982. Para los que quieran mejorar su pronunciación, recomiéndanse los ejercicios de Barrutia y Schwegler 1994, Dalbor 1997, Quilis y Fernández 1975, Teschner 1996 o Whitley 2002. Para una visión general de fonética y fonología, véase Crystal 1997, sección IV, "The medium of language: speaking and listening". A un nivel más avanzado, Roca y Johnson 1999, Harris 1990.

N O T A S

[1]Las fricativas homorgánicas [ś] y [ż] apicoalveolares (articuladas con el ápice tocando los alvéolos) son típicas del castellano norteño. Nuestros ejemplos utilizan la fricativas homorgánicas dorsoalveolares [s] y [z], comunes a la mayoría de las modalidades del idioma.

[2]El análisis presentado en 3.1 considera los fonos [i̯], [u̯], en algunos casos, alófonos de los fonemas /i̯/, /u̯/, y en otros casos, alófonos de los fonemas vocálicos /i/, /u/. Una interpretación alternativa prescinde del fonema palatal /y/ y considera [y], [ŷ] alófonos de la deslizada /i̯/. El proceso fonológico operativo consiste en la articulación de un refuerzo articulatorio que imparte características consonánticas a la deslizada (Whitley 2002: 44–45). En posición inicial de palabra o intervocálica, la /i̯/ puede formarse con un refuerzo de tensión articulatoria, generando una consonante palatal, sea fricativa [y], sea africada [ŷ]: **¿Yo?** /i̯o/ → [yo], [ŷ]; **reyes** /réi̯es/ → [ré-yes].

Morfología: Forma y función de las palabras

5

Sencillo nombre se llama aquel que no se compone de partes que signifiquen aquello que significa el entero. Como 'padre', aunque se componga de 'pa,' 'dre,' ninguna destas partes significa por sí cosa alguna de lo que significa el entero.

Antonio de Nebrija, *Gramática de la lengua castellana*, Libro III, Capítulo VI

OBJETIVOS En este capítulo analizaremos aspectos de la estructura interna de las palabras y cómo la forma de éstas cambia para señalar la variación gramatical o para formar nuevas palabras léxicas.

Podemos fácilmente imaginar el lenguage como un sistema para transmitir secuencias de palabras. Pero ¿qué es exactamente una palabra? Desde luego, los grupos de letras separados por espacios son sólo una representación gráfica convencional. En ciertas formas que consideramos palabras, reconocemos fácilmente otras palabras:

agua + ardiente → **aguardiente**
rasca + cielos → **rascacielos**
campo + santo → **camposanto**

En **pordiosero** reconocemos las palabras **por** y **dios,** pero ¿qué es **ero**? Si un compañero se porta de manera cómica, provocando la risa, decimos que es un **hazmerreír,** palabra ésta formada por **haz** (de **hacer**), **me** y **reír.** ¿Es **dámelo** una sola palabra, o tres como **me lo da**? ¿Y qué decir de **al** y **del,** que resultan de la fusión de una preposición con un artículo (**a + el → al**; **de + el → del**)? Pese a esas dudas, los hablantes del idioma tienen un clara intuición de lo que es—o no es—una palabra. La morfología (del griego *morphe*, 'forma') es el área de la lingüística que trata de explicar dicha intuición, mediante el análisis de la estructura interna de las palabras.

5.1 MORFEMAS Y ALOMORFOS

Podemos definir *palabra* como una *forma libre,* es decir, una secuencia de fonemas dotada de significado, que puede ocurrir aisladamente en el habla o en la escritura. Por ejemplo, **periódicos** llena esta condición, puesto que puede constituir todo un enunciado, como en (1).

(1) -¿Qué venden aquí?   -Periódicos.

Además, una palabra puede ocupar distintas posiciones en el enunciado, como en (2a–2d):

(2) a. ¿Dónde se pueden comprar unos periódicos buenos?
     b. ¿Dónde puede comprarse unos buenos periódicos?
     c. Periódicos es lo que vendemos.
     d. Se venden periódicos.

Nótese que las palabras no tienen todas el mismo grado de independencia. El pronombre **se** siempre acompaña a un verbo **(se puede, comprarse);** el artículo viene siempre antes del sustantivo **(un periódico)** o del adjetivo **(un buen periódico).** Un adjetivo puede venir solo en un enunciado, como en (3a), pero un artículo nunca viene solo (3b):

(3) a. - ¿Desea usted el té caliente o frío? - Frío.
     b. - ¿Desea usted la ensalada o el gazpacho? -* La.

En cambio, hay una diferencia entre formas libres como los pronombres **me, te, se,** que son reconocibles como palabras individualizadas, y formas ligadas como **-ito, -illo, -azo** que siempre hacen parte de una palabra, como **librito, librillo, librazo.**

Muchas palabras pueden subdividirse en formantes significativos. Por ejemplo, en cada una de las palabras **padre/s, lápic/es, farol/es** identificamos dos formantes distintos: uno que se refiere a un objeto extra-lingüístico y otro que lleva la noción de plural. Estos formantes, sin embargo, no pueden subdividirse sin perder su significado. Cada forma dotada de un significado específico, que no puede subdividirse sin perder aquel significado, es un *morfema°*: **padre, lápiz, farol, -s, -es.** Un morfema se define como una *unidad mínima de significado.*[1] En las palabras formadas por dos o más morfemas (Figura 5.1), el morfema que contiene el significado básico es el *radical*. A este morfema se añaden otros para formar una nueva palabra.

■ **FIGURA 5.1**   Palabras formadas por uno o más morfemas
(El radical viene señalado en **negrillas**)

1 morfema	2 morfemas	3 morfemas	4 o más morfemas
farol	**farol**-es	**farol**-it-o	**farol**-it-o-s
buen	**bue**-na	**buen**-a-mente	reque-te-**buen**-a-mente
nación	**nacion**-al	**nacion**-al-ista	anti-**nacion**-al-ista-s

Actualizando las palabras de Nebrija citadas en nuestro epígrafe, podemos decir que **pa-dre, pe-rió-di-co, lá-piz** son solamente sílabas sin significado, mientras que **padre, lápiz, -s** y **-es,** que sí tienen significado, son morfemas. Por lo tanto, no hay que confundir "morfema", que es un concepto morfológico, con "sílaba", que es un concepto fonológico. El número de fonemas o sílabas de un morfema es irrelevante: **yo, para, Mérida** y **Valladolid** son, respectivamente, morfemas de una, dos, tres y cuatro sílabas.

ACTIVIDAD 5.1   ¿Cuántas sílabas tiene cada una de las palabras de la Figura 5.1? ¿Coinciden los morfemas con las sílabas? A su parecer, ¿cuál es el significado aproximado de cada morfema?

Un morfema se manifiesta por sus *alomorfos°*. El morfema **plural,** por ejemplo, tiene dos alomorfos: **-s** /s/ después de vocal y **-es** /es/ después de consonante.

-s /s/ post-vocálico	**-es** /es/ post-consonántico
tortilla-s	tamal-es
burrito-s	caiman-es
periódico-s	papel-es

El morfema **in-,** que significa 'negación' tiene dos alomorfos, a saber **i-,** fonéticamente [i], ante una consonante líquida (/l/ o /r/), e **in- :**

i-	**in-**	
ilegal	[in] inábil, inoperante	[iŋ] ingrato, incómodo
irreal	[im] imposible, inviable	[iɱ] infiel, informal
ilógico	[iɲ] intolerante, indócil	[in] inseguro, instável

ACTIVIDAD 5.2   ¿Qué paralelo nota Ud. entre los términos *morfema* y *fonema,* y *alomorfo* y *alófono?*

Tanto los morfemas como las palabras son *léxicos* si tienen un referente° extralingüístico, y son *estructurales* si señalan relaciones intralingüísticas, es decir, internas al lenguaje (Figura 5.2). Por ejemplo, en **bonitos** y **bonitas,** además del morfema léxico **bonit-,** identificamos dos morfemas estructurales, a saber:

(a) los alomorfos **-o** 'masculino' y **-a** 'femenino' del morfema **género**
(b) el alomorfo **-s** del morfema **plural**

Palabras como **Oaxaca, Madrid, Panchito, Paquita, charlar** o **platicar** tienen un referente extralingüístico y contienen por lo menos un morfema

■ **FIGURA 5.2** Palabras y morfemas

Palabras libres:

    Léxicas

sustantivos	*casa, tristeza*	
adjetivos	*triste, maravilloso*	
pronombres	*yo, usted*	
verbos	*hacer, correr*	
adverbios	*bien, mal*	

    Estructurales

artículos	*el, la, un, una*
demostrativos	*este, ese, aquel*
preposiciones	*para, por, en*
conjunciones	*y, pero, cuando*

Morfemas ligados

    Afijos derivativos:

(a) Prefijos

in 'negativo'	*ingrato*
anti 'contra'	*antipatriótico*
macro 'grande'	*macrocosmo*
micro 'pequeño'	*microeconomía*

(b) Sufijos

-illo, -ito 'pequeño'	*librillo, muchachito*
-eza 'característica'	*limpieza, tristeza*
-or 'que realiza una actividad'	*trabajador, limpiador*

    Sufijos flexionales:

(a) De género:

    -o/-a 'masculino/ femenino' *bonito/ bonita*

(b) De número:

    -s, -es 'plural' *libros, lápices*

(c) Verbales

De persona:	*-o* 'primera persona'	*hablo*
	-s 'segunda persona'	*hablas*
De tiempo:	*-re* 'futuro'	*hablaré*
	-ría 'condicional/'	*hablaría*

léxico. En cambio, las palabras estructurales, como las preposiciones *(se fue por el café),* o las conjunciones *(Juan saldrá **cuando** tú llegues),* señalan relaciones sintácticas y carecen de referentes extralingüísticos.

Las palabras estructurales forman *conjuntos cerrados* a los que raramente se añade o se quita algún miembro. Es el caso de los artículos, demostrativos, pronombres, posesivos, preposiciones y conjunciones. En cambio, las palabras léxicas (sustantivos, adjetivos, verbos y adverbios) constituyen *conjuntos abiertos,* a los que pueden añadirse nuevos elementos, según las necesidades expresivas de los hablantes.

Dada una palabra como **digno,** la podemos usar como *base°* para formar nuevas palabras, añadiendole *afijos°.* Éstos incluyen los *prefijos°,* que preceden la base (**in**-digno), los *sufijos°,* que la siguen *(dign-**idad**).* La base puede contener un sólo morfema, en palabras como **papel** en *papel + es,* o varios. Por ejemplo, *profes-* funciona como base de **profesión, profesional, profesar** y **profesor.** Con el prefijo *anti-* se puede formar **antiprofesional,** que a su vez sirve como base a **antiprofesionalmente.**

Podemos representar la estructura de las palabras separando los morfemas por guioncillos (recuérdese que la separación de los morfemas no coincide necesariamente con la división silábica):

papel-es

profes-ion-al-mente

anti-profes-ion-al-mente

extra-ordin-ari-a

in-mejor-a-ble

des-tap-a-r

Esta representación obscurece ciertos detalles, como la diferencia morfológica entre **profesionalmente (profesional + mente)** y **antiprofesionalmente (antiprofesional + mente).** Una representación más detallada emplea corchetes señalados por etiquetas como S = sustantivo, Pref = prefijo, Suf = sufijo, Adj = adjetivo, Adv = adverbio.

papeles $[\, [papel]_S \, [es]_{Suf}]_S$

callejera $[\, [calle]_S \, [jera]_{Suf}]_{Adj}$

profesionalmente $[\, [\, [\, [profes]_S \, [ion]_{Suf}]_S \, [al]_{Suf}]_{Adj} \, [mente]_{Suf}]_{Adv}$

antiprofesionalmente $[[[anti]_{Pref} \, [\, [\, [profes]_S \, [ion]_{Suf}]_S \, [al]_{Suf}]_{Adj}]_{Adj} \, [mente]_{Suf}]_{Adv}$

Una tercera representación se hace mediante diagramas arbóreos como los siguientes:

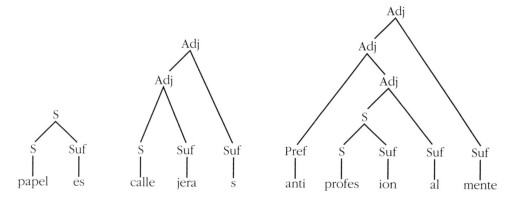

Estos diagramas incluyen la misma información que las representaciones anteriores, pero se leen fácilmente, aunque ocupan más espacio.

ACTIVIDAD 5.3 Siguiendo el ejemplo en negrilla en la columna a la izquierda, ¿cuántos morfemas puede Ud. identificar en cada una de estas palabras?

■ **Ejemplo:**

habl-a-r	esperar	beber	hablar	puedo	comer
habl-a-dor	esperanza	bebedor	hablaremos	podemos	comedor
habl-a-duría	esperanzosa	bebedero	hablado	podido	comedero

 Cuaderno de ejercicios 5.1 "Localizar morfemas"

5.2 FLEXIÓN

En los ejemplos siguientes, la diferencia entre las palabras de cada par resulta de un proceso morfológico llamado *flexión,* llevado a cabo por sufijos flexionales:

flexión de número	flexión de género	flexión verbal
la las	amarillo amarilla	trabajo trabajamos
moto motos	bonito bonita	trabajabas trabajábamos
cara caras	pequeño pequeña	trabajaré trabajaría

Los sufijos flexionales son morfemas estructurales. No crean palabras nuevas, sino que sólo modifican alguna característica gramatical del radical. La palabra flexionada pertenece a la misma clase gramatical que el radical. La flexión afecta a los sustantivos, adjetivos, algunos pronombres y los verbos. Las desinencias verbales—**habl*amos,* com*éis,* saldr*emos,* llegar*ía***—son sufijos flexionales que expresan nociones gramaticales de tiempo, aspecto, persona y número (5.5). Un grupo natural de formas flexionadas en las cuales la flexión varía la parte gramatical sin afectar el significado del radical se llama *paradigma.* Son ejemplos de paradigmas los tiempos verbales y las variaciones en número y género de los adjetivos:

Paradigma verbal			**Paradigma adjetival**	
hablé	hablaste	habló	bonito	bonita
hablamos	hablásteis	hablaron	bonitos	bonitas

5.2.1 Flexión de número

La categoría morfológica de *número* se define en español por la oposición entre la unidad (singular) y más de uno (plural).[2] El singular es el número *inmarcado,* o genérico, al cual se añade el morfema flexional que señala el plural. Este proceso es un ejemplo de *regla morfológica.* Estas reglas son regulares, pero las clases morfológicas (como los verbos) no son completamente homogéneas e incluyen subgrupos regidos por reglas especiales (como los verbos irregulares).

Por lo general, el morfema **plural** se manifiesta por el alomorfo /-s/ en los sustantivos terminados en vocal átona **(tigre + s → tigres, serie + s → series),** /é/ tónica **(café + s → cafés).** El alomorfo /-es/ aparece:

en sustantivos terminados en una consonante distinta de /s/:

red + es → **redes**	mástil + es → **mástiles**
ciudad + es → **ciudades**	limón + es → **limones**
lápiz + es → **lápices**[3]	amor + es → **amores**

en sustantivos agudos terminados en /s/ o en /á í ú/:

entremés + es → **entremeses**

rubí + es → **rubíes**

tabú + es → **tabúes**

en sustantivos monosilábicos en /s/:

mes + es → **meses**

res + es → **reses**

Hay excepciones que afectan a pequeñas subclases: algunos sustantivos agudos en /á/, /í/, /ó/, /ú/ tienen ambas formas **(sofás / sofáes; rubís / rubíes),** y otros sólo una **(papás / mamás).** Además, unos pocos sustantivos terminados en /í/ tónica tienen un plural en **-ses: ajíses, maníses; maravedí** (nombre de una antigua moneda) tenía ambos plurales: **maravedíes, maravedises** (Narváez 1970:4).

Los sustantivos llanos no monosilábicos terminados en /s/ son invariables **(el/los lunes, la/las crisis).** Algunos lingüistas postulan, para las formas invariables, un alomorfo plural representado por cero (Ø), sin valor fonológico. Por ejemplo, **lunes + plural** sería representado como /lúnes/ + Ø. Nótese que en las variantes seseantes (4.4) los sustantivos llanos terminados en /s/ representada por una **z** ortográfica, forman el plural en / **-es: alférez → alféreces, lápiz → lápices.** En esos casos el plural está condicionado morfológicamente.

Hay una subclase de sustantivos especificados morfológicamente como [+plural], que carecen de forma singular: **nupcias, esponsales. Heces** es sólo plural cuando significa 'excremento', pero hay también el singular **hez** 'asiento de un licor'. Otra subclase presenta ambas formas sin variación de significado: **pantalones / pantalón, tijeras / tijera, alicates / alicate.**

Sustantivos como **tristeza, justicia, alegría, leche, tabaco, arena, harina** tienen como referente conceptos abstractos o cosas que habitualmente no se cuentan por unidades naturales. El plural de esos sustantivos expresa un colectivo: **Me dio muchas alegrías y muchas tristezas** = 'ocasiones de tristeza o alegría' o **Allí se venden buenos tabacos** = 'variedades de tabaco'.

El plural de los adjetivos se forma como el de los sustantivos, añadiéndose /-s/ a los terminados en vocal átona **(guapa + s → guapas)** y /-es/ a los terminados en consonante o vocal tónica **(comilón + es → comilones, israelí + es → israelíes).** La Figura 5.3 resume los casos de flexión de número.

ACTIVIDAD 5.4 Explique la formación del plural de los sustantivos siguientes:

◼ **Ejemplo:**

las copas regular: vocal + s

los papeles _____   los rincones _____   los vapores _____

los déficit _____   los clubs _____   los filmes _____

los cabarés _____   los lores _____   los kindergartens _____

■ **FIGURA 5.3**   Flexión de número

Plural regular:	Plural cero:	Habitualmente sin plural:	Habitualmente sin singular:
la casa + s → las casas	el lunes + Ø →los lunes	la harina	las nupcias
el limón + es → los limones	la tesis + Ø → las tesis	el mercurio	las termas

Palabras de origen extranjero terminadas en:

Consonante ortográfica muda:
se aplica la regla general
cabaret /kabáré/ + /s/   → *cabarés*
lord   /lor/   + /es/   → *lores*

Consonante no muda:
+ /-s/ kindergarten → *kindergartens*
+ /-es/ gol → *goles*
ambas soluciones: film → *films/filmes*
　　　　　club → *clubs* ([klúps] o [klús]
sin forma plural: el déficit → *los déficit*

Flexión de género

El género en español incluye dos casos, *masculino* y *femenino*. Es una categoría morfológica, sin relación intrínseca con el sexo de los referentes de los sustantivos. Por eso el mismo referente puede ser designado por sustantivos de uno u otro género:

el magnetofón / la grabadora	el ordenador / la computadora
el despacho / la oficina	el bolillo / la baqueta.
el cajón / la gaveta (P.R.)	el autocar (E.) / la guagua (P.R., Cuba)

El género es una categoría obligatoria: todo sustantivo es masculino o femenino. Unos pocos sustantivos son de ambos géneros (como **el/la estudiante).** La mayoría de los sustantivos no tiene ninguna señal morfológica de género. Las generalizaciones basadas en la terminación tienen carácter estadístico y hay excepciones (Figura 5.4).

En los sustantivos referentes a seres animados, y en particular a humanos, la dicotomía masculino/femenino coincide parcialmente con la división biológica entre machos y hembras. Por ejemplo, **hombre, padre, yerno** son masculinos y **mujer, madre** y **nuera,** sus homólogos femeninos. En tales casos no hay flexión, sino morfemas distintos. En una subclase de sustantivos comunes a ambos géneros, el contraste masculino/femenino se señala por el artículo:

el/la artista	el/la pianista
el/la estudiante	el/la mártir
el/la orate	el/la hereje
el/la testigo	el/la paciente

En otros casos, la variación de género no corresponde a una diferenciación sexual: el referente de **el/la centinela** puede ser igualmente varón o mujer. Otros tienen un sólo género, sin variación del artículo, independientemente del sexo del referente:

la persona	el cónyuge	la víctima

ACTIVIDAD 5.5 ¿Cuántas categorías de género hay en inglés? Compare el género de las palabras inglesas de la columna izquierda con el de las palabras españolas equivalentes.

◢ Ejemplo:

girl *fem.*	muchacha *fem.*	house _____	casa _____
man _____	hombre _____	woman _____	mujer _____
flower _____	flor _____	tree _____	árbol _____
boy _____	muchacho _____	ship _____	barco _____
teacher _____	profesora _____	teacher _____	profesor _____

Se ha sugerido (Harris 1985) clasificar los sustantivos en dos grupos regulares y uno irregular, según la clase del sufijo *designador de sustantivo*.

Grupo regular 1:	**Grupo regular 2**	**Grupo irregular:**
masculinos en **-o:**	sustantivos terminados	Todos los demás:
caso, paro	en **-e: la parte**	**la mano, el día**
femeninos en **-a:**	o en consonante: **el par**	**la síntesis, la tribu,**
carta, cara		**el oboe**

▥ FIGURA 5.4   Género de los sustantivos

siempre femeninos:	**generalmente femeninos:**		**tienden a ser femeninos:**	
-ción, -sión	*-a* y *-dad*	pero:	*-n, -z*	pero:
explicación, excavación	la casa	el brigada*	la razón	el limón
profesión, división	la calidad	el axioma	la vez	el lápiz

generalmente masculinos:		**tienden a ser masculinos:**		**de ambos géneros: sustantivos en -ista:**
-o, -l, -r, -e	pero:	*-s*	pero:	*el lingüista la lingüista*
el caso	la mano	el viernes	la facies	varios:
el calor	la labor	el quepis	la tesis	el mar / la mar
el papel	la miel			el dote / la dote
el bote	la nieve			

*el brigada: suboficial militar; la brigada: unidad militar

Cuando la terminación **-o/-a** del primer grupo coincide con el género (es decir, **-o** = masculino y **-a** = femenino), los sustantivos forman un paradigma en el cual la terminación funciona virtualmente como si fuese una flexión de género:

masculino	**femenino**
chico = chic- + -o	**chica** = chic- + -a
gato = gat- + -o	**gata** = gat- + -a

Asimismo, los sustantivos de referente animado terminados en **-or** (señor) o **-n (campeón)** tienen una forma femenina en *-a:*

señor	señora	campeón	campeona
instructor	instructora	capitán	capitana
monitor	monitora	ladrón	ladrona

Otras terminaciones, como **-isa, -esa** y **-triz,** son morfológicamente condicionadas, es decir, se combinan sólo con sustantivos específicos (por ejemplo, el femenino de **embalador** es **embaladora** y no *****embalatriz):**

barón	baronesa	poeta	poetisa
marqués	marquesa	emperador	emperatriz
duque	duquesa	actor	actriz

Los sustantivos que designan actividad o condición típicas de uno u otro sexo tienen sólo un género:

la parturiente (o parturienta)	el cura
la menstruante	el eunuco
la arpía	el castrado
la meretriz	el bajo
la furcia	el tenor

El género de los sustantivos que designan a individuos de ambos sexos presenta varias posibilidades. La tradicional consiste en señalar el género mediante variación del artículo: **el/la presidente, el/la ingeniero, el/la abogado, el/la modista.** La otra posibilidad, que tiende a generalizarse, aunque con cierta variación regional o individual, incluye formas en **-a:**

(a) para los sustantivos de masculino en **-o: la ingeniera, la abogada, la presidenta**

(b) con menos frecuencia, para los sustantivos en **-e: la intérpreta,** al lado de **la intérprete.**

Hay casos específicos en que la variación de género se base en el femenino: **la modista → el modisto, la enfermera → el enfermero** (pero no **la azafata → el *azafato).**

Se suele preferir la forma masculina en **-o** o la genérica en **-e** o **-nte**, para evitar confusión con el sustantivo homónimo, en casos como:

el/la soldado 'militar'	vs.	**la soldada** 'sueldo'
el/la asistente 'persona que asiste'	vs.	**la asistenta** 'sirvienta'
el/la gobernante 'persona que gobierna'	vs.	**la gobernanta** 'ama de llaves'
el/la músico 'persona que toca un instrumento'	vs.	**la música** 'arte musical'
el/la gramático 'especialista en estudios gramaticales'	vs.	**la gramática** 'libro de gramática'

Algunos hablantes, por fin, adoptan la forma femenina para designar a la mujer que ejerce cierta profesión: **la química, la física,** en vez de **la químico, la físico.**

Los adjetivos no tienen género propio y sólo reflejan el género de los sustantivos que modifican, mediante el proceso morfosintáctico° de *concordancia de género*. El género reflejado se manifiesta morfológicamente por el sufijo femenino **-a** en los adjetivos de masculino en **-o, -án, -ín, -ón, -tor** y **-dor**:

bello → bella	dormilón → dormilona
holgazán → holgazana	redentor → redentora
mallorquín → mallorquina	hablador → habladora

Hacen también el femenino en **-a** los gentilicios terminados en consonante:

español → española	barcelonés → barcelonesa
andaluz → andaluza	gascón → gascona

También se añade una **-a** cuando el adjetivo funciona como sustantivo: **un francés grosero, una francesa grosera.** Los demás adjetivos tienen una sola forma: **un hábito/una tradición belga, el chico/la chica amable.**

ACTIVIDAD 5.6   ¿Qué variación de significado hay entre las formas masculina y femenina de los sustantivos siguientes? (Para esta actividad será útil consultar un diccionario.)

el policía/ la policía	el matemático / la matemática	el jardinero / la jardinera
el marco / la marca	el barco / la barca	el cura / la cura

5.2.2 Genérico

¿Cómo se explica que frases como (4a–4c) se entiendan en general como una referencia a los profesores y alumnos de ambos sexos? ¿Por qué el plural masculino puede referirse ya sea sólo a los varones, sea a un colectivo de personas de ambos sexos, de modo que una frase como (4d) se aplique tanto a 'camareros varones' como a 'camareros y camareras'?

(4) a. El profesor debe respetar al alumno.
   b. Los profesores deben respetar al alumno.
   c. Un profesor debe respetar al alumno.
   d. Los camareros deben lavarse las manos al salir.

La razón es que el sustantivo masculino, tanto en singular como en plural, puede representar a todos los referentes de una misma clase, funcionando como si representara un tercer género, morfológicamente indiferenciado del masculino, pero caracterizado por el rasgo [+genérico]. En frases como **Todo poeta es visionario** o **Los alumnos deben llevar jersey gris,** el sustantivo genérico se refiere a una clase de individuos, independientemente del sexo biológico de cada uno. La forma femenina, en cambio, es *marcada,* es decir, tiene género específico. Por esa razón, una oración como **las alumnas deben llevar jersey gris** excluye a los referentes masculinos.

Nótese que los sustantivos de género invariable son igualmente genéricos tanto en singular como en plural, y por lo tanto una oración como **La parturienta no debe fumar** puede entenderse colectivamente, o sea, **Las parturientas no deben fumar.** Ciertos sustantivos son ambiguos (es decir, que pueden tener más de una interpretación) en el plural: **padres, tíos, padrinos, abuelos** pueden significar la pareja **(el padre y la madre, el abuelo y la abuela)** o sólo los varones.

Sin embargo, algunos hablantes, por razones ideológicas, prefieren especificar redundantemente ambos géneros, diciendo **los tíos y tías** por **los tíos, el estudiante o la estudiante** en vez de sólo **el estudiante.** Otros hablantes, quizás la mayoría, consideran dichas construcciones innecesarias y estilísticamente incómodas. Aunque la lengua se adapte a los cambios sociales, ciertas innovaciones tardan en difundirse, y no siempre son adoptadas por todos los usuarios.

 Cuaderno de ejercicios 5.2 "Palabras flexionadas"

5.3 DETERMINANTES

Los determinantes son palabras estructurales que preceden al sustantivo, señalando cantidad, posesión o número, o indicando si se trata de algo definido o indefinido. Además de los artículos, incluyen los demostrativos y posesivos en algunas de sus funciones.

5.3.1 Artículos

La morfología de los artículos y demostrativos (Figura 5.5) incluye los morfemas **el-, l-, un-, est-, es-, aquel-/aquell-,** y las desinencias del morfema

plural y de género, que son sufijos flexionales: femenino **-a,** masculino singular **-e** (en **el**) y **-o.**

Los artículos definidos **(el, la, los, las)** señalan un individuo u objeto específico o conocido. En (5a) **el chico** representa información conocida, es decir, se supone que el oyente sepa de qué chico se trata. Ya en (5b) *un chico* representa información nueva, o sea, no se especifica de qué chico se trata.

(5) a. *El chico quiere verte.*
     b. *Quiere verte un chico.*

La desinencia masculina **-o** aparece en el artículo **lo,** llamado "neutro" (esta designación tradicional se remonta a Nebrija), que tiene la función específica de *nominalizar°* el adjetivo o el adverbio, o sea de transformarlos en sustantivo: **lo bueno de sus palabras, lo tarde de su decisión.** Hay que notar la distinción entre **lo** + *adjetivo* (6a) y **el** + *adjetivo* (6b). En (6a) **lo feo** se refiere a **aquello que hay de feo,** mientras que en (6b) **el pequeño, el grande** se sobrentiende el sustantivo **paraguas.** Aunque morfológicamene masculino, el artículo **lo** se combina con adjetivos masculinos o femeninos, tanto en singular como en plural, como en (6c-6f).

(6) a. Lo malo de ese hotel es que aceptan a niños.
     b. ¿Cuál paraguas quieres? El grande o el pequeño?
     c. No aguanto lo aburrido que es ese cuento.
     d. ¿Te has fijado en lo guapa que estaba Teresa?
     e. Me encantaba lo hermosos que eran aquellos esos paisajes.
     f. Fíjate en lo delicadas que son esas flores.

5.3.2 Demostrativos

Los demostrativos (Figura 5.5) incluyen los morfemas **est-, es-, aquel- / aquell-,** y los sufijos flexionales de géneros: femenino **-a,** masculino singular **-e** y masculino plural **-o,** combinados con el sufijo flexional de plural **-s.**

Los demostrativos relacionan el sustantivo con el contexto extra-lingüístico, es decir, ubican los referentes respecto a los interlocutores: **este árbol** señala el que está cerca del hablante; **ese perro,** el que está cerca del oyente; **aquel coche,** el que está relativamente lejos tanto del hablante como del oyente. Se trata de una función señaladora o *deíctica°* o señaladora (del gr. *deiktikos* 'el que señala'). En una oración como (7), los demostrativos ubican los sustantivos dentro del mismo discurso. Se trata de una función *anafórica* es decir, indican a alguien o algo mencionado anteriormente o implícito en el contexto.

(7) Ayer llegaron Pablo y Juan, éste más temprano que aquél.

5.3.3 Posesivos

Un posesivo señala una relación entre un sustantivo y una de las personas del discurso. La variación morfológica de género y de número (es decir, la

■ **FIGURA 5.5** Determinantes

	artículos def. indef.	demostrativos					posesivos m./f.	m.	f.		m.	f.
sg. masc.	el un	este	ese	aquel	P1sg	mi	mío	mía	P1pl	nuestro	nuestra
fem.	la una	esta	esa	aquella		mis	míos	mía		nuestros	nuestra
neut.	lo	esto	eso	aquello	P2sg	tu	tuyo	tuya	P2pl	vuestro	vuestra
						tus	tuyos	tuyas		vuestros	vuestras
pl. masc.	los unos	estos	esos	aquellos	P3sg/pl	su	suyo	suya			
fem.	las unas	estas	esas	aquella		sus	suyos	suyas			

concordancia) de los posesivos antepuestos al sustantivo se hace en función del género y del número de éste, de la siguiente manera:

varían en número:
mi coche / mi moto
mis coches / mis motos

tu carro / tu bicicleta
tus carros / tus bicicletas

varían en número y género:
nuestro coche / nuestra moto
nuestros coches / nuestras motos

vuestro carro / vuestra bicicleta
vuestros carros / vuestras bicicletas

su coche / su moto
sus coches / sus motos

A su vez, el posesivo pospuesto al sustantivo concuerda con éste de la misma manera que los adjetivos: **el coche mío / los coches míos; la casa tuya / las casas tuyas.**

5.4 PRONOMBRES

Los pronombres personales de primera persona de singular (P1sg) y de segunda persona de singular (P2sg) tienen referentes intrínsecos que son, respectivamente, el hablante **(yo)** y el oyente **(tú, usted** y, regionalmente, **vos** (9.5.2, 10.3)). En plural, los de primera (P1pl) y segunda (P2pl) son ambiguos: **nosotros/as** incluye al hablante, pero no necesariamente al oyente; **vosotros/as** y **ustedes** se refieren al oyente y a otro(s) referente(s) que requieren identificación contextual.

Los pronombres de tercera singular (P3sg) **él/ella** y plural (P3pl) **ellos/ellas** carecen de referente intrínseco y también tienen función deíctica.[4] Esa función señaladora refleja el origen de **él, ella, ellos, ellas** como demostrativos en latín. (8.3.5.1). También tiene función deíctica el pronombre **ello** (llamado "neutro", pero morfológicamente masculino) cuyo referente suele ser una idea o frase mencionada en el contexto. Modernamente se tiende a usar **ello** en estilos formales, reemplazándolo en estilos informales por el demostrativo **eso** (8):

(8) *Dijo que no vendría, y ello/eso me parece muy raro.*
(ello/eso = el hecho de que no vendría)

El referente de **usted/ustedes** es, desde luego, el oyente (P2sg o P2pl), pero morfológicamente esos pronombres vienen de **vuestra(s) merced(es),** antiguas fórmulas de tratamiento respetuoso que llevan el verbo en tercera persona, al igual que otros tratamientos formales como **vuestra excelencia** o **vuestra señoría.**

Hay flexión de género y número en P3sg y P3pl **(él/ella, ellos/ellas),** y de género en P1pl y P2pl **(nosotros/as, vosotros/as).** Además, hay alomorfos pronominales que se alternan en distintas funciones gramaticales (Figura 5.6).

Los pronombres de complemento directo e indirecto forman dos subsistemas. Las formas átonas de P1sg, P2sg, P1pl y P2pl, **me, te, nos, os,** son morfemas ligados (llamados *clíticos°)* que vienen siempre con un verbo. Después de una preposición, P1sg y P2sg se representan por sus alomorfos tónicos **mí, ti,** y P1pl y P2pl, por **nosotros** y **vosotros.** Las formas **conmigo, contigo, consigo** se lexicalizaron al combinarse la preposición **con** y las formas arcaicas **migo, -tigo, -sigo.**[5] Nótese en (9a) que **consigo** tiene valor reflexivo; en otros casos (9b) se utiliza **con + él, con + usted,** etc.

(9) a. Pablo hablaba consigo /consigo mismo (consigo = con Pablo)
b. Pablo hablaba con él (*él* = 'otro hombre')

Para la tercera persona, además de los reflexivos **se, sí** (este último preposicional), hay las formas **le, lo** y **la.** Se considera alomorfo de **le,** condicionado morfológicamente, el pronombre **se** en construcciones como (10), en las que reemplaza a **le:**

(10) Si usted me compra estos tres diccionarios, este otro yo se lo doy.

La norma escrita de la Real Academia Española prescribe **lo(s), la(s)** para el complemento directo y **le(s)** para el indirecto, pero también acepta el uso de **le** como complemento directo masculino para personas (llamado *leísmo),* que está muy difundido en España (11). En la sección (9.2) se comentará la variación en el uso de esos pronombres.

(11) a. Lo vimos a usted ayer, don Pablo. **[lo** as complemento directo masculino]
b. Le vimos a usted ayer, don Pablo. [*leísmo:* **le** como complemento directo masculino]

■ **Figura 5.6**   Personas del discurso y pronombres personales

persona	referente	sujeto	complemento		
			preposicional	directo	indirecto
P1sg	el hablante	yo	mí	me	
P2sg	el oyente	tú[1], vos[6]	ti	te	
P1pl	el hablante y alguien más, incluyendo o no al oyente	nosotros *(m.)* nosotras *(f.)*		nos	
P2pl	el oyente y alguien más, excluyendo al hablante	vosotros *(m.)*[2] vosotras *(f.)*		os	
P3sg	alguien (sg.) que no es ni el hablante ni el oyente	él *(m.)* ella *(f.)*		lo *(m.)* la *(f.)*	le[5]
P2sg	el oyente, singular (usa forma verbal de P3sg)	usted[3]			
P3pl	alguien (pl.) que no es ni el hablante ni el oyente	ellos *(m.)* ellas *(f.)*		los *(m.)* las *(f.)*	les[5]
P2pl	el oyente, plural (usa forma verbal de P3pl)	ustedes[4]			
P3sg, P3pl	reflexivo	sí		se	

[1] Informal.

[2] Informal en España; de uso limitado a contextos retóricos en Hispanoamérica.

[3] Formal.

[4] Formal en España; genérico en Hispanoamérica.

[5] *Le(s)* se reemplaza por *se* (no reflexivo) en combinación con *lo(s)/la(s): -¿Le has dado el dinero al portero?* *–Sí, se lo he dado.*

[6] Usado en regiones de Hispanoamérica. Veanse las secciones 9.5.2 y 10.3.

ACTIVIDAD 5.7 Elija el pronombre átono correspondiente:

◼ Ejemplo:

Haga el favor de entregar _le__ ese paquete. [a Pablo]

1. Pregunte _____ dónde queda la cafetería. [a la recepcionista]

2. ¿Las carpetas? Ya _____ _____ he entregado. [al subdirector]

3. ¿_____ has dado las instrucciones para llegar al campus? [a los visitantes]

4. A Paco ya _____ he hablado, pero a Marta, todavía no _____ he visto.

5. ¿Juana y Augusto? Pues cuando _____ vea ya _____ diré algo.

5.5 VERBOS

Ante la sencillez de los verbos del inglés, la abundancia de formas verbales del español puede parecer a primera vista abrumadora. Sin embargo, su conjugación es muy regular, y la mayor parte de las excepciones forman unos subsistemas bien definidos.

La variación de la morfología verbal puede caracterizarse mediante la fórmula general siguiente, en la cual cada formante representa un morfema:

radical + vocal temática + tiempo/aspecto + persona/número

El radical (**tom**ar, **com**er, **part**ir) contiene el significado léxico y los demás morfemas son estructurales. La vocal temática (VT = **-a, -e, -i**) corresponde a tres clases morfológicas, y junto con el morfema de tiempo **-r** , designa las tres conjugaciones en **-ar, -er** e **-ir.** El morfema de tiempo-aspecto (TA) tiene alomorfos que señalan el tiempo verbal (**-ré, -ría**) y otros alomorfos que, como el imperfecto (**-ba, -ía**) señalan contrastes de aspecto. El último formante (PN) señala persona y número (**-mos).**

Estos formantes se revelan todos en los paradigmas del futuro y del condicional (Figura 5.7), mientras que los paradigmas de otros tiempos (como el imperfecto, el pretérito o el infinitivo) incluyen sólo algunos formantes.

ACTIVIDAD 5.8 Siguiendo el ejemplo en negrilla en la columna a la izquierda, identifique los morfemas flexionales. Si hay alguna forma anómala, ¿cómo se la puede analizar, respecto a las demás formas?

◼ Ejemplo:

habla-r	correr	salir	poner	andar
habla-nte	corriente	saliente	poniente	andante
habla-ndo	corriendo	saliendo	poniendo	andando
habla-do	corrido	salido	puesto	andado

■ FIGURA 5.7   Flexión verbal

	radical	+ VT	+ TA	+ PN		radical	+ VT	+ TA	+ PN
futuro	tom	a	re	mos	imperfecto	tom	á	ba	mos
	com	e	re	mos		com	í	a	mos
	part	i	re	mos		part	í	a	mos
condicional	tom	a	ría	mos	pretérito	tom	a		mos
	com	e	ría	mos		com	i		mos
	part	i	ría	mos		part	i		mos
imperfecto	tom	á	ba	mos	infinitivo	tom	a	r	
	com	í	a	mos		com	e	r	
	part	í	a	mos		part	i	r	

Los morfemas de tiempo/aspecto y de persona/número son sufijos flexionales, cuyas variaciones constituyen un paradigma verbal. Las vocales temáticas (**-a, -e, -i**) que definen las conjugaciones no aparecen en todos los tiempos: en la Figura 5.7 vemos que en el imperfecto y pretérito la VT se reduce a dos alomorfos (**-a, -i**). La mayoría de los verbos tienen flexión regular, y la mayor parte de las irregularidades tienen que ver con variaciones en el radical. Nótese que las variaciones ortográficas no cuentan como irregularidades. Por ejemplo, son regulares las variaciones debidas a las reglas ortográficas, como **c / qu, g / g (chocar, choqué; pegar, pegué)**, o **c / z (vencer, venzo)**, o **g / j (regir, rijo)**. La Figura 5.8 da una visión general de la conjugación de los verbos regulares.

5.5.1 Concordancia verbal

En una construcción como **Nosotros trabajamos mientras tú te diviertes,** hay correspondencia entre la persona verbal y el morfema de persona/número del verbo (**nosotros/-mos; tú/-s**). Esa correspondencia se llama *concordancia verbal*.

El sujeto puede omitirse por quedar caracterizado por la terminación del verbo; sin embargo, como **él** y **usted** comparten la misma forma verbal, el empleo de esos pronombres es más frecuente que en las otras personas, que tienen desinencias específicas, como **tú (-s), nosotros (-mos)**, o **vosotros (-is)**.

Además, la concordancia verbal no siempre es estrictamente morfológica, sino que tiene en cuenta la idea de colectividad que se encuentra en sustantivos como **gente, multitud, muchedumbre,** o en construcciones que involucran sustantivos como **serie, mayoría, parte, porción, total.** Los ejemplos siguientes se encontraron en periódicos y de programas televisivos:

■ FIGURA 5.8   Paradigmas de los verbos regulares

	P1sg yo	P2sg tú	P3sg él, ella, Ud.	P1pl nosotros	P2pl vosotros	P3pl ellos, ellas, Uds.
presente indicativo	habl-o com-o part-o	habl-a-s com-e-s part-e-s	habl-a com-e part-e	habl-a-mos com-e-mos part-i-mos	habl-á-is com-é-is part-í-s	habl-a-n com-e-n part-e-n
presente subjuntivo	habl-e com-a part-a	habl-e-s com-a-s part-a-s	habl-e com-a part-a	habl-e-mos com-a-mos part-a-mos	habl-é-is com-á-is part-á-is	habl-e-n com-a-n part-a-n
imperativo afirmativo[1]		habl-a com-e part-e	habl-e com-a part-a		habl-a-d com-e-d part-i-d	habl-e-n com-a-n part-a-n
imperfecto	habl-a-ba com-í-a part-í-a	habl-a-ba-s com-í-a-s part-í-a-s	habl-a-ba com-í-a part-ía	habl-a-ba-mos com-í-a-mos part-í-a-mos	habl-a-ba-is com-í-a-is part-í-a-is	habl-a-ba-n com-í-a-n part-í-a-n
pretérito	habl-é com-í part-í	habl-a-ste com-i-ste part-i-ste	habl-ó com-i-ó part-i-ó	habl-a-mos com-i-mos part-i-mos	habl-á-ste-is com-í-ste-is part-í-ste-is	habl-a-ro-n com-ie-ro-n part-ie-ro-n
futuro	habl-a-ré com-e-ré part-i-ré	habl-a-rá-s com-e-rá-s part-i-rá-s	habl-a-rá com-e-rá part-i-rá	habl-a-re-mos com-e-re-mos part-i-re-mos	habl-a-ré-is com-e-ré-is part-i-ré-is	habl-a-rá-n com-e-rá-n part-i-rá-n
condicional	habl-a-ría com-e-ría part-i-ría	habl-a-ría-s com-e-ría-s part-i-ría-s	habl-a-ría com-e-ría part-i-ría	habl-a-ría-mos com-e-ría-mos part-i-ría-mos	habl-a-ría-is com-e-ría-is part-i-ría-is	habl-a-ría-n com-e-ría-n part-i-ría-n
imperfecto subjuntivo en -ra	habl-a-ra com-ie-ra part-ie-ra	habl-a-ra-s com-ie-ra-s part-ie-ra-s	habl-a-ra com-ie-ra part-ie-ra	habl-á-ra-mos com-ié-ra-mos part-ié-ra-mos	habl-á-ra-is com-ié-ra-is part-ié-ra-is	habl-a-ra-n com-ie-ra-n part-ie-ra-n
imperfecto subjuntivo en -se	habl-a-se com-ie-se part-ie-se	habl-a-ses com-ie-ses part-ie-ses	habl-a-se com-ie-se part-ie-se	habl-á-se-mos com-ié-se-mos part-ié-se-mos	habl-á-se-is com-ié-se-is part-ie-se-is	habl-a-se-n com-ie-se-n part-ie-se-n
futuro subjuntivo[2]	habl-a-re com-ie-re part-ie-re	habl-a-re-s com-ie-re-s part-ie-re-s	habl-a-re com-ie-r-e part-ie-r-e	habl-á-re-mos com-ié-re-mos part-ié-re-mos	habl-a-re-is com-ie-re-is part-ie-re-is	habl-a-re-n com-ie-re-n part-ie-re-n

tiempos impersonales	**gerundio** habl-a-ndo com-ie-ndo part-ie-ndo	**participio** habl-a-do com-i-do part-i-do	**infinitivo** habl-a-r com-e-r part-i-r

[1] El imperativo negativo usa las formas del presente de subjuntivo: *no hables, no hable, no habléis, no hablen; no comas, no coma, no comáis, no coman; no partas, no parta, no partáis, no partan.*
[2] Véase la sección 7.6.4.

(12) a. Una serie de tornados asolaron amplas regiones del país.
  b. La mayoría de los turistas quieren tranquilidad y no están para cuentos.
  c. Una buena parte de esos chicos están acostumbrados a viajar por el mundo.
  d. Un total de veinte personas murieron en el incendio.

5.5.2 Tiempo, aspecto y modo

La categoría morfológica de *tiempo verbal* relaciona el momento del enunciado con el tiempo cronológico. Pero no hay que tomar literalmente los nombres de los tiempos verbales, que tienen sólo un significado aproximativo. Por ejemplo, el *presente* puede referirse:

- al momento presente: - **¿Qué haces? - Estudio para una prueba.**
- a un tiempo futuro real: - **¿Cuándo llegan? - Llegan mañana.**

El *futuro* puede referirse:

- a un tiempo futuro: - **Llegarán a las cuatro de la tarde.**
- a un futuro situado en el pasado: **No sabe César que Bruto ayudará a matarle.**
- al presente: - **¿Qué hora será ahora? - Creo que serán las cinco.**

Aparte de la nomenclatura, hay en los tiempos verbales una división fundamental entre el rasgo *presente*, que designa el momento del enunciado, y el rasgo *no presente*, que señala tanto el pasado como el futuro.

La categoría de *aspecto*, a su vez, enfoca el contraste entre una acción verbal terminada (13a) y otra no terminada (13b). Ese contraste se nota particularmente entre el pretérito y el imperfecto de indicativo. En (13a), **hablé** denota una acción que tuvo lugar en un punto determinado del pasado. En (13b) **llegó** se refiere a una acción que ocurrió en un punto específico mientras se desarrollaba otra acción **(hablaba).** En (14), **nos conocimos** se refiere a una acción específica, puntual, que tuvo lugar durante el período en que otra acción **(estudiaba)** se estaba desarrollando. Nótese el contraste entre esta última acción **(estudiaba)** y la referencia al tiempo de residencia en Guadalajara como un período que ya ha terminado **(estudió).**

(13) a. Hablé con él ayer.
    (Acción terminada)
  b. Hablaba con él cuando llegó su mujer.
    (Acción que continúa mientras tiene lugar otra acción)
(14) Cuando nos conocimos en 1983, Marta estudiaba en Guadalajara. De hecho, estudió allí entre 1980 y 1985.

Por fin, el *modo* es una categoría morfológica que se refiere al contraste entre el indicativo y el subjuntivo. En (15a) **trabajas** expresa una acción real, mientras que en (15b) **trabajes** denota una acción hipotética, situada en el futuro respecto al momento del enunciado.

(15) a. Sé que *trabajas* mucho.

b. Quiero que *trabajes* mucho.

Puesto que el subjuntivo se manifiesta principalmente en oraciones subordinadas, será analizado en la sección 7.6.

ACTIVIDAD 5.9   ¿Qué diferencia de aspecto o de modo hay entre las oraciones de cada par?

◢ Ejemplo:

(a) Paquita llegó a las cuatro. (b) Paquita llegaba a las cuatro.

(a) es una acción puntual, terminada; (b) es una acción repetida.

1. (a) Cuando llegamos ayer, Juan salió. (b) Cuando llegamos ayer, Juan salía.

2. (a) Sé que usted gana mucho, Antonio. (b) Quiero que usted gane mucho, Antonio.

3. (a) Si lo llamábamos, mandaba decir que no estaba. (b) Cuando lo llamamos, mandó decir que no estaba.

4. (a) Como tengo tiempo, podré hacerlo para pasado mañana.
   (b) Como tenga tiempo, quizá pueda hacerlo para pasado mañana.

5.5.3. Voz

En latín clásico se distinguía entre dos paradigmas de conjugación, conocidos como *voces:* en la *voz activa,* el sujeto ejecuta la acción verbal (16a), y en la *pasiva,* la acción se ejerce sobre el sujeto (16b). Correspondía a cada voz un conjunto de terminaciones específicas en el presente y futuro, mientras que en el pasado se usaba una construcción con una forma del verbo **ser** *(est)* seguido de un participio (16c).

(16) a. *Dominus canem amat* 'el amo quiere al can'

b. *Canis a domino amatur* 'el can es querido por el amo'

c. *Canis a domino amatus est* 'el can fue querido por el amo'

En las lenguas románicas se ha conservado de esas dos posibilidades sólo una construcción formada con *ser + participio* (seguida, optativamente, de un sustantivo o pronombre introducido por la preposición **por),** como en

FIGURA 5.9   Diptongación y cierre da la vocal del radical de ciertos verbos

	P1sg yo	P2sg tú	P3sg él, ella, usted	P1pl nosotros	P2pl vosotros	P3pl ellos, ellas, ustedes
(1) Diptongación /e/ → [i̯e]						
pres. ind.	entiendo	entiendes	entiende	entendemos	entendéis	entienden
pres. subj.	entienda	entiendas	entienda	entendamos	entendáis	entiendan
imperativo		entiende	entienda		entended	entiendan

Como *entender: negar, sentar, perder, sentir.*

(2) Diptongación /o/ → [u̯e]						
pres. ind.	muevo	mueves	mueve	movemos	movéis	mueven
pres. subj.	mueva	muevas	mueva	movamos	mováis	muevan
imperativo		mueve	mueva		moved	muevan

Como *mover: aprobar, poder, encontrar.*

(3) Cierre /e/ → [i] *vestir, pedir*						
pres. ind.	visto	vistes	viste	vestimos	vestís	visten
pres. subj.	vista	vistas	vista	vistamos	vistáis	vistan
imperativo		viste	vista		vestid	vistan
imperf. subj.	vistiera	vistieras	vistiera	vistiéramos	vistiérais	vistieran

Como *vestir: pedir*

(4) Diptongación /e/ → [i̯e] y cierre /e/ → [i] sentir, preferir, advertir						
pres. ind.	siento	sientes	siente	sentimos	sentís	sienten
pres. subj.	sienta	sientas	sienta	sintamos	sintáis	sientan
imperativo		siente	sienta		sentid	sienten

Como *sentir: preferir, advertir*

(5) Diptongación /o/ → [u̯e] y cierre /o/ → [u] dormir, morir						
pres. ind.	duermo	duermes	duerme	dormimos	dormís	duermen
pres. subj.	duerma	duermas	duerma	durmamos	durmáis	duerman
imperative		duerme	duerma		dormid	duerman

Como *dormir: morir.*

(17a–17b). Por lo tanto, en castellano y en las demás lenguas románicas, al igual que en el inglés, la noción de voz refleja una construcción sintáctica y no una categoría morfológica.

(17) a. La novela cómica *Pantaleón y las visitadoras* fue escrita por Vargas Llosa.
      b. La novela histórica *La guerra del fin del mundo* también fue escrita por él.

5.5.4 Variaciones en el radical

Varios subgrupos de verbos presentan variaciones en el radical, según se ve en la Figura 5.9. En verbos de los grupos (1) y (2) la vocal del radical en posición tónica se diptonga (/e/ → [i̯e]; /o/ → [u̯e]) en el presente de indicativo y de subjuntivo, (P1sg, P2sg, P3sg, P3pl), y asimismo en las personas correspondientes en el imperativo. En verbos del grupo (3) la vocal del radical se cierra (/e/ → [i]) ante una sílaba con una vocal átona **(visto, vistes, visten),** pero se mantiene

■ **FIGURA 5.10**   Incrementos en el radical

(a) añadidura de un segmento velar /k/ o /g/ ante una vocal [-anterior]

conducir	/kondus/*	→ /kondusk/ conduzco, conduzca
traducir	/tradus/*	→ /tradusk/ traduzco, traduzca
conocer	/konos/*	→ /konosk/ conozco, conozca
venir	/ven/	→ /veng/ vengo, venga
salir	/sal/	→ /salg/ salgo, salga
tener	/ten/	→ /teng/ tengo, tenga

(b) añadidura de un segmento palatal, mediante la deslizada /i̯/ después de /u/ y ante vocal [-anterior, -alta]:

constru / konstru/ → /konstruy/ construyo, construya, construya
arguir /argu/ →/ arguy/ arguyo, arguye, arguye

(c) un segmento palatal (la deslizada [i̯]) y otro velar:

oír /oí/ →/oi̯g/ *oigo, oiga, oigas*
caer /kae/ → /kai̯/ *caigo, caiga, caigas*

(d) pérdida de la vocal temática en el futuro y el condicional de ciertos verbos en -er, -ir:

poder → podré, podría   saber → saber, sabría
hacer → haré, haría   decir → diré, diría (con cambio del radical, *dec* → *dic*)

(e) añadidura de una /d/ al radical después de la pérdida de la vocal temática:

poner → pondré, pondría
salir → saldré, saldría

En las variedades que hacen la distinción /s/ : /θ/ = /traduθ/ → /traduθk/, /konduθ/ → /konduθk/.

ante la vocal temática tónica (**vestimos, vestís**). También se mantiene en las formas derivadas de otras en las que hay una /i/ tónica: **vestir** → **vestiré.**

En verbos del grupo (4) (en **-ertir, -erir, -entir**) hay tanto la diptongación /e/ → [i̯e] como el cierre /e/ → [i] de la vocal del radical. Finalmente, los verbos del grupo (5) (**morir, dormir** y sus derivados) presentan diptongación de tipo /o/ → [u̯e] y cierre de tipo /o/ → [u].

Otro proceso morfológico afecta la raíz añadiéndole un incremento consonántico en el presente de indicativo (P1sg) y en el presente de subjuntivo (todas las personas): **conducir:** (yo) /kondúθ-/ o /kondús-/ → /kondúθk/ o /kondúsk/ **conduzco.** (Figura 5.10).

 Cuaderno de ejercicios 5.3 "Alomorfos"

5.6 FORMACIÓN DE PALABRAS

La flexión modifica rasgos gramaticales de las palabras (5.2), pero no crea palabras nuevas. Pero hay en la lengua varios procesos para crear palabras. Los más importantes son la *derivación,* que forma palabras con afijos léxicos, y la *composición,* que junta dos o más palabras para formar otra. Otros procesos son la *formación sintética,* la *reducción* y la lexicalización de las *siglas.*

5.6.1 Derivación

La derivación forma nuevas palabras mediante afijos léxicos que afectan parcialmente el significado de la base. Por lo tanto, la nueva palabra, aunque relacionada con la base por su significado, suele tener un referente distinto. Una diferencia importante entre flexión y derivación es que la variación flexional no afecta la clase gramatical a la que pertenece la palabra: **hablo, hablaré, hablamos, hablabais. . .** etc. son formas verbales. Al contrario, cuando la variación es por derivación, la clase gramatical de las palabras derivadas no es necesariamente la misma de la palabra primitiva: **habla** es un verbo, **habladuría** es un sustantivo y **hablador** puede ser un sustantivo o un adjetivo. Mientras que la flexión se hace mediante sufijos estructurales, los afijos derivativos tienen un significado léxico propio (Figura 5.11).

■ **FIGURA 5.11** Algunos afijos (prefijos y sufijos) derivativos y sus significados

Prefijo	Significado	Ejemplo	Sufijo	Significado	Ejemplo
anti-	'contra'	antidemocrático	-or	'que hace algo'	escritor, trabajador
post-	'después'	postmoderno	-oso	'lleno de'	horroroso, orgulloso
pre-	'antes'	prehistórico	-able	'posibilidad'	cambiable, sobornable

Cuaderno de ejercicios 5.4 "Palabras derivadas"

5.6.1.1. Sufijos

Con el radical léxico *caj-* se forman diversas palabras mediante un cambio del sufijo, según se ve en el diagrama siguiente:

caj-a	caj-ero	en-caj-ar	en-caj-a-miento
caj-ón	caj-ista	des-en-caj-ar	des-en-caj-a-dura
caj-eta	caj-era	en-caj-on-ar	des-en-caj-e
caj-etilla	caj-ería	des-en-caj-on-ar	des-en-caj-on-a-miento

Hemos visto que la flexión se limita a aplicar un número determinado de sufijos flexionales de manera sistemática. Por ejemplo, dada una frase como (18a), formada con palabras léxicas imaginarias, sabemos intuitivamente que su versión plural resulta necesariamente de la aplicación automática de la flexión de plural y de la concordancia verbal como en (18b):

(18) a. *La laboga sempral refruñía en el gorombio
  b. *Las labogas semprales refruñían en los gorombios

La derivación, en cambio, es un proceso productivo, menos regular que la flexión y abierto a la innovación. A partir del mismo radical pueden derivarse palabras independientes unas de las otras, y los afijos derivativos no se aplican todos necesariamente al mismo radical. Por ejemplo, hay varios sufijos que permiten derivar un sustantivo a partir de ciertos radicales verbales:

alternar → alternancia	nacer → nacimiento
destruir → destrucción	apartar → apartamiento

Suponiendo que una comunidad empezara a usar el verbo ***refruñir,** no habría cómo predecir cuál sería el sustantivo relacionado a este verbo. ***Refruñición, *refruñimiento,** y ***refruñancia** son tres posibilidades, formadas de acuerdo a las reglas morfológicas del español. Podría incluso usarse una forma en ciertas regiones y otra forma en otras regiones. Eso es porque cuando hay varias posibilidades, puede que los hablantes de variantes distintas elijan soluciones morfológicas diversas. El sustantivo **escogencia,** por ejemplo, pese a su impecable formación, es de uso regional (Colombia, Nicaragua, Venezuela), y no tiene la misma difusión que **escogimiento.** Ilustrando esa situación con un símil chistoso, se puede decir que la morfología derivacional es como un queso suizo: sabemos que tiene agujeros, pero no se puede predecir cómo se hallan distribuidos.

Respecto al orden, los sufijos derivativos (SD) vienen siempre antes de los sufijos flexionales (SF) (Figura 5.12):

■ FIGURA 5.12   Orden de los sufijos

R	SD	SD	SD	SF	SF	
libr-	-it			-o	-s	libritos
libr-	-et			-a	-s	libretas
libr-	-et	-ill		-a	-s	libretillas
libr-	-et	-ill	-az	-o	-s	libretillazos

R = radical; SD = sufijo derivacional; SF = sufijo flexivo

ACTIVIDAD 5.10   Identifique los afijos, sus alomorfos y su significado.

◼ Ejemplo:

imposible: prefijo: **im-**, 'negación' ; sufijo: **-ble**, 'capacidad de'

inhóspito	horrible	inmoral	pavoroso	prehistórico
horroroso	ilícito	predecible	prehispánico	antipatriótico
moralidad	amoral	gnóstico	agramatical	amabilidad
minusválido	iletrado	informático	miniauricular	hiperactivo
amable	elíptico	tenebroso	ágrafo	hospitalidad

Los sufijos derivativos pueden ser *modificadores* o *transformadores* (Figura 5.13). Los sufijos modificadores expresan aspectos secundarios del referente, como tamaño o intensidad, y por lo general tienen un valor aumentativo o diminutivo. Se aplican a los sustantivos, adjetivos (incluso a los participios y gerundios) y a algunos adverbios.

Como ya lo señaló Nebrija, el significado del diminutivo y del aumentativo depende del contexto y de la intención del hablante:

> alas vezes usamos [los aumentativos] en señal de loor, como diziendo 'es una mugeraza', por que abulta mucho; alas vezes en señal de vituperio, como diziendo 'es un cavallazo', por que tiene alguna cosa allende la hermosura natural y tamaño de cavallo. (Nebrija, Gramática de la lengua castellana, Libro III, Capítulo III.)

Las palabras formadas por los sufijos diminutivos, aumentativos y peyorativos° suelen tener connotaciones afectivas (positivas o negativas), razón por la cual son considerados sufijos *apreciativos.* Además, esos matices pueden variar según el contexto. En (19a) el diminutivo *librito* sugiere una actitud de modestia sobre el libro del que se habla; en (19b) el augmentativo *librón* conlleva una opinión positiva; y en (19c) el peyorativo *librucho* señala una actitud humorística sobre el libro en cuestión, que puede ser tanto una casita como una mansión.

(19)   A--He escrito un librito sobre ese tema. ¿Lo has leído?
   B--Hombre, ¡si es un librón!
   C--Que va, es un librucho sin valor.

vs.

■ **FIGURA 5.13**   Sufijos modificadores y transformadores

Sufijos modificadores
Diminutivos

-ito, -ita	vino → vinito, casa → casita
-illo, illa	maestro → maestrillo, abogado → abogadillo
-uelo, -uela	riacho → riachuelo, plaza → plazuela
-ete, -eta	barril → barrilete, historia → historieta

-ingo

Aumentativos

-ón, -ona	hombre → hombrón, mujer → mujerona
-acho, -acha	corpo → corpacho, río → riacho
-ote, -ota	físico → fisicote, ángel → angelote

- ango

Peyorativos

-aco	pájaro → pajarraco, bicho → bicharraco
-astro, -astra	poeta → poetastro, músico → musicastro
-ucho, -ucha	papel → papelucho, casa → casucha

Sufijos transformadores

-mente	triste → tristemente (adv.)
-ear	teléfon(o) → telefonear (v.)
-miento	pensa(r) → pensamiento (sust.)
-ista	Felip(e) → felipista (adj.)

El diminutivo es particularmente común en el habla familiar: Frases como (20a–20b) expresan más una actitud amistosa que información acerca de la cantidad de bebida o la duración del diálogo.

(20) a. Voy a preparanos un cafecito para que podamos charlar un ratito.
   b. ¿Qué te parece una cervecita?

Las palabras derivadas pueden perder su connotación diminutiva o aumentativa y lexicalizarse con un significado específico. Por ejemplo, una *frutilla* o *frutita* es una fruta pequeña, pero en Argentina *frutilla* se ha lexicalizado con el significado específico de *fresa*. Un *zorrillo* o *zorrito* es un zorro pequeño, pero en Guatemala, Honduras y Nicaragua, *zorrillo* significa *mofeta,* un animal muy distinto al zorro. Otros ejemplos incluyen:

bastardilla, negrilla: tipos de letra de imprenta
cuartilla: la cuarta parte de un pliego de papel
nopalito: una penca de nopal, no necesariamente un nopal pequeño

Hemos visto que los sufijos modificadores no afectan la clase gramatical de la palabra derivada. Los sufijos transformadores (Figura 5.14), en cambio,

■ FIGURA 5.14 (Sufijos transformadores (Formación de sustantivos)

(a) Acción

-ada	disparada, machacada, estocada
-aje	pillaje, desmontaje, almacenaje
-azo	vistazo, sablazo, puñetazo
-ida	salida, movida, cogida

(b) Efecto, cualidad, característica

-ancia	redundancia, elegancia, abundancia
-anza	seguranza, bonanza, malaventuranza
-dad	bondad, maldad
-idad	sagacidad, heroicidad
-tad	lealtad, enemistad, libertad
-ez	rapidez, timidez, placidez
-eza	limpieza, riqueza, alteveza
-dura	dictadura, descalabradura
-ura	amargura, largura, premura
-ía	telefonía, sinfonía, simonía
-ítud	lentitud, laxitud, servitud
-umbre	servidumbre, incertidumbre

(c) Ocupación, cargo, oficio, actividad

-ado	abogado, apoderado, diputado
-ador	comprador, empadronador, luchador
-ato	priorato, diaconato, bachillerato
-ente	regente, presidente, intendente
-ero	panadero, herrero, enfermero
-iente	teniente, pretendiente, recipiente
-ario	boticario, emisario, presidiario
-ista	collumnista, oficinista, maquinista
-or	profesor, revisor, delator

(d) Colectivos

-ada	manada, burrada, ramada
-aja	barrilaje, follaje, paisanaje
-eda	alameda, polvareda, arboleda
-edo	arboledo, acebedo, viñedo
-ar	castañar, manzanar, alcachofar
-al	castañal, peral, alcachofal

crean nuevas palabras, que pueden o no pertenecer a la categoría gramatical de la palabra primitiva.

5.6.1.2 Prefijos

Los prefijos son morfemas ligados que, antepuestos a una raíz, forman palabras derivadas:

> **anti-** 'contra' + **comunista** → **anticomunista,**
> **bis-** 'dos' + **abuela** → **bisabuela**

Los prefijos españoles vienen principalmente del griego o del latín. Algunos ya eran prefijos en aquellos idiomas, como el gr. *a-* 'sin' + gr. **theos** 'dios' → **ateo** 'sin dios'. Otros vienen de sustantivos, como gr. **kinemat-** 'movimiento', que aparece en **cinemática, cinematógrafo.** A su vez, esta palabra fue reducida a **cine,** que también funciona como prefijo: **cinerrevista, cinecámara, cineclub.** Algo parecido pasó con **mini-** 'pequeño', posible reducción de **mínimo: minifalda, minidisco, minicalculadora.**

ACTIVIDAD 5.11 La consonante nasal del prefijo **in-** (5.1) tiene distintos valores fonéticos: **in**hábil, **im**posible, **i**legal. ¿A qué se debe esa variación?

Algunos prefijos griegos se conectan con el radical mediante el morfema estructural **-o-**, sin valor semántico: gr. *bibli-* 'libro' + *-o-* + *teca* 'colección' → **biblioteca**. La Figura 5.15 ilustra algunos de los prefijos griegos y latinos más comunes.

■ **FIGURA 5.15** Algunos prefijos españoles

(a) De origen griego

prefijo	significado	
a-, an	'sin'	ateórico, analfabeto, analgesia
aero-	'aire'	aeróbico, aeródromo
anti-	'contra'	antimonárquico, anticonstitucional
biblio-	'libro'	biblioteca, bibliófilo
caco-	'malo'	cacofonía, cacografía
dis-	'malo'	disgusto, disimetría, disentir
endo-	'dentro (de)'	endogamia, endógeno
epi-	'sobre'	epicentro, epiderme
exo-	'fuera (de)'	exógeno, exocéntrico
geo-	'tierra'	geografía, geopolítica
hemi-	'mitad'	hemisferio, hemiciclo
hemo-	'sangre'	hemorragia, hemofilia
homo-	'semejanza'	homosexual, homónimo
idio-	'individual'	idiolecto, idiotismo
kilo-	'mil'	kilómetro, kilogramo
macro-	'grande'	macrocosmos, macrobio
micro-	'pequeño'	microordenador, microbio
(p) seudo-	'falso'	seudointelectual, seudónimo

(b) De origen latino

prefijo	significado	
a-, ad-	'proximidad'	acostar, adjunto
abs-	'separación'	abstinencia, abstención
ante-	'antes, delante'	antediluviano, anteojos
bi-	'dos'	bisexual, bicicleta
ex-	'que ya no es'	ex marido, ex profesor*
extra-	'fuera de'	extramuros, extraordinario
inter-	'en medio de'	interamericano, interponer
intra-	'dentro'	intramuros, intraocular
pre-	'antes, ante'	pregraduado, prehistoria
post-	'después'	postgraduado, postmoderno
multi-	'numeroso'	multicolor, multicopiar
sub-	'bajo, abajo'	subterráneo, subteniente
super-	'sobre, arriba de'	superhombre, superpoblado

*Ex *se escribe separado del radical.*

ACTIVIDAD 5.12   Compare las palabras siguientes, y clasifique los casos de *ante* y *anti*. ¿Son todos prefijos? ¿O es que hay casos de homónimos? ¿Hay algún prefijo que tenga más de un alomorfo?

anticristo / anteanoche / antillano / anticuerpo / antecámara / antihéroe / antifaz / anteojos / antiguo / anticucho / antílope / anteponer

 Cuaderno de ejercicios 5.5 "Afijos flexionales o derivativos"

5.6.1.3 Composición

Mientras que la derivación une afijos a un radical, la composición combina dos o más palabras para formar una nueva unidad léxica que tiene un significado más específico que cada formante tomado aisladamente. Respecto a la forma, las palabras compuestas se clasifican en varias categorías:

(a) Los formantes pueden estar yuxtapuestos: **café teatro, montaña rusa**
(b) Los formantes pueden juntarse en un solo vocablo: **hierba + buena → hierbabuena, claro + oscuro → claroscuro, anglo + americano → angloamericano, campo + santo → camposanto**
(c) Los formantes pueden estar unidos por
    - un guión: **franco-belga, fútbol-sala, moto-agua**
    - una preposición: **casa de campo, bar de alterne, café con leche**
    - la conjunción **y**, ort. **y** o **i: coliflor, diecisiete / diez y siete**

Hay varias clases de palabras compuestas (Figura 5.16). Si los formantes son de la misma categoría gramatical y tienen la misma importancia, como **claroscuro, anchicorto, azulgrana, francoprusiano, anarcosindical,** la composición es *coordinada* o *exocéntrica.* Pertenecen a esta categoría los compuestos *aditivos,* en los que el significado de un formante se suma al del anterior: **diez y seis / dieciséis, veinte y ocho / veintiocho.**

Otros compuestos se forman por la yuxtaposición de dos vocablos que conservan cada uno su significado original, como en **buque escuela** (= un buque que es escuela). Se trata de compuestos por *subordinación* o *endocéntricos,* en los que un formante (generalmente el segundo) funciona como *núcleo* y es modificado por el otro. El vocablo resultante suele tener el género del núcleo:

autoescuela (= escuela para conducir vehículos)
escuela modelo (= escuela que sirve de modelo a otras)
motonave (= nave con motor)

También son subordinados los compuestos que usan una preposición y los del tipo *sustantivo + adjetivo* en los que la vocal final del primer formante se cambia a **i:**

■ FIGURA 5.16   Tipología de las palabras compuestas

sustantivo + sustantivo	**adjetivo + sustantivo**	**preposición + sustantivo**
escuela modelo	malasangre	sinrazón
buque escuela	medianoche	contraataque
ferrocarril		entreacto
baloncesto	**verbo + sustantivo**	contragolpe
balonmano	guardarropa	sinnúmero
	aguafiestas	sinsabor
sustantivo + adjetivo	tragaluz	
camposanto	limpiachimeneas	**adverbio + sustantivo**
pelirrubio	guardagujas	bienandanza
carilargo	parabrisas	bienllegada
boquiabierto		
patihendido	**verbo + verbo**	**adverbio + adjetivo**
ojinegro	ganapierde	malintencionado
	subibaja	bienvenido
sustantivo + de + sustan-		poco hecho
tivo	**conjunción + verbo**	
máquina de escribir	siquiera	**adverbro + verbo**
carro de asalto		malgastar
campo de aviación	**pronombre + verbo**	maltratar
tarjeta de crédito	cualesquier	bienvivir
casa de pisos	cualquier	
teniente de navío	quienquiera	**Compuestos sintéticos**
	quehacer	el correveidile, correvedile
adjetivo + adjetivo		el hazmerreír
claroscuro	**preposición + pronombre**	el sabelotodo
azul marino	**relativo**	el quedirán
azul celeste	aunque	los quehaceres
grandilocuente	conque	la sin razón
carpetovetónico	porque	la enhorabuena
sinojaponés	conque	

Con preposición	**Sustantivo + adjetivo**
hombre de negocios	barba + espeso → **barbiespeso**
hogar para ancianos	ceja(s) + junto → **cejijunto**
tarjeta de crédito	pata + zambo → **patizambo**
café con leche	ojo + tuerto → **ojituerto**

Hay compuestos cuyo significado encierra una referencia implícita a otra palabra. Por ejemplo, **tocadiscos** es un compuesto del tipo verbo + sustantivo en el cual queda sobrentendido el sujeto del verbo (un aparato para tocar discos). Otros ejemplos son:

limpiachimeneas	'persona que limpia chimeneas'
guardabarros	'parte del coche que protege las ruedas del barro'
limpiabarros	'utensilio para limpiar el barro del calzado'
sacamuelas	'persona que saca muelas, dentista'

Si hay cohesión semántica entre los formantes, la forma compuesta puede lexicalizarse. Eso explica la pérdida del acento tónico de todos los formantes menos uno, como en **corre + ve + dile -> correveidile.** Pero si la lexicalización es incompleta, se mantiene el acento tónico en cada formante, como en **un arma líos,** 'persona que arma líos.'

ACTIVIDAD 5.13   Con la ayuda de un diccionario, si hace falta, identifique el significado y el proceso de composición de las palabras siguientes:

◼ Ejemplo:

Casa de campo - *compuesto subordinado con preposición*

angloespañol	librecambio	limpiabotas	ama de llaves	padrenuestro
guardacostas	hispanoamericano	santiamén	camposanto	guardafango
cortacircuitos	dieciocho	cantamañanas	estado mayor	tarjeta de crédito

---

⮂ **Cuaderno de ejercicios 5.6 "Palabras compuestas"**

5.6.1.4 Reducción, siglas, formación sintética

Cuando alguien dice **El profe iba en moto** en vez de **El profesor iba en motocicleta** lo que hace es emplear la *reducción* (o *acortamiento),* que consiste en eliminar una o dos sílabas de un sustantivo o adjetivo. La reducción, habitual sobre todo en el lenguaje informal, suele eliminar sílabas al final de la palabra, pero a veces lo hace al principio **(telefax → fax).** También puede haber ligeras modificaciones **(fascista → facha).** Hay casos en que la expresión primitiva puede ser algo más larga: el **Servicio de Inmigración → la migra; la Brigada de Estupefacientes → la estupa.** Otros ejemplos:

compañero → compa	colegio → cole	policía → poli
micrófono → micro	película → peli	progresista → progre
bicicleta → bici	bolígrafo → boli	universidad → uni

Son muy usadas las *siglas* (o *acrónimos),* formadas con las letras o sílabas iniciales de las palabras que forman un nombre; pronunciadas como una sola voz:

Partido Socialista Obrero Español	P.S.O.E.	[pesóe]
Partido Popular	PP	[pepé]
Instituto Nacional de Reforma Agraria	INRA	[ínra]
Partido Revolucionario Institucional	PRI	[pri]
Universidad Nacional Autónoma de México	UNAM	[unám]

Si la expresión original es en lengua extranjera, por lo general la nueva palabra se forma con base en la sigla de su traducción española, cuyo género adopta:

Organización de las Naciones Unidas:	la ONU	[ónu]
Síndrome de Inmunodeficiencia Adquirida:	el SIDA	[síða]
Organización del Tratado del Atlántico Norte:	la OTAN	[ótan]

Sin embargo, puede adoptarse la sigla original, como si se tratara de un préstamo (8.3.6) que funciona como si fuera una palabra española:

North American Space Agency	la NASA	[nása]
Central Intelligence Agency	la CIA	[sía] o [θía]
United Nations Education, Science, and Culture Organization	la UNESCO	[unésko]

La *formación sintética* consiste en crear palabras compuestas a partir de construcciones que pueden o no incluir un verbo, como **la sinrazón, los quehaceres, el quedirán, el correveidile, el hazmerreír** o **el sabelotodo**. Es un proceso que transforma en una palabra una frase cuyo significado no puede ser interpretado literalmente. Por ejemplo, un **correveidile** (= *corre + ve + y + di + le)* es alguien que propaga chismes, pero que no lo hace necesariamente corriendo; un **espantapájaros** puede no espantar a ningún pájaro, ni a nadie; un **sabelotodo** puede saber muy poco—más que nada, esa palabra denota una ignorancia presumida.

ACTIVIDAD 5.14   Busque en un diccionario el significado de las palabras siguientes y analice su estructura:

la sinrazón	los quehaceres	el hazmerreír	el guardapolvo
el quedirán	el correveidile	el sabelotodo	el pasatiempo

 Cuaderno de ejercicios 5.7 "Familia de palabras"

5.7 MODISMOS

Imaginémonos que alguien nos diga que: *Juan y María se casaron por detrás de la iglesia y que por eso sus familias los trajeron varios meses por la calle de la amargura, hasta que ellos decidieron plantarles cara y tirar por la calle de en medio.*

No hay que pensar que se trate de una boda realizada al aire libre, ni que la pareja haya vivido unos meses en una calle llamada "amargura" antes de buscarse una nueva dirección en una calle que se encontraba en medio de otras dos. La frase en cursiva contiene varios *modismos,* o sea expresiones idiomáticas que no pueden interpretarse literalmente. **Casarse por detrás de la iglesia** quiere decir 'vivir juntos sin estar casados', **traer a alguien por la calle de la amargura** significa 'hacer sufrir', **plantarle cara a alguien** es lo mismo que 'enfrentarse con alguien', y **tirar por la calle de en medio** es 'actuar rápidamente y con decisión'.

Un modismo es una expresión idiomática de significado unitario, que se usa como si fuera una palabra compuesta. Por ejemplo, en las palabras **echar** y **menos,** tomadas aisladamente, no hay nada que sugiera el significado de la expresión **echar de menos,** 'añorar'. Asimismo, si mi vecino me dice que para pagar la boda de su hija tendrá que **echar la casa por la ventana,** no por eso espero encontrar sus muebles en la calle.

Morfológicamente, la diferencia entre las palabras compuestas sintéticas (5.6.1.4) y los modismos es una cuestión de grado. En ambos casos, el significado es unitario, es decir, no resulta de la acumulación de los significados de los formantes. Por eso los modismos se usan y tienen que ser aprendidos como si fueran palabras léxicas.

 Cuaderno de ejercicios 5.8 "Creación de neologismos"

5.8 PROPIEDADES DE LAS PALABRAS

El lingüista suizo Ferdinand de Saussure (1857–1913) captó la esencia de la noción de *palabra* al definirla como un signo lingüístico, formado por la asociación arbitraria de una secuencia de sonidos a un significado (Saussure 1968:97 y segs.) Podemos imaginar un signo lingüístico como una matriz que contiene información acerca de diversas propiedades de las palabras:

- si varían por flexión o por derivación
- con qué clases de afijos o palabras se combinan
- qué posiciones ocupan en la oración
- en qué contextos pueden utilizarse

El conjunto de dichas matrices constituye el *léxico* o *diccionario* del idioma. Entre tales propiedades hay las siguientes:

- *propiedades fonológicas,* representadas por una combinación de fonemas y sus realizaciones fonéticas, que condicionan la pronunciación de los morfemas y palabras

- *propiedades morfológicas,* que permiten que las palabras pertenezcan a ciertas clases (sustantivos, verbos, adverbios, etc.).
- *propiedades sintácticas* (del gr. **syntassein** 'arreglar, ordenar'), que tienen que ver con las funciones gramaticales que las palabras pueden ejercer, como las de sujeto, complemento directo o indirecto, y otras que veremos en el capítulo 6.
- *propiedades semánticas* (del gr. **semantikos** 'significante'), que se relacionan con el significado. Éste puede referirse tanto a algo extra-lingüístico **(casa, pájaro, amor, fuerza)** como a una relación lógica, como en frases del tipo **A es igual que B.**
- *propiedades sociolingüísticas,* que tienen que ver con la relación entre morfemas o palabras y el contexto social. Por ejemplo, el tratamiento de segunda persona suele ser **tú** en contextos íntimos y **usted** en contextos formales.
- *propiedades pragmáticas,* que respectan a la interacción entre los hablantes. Por ejemplo, la palabra **favor** (en **Haga el favor de esperar un instante)** puede reflejar cortesía real o una simple formalidad, dependiendo de quien lo dice y del contexto en el que se usa.

La clasificación tradicional del léxico en *partes de la oración* o *clases léxicas* (sustantivos, adjetivos, pronombres, verbos, adverbios, preposiciones, conjunciones e interjecciones) remonta a los antiguos gramáticos griegos y latinos. No es un sistema perfecto, pero sigue usándose pese a sus dos milenios, mientras que otros sistemas más recientes, supuestamente más precisos, todavía no han logrado la misma difusión.

Veamos ahora cómo funcionan las propiedades morfosintácticas. Los sustantivos, como se dijo anteriormente, tienen género intrínseco y flexión de número. Además, se combinan con los artículos, demostrativos, posesivos y numerales (o sea, se insertan en patrones sintácticos del tipo **el/este/mi/un** _____**.** Por fin, pueden usarse como base para formar otros sustantivos por derivación, por medio de afijos.

Entre las propiedades de los adjetivos encontramos las siguientes: pueden ser modificados por *intensificadores,* es decir palabras tradicionalmente clasificadas como adverbios, como **muy, poco, bastante, algo,** y otros más; pueden ocurrir con sustantivos *(S)* en patrones como _____ **+ S (simpática chica)** o **S +** _____ **(chica simpática).** Los adjetivos presentan flexión de *concordancia* (o sea, tienen el mismo número y en ciertos casos el mismo género que el sustantivo acompañante). Además, los adjetivos ocurren en construcciones comparativas del tipo (más _____ que, el _____ más de, menos _____ que, el menos _____ de).

La variación morfológica de los verbos refleja diversas categorías gramaticales. Una de éstas es la categoría de persona: la primera, que representa al hablante, la segunda, que representa al oyente, y la tercera, que abarca, por exclusión, todo lo que no es ni el hablante ni el oyente. Una subclase de los verbos, llamados *unipersonales,* tiene sólo la tercera persona de singular: **llueve, truena, nieva.**

Otras categorías gramaticales incluyen el *tiempo verbal* (presente, pasado) y el *aspecto* (perfectivo, imperfectivo). Los verbos se agrupan en clases como la de los *transitivos,* que vienen con un sustantivo en función de *complemento directo* **(Juan leyó el periódico)** o *intransitivos,* que no aceptan tal complemento **(*Juan mintió el periódico)** Ciertos verbos transitivos pueden venir en construcciones del tipo **ser + participio** (llamadas *pasivas),* como **El presidente fue depuesto por el ejército,** pero otros no: ***Diez mil pesos fueron costados por estos libros.**

A medida que analizamos la variación morfológica de las palabras tenemos que tener en cuenta la función de dicha variación en la estructura de las oraciones. El estudio de la estructura de los enunciados, la *sintaxis,* constituye el tema del capítulo siguiente.

Términos clave

adjetivo	derivación	posesivo
adverbio	determinante	prefijo
afijo	flexión	preposición
alomorfo	formación sintética	radical
artículo	género	reducción
aspecto verbal	homónimo	siglas
composición	modismo	sufijo
concordancia nominal	morfema	sustantivo
concordancia verbal	número	tiempo verbal
conjunción	palabra estructural	verbo
demostrativo	palabra léxica	voz

MITOS SOBRE EL LENGUAJE   "Si una palabra no consta en el diccionario, no existe, y por eso no se debe usarla." A menudo se dice eso de ciertas palabras, pese a que las usa toda la gente. ¿Con referencia a qué palabras ha escuchado usted esa frase? Teniendo en cuenta lo que ha aprendido acerca de los procesos de formación de palabras y de ampliación del léxico, ¿cree que un diccionario pueda incluir todas las palabras de un idioma?

SUMARIO

La morfología (del gr. ***morphe,*** 'forma') estudia la estructura de las formas lingüísticas. En ese estudio se emplea el concepto de *morfema,* que es la unidad mínima de significado, es decir una secuencia de fonemas que no puede subdividirse sin destruir aquel significado.

El morfema es un concepto abstracto que se manifiesta por los *alomorfos.* Uno o más morfemas forman las *palabras;* tanto los morfemas como las palabras son *léxicos* (referente extralingüístico) o *estructurales* (señalan categorías o relaciones internas de la lengua). Los morfemas son *libres* si se manifiestan como palabras independientes y *ligados* cuando vienen siempre junto a algún morfema o palabra.

El morfema básico de una palabra es el *radical,* al cual se juntan *afijos (sufijos y prefijos).* Hay varios procesos de formación de palabras: la *flexión* modifica características gramaticales mediante sufijos estructurales; la *derivación* forma palabras mediante afijos léxicos *(modificadores o transformadores)* que afectan parcialmente el significado del radical; y la *composición* forma palabras juntando dos o más palabras.

Otros procesos son la *formación sintética,* la *reducción* (o abreviación) y la lexicalización de las *siglas.*

La flexión (género, número) afecta a los sustantivos, adjetivos, determinantes y pronombres. La morfología verbal sigue la fórmula básica **radical + vocal temática + tiempo/aspecto + persona/número.** El tiempo verbal relaciona el momento del enunciado con el tiempo cronológico. La raíz es la parte léxica del verbo y la vocal temática lo clasifica según tres categorías llamadas *conjugaciones.* El *aspecto* enfoca el contraste entre un contenido verbal acabado **(hablé con él ayer)** y otro no acabado **(hablaba con él cuando llegó su mujer).**

Las palabras derivadas formadas por sufijos diminutivos **(-illo, -ete)** y aumentativos **(-acho, -ón)** que pueden tener connotaciones afectivas (positivas o negativas), pero también pueden lexicalizarse.

La composición combina dos o más palabras, formando una unidad léxica *endocéntrica* (núcleo + elemento modificador: **autoescuela)** o *exocéntrica* (sin núcleo: **tocadiscos).** La *abreviación* elimina sílabas **(profesor → profe)** y las siglas o acrónimos se forman con iniciales (el Partido Socialista Obrero Español → PSOE /pesóe/). La *formación sintética* lexicaliza construcciones más largas **(los quehaceres).**

Los *modismos* o *expresiones idiomáticas* son construcciones cuyo significado no se deduce directamente de los significados de sus componentes **(entregar el alma = morir).**

Las palabras constituyen un conjunto de propiedades fonológicas, morfológicas, sintácticas, semánticas, pragmáticas y sociolingüísticas que permiten clasificarlas y que condicionan los contextos en los que pueden ocurrir en la comunicación.

PRÁCTICA

A. Siguiendo el ejemplo, divida las palabras siguientes en morfemas.

> ◤ **Ejemplo:**
>
> *intolerante:* in-toler-a-nte

1. agradable	6. desorden	11. limosnero
2. incorrupto	7. despertador	12. limpiabarros
3. incultura	8. mordida	13. paraguas
4. céntrico	9. homocéntrico	14. paracaídas
5. incomprensible	10. inaguantable	15. paracaidistas

B. Identifique los morfemas libres y los ligados en las palabras siguientes:

> ◤ **Ejemplo:**
>
> *descorchadorr:*
>
> (1) **des- :** prefijo (negación, privación)
> (2) **corch(o) :** 'corteza del alcornoque, usada para tapar botellas'
> (3) **-a :** sufijo (vocal temática: señala la clase verbal)
> (4) **-dor :** sufijo (señala el que ejecuta una acción)

1. inconstitucional	6. cenicero
2. cómpratelo	7. impopularidad
3. rascacielos	8. incorruptible
4. papelerita	9. desgraciadamente
5. encuadernador	10. antediluviano

C. Ante un sustantivo femenino que empieza por **a** tónica el artículo indefinido puede ser **un** o **una (un alma, una alma; un águila, una águila).** ¿Cómo se explica esa variación?

D. Los sustantivos llanos que terminan en -s no varían en el plural **(el lunes/los lunes),** mientras que los que terminan en otras consonantes, como /θ/, añaden **-es** en el plural: **el alférez, los alféreces.** ¿Qué problemas ortográficos plantean esas formas a los hispanohablantes seseantes?

E. Identifique los morfemas que componen las palabras siguientes.

1. morfémico	6. caribeño
2. psicología	7. Barcelona
3. triste	8. sociología
4. fonológico	9. madrileño
5. ambulatorio	10. barcelonés

F. ¿Qué regularidad de significado se nota en las siguientes parejas de sustantivos?

    1. la manzana   el manzano

    2. la banana   el banano

    3. la ciruela   el ciruelo

    4. la naranja   el naranjo

    5. la cereza   el cerezo

    6. la guayaba   el guayabo

G. Analice las palabras siguientes, identificando los morfemas que las componen y el proceso de formación de cada una.

> **Ejemplo:**
>
> *enhorabuena.* Morfemas: *en* (preposición), *hora* (sustantivo), *buena* (adjetivo); formación sintética.

    1. malaventura   6. difícilmente

    2. tridimensional   7. sacapuntas

    3. malasombra   8. término clave

    4. limpiabotas   9. paraguas

    5. mediodía   10. parabrisas

H. Determine si las palabras de cada serie se relacionan unas con otras por flexión o por derivación.

> **Ejemplo:**
>
> Hablo, hablador, hablando.
>
> *Hablo* y *hablando* son formas flexionales de *hablar;* *hablador (habla- + -dor)* es una palabra derivada.

    1. compro, comprador, comprando, compra (v.), compra (sust.)

    2. cuchillo, acuchillar, acuchillador, cuchillito

    3. república, republicano, republiqueta, repúblicas

    4. grandioso, grandeza, engrandecer, grandote, agrandar

    5. isleta, aislar, isleño, islotes, isla

I. Clasifique cada palabra según los elementos que la componen (sustantivo + sustantivo, verbo + sustantivo, etc.). Luego, escriba en los espacios en blanco otras palabras formadas según cada modelo:

> **Ejemplo:**
>
> *paraguas:* verbo *(parar)* + sustantivo *(aguas). Parabrisas, parachoques.*

    1. escuela modelo   _____

    2. claroscuro   _____

3. camposanto   _____

4. hombre de negocios   _____

5. altavoz   _____

6. pelirrojo   _____

7. guardaespaldas   _____

8. sabelotodo   _____

9. paracaídas   _____

10. cubalibre   _____

Temas para profundizar

A. En una publicación en español, busque treinta palabras compuestas, clasifíquelas y explique su formación morfológica.

B. En una publicación en español, busque treinta palabras derivadas, clasifíquelas de acuerdo con sus afijos y explique su formación morfológica.

Principales fuentes consultadas

Morfología española en general, Pena 1999, Criado de Val 1961, Narváez 1970, Whitley 2002; *morfología de los sustantivos,* Harris 1985; *composición,* Val Álvaro 1999; *compuestos exocéntricos,* Contreras 1985; *análisis estadístico de género,* Teschner y Russell 1984, DeMello 1990; *diminutivos, aumentativos y peyorativos,* Lázaro Mora 1999; modismos, Sugano 1981.

Sugerencias para lectura

Cressey 1978 (Capítulos 4 y 6), DeMello 1990, Lázaro Mora 1999; Narváez 1970,

Pena 1999, Val Álvaro 1999, Whitley 2002 (Capítulo 6, "Verb morphology"), Frank 1985.

N O T A S

[1]Cuando haga falta, señalaremos los morfemas con negrillas: **plural, -o, -a,** etc.

[2]Marginalmente, existe un plural dual en **ambos** 'los dos'. En **sendos** 'uno/una para cada cual' denota un plural distributivo.

[3]Fonológicamente **lápiz** es /lápiθ/ en el castellano del norte de España y /lápis/ en las demás modalidades de la lengua.

[4]Esa función señaladora, refleja el origen de **él, ella, ellos, ellas** como demostrativos en latín. (Ver el Capítulo 8, *Variación temporal).*

[5]Las formas **-migo, -tigo** y **-sigo** se originaron de la combinación de los pronombres latinos **me, te, se** con la preposición **cum** 'con':

me + cum = mecum > mego > migo
te + cum = tecum > tego > tigo
se + cum = secum > sego > sigo

Sintaxis I: La estructura de las oraciones

En el libro passado diximos apartada mente de cada una de las diez partes de la oracion. Agora, en este libro cuarto, diremos cómo estas diez partes se han de aiuntar y concertar entre si. La cual consideración, como diximos en el comienzo de aquesta obra, los griegos llamaron syntaxis; nos otros podemos dezir orden o aiuntamiento de partes.

Nebrija, *Gramática de la lengua castellana*, Libro IV, Capítulo I

OBJETIVOS En este capítulo analizaremos cómo se organizan las oraciones y enfocaremos temas específicos, como los constituyentes básicos de la oración, la diferencia entre funciones sintácticas y funciones semánticas, los recursos sintácticos, la concordancia, las transformaciones y la clasificación de las oraciones según su significado intencional.

Habitualmente nos expresamos mediante enunciados,° secuencias de palabras que encierran ideas más o menos complejas, según el contexto y nuestras necesidades comunicativas. Pero ¿de qué depende el significado de nuestros enunciados? En parte, depende del significado de las palabras y, en parte, de las relaciones estructurales entre ellas. Participan en los enunciados las palabras léxicas, que tienen un referente extralingüístico, y las palabras estructurales, que señalan relaciones estructurales (5.1, 6.2.1). El estudio de estas relaciones es la *sintaxis* (del verbo griego **syntassein** 'arreglar, ordenar').

6.1 LOS CONSTITUYENTES DE LA ORACIÓN

Los enunciados varían en extensión, desde una sola palabra (**¡Socorro!**) hasta muchas, pero por lo general se dividen en dos clases, las *frases* y las *oraciones*. La diferencia consiste en que una frase (1a–1e) no tiene verbo, mientras que una oración (2a–2e) incluye por lo menos un verbo. El estudio de la sintaxis tiende a concentrarse en las oraciones, que son harto más complejas que las frases.

(1) a. ¡Hola, buenos días!
   b. ¿El presidente? ¡Inaguantable!
   c. ¿Café o té?
   d. ¿Y tu paraguas?
   e. De acuerdo.

(2) a. Le deseo muy buenos días.
   b. ¡El presidente es inaguantable!
   c. ¿Quieres café o té?
   d. ¿Has traído tu paraguas?
   e. Estoy de acuerdo.

Una manera de analizar la estructura de las oraciones consiste en emplear *reglas de reescritura* del formato general A → B. Ello quiere decir que los elementos situados a la izquierda de la flecha (A) son reemplazados por los que vienen a la derecha (B). La fórmula genérica de la oración es O → SN SV, y significa que una oración consiste de un sintagma nominal (SN) y un sintagma verbal (SV), como en (3a–3f). (Nótese que los índices $_{(1,\,2)}$ sirven para diferenciar los diversos sintagmas nominales.)

(3)

SN$_1$	SV	SN$_2$
a. Yo	trabajo	
b. Tú y yo	tenemos	dos bellas motos
c. Paco	come	tortillas
d. Maite y Juana	estudian	matemáticas
e. La chica triste	ha llegado	
f. Mi hermano	escribe	novelas policiacas y cuentos infantiles

El núcleo de un sintagma nominal (SN) es siempre uno o más pronombres (Pro), como en (3a–3b), o uno o más sustantivos (S), como en (3c–3f). El sustantivo puede venir acompañado de determinantes (Det) o adjetivos (Adj). El núcleo del sintagma verbal (SV) es un verbo (V), que puede venir sólo o acompañado de otro sintagma nominal o de otros constituyentes, según veremos a continuación.

El sintagma verbal puede consistir en un sólo verbo, es decir SV → V, o de un verbo y un sintagma verbal, SV → V SN. Por lo tanto, la fórmula de la oración puede ampliarse para O → SN$_1$ V SN$_2$. Esta fórmula ampliada nos da las estructuras de diversas clases de oraciones:

(4) a.

SN	V
Yo	salí
Pablo	trabaja
Maruja	estudia

b.

SN$_1$	V	SN$_2$
Yo	compré	las flores
Pablo	lee	libros
Maruja	estudia	francés

A su vez, es posible ampliar el sintagma nominal, añadiéndole otro sintagma nominal coordinado, o sea SN → SN$_1$ SN$_2$. Esta última fórmula aumenta las posibilidades combinatorias:

(5) a. **SN₁**   **SN₂**   **V**   **SN₃**
Marta y María   toman cerveza

  b. **SN₁**   **SN₂**   **V**   **SN₃**   **SN₄**
Cristina y Francisca comen   pan y   chocolate

ACTIVIDAD 6.1   Identifique los sintagmas nominales y los sintagmas verbales en las oraciones siguientes.

▣ **Ejemplo:**

Pablo trabaja.   SN = Pablo   SV = trabaja

(a) Nosotros estudiamos.   SN = _____   SV = _____

(b) Marta y yo escribimos novelas. SN = _____   SV = _____

(c) ¿Estudian ustedes?   SN = _____   SV = _____

(d) Alicia ha salido.   SN = _____   SV = _____

(e) ¿Han llegado los niños?   SN = _____   SV = _____

Esa manera de describir la sintaxis como un procedimiento para *generar* oraciones representa una hipótesis explicativa de nuestra *competencia lingüística°*, es decir, la capacidad intuitiva que nos permite (a) producir oraciones que otros hablantes entienden y (b) comprender las oraciones generadas por ellos. Nuestra competencia lingüística se desarrolla mientras adquirimos nuestro idioma materno. Es como si al adquirirlo, partiendo del *input* recibido de nuestros familiares, cada uno de nosotros formulara para sí mismo una gramática del idioma, que utiliza automáticamente. Los lingüistas tratan de identificar las reglas de esa gramática, utilizando enunciados como datos. Tienen en cuenta también las opiniones de los hablantes nativos sobre la aceptabilidad de los enunciados. Si un enunciado es aceptable, se dice que es *bien formado* o *gramatical,* y si es rechazado, es *mal formado* o *agramatical.*

Desde luego, hay enunciados que todos los hispanohablantes consideran agramaticales, como ***libro el leyó yo ayer,** o ***las mis cosas aquí no está.** (Cómo quedó dicho, se convenciona señalar con un asterisco las secuencias mal formadas.) Pero hay otras construcciones sobre las cuales no siempre hay un consenso, particularmente entre hablantes de distintas variedades del idioma. Por ejemplo, mientras que todos aceptan oraciones como (6a–6b), no todos aceptan oraciones como (6c–6d), con un posesivo **(mío)** pospuesto a la preposición **(detrás).** En cambio, muchos hablantes del español rioplatense° aceptan ambas construcciones y consideran que las del tipo (6a–6b) pertenecen a un estilo más bien formal.

(6) a. Ella estaba delante de mí y yo no la veía.
     b. Teníamos la casa detrás de nosotros.

c. Ella estaba delante mío y yo no la veía.

d. Teníamos la casa detrás nuestro.

¿Cómo se explican tales discrepancias entre hablantes del mismo idioma? Según una teoría, se deben al hecho de que los hablantes no comparten todos exactamente la misma gramática. Al contrario, hay variaciones que explican las diferencias sintácticas individuales o regionales.

ACTIVIDAD 6.2   Escriba una o más oraciones para cada una de las estructuras siguientes. Recuerde que para los propósitos de esta actividad, SN puede ser un sustantivo (con o sin determinante) o uno o más pronombres.

◼ **Ejemplo:**

SN V   Pablo llegó   Marta trabajaba

(a) SN V   _____   _____

(b) SN₁ V SN₂   _____   _____

(c) SN₁ SN₂ V   _____   _____

(d) SN₁ SN₂ V SN   _____   _____

(e) SN₁ SN₂ V SN₃ SN₄ _____   _____

Aunque una secuencia de palabras como (7) pueda tener algún significado en algún contexto especial, no constituye una oración.

(7) *Chica comer manzana morir

Hay varias razones para ello. Para que (7) estuviera bien formada, los verbos deberían estar flexionados para señalar tiempo y persona; cada sustantivo debería estar acompañado por algún determinante (**la chica, una manzana**); si los verbos se refieren a la misma persona, lo normal sería conectarlos con la conjunción **y (comió y murió).** Si atendemos a esos y a otros requisitos sintácticos, podemos generar varias oraciones bien formadas, como **la chica comió la manzana y murió, la chica comerá la manzana y morirá, la chica come la manzana y muere** y otras más.

Los juicios de los hablantes nativos sobre la gramaticalidad de un enunciado se extienden a las estructuras sintácticas que forman las oraciones. Un sintagma nominal formado por un sustantivo precedido por un determinante como **la, aquella, mi** (5.3) y uno o más adjetivos permite sintagmas como (A), (B) y (C), pero no (D). ¿Por qué? La razón es que en español el sintagma nominal puede incluir un sustantivo precedido por un artículo o un posesivo, pero no por ambos:

(A)	**(B)**	**(C)**	**(D)**
Art + S	Pos + S	Dem + S	*Art + Pos + S
la moto	mi camisa	esta casa	*la mi compañera
una bicicleta	tu gorra	ese apartamento	*el tu coche
las raquetas	nuestras chaquetas	aquel carro	*los nuestros coches
unos esquís	sus chompas	aquellas botellas	*las sus chicas

ACTIVIDAD 6.3 Explique por qué (d) y (e) son mal formadas. Luego compare las construcciones (a–e) siguientes con sus equivalentes en inglés. ¿Se aplican las mismas restricciones? Explique su respuesta.

a. La moto es magnífica.

b. Esa moto es magnífica.

c. Mi moto es magnífica.

d. *La aquella moto es magnífica.

e. *Esa mi moto es magnífica.

⟳ **Cuaderno de ejercicios 6.1** "**Sintagmas**"

6.1.1 Sujeto y predicado

Además del sintagma nominal (SN), que tiene como núcleo un sustantivo (S) o un pronombre (Pro), y del sintagma verbal (SV), que tiene como núcleo un verbo (V), la oración puede incluir otros tipos de constituyentes. Los sintagmas preposicionales (SPrep) son introducidos por una preposición, y los sintagmas adverbiales (SAdv) modifican el verbo o incluso toda la oración. En una estructura como (8), el sintagma nominal constituye el *sujeto* de la oración. (Una manera práctica de identificar el sujeto consiste en recordar que es el constituyente con el cual suele concordar el verbo.) A su vez, el sintagma verbal, con todo lo que lo sigue, constituye el *predicado* de la oración. La figura 6.1 da varios ejemplos de sintagmas específicos.

(8) O →

SN	SV	SPrep	SAdv
El chico	caminaba	por la calle	alegremente.

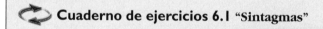

Sujeto Predicado

Podemos representar la estructura de una oración por *diagramas arbóreos,* así llamados porque su forma recuerda la de un arbolito, que

■ **FIGURA 6.1**   Algunos constituyentes sintácticos

Constituyente	Símbolo	Ejemplos
Oración	O	La lingüista cultivaba unos bellos arbolitos en casa recientemente
		Paco leía una novela muy emocionante en el jardín anoche
		Nosotros habíamos comprado un coche amarillo la semana anterior
Sintagma Nominal	SN	La lingüista, Paco, nosotros, una novela, el jardín, un coche, la semana anterior
Sintagma Verbal	SV	cultivaba, leía, hemos comprado
Sintagma Preposicional	SPrep	en casa, en el jardín
Sintagma Adverbial	SAdv	recientemente, anoche
Sintagma Adjetival	SAdj	bellos, muy emocionante, amarillo

permiten clarificar visualmente las relaciones entre los constituyentes. Según el diagrama (1), los constituyentes SN, SV, SPrep, SAdv representan *nódulos,* es decir, puntos en donde se insertan otros constituyentes.

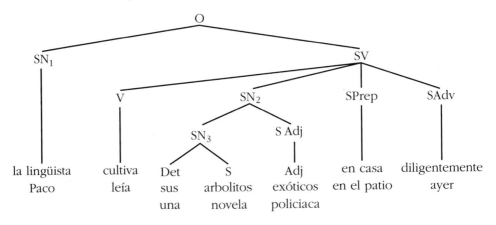

DIAGRAMA (1)

Desde luego, el diagrama (1) admite variaciones. Por ejemplo, el sintagma nominal puede realizarse de varias maneras:

por un sólo sustantivo	S → *Paco*
por un artículo y un sustantivo	Art S → *la lingüista*
por un pronombre	Pro → *nosotros*
por un cuantificador (*mucho, poco, algún, ningún, varios, diversos*) y un sustantivo	Cuant S → *muchos amigos*

Esas posibilidades pueden resumirse por una regla como (9), que da cuenta del diagrama (2):

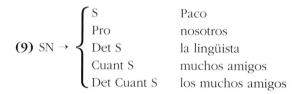

(9) SN →
- S — Paco
- Pro — nosotros
- Det S — la lingüista
- Cuant S — muchos amigos
- Det Cuant S — los muchos amigos

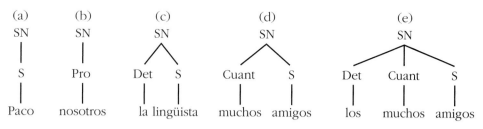

(a)	(b)	(c)	(d)	(e)
SN	SN	SN	SN	SN
S	Pro	Det S	Cuant S	Det Cuant S
Paco	nosotros	la lingüista	muchos amigos	los muchos amigos

DIAGRAMA (2)

ACTIVIDAD 6.4   Tomando los diagramas (1) y (2) como modelo, dibuje un diagrama arbóreo para cada sintagma nominal:

■ **Ej: Juan.**

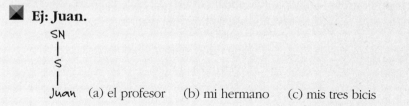

SN
|
S
|
Juan   (a) el profesor   (b) mi hermano   (c) mis tres bicis

En la regla (10a) el sintagma verbal genera un verbo (V), y, optativamente, un sintagma nominal (SN_1) y un sintagma preposicional (SPrep). La regla (10b) explicita la estructura del sintagma preposicional, representado en el diagrama (3):

(10) a. SV   V (SN1) (SPrep)

    b. SPrep → Prep SN →

Prep Art S	(en el jardín, por la tarde)
Prep S	(de noche, en casa)
Prep Pro	(para nosotros, de mí)
Prep Cuant S	(por muchos años, en pocas horas)

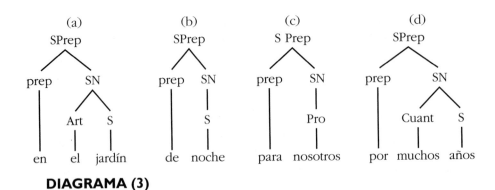

DIAGRAMA (3)

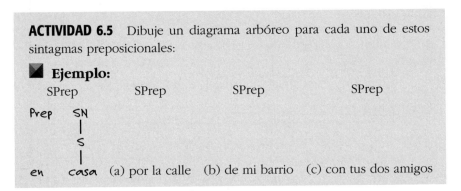

ACTIVIDAD 6.5   Dibuje un diagrama arbóreo para cada uno de estos sintagmas preposicionales:

▰ **Ejemplo:**

(a) por la calle   (b) de mi barrio   (c) con tus dos amigos

El sintagma adverbial (SAdv) genera un adverbio (Adv), al que puede acompañar un sintagma preposicional (SPrep). La regla (11) explicita la estructura del sintagma adverbial, representado en el diagrama (4):

(11) $SAdv \rightarrow$ $\begin{cases} Adv & \text{(ayer, hoy, mañana, aquí, allá)} \\ Adv + SPrep & \text{(ayer por la tarde, allí por la derecha)} \end{cases}$

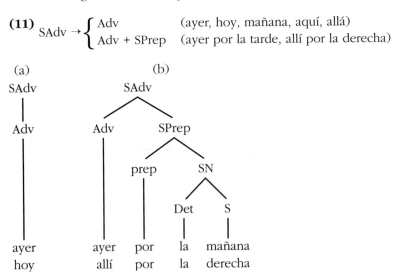

DIAGRAMA (4)

El sintagma adjetival (SAdj) está íntimamente asociado al sintagma nominal. En (12a) el nódulo SN genera, además del sustantivo S, el sintagma adjetival SAdj, que puede ser reemplazado por un adjetivo (Adj), o por un adjetivo precedido por un intensificador (Int) como **muy, poco, bastante, algo** que modifica la característica expresada por el adjetivo.

(12) a. SN → $\begin{cases} \text{SAdj S} \\ \text{S SAdj} \end{cases}$ (bello jardín, bonita flor)
(coche amarillo, casa pequeña)

b. SAdj →   Int Adj   (muy bello, poco interesante, algo difícil)

Finalmente, como se ve en la regla (13), el sintagma verbal (SV) contiene siempre un verbo y, optativamente, otros constituyentes, representados en el diagrama (5):

(13) SV $\begin{cases} \text{V} \\ \text{V SN} \\ \text{V SN SPrep} \\ \text{V S SAdv} \\ \text{V SN SPrep SAdv} \end{cases}$

(salió, dormía)
(plantaba los arbolitos)
(plantaba los arbolitos en el jardín)
(plantaba los arbolitos ayer)
(plantaba los arbolitos en el jardín ayer)

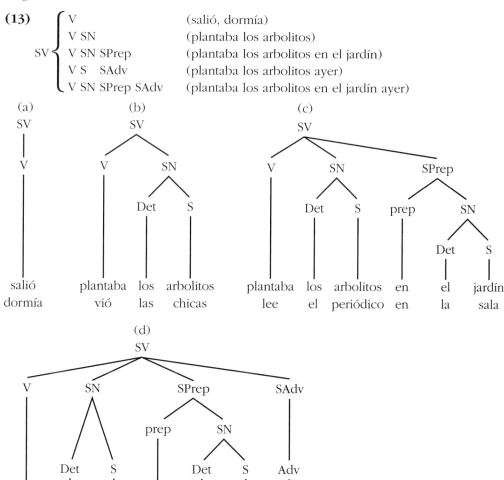

DIAGRAMA (5)

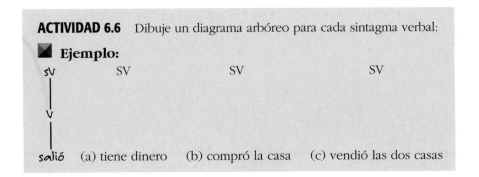

ACTIVIDAD 6.6 Dibuje un diagrama arbóreo para cada sintagma verbal:

Ejemplo:

SV   SV   SV   SV

|
V
|
salió   (a) tiene dinero   (b) compró la casa   (c) vendió las dos casas

Según vimos en (5.5), los verbos tienen una estructura morfológica más bien compleja. Una forma verbal como **comieron,** por ejemplo, incluye el radical léxico **com-,** el morfema de tiempo y aspecto **-iero,** y el morfema de tercera persona plural **-n.** Algunas formas verbales tienen dos formantes **(he hablado)** o tres **(he estado hablando).** Además, el sintagma verbal puede incluir verbos modales° (Juan *parece* haber estado hablando demasiado). Sin embargo, para simplificar la presentación, trataremos las formas verbales como constituyentes unitarios, sin ocuparnos de los detalles de su estructura morfológica.

Además de los diagramas, podemos representar la estructura de las oraciones mediante corchetes, como en (14). Ambas representaciones tienen sus ventajas y desventajas, y se emplean según sea más conveniente para del análisis.

(14) [$_O$ [$_{SN}$ La lingüista] [$_{SV}$ [$_V$ plantaba] [$_{SN}$ los arbolitos] [$_{SPrep}$ en el jardín] [$_{SAdv}$ ayer]]]

ACTIVIDAD 6.7 Siguiendo el ejemplo, represente con corchetes las estructuras de los sintagmas y oraciones siguientes:

Ejemplo:

[$_{SN}$ el cura]   a. el escritor   b. dos amigos   c. ese hombre

[$_{SV}$ [$_V$ tenía] [$_{SN}$ dinero]]   hablaba inglés   escribían cartas   enviará postales

[$_{SPrep}$ [$_{Prep}$ en] [$_{SN}$ el jardín]]   en el club   en el café   desde su hotel

[$_{SAdv}$ [$_{Adv}$ ayer]]   anoche   antiayer   mañana

Sint.   vs.   Sem.

6.1.2 Funciones sintácticas y funciones semánticas

actor

paciente

Los constituyentes de una oración tienen *funciones sintácticas* relacionadas con su estructura, y *funciones semánticas* relacionadas con su significado. Vamos a analizar estos conceptos mediante el examen de algunas oraciones.

En (15a) y (15b) el sustantivo **Borges** representa el *actor° semántico,* o sea la persona que escribió el libro, y el sustantivo ***Ficciones*** representa el *paciente° semántico,* es decir, el resultado de la acción de escribir, que es una novela.

(15) a. Borges escribió *Ficciones*.
   b. *Ficciones* fue escrito por Borges.

Las funciones semánticas, *actor* y *paciente,* no cambian si modificamos la estructura sintáctica de la oración. En (15a) el sintagma nominal *Borges* es el sujeto de **escribió** y el sintagma nominal ***Ficciones*** es el complemento directo. La oración (15b) es una pasiva en la cual el sintagma nominal ***Ficciones*** es el sujeto de **fue escrito,** mientras que el sintagma nominal **Borges** es el agente de la pasiva, introducido por la preposición **por.**

Asimismo, en (16a) los sintagmas nominales **Desdémona, Otelo** y **la manzana** tienen las mismas funciones semánticas que en (16b):

(16) a. Desdémona ofreció la manzana a Otelo.
   b. La manzana fue ofrecida a Otelo por Desdémona.

beneficiario

En ambos casos **Desdémona** es el actor semántico que hace la acción de ofrecer alguna cosa; **manzana** es el paciente que representa lo que se ofrece; y **Otelo** es el *beneficiario°,* o sea, quien que recibe el paciente **manzana.** Pero las funciones sintácticas de estos sintagmas varían: en (16a) **Desdémona** es el sujeto de **ofreció, Otelo** es el complemento indirecto, y **manzana** es el complemento directo. En (16b) **manzana** es el sujeto (de **fue ofrecida), Desdémona** es el agente de la pasiva (introducido por la preposición **por),** y **Otelo** es el complemento indirecto, introducido por la preposición **a.** Si reemplazamos **ofrecer** por **ganar,** generamos la oración (17), en la cual el beneficiario **(Otelo)** aparece como el sujeto y **Desdémona** es una función semántica llamada *origen,* introducida por la preposición **de.**

origen

(17) *Otelo ganó la manzana de Desdémona.*

Manteniendo separados los conceptos de función semántica y función sintáctica, explicitamos cómo las funciones semánticas de los constituyentes se conservan, aunque sus funciones sintácticas cambien.

ACTIVIDAD 6.8   Determine la función semántica y la función sintáctica de cada sintagma nominal:

 Ejemplo:

Juan vio el loro. - Juan = actor y sujeto; loro = paciente y complemento directo.

(a) El loro vio a Juan.   Loro =   ; Juan =

(b) El loro volaba.   Loro =

(c) Juan compró semillas.   Juan =   ; semillas =

(d) Juan dio semillas al loro.   Juan =   ; semillas =   loro =

(e) El loro ganó semillas de Juan.   Loro =   ; semillas =   ; Juan = origen

---

⟳ **Cuaderno de ejercicios 6.2 "Transformación en pasiva"**

⟳ **Cuaderno de ejercicios 6.3 "Funciones sintácticas y semánticas"**

6.1.3 Sintagmas verbales con más de un verbo

Las oraciones (18a–18c) contienen sintagmas verbales formados por dos o tres formas verbales. Aquellos sintagmas funcionan como unidades léxicas en las que el verbo principal (**trabajar**) contiene el significado léxico y el verbo auxiliar (**haber** o **ir**) llevan el significado gramatical de tiempo/aspecto y persona/número. Por lo tanto, hay un sólo verbo con su sujeto, al igual que en (18d).

(18) a. Pablo *ha trabajado* mucho.
  b. Los niños *han estado trabajando* desde las dos.
  c. Mañana *vamos a trabajar*.
  d. Nosotros *trabajamos* mucho.

En las oraciones (19a–19b), en cambio, el sintagma nominal incluye un verbo modal que contiene, además del significado gramatical de tiempo/aspecto y persona/número, un significado léxico (señalado en paréntesis) que complementa el significado léxico del verbo principal.

(19) a. Pablo *puede estudiar*. (posibilidad)
  b. Los niños *deben descansar* dos horas por día. (necesidad)
  c. Mañana *tenemos que trabajar*. (obligación)

La estructura de las oraciones (19a–19c) puede representarse por el diagrama (6), donde el verbo modal viene debajo del nódulo Mod.

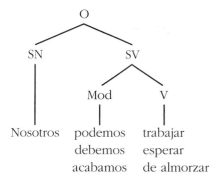

DIAGRAMA (6)

6.2 RECURSOS SINTÁCTICOS

La estructura de los constituyentes se organiza mediante recursos sintácticos como los siguientes:

(a) palabras estructurales (o gramaticales)
(b) información sintáctica inherente a cada palabra
(c) transformaciones (eliminación, inserción, movimiento, sustitución)
(d) concordancia
(e) orden y movimiento de las palabras
(f) coordinación y subordinación

En los apartados siguientes comentaremos cada uno de esos recursos sintácticos.

6.2.1 Palabras estructurales

Las palabras estructurales, como las preposiciones en (20a–20l), señalan relaciones específicas entre los sintagmas (señaladas entre paréntesis). Al contrario de un sustantivo, un adjetivo o un verbo, una preposición no tiene un referente, sino que su significado depende en parte de las palabras que conecta.

(20) a. La reunión fue disuelta **por** la policía. (agente de la pasiva)
     b. Se lo dijo **por** cortesía. (causa)
     c. Rompió el cristal **con** el martillo. (instrumento)
     d. Llegó **con** la novia. (compañía)
     e. Le dio dos billetes **a** la hermana. (beneficiario)
     f. Vamos **a** Santiago la próxima semana. (dirección)
     g. Visité **a** Juan. (complemento directo de persona)
     h. Llegó ayer **de** Guadalajara. (procedencia)
     i. Es el televisor **de** Felipe. (posesión)

j. Recibió un regalo **de** su padre.   (origen)

k. No han pasado **por** aquí.   (lugar)

l. Paco salió **sin** los documentos.   (falta)

Las conjunciones son palabras gramaticales que señalan relaciones sintácticas entre sintagmas o entre oraciones, como en (21a–21c).

(21) a. Juan **y** Antonio salieron **y** María **y** Gertrude llegaron.

b. Paco se fue **cuando** llegó Antonio.

c. Puedes salir **si** prometes no volver.

6.2.2 Información sintáctica inherente

Cada palabra del léxico contiene rasgos sintácticos que contribuyen a definir sus posibles funciones gramaticales. Un rasgo importante es la *categoría léxica* a la que pertenece la palabra (Figura 6.2).

Otros rasgos clasifican los sustantivos respecto al número. Hay sustantivos que suelen usarse sólo en el singular, ya sea por referirse a conceptos abstractos **(justicia, lujuria),** ya sea por tener referentes no contables por unidades naturales **(trigo, arroz).** Esa característica corresponde al rasgo [-plural]. Otros sustantivos, como **expensas, modales, víveres** y **heces,** usados habitualmente en plural, como en (22a–22b), tienen el rasgo [+plural]:[1]

(22) a. Juan pagará las expensas del pleito. (Y no *Juan pagará la expensa.)

b. Juanita no tiene modales. (Y no *Juanita no tiene modal.)

■ FIGURA 6.2   Categorías léxicas

Categoría	Símbolo	
Sustantivo	*S*	Juan, lingüista, moto
Adjetivo	*Adj*	gran, imaginario, posible
Verbo	*V*	cultivar, traer, pedir
Adverbio	*Adv*	tarde, temprano, bien, tristemente
Determinante	*Det*	
Artículo	*Art*	el, un, lo
Demostrativo	*Dem*	este, ese, aquel
Posesivo	*Pos*	mi, tu, su, nuestro, vuestro
Cuantificador	*Cuant*	mucho(s), poco(s), algún(os)
Intensificador	*Int*	muy, poco, bastante, algo
Preposición	*Prep*	en, para, por, de, a, ante
Conjunción	*Conj*	y, ni, pero, todavía

ACTIVIDAD 6.9   Explique por qué las oraciones siguientes son agramaticales.

▶ **Ejemplo:**

* **Ana llegó su casa.** - El verbo llegar requiere una preposición (llegó a su casa.)

(a) *Paco invitó sus amigos.

(b) *Pepe trajo las flores Lucía.

(c) *Juana ganó un regalo su hermana.

(d) *Llegaremos la mañana.

6.2.3 Transformaciones

Imaginemos que el español no tuviera pronombres. Cada vez que quisiéramos mencionar a alguien tendríamos que decir su nombre, y no habría más remedio que usar frases como (23):

(23) Marta dijo que su novio regaló una sortija de plata a Marta y que Marta regaló una corbata a su novio.

Gracias a los pronombres, podemos reemplazar todo un sintagma nominal, como en (24), donde **le₁** = *a Marta,* **ella** = *Marta,* **le₂** y **él** = *el novio de Marta*

(24) Marta dijo que su novio le₁ regaló una sortija de plata y que ella le₂ regaló una corbata a él.

En el diálogo (25), entendemos intuitivamente que las oraciones (25b– 25e) son en cierto modo variantes de (25a), que tiene el formato genérico, o no marcado, SN₁ V SN₂.

(25) a. -Un chico rompió las ventanas.
  b. -¿Las rompió?
  c. -Sí, las rompió él.
  d. -¿Él solo?
  e. -Sí. Rompió las ventanas.

Una manera de expresar la relación entre esas oraciones consiste en postular que (25b–25e) resultan de la aplicación a (25a) de un recurso sintáctico llamado *transformación.* Hay cuatro clases de transformaciones, a saber:

(a) transformación de eliminación
(b) transformación de inserción

(c) transformación de transposición (o movimiento)
(d) transformación de sustitución

En (25b) se ha eliminado el sujeto SN₁ **un chico** (que queda sobrentendido) y se ha sustuído el complemento directo SN₂ **las ventanas** por el pronombre **las.** En (25c) se insertó el pronombre **él,** cuyo referente sabemos que
es **un chico.** Además, **él** ha sido transpuesto a la posición después del verbo
rompió. La versión (25d) es una variante a la que se ha añadido un elemento,
solo, pero se ha eliminado el sintagma verbal **las rompió,** que queda sobrentendido. Desde luego, esta descripción está bastante simplificada. La presencia
del pronombre **las** en **las rompió** implica el proceso de *pronominalización,*
en el cual intervienen diversas transformaciones, a saber:

(a) inserción del pronombre átono **las,** que tiene los mismos rasgos gramaticales (tercera persona, plural, femenino) que el SN₂ **unas ventanas.**
(b) eliminación del SN₂ **unas ventanas.**
(c) transposición de **las** a la posición antes del verbo finito, típica del español actual: SN V Pro → SN Pro V, o sea, **rompió las** → **las rompió.**[2]

Veamos ahora las oraciones sinónimas (26a–26c):

(26) a. Marta entregó la llave **a Juan.**
    b. Marta **le** entregó la llave **a Juan.**
    c. Marta **le** entregó la llave.

El pronombre **le** tiene el mismo referente que **Juan** (en el SPrep **a Juan),**
y tanto **le** como **a Juan** representan sintácticamente *el complemento indirecto,*
que corresponde al beneficiario semántico (6.4).[3]

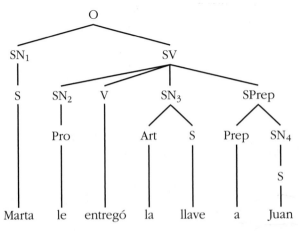

DIAGRAMA (7)

El complemento indirecto se representa mediante un sintagma preposicional (SPrep) de tipo a + SN, como se ve el el diagrama (7).

Si tomamos la oración (26a) **entregó** como punto de partida, las otras dos oraciones son generadas mediante transformaciones, a saber:

(a) inserción de una copia del SPrep **a Juan** en el sintagma verbal bajo SN$_4$
(b) en seguida una transformación de pronominalización (SPrep → Pro), reemplaza la copia de **a Juan** por el pronombre átono **le.**

Otra transformación es responsable de la inserción de la **a** personal cuando el SN complemento directo tiene el rasgo [+humano], como en las oraciones (27a–27c), que contrastan con las oraciones (28a–28c), en las que aquel SN es [-humano]:

(27) a. Vio a la tía.   **(28)** a. Vio la flor.
      b. Besó a la madre.   b. Besó la bandera.
      c. Esperaba al hermano.   c. Esperaba el autobús.

Una transformación de movimiento importante es la que promueve la _tematización._ Se trata del desplazamiento de un sintagma hacia el principio de la oración, para señalar que es el tema° de la oración. Por ejemplo, las oraciones (29b) y (29c) son versiones tematizadas de (29a).

(29) a. Mi hermana compró ese coche por mil dólares.
      b. Por mil dólares, mi hermana compró ese coche.
      c. Ese coche lo compró mi hermana por mil dólares.

En (29b), la tematización del sintagma preposicional _por mil dólares_ requiere sólo una transformación de desplazamiento: SN SV SPrep → SPrep SN SV. En cambio, (29c) requiere dos transformaciones, a saber: (a) el desplazamiento del sintagma nominal complemento directo _ese coche_ y (b) la inserción de un pronombre átono _(lo)_ que representa aquel mismo complemento directo.

ACTIVIDAD 6.10   Reescriba las oraciones siguientes, tematizando el constituyente en negrillo, y explique los cambios que haya hecho.

■ **Ejemplo:**
Cervantes escribió ese libro. Ese libro lo escribió Cervantes. Transposición del SN **ese libro** al principio; inserción del pronombre átono lo = ese libro.

(a) Mi hermano construyó esa casa.

(b) El presidente trató a los invitados con cortesía.

(c) Un amigo me regaló ese cuadro.

Cuaderno de ejercicios 6.4 "Transformaciones"

6.2.4 Concordancia

La concordancia es un proceso *morfosintáctico,* es decir que genera variaciones morfológicas, las flexiones (5.2) motivadas por factores sintácticos. En la concordancia nominal° los determinantes y adjetivos se flexionan, reproduciendo las características de número y género del sustantivo núcleo del sintagma nominal. La flexión puede interpretarse como el resultado de una transformación de inserción de morfemas.

(30) a. Llevaba un sombrero y una corbata anticuada.
      b. Llevaba un sombrero y una corbata anticuados.
      c. Llevaba una corbata y unos pantalones anticuados.

Las reglas de concordancia nominal explican que en (30a) el adjetivo femenino singular **anticuada** se refiere a **corbata,** mientras que en (30b) el adjetivo plural **anticuados** es genérico (5.2.2.1), es decir, pese a tener forma masculina, se aplica a ambos sustantivos. Explican también que (30c) es una oración ambigua, o sea, que tiene dos interpretaciones, a saber (31a) y (31b). (En el habla se deshace la ambigüedad en (30c) mediante una ligera pausa después de **corbata.)**

(31) a. Llevaba una corbata anticuada y unos pantalones anticuados.
      b. Llevaba unos pantalones anticuados y una corbata.

Como comentamos en 5.2, con ciertos sustantivos singulares de referente colectivo, explícito o no, el verbo puede concordar con el sentido de plural del sujeto en vez de con su forma singular, como en (32). Esta modalidad de concordancia, muy habitual y correcta, se llama *silepsis* de número:

(32) a. Un total de sesenta y seis personas resultaron heridas. La mayoría fueron tratadas en un hospital de campaña *(ABC* 30 de octubre de 2000).
      b. Una parte de los alumnos se enfermaron. (Cf. *algunos de los alumnos se enfermaron.)*
      c. Dos soldados acompañaron al oficial, y el resto regresaron al cuartel. (Cf. *los demás regresaron.)*
      d. La mitad de los empleados fueron despedidos. (Cf. *la mitad fue despedida.)*
      e. La Guardia Civil cuenta con unos 200 agentes fuera de España, de los que la mitad se dedican a la protección de las embajadas y el resto están encuadrados en operaciones de la Unión Europea, la OTAN y la ONU *(El País* (www.elpais.es), 6 de mayo de 2004).

ACTIVIDAD 6.11   Escriba la forma correcta del verbo y explique la
concordancia.

◼ **Ejemplo:**

Usted y yo **vamos** [ir] ahora. **Usted y yo requiere el verbo en primera
persona plural.**

(a) Tú y Juan _____ [venir] mañana, ¿no?

(b) Ustedes y nosotros _____ [ir] en el segundo coche.

(c) Mi hermana y yo _____ [llegar] por la mañana.

(d) La mayor parte de mis compañeros todavía no _____ encontrado
    trabajo.

6.2.5 El orden de las palabras

El orden de las palabras influye de diversas maneras en el significado. Por
ejemplo, la oración (33a) describe el estado de ánimo de la chica al llegar,
mientras que las oraciones (33b-33c) informan algo acerca de la chica que
tiene la característica descrita por el adjetivo **triste.**

(33) a. La chica llegó triste.
   b. La chica triste llegó.
   c. No vino la chica triste.

Dependiendo de cuál sea el adjetivo, su posición respecto al sustantivo puede influir más o menos en el significado: hay poca diferencia entre
una fiesta alegre o **una alegre fiesta,** pero la posición del adjetivo **pobre**
implica conceptos distintos: **hombre pobre** es alguien sin dinero, mientras
que **pobre hombre** es alguien infeliz.

ACTIVIDAD 6.12   ¿Qué relación hay entre el significado y la posición
del adjetivo en estos sintagmas nominales?

(a) buen hombre / hombre bueno

(b) vieja amiga / amiga vieja

(c) nuevo coche / coche nuevo

(d) antiguo director / director antiguo

Analicemos ahora las oraciones (34a–34d):

(34) a. El profesor identificó un microbio con un microscopio.
   b. Con un microscopio, el profesor identificó el microbio.

c. El profesor, con un microscopio, identificó el microbio.

d. Lo que el profesor identificó con un microscopio fue un microbio.

La diferencia entre las oraciones (34a–34c) puede interpretarse como el resultado de una transformación de movimiento, que desplaza el sintagma preposicional *con un microscopio*. Aunque estas oraciones tienen el mismo significado denotativo. (34a) es la versión más genérica (o menos marcada°); en (34b) el sintagma **con un microscopio** aparece tematizado, mientras que en (34c) constituye sólo información adicional. En (34d), en cambio, la parte tematizada es *lo que el profesor identificó con un microscopio,* y la información esencial viene en el sintagma nominal *un microbio.*

El orden de las palabras señala también su función sintáctica. En (35a) tendemos a interpretar el sintagma nominal **nuestra empresa** como el sujeto (actor semántico) y el sintagma nominal **aquel banco** como el complemento directo (paciente semántico). Pero en (35b) se invierten las funciones: **nuestra empresa** es el complemento directo (paciente semántico) y **aquel banco** es el sujeto (actor semántico).

(35) SN$_1$ SV   SN$_2$

    a. Nuestra empresa   compró   aquel banco

    b. Aquel banco   compró   nuestra empresa

La razón es que en español la secuencia SN$_1$ V SN$_2$ corresponde al orden genérico, no marcado *sujeto + verbo + complemento directo*. Por eso, el sintagma nominal que viene antes del verbo suele ser interpretado como su sujeto. Pero como el orden opuesto *(complemento directo + verbo + sujeto)* también es posible, la secuencia SN$_1$ V SN$_2$ es potencialmente ambigua. Cuando haga falta, esa ambigüedad puede eliminarse mediante un pronombre que señala el complemento directo redundantemente, como **lo/la** en (3a–b):

(36) a. Aquel banco lo compró nuestra firma.

    b. Nuestra firma la compró aquel banco.

ACTIVIDAD 6.13   Escriba las oraciones (35a–35b) en la forma pasiva y explique si ha habido cambios en las funciones sintácticas y las funciones semánticas.

6.2.6 Coordinación y subordinación

Dos o más sintagmas (nominales o verbales) u oraciones pueden formar una estructura más larga mediante la coordinación. El caso más elemental de coordinación son las listas, en las que habitualmente se pone una conjunción entre los dos últimos términos: **naranjas, plátanos, manzanas y uvas.** Los elementos coordinados son estructuralmente equivalentes, aunque el significado de las palabras puede conllevar una secuencia temporal **(nacimiento y muerte, llegó y venció).**

En cambio, en una estructura de subordinación hay una o más oraciones (llamadas *subordinadas)* insertadas en otra (llamada la *principal* o *matriz).* La inserción se hace de diversas maneras, a saber:

(a) por la conjunción **que (Sé que tienes dinero)**
(b) por un pronombre relativo como **que (La moto que compraste es magnífica)**
(c) por una conjunción subordinativa que señala una relación sintáctica específica como temporalidad **(Salió cuando entraron los otros)**

Comentaremos las oraciones coordinadas y subordinadas en la sección sobre oraciones complejas (7.5).

ACTIVIDAD 6.14 ¿Qué anomalía nota usted en las siguientes coordinaciones?

(a) Se murió y se enfermó de gravedad.

(b) El policía me puso una multa y me alcanzó.

(c) Vivieron felices para siempre y se casaron.

6.2.7 Recursividad

Se entiende por recursividad la capacidad de añadir constituyentes para aumentar, en teoría indefinidamente, un sintagma u oración. Un tipo sencillo de recursividad consiste en utilizar la coordinación para añadir sintagmas nominales, como en (37a). Otra, algo más compleja, consiste en añadir oraciones subordinadas por el pronombre relativo **que,** como en (37b). Se trata, desde luego, de una construcción hipotética que no suele emplearse en la comunicación normal, entre otras razones, debido a la dificultad que tendrían los oyentes o lectores en procesarla.[4]

(37) a. El chico y la chica y el soldado y el cura y el campesino y el cartero...

b. Las flores que compraste en la tienda que está en la calle que salió en la foto que sacó mi hermano que trabaja en la librería que está en la plaza que le gusta al político que fue elegido alcalde de la ciudad que visitamos el verano pasado...

6.3 LA ORACIÓN SEGÚN SU SIGNIFICADO INTENCIONAL

Según la intención que conllevan, las oraciones pueden ser declarativas (o aseverativas), negativas, interrogativas, imperativas o exclamativas. Las declarativas y las negativas expresan una idea o dan una información. La diferencia formal es que las declarativas constituyen el caso genérico o no marcado, es decir, no se distinguen por ninguna marca especial, como (38a–38b).

(38) a. El Zócalo es la plaza central de Oaxaca.
     b. Antigua es el nombre de la antigua capital de Guatemala.

En cambio, la forma más habitual de las oraciones negativas se hace con un adverbio negativo **(no, nunca)** ante el verbo, como en (39a–39b). Además, **no** puede coincidir con otro elemento negativo en el mismo sintagma verbal (40a–40c):

(39) a. Teresa no trabaja.
     b. Juan nunca se levanta tarde.
(40) a. Usted no entiende nada de eso.
     b. No conoces a nadie por aquí, ¿verdad?
     c. No hay que tener ilusiones, Julia no volverá jamás.

La negativa **no** puede ser reemplazada por otra palabra negativa, como en (41). Esta regla se aplica a construcciones adverbiales de valor negativo, como **en su vida:**

(41) a. Él no viene acá → Él nunca viene acá
     b. No ha trabajado en su vida → En su vida ha trabajado.

La función fundamental de una oración interrogativa consiste en pedir información. Hay cuatro formatos básicos:

(a) Preguntas tipo sí/no:
    (42) a. ¿Has traído la moto?
       b. ¿Vienes siempre por aquí?
       c. ¿Domina usted el inglés?

(b) Preguntas disyuntivas, que eligen una elección entre dos o más posibilidades:
    (43) a. ¿Café, té, o chocolate?
       b. ¿Vienes con nosotros o te quedas?
       c. ¿Trabajas o estudias?

(c) Preguntas introducidas por un pronombre interrogativo como **qué, quién** (44a–44b), o por un adverbio interrogativo (45a–45c):

(44) a. ¿Qué es eso?
     b. ¿Quién es ese señor?

(45) a. ¿Dónde vives?   (lugar)
     b. ¿Cómo andas?   (modo)
     c. ¿Cuándo saldrás?   (tiempo)

En esta clase de preguntas, en la mayoría de las modalidades del español, se aplica la transformación de desplazamiento del sujeto a la posición después del verbo: **¿Dónde vive usted?** Pero en algunas modalidades del idioma, como la cubana, suele usarse el orden sujeto + verbo: **¿Dónde usted vive?**

(d) Una pregunta que combine la interrogación y la negación puede pedir sólo una información (46a) o una confirmación de algo (46b), en cuyo caso la pregunta se limita a un marcador del discurso° (11.5.1) o muletilla confirmatoria como **¿verdad?, ¿no es cierto?, ¿no es así?** (46c).

(46) a. ¿No quieres venir con nosotros? ¡Qué lástima!
     b. Todavía no has desayunado, ¿verdad?
     c. Usted habla inglés, ¿no es cierto?

Además, la interrogativa, combinada o no con una negativa, sirve como fórmula de cortesía para los mandatos y pedidos:

(47) a. ¿Puedes alcanzarme la sal?
     b. ¿Tienes un bolígrafo?
     c. ¿No quieres cerrar esa ventana?

Las oraciones imperativas expresan un pedido o mandato directamente, ya sea usando el imperativo **(tú, vosotros)** o el subjuntivo **(usted/ustedes)**, como en (48a–48c). Si se usa la primera persona del plural, la oración tiene una intención exhortativa (48d).

(48) a. ¡Conduce con cuidado, Paco!
     b. Venid con nosotros, por favor.
     c. Hagan el favor de sentarse.
     d. Bueno, descansemos un poco, ¿de acuerdo?

ACTIVIDAD 6.15   Escriba un diálogo entre dos personas, en el que haya por lo menos una pregunta tipo sí/no, una pregunta disyuntiva, y dos preguntas introducidas por un pronombre interrogativo.

 Cuaderno de ejercicios 6.5 "Tipos de oraciones"

6.4 FUNCIONES SINTÁCTICAS Y CLASES DE VERBOS

Como hemos visto, los sintagmas de una oración tienen funciones sintácticas como *sujeto, complemento directo, complemento indirecto, complemento de preposición* o *complemento adverbial.*

En el orden no marcado, o genérico, el sujeto es el sintagma nominal situado a la izquierda del nódulo O. Es el caso del SN **la lingüista** o **Paco** en el diagrama (1). En (49a) el sujeto es el un pronombre **yo;** en (49b) es el SN **la chica;** y en (49c), el SN **el vecino** combinado con el SPrep **de arriba.**

(49) a. **Yo** llegué.   (SN → Pro → **yo**)
  b. **La chica** salió.   (SN → Art S → **la chica**)
  c. **El vecino de arriba** murió   (SN → Art S SPrep → **el vecino de arriba**)

¿De qué manera expresan los verbos su significado? Verbos como **llegar, salir, morir, vivir,** que lo hacen por sí solos, sin necesidad de complementos, son *intransitivos* (Vi). Otros verbos necesitan complementos. Por ejemplo, **estudiar, cultivar, comprar,** o **criticar,** que suelen tener un complemento directo (CD), como en (50a–50d), son *transitivos directos.* Como hemos visto (6.1.2) el complemento directo corresponde al paciente semántico. Sintácticamente, ese complemento directo es el SN dominado directamente por el nódulo SV, como *sus arbolitos exóticos* en el diagrama (1). También se encaja en aquella posición el SN en cursiva de oraciones como (50a–50d):

(50) a. Los alumnos estudiaban *la lección.*
  b. Juanita cultiva *flores.*
  c. La médica compró *una bicicleta.*
  d. Juan criticaba *la película.*

ACTIVIDAD 6.16 Dibuje diagramas arbóreos para las oraciones (50a–50d), insertando el SN en cursiva en el nódulo correspondiente al complemento directo.

Hay verbos transitivos que pueden ser empleados intransitivamente, con significado genérico, como en (51a–51c):

(51) a. - ¿Qué hacían ustedes? - Estudiábamos.
  b. - ¿A qué hora se come? - Comemos a las cuatro.
  c. - ¿Me ha llamado alguien? - Sí, ha llamado Pedro.

Además, el significado de un verbo puede ser extendido por *complementos,* que generan sintagmas adverbiales, sintagmas nominales o sintagmas preposicionales, como en el diagrama (8):

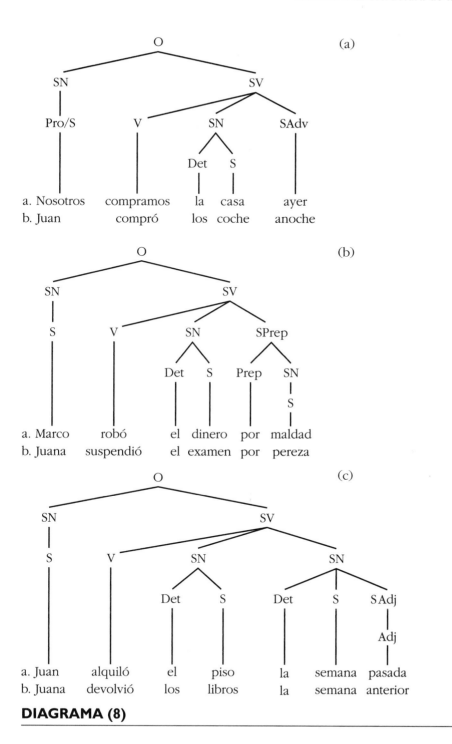

(a)

a. Nosotros	compramos	la	casa	ayer
b. Juan	compró	los	coche	anoche

(b)

a. Marco	robó	el	dinero	por	maldad
b. Juana	suspendió	el	examen	por	pereza

(c)

a. Juan	alquiló	el	piso	la	semana	pasada
b. Juana	devolvió	los	libros	la	semana	anterior

DIAGRAMA (8)

Ciertos verbos transitivos admiten, además de un complemento directo, un beneficiario semántico, que corresponde al complemento indirecto (CI), como en (52a–52c). Esos verbos son llamados *ditransitivos:*

(52) a. Paco le dio una flor a Marta. (CD = una flor; CI = le, a Marta)

    b. El cartero nos entregó un sobre misterioso.

      (CD = un sobre misterioso; CI = nos)

    c. Si quiere, se lo presto a usted. (CD = lo; CI = se, a usted)

Otros verbos, como **gustar** o **apetecer,** que sólo admiten un complemento indirecto, como en (53a–53b), son llamados *transitivos indirectos:*

(53) a. Esas flores no me gustan. (CI = me)

    b. Julia dice que esa comida no le apetece. (CI = le)

Hay una pequeña clase de verbos, llamados *copulativos* (Vcop), que conectan el sujeto a un complemento predicativo. Es el caso de **ser, estar** o **parecer,** cuyo complemento predicativo puede ser tanto un adjetivo (54a–54c) como un sustantivo (55a–55c). En el primer caso la fórmula general es SV → Vcop SAdj; en el segundo, SV → Vcop SN:

(54) a. Este ceviche está *sabroso.*

    b. Marta es *inteligente.*

    c. Ese chico parece *enfermo.*

(55) a. El portero del hotel parece un *general.*

    b. Margarita es *jueza.*

    c. Marta y María parecían *amigas.*

En las oraciones (56a–56c) el verbo se conecta a su complemento por una preposición que es parte de la especificación sintáctica inherente (6.2.2) del verbo. Según se ve en las versiones en paréntesis, aquella preposición es optativa para ciertos verbos, como **tratar** (56a), pero es obligatoria para otros, como **depender (de)** o **soñar (con).** Verbos como **tratar (de), soñar (con), depender (de)** se llaman *verbos preposicionados* (VPrep).

(56) a. Hoy trataremos de ese tema.   (Cf. Hoy trataremos ese tema.)

    b. Eso depende de su voluntad.   (Cf. *Eso depende su voluntad.)

    c. Yo soñaba con ella.   (Cf. *Yo soñaba ella.)

 Cuaderno de ejercicios 6.6 "Clases de verbos"

 Cuaderno de ejercicios 6.7 "Diagramas con corchetes"

 Cuaderno de ejercicios 6.8 "Diagramas arbóreos"

En este capítulo hemos comentado los componentes básicos de cualquier oración. En el capítulo siguiente analizaremos los rasgos principales de algunas clases de oración frecuentes en el idioma.

Términos Clave

clases de verbos
    copulativos, ditrantisivos, intransitivos, transitivos directos, transitivos indirectos
competencia lingüística
concordancia nominal
concordancia verbal
coordinación
diagrama arbóreo
funciones semánticas
    actor, beneficiario, origen, paciente
funciones sintácticas
    agente de la pasiva, complemento directo, complemento indirecto, sujeto
predicado

preguntas
    disyuntivas, introducidas por un pronombre interrogativo, sí/no,
reglas de reescritura
sintagma adjetival
sintagma adverbial
sintagma nominal
sintagma preposicional
sintagma verbal
subordinación
sujeto
tematización
transformación
    de eliminación, inserción, movimiento, sustitución
verbo copulativo
verbo modal

> **MITOS SOBRE EL LENGUAJE**   A menudo se oye decir que ciertas lenguas, o ciertas modalidades de lenguas, "no tienen gramática," o que ciertas personas hablan "sin gramática," o de manera "agramatical." Teniendo en cuenta lo que ha aprendido sobre sintaxis, ¿cómo analizaría usted esos comentarios? ¿En qué aspecto de la estructura de las lenguas podrían basarse?

SUMARIO

En este capítulo hemos visto que la sintaxis trata de la estructura de las oraciones. Las relaciones entre los términos de la oración se expresan mediante *recursos sintácticos,* como la concordancia, el orden de las palabras, las palabras gramaticales, la información sintáctica inherente a cada palabra, las transformaciones, la coordinación y la subordinación.

En el análisis de las oraciones se usan *reglas de reescritura* del tipo A → B y *diagramas arbóreos.* Se utilizan como datos en el estudio de la sintaxis tanto los enunciados en sí mismos como los juicios de los hablantes nativos sobre los enunciados. Las reglas de reescritura incluyen como componentes los *sintagmas:* nominal (SN), verbal (SV), adjetival (SAdj), adverbial (SAdv) y preposicional (SPrep). Los sintagmas se realizan mediante nódulos como determinante (Det), sustantivo (S), adjetivo (Adj), verbo (V) o preposición (Prep), en los cuales son insertados los elementos (palabras y morfemas) que componen una oración. Sobre la secuencia terminal de dichos elementos operan las *transformaciones,* que son procesos que añaden, eliminan, reemplazan o trasladan aquellos elementos. La aplicación de las transformaciones permite que la misma oración tenga más de una forma. Algunas de las transformaciones más comunes son la inserción de la *a* personal, la *pronominalización* (sustitución de un SN por un pronombre), la *relativización* (sustitución de un SN por un pronombre relativo), y la *tematización* (desplazamiento de un sintagma hacia el principio de la oración, para señalar que se trata del tema de la oración).

PRÁCTICA

A. Identifique los sintagmas nominales (SN), verbales (SV), adverbiales (SAdv) y preposicionales (SPrep).

■ Ejemplo:

Alfonso estuvo en Toledo ayer. Alfonso = SN; estuvo en Toledo ayer = SV; en Toledo = SPrep; ayer = SAdv

1. Salgo yo mañana.

2. Tu hermano vino por la autopista.

3. Marta y yo salimos a las cuatro.

4. Aquel jefe es un tirano.

5. Vivimos en la tercera casa a la derecha.

B. Identifique los sintagmas y determine cuántas oraciones gramaticales distintas se pueden formar, variando el orden de los sintagmas.

■ Ejemplo:

Pablo llegó temprano. a. Temprano llegó Pablo. b. Temprano Pablo llegó. c. Llegó Pablo temprano. d. Llegó temprano Pablo.

1. Ayer llegaron tres amigos en un coche azul.

2. Los jugadores de fútbol son personas importantes en el mundo del deporte.

3. En el bar de la calle Mayor estaban tres funcionarios del Ayuntamiento.

4. El lunes de la semana entrante iremos los tres muy temprano a la finca de mi hermano.

C. Identifique las funciones semánticas (actor, paciente, beneficiario, origen) y las funciones sintácticas (sujeto, complemento directo, complemento indirecto, agente de la pasiva) de los sintagmas en cursiva.

Ejemplo:

Marta pintó ese cuadro. Marta = actor, sujeto; ese cuadro = paciente, complemento directo.

1. *Mi hermano* trabaja mucho.
2. *Esa bicicleta* fue comprada por *mi primo.*
3. *Marcia* ganó *mil pesos* de *su padre.*
4. *El gobierno* otorgó *un premio* a *aquel pintor.*
5. *Lo* visitaban cada día *sus colegas.*

D. Explique la concordancia nominal de los sintagmas en cursiva.

Ejemplo:

Les dio problemas complicados. El sustantivo problemas es masculino plural.

1. Ese actor tiene *mucho carisma.*
2. Su mamá le compró unos *pantalones* y *sudaderas calientitos.*
3. ¡Qué *fotos maravillosas!*
4. Trabaja en *arte dramático.*
5. Entre sus clientes hay *hombres* y *mujeres colombianos.*

E. Explique qué transformaciones o transformaciones pueden haber intervenido en la generación de las oraciones siguientes.

Ejemplo:

Salió a las cinco. Transformación de eliminación del sujeto.

1. Miguel vio a la actriz en el jardín.
2. Para estudiar, nunca es tarde.
3. Nosotros la compramos el año pasado.
4. A mi hermano yo no lo quiero ver.
5. Si usted quiere, se lo entrego mañana muy temprano.

F. Dibuje un diagrama arbóreo para cada sintagma:
1. Fernanda y su hermana.
2. Este médico y aquel terapeuta.

3. Un actor canadiense y su guitarra de metal.

4. Trabaja aquí por la tarde.

5. Estudia con su hermano en la universidad.

G. Dibuje un diagrama arbóreo para cada sintagma verbal:
1. Nosotros podemos cantar.

2. Ustedes deberían llegar temprano.

3. Ellos necesitan trabajar para vivir.

4. Su mujer solicitó el divorcio.

5. La chica sobrevivió la tragedia.

H. ¿Qué diferencia hay entre un enunciado bien formado o gramatical y un enunciado mal formado o agramatical?

I. Dé una definición breve y un ejemplo (en una oración) de cada clase de verbo:
1. Verbo intransitivo.

2. Verbo transitivo directo.

3. Verbo transitivo indirecto.

4. Verbo ditransitivo.

5. Verbo copulativo.

Temas para profundizar

A. Teniendo en cuenta lo que aprendió en este capítulo, haga una hipótesis para explicar por qué resulta relativamente más fácil, cuando se estudia un idioma extranjero, aprender a usar las palabras léxicas que las palabras estructurales.

B. Busque en una revista o periódico en español por lo menos diez ejemplos de construcciones pasivas y explique su estructura.

Principales fuentes consultadas

Sintaxis española en general: Alarcos Llorach 1994; Bosque y Demonte (1999), vols 1, 2; Butt and Benjamin 2000; Gili Gaya, 1972; Solé y Solé 1977; Whitley 2002; funciones semánticos y funciones sintácticas, Daneš y Vachek, 1966. Daneš 1968.

Sugerencias para lectura

Gili Gaya 1972 es una obra tradicional pero clara y didáctica. Para un estudio medianamente detallado de varios aspectos de la sintaxis española, comparada con la inglesa, véase Butt & Benjamin (2000). Solé y Solé 1977 y los Capítulos 5–9 de *Spanish/English Contrasts,* de M. Stanley Whitley (2002) contienen mucha información, ejemplos y ejercicios útiles. Para un estudio profundizado, véase la *Gramática Descriptiva de la Lengua Española* de Ignacio Bosque y Violeta Demonte (Madrid: Espasa, 1999), vol. 1 "Sintaxis básica de las clases de palabras" y 2, "Las construcciones sintácticas fundamentales". Spinelli 1990 es una excelente introducción a los principios básicos de gramática.

--- **NOTAS** ---

[1]Ciertos homónimos se distinguen por la presencia o ausencia del rasgo [+plural]: **gafa/ gafas** 'tenaza para suspender pesos' tiene formas singular y plural regulares, mientras que **gafas** 'anteojos' es morfológicamente marcado [+plural]. Véase Prado 1989.

[2]La posición del pronombre átono después del verbo flexionado que no sea el imperativo **(rompióla, cómprase)** era habitual en español de otras épocas y todavía se encuentra en escritos literarios o periodísticos, pero no es habitual en la lengua hablada.

[3]Esta relación se refleja en la definición tradicional del complemento indirecto como el constituyente que "se refiere a la persona o cosa personificada a quien va dirigida la acción o en cuyo daño o provecho se ejecuta" (Alonso 1962:431).

[4]Sin embargo, la recursividad posibilita efectos estéticos extraordinarios, como la primera oración de la novela de Camilo José Cela, *Madera de boj* (Madrid: Espasa Calpe, 1999, págs. 11–13).

Sintaxis II: Algunas estructuras específicas

Todo el negocio de la Gramática, como arriba diximos, o está en cada una de las partes de la oración, considerando dellas apartada mente, o está en la orden y juntura dellas.

Antonio de Nebrija, *Gramática de la lengua castellana,* **Libro IV, Capítulo V**

OBJETIVOS En este capítulo analizaremos diversas construcciones españolas específicas, como los clíticos y sus posiciones, construcciones reflexivas y recíprocas, sujeto nulo y oraciones sin sujeto, la indeterminación del actor semántico, las oraciones coordinadas y subordinadas, y el subjuntivo.

Se han elegido para este capítulo algunas estructuras sintácticas que suelen presentar alguna complejidad para los estudiantes angloparlantes, debido a sus diferencias respecto a la sintaxis de la lengua inglesa.

7.1 LA POSICIÓN DE LOS CLÍTICOS°

Ciertas clases de palabras pueden ocurrir en más de una posición en la oración. Los clíticos (5.4) suelen venir antes de una forma verbal conjugada, como en (1a–1b).

(1)   a. ¿El pan? Lo compramos por la mañana.
      b. ¿Esa película? Ya la he visto, es muy buena.

Pero si el verbo está en el imperativo (2a), o el gerundio (2b) o el participio (2c), el clítico viene después del verbo.

(2)   a. ¿Ves aquella revista sobre la mesa? Alcánzamela, por favor.
      b. ¿Mi libro? Me pasé el verano escribiéndolo.
      c. Han venido a visitarte los vecinos, Mamá.

En los tiempos progresivos **(estar + gerundio)** y las formas de *verbo + infinitivo* **(voy a hacer, querer + infinitivo),** hay un infinitivo precedido de una forma conjugada. En esos casos, el clítico puede venir antes del verbo conjugado o después del infinitivo, como en (3a–3c, 4a–4c):

(3)　a. Se estaban saludando.　　**(4)**　a. Estaban saludándose.
　　　　b. Te voy a contar un secreto.　　　　b. Voy a contarte un secreto.
　　　　c. Lo quiero leer mañana.　　　　　c. Quiero leerlo mañana.

Pero si el verbo conjugado es reflexivo° (5a), o si el infinitivo es intransitivo (5b), el clítico viene antes del verbo conjugado:

(5)　a. Juan se dedica a pintar acuarelas.
　　　　b. El sargento los hizo volver al cuartel.

Nótese que construcciones como **estaban saludando** o **voy a contar** forman una unidad léxica que tiene un solo sujeto. Pero si cada verbo tiene su propio sujeto, el clítico va con el verbo al que sirve de complemento, como en (6a–6b):

(6)　a. ¿Las naranjas? Le mandé comprarlas ayer.
　　　　b. ¿Y el coche? ¿No te mandé lavarlo?

Cuando en el mismo sintagma verbal concurren un clítico de complemento directo (**lo, la, los, las**) y otro de complemento indirecto (**le, les**), es obligatorio sustituir el pronombre **le(s)** por **se,** como en (7a–7b). Nótese que este **se** no es reflexivo.

(7)　a. ¿Le gustan esas flores? Pues se las regalo. (Cf. Le regalo las flores.)
　　　　b. ¿Quieres otra cerveza? Pídesela al camarero.

 Cuaderno de ejercicios 7.1 "Pronombres clíticos"

7.2　REFLEXIVIDAD Y RECIPROCIDAD

Una oración reflexiva incluye un pronombre reflexivo que tiene el mismo referente que el sujeto. Por ejemplo, el sujeto y el complemento directo tienen referentes distintos en las oraciones (8a–8c), pero tienen el mismo referente en (9a–c).

(8)　a. Yo afeité a Juan.　　　　　　　　$(SN_1 \neq SN_2)$
　　　　b. Tú peinabas la gata.　　　　　　$(SN_1 \neq SN_2)$
　　　　c. Maruja miraba a su hermana.　　$(SN_1 \neq SN_2)$

(9)　a. Yo me afeité.　　　　　　　　　　$(SN_1 = SN_2)$
　　　　b. Tú te peinabas.　　　　　　　　 $(SN_1 = SN_2)$
　　　　c. Maruja se miraba en el espejo.　$(SN_1 = SN_2)$

Ambas clases de oraciones pueden ser representadas por el diagrama (1). La diferencia está en que en las oraciones (9a–9c) el SN_1, sujeto, y el SN_2, complemento directo, tienen el mismo referente. Esa condición de igualdad

(SN$_1$ = SN$_2$) obliga a que SN$_2$ sea reemplazado, mediante una transformación, por un clítico con función reflexiva, es decir, que tiene los mismos rasgos de persona y número que SN$_1$.

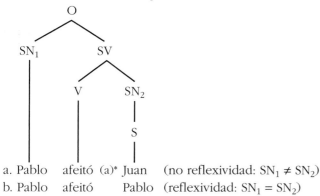

a. Pablo   afeitó (a)* Juan   (no reflexividad: SN$_1$ ≠ SN$_2$)
b. Pablo   afeitó   Pablo   (reflexividad: SN$_1$ = SN$_2$)
* La *a* personal se introduce por una transformación.

DIAGRAMA (1)

Además del complemento directo, los pronombres reflexivos pueden tener otras funciones sintácticas. Así, en (10a), por ejemplo, **le** es un complemento indirecto, cuyo referente es el beneficiario de la acción, repetido en el SPrep **a Marta.** En cambio, en (10b) el SN$_1$ sujeto y el SN$_2$ complemento indirecto **(se)** tienen el mismo referente **(Juan),** que es a la vez actor y beneficiario. El diagrama (2) corresponde a ambas oraciones. Si se verifica la condición de reflexividad, se aplican dos transformaciones obligatorias: (a) se inserta el clítico reflexivo **se** y (b) se elimina el sintagma nominal repetido (SN$_3$).

(10) a. Juan le preparó el desayuno a Marta.
     b. Juan se preparó el desayuno.

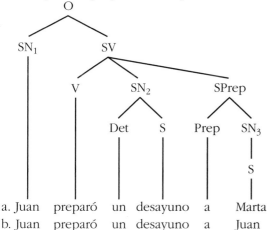

a. Juan   preparó   un   desayuno   a   Marta   (no reflexividad: SN$_1$ ≠ SN$_3$)
b. Juan   preparó   un   desayuno   a   Juan   (reflexividad: SN$_1$ = SN$_3$)

DIAGRAMA (2)

Para evitar ambigüedad, o por énfasis, se puede introducir el adjetivo **mismo/a: Juan se preparó la merienda a sí mismo, Marta se peinó a sí misma.**

El complemento indirecto reflexivo puede señalar una participación intensa del actor en la acción.[1] Por ejemplo, en (11a–11b) el uso del reflexivo implica que las acciones de comprar /beber /imaginar /decir tienen mucho interés para la persona que la hace. En (12a–12b), en cambio, no hay esa implicación.

(11) a. ¿Por qué no te compras esa corbata de una vez?
     b. ¿Vamos a bebernos un vaso de agua de esa fuente?
     c. No te imaginas lo que me costó ese cuadro.
     d. ¡No me digas que te has comido eso!

(12) a. ¿Por qué no compras esa corbata?
     b. ¿Vamos a beber un vaso de agua de esa fuente?.
     c. No imaginas lo que me costó ese cuadro.
     d. No me digas que has comido eso.

Hay que distinguir entre las *acciones reflexivas,* que son un concepto semántico, y las *construcciones reflexivas,* que tienen carácter sintáctico. Cada una de las acciones de (9a) es reflexiva, porque el actor la ejerce sobre sí mismo. En cambio, en (13a) no hay acciones reflexivas, sino que los verbos *(dormirse, despertarse)* señalan procesos que el sujeto experimenta más o menos independientemente de su voluntad. (En casos como éstos no hay un actor semántico, sino más bien un experimentador.)

(13) a. Me duermo tarde y me despierto temprano, por eso estoy siempre cansado.

En (14a) hay una acción, pero no es reflexiva, y en (14b) ni siquiera hay una acción (como hemos visto, **parecer** es un verbo copulativo). Tales construcciones son intrínsecamente reflexivas, es decir, requieren un pronombre reflexivo que representa un complemento puramente formal, que no corresponde a un paciente semántico.

(14) a. Te quejas demasiado.
     b. Paco se parece al padre.

En realidad, los clíticos usados reflexivamente expresan muchos conceptos distintos. La oración (15a), formalmente reflexiva, expresa reciprocidad, es decir, **Paco se parece a Pico** en la misma medida en que **Pico se parece a Paco.** Por otra parte, la oración (15b) es ambigua, puesto que tiene dos interpretaciones, a saber (15c), en la que hay reciprocidad **(Marta y Julia se peinan mutuamente)** y (15d), que es reflexiva **(Marta se peina y Julia se peina cada cual a sí misma).**

(15) a. Paco y Pico se parecen muchísimo.

b. Marta y Julia se peinan por la mañana.

c. Marta y Julia se peinan (la una a la otra).

d. Marta y Julia se peinan (cada una por su cuenta).

ACTIVIDAD 7.1   Analice la función del pronombre **se** en las oraciones siguientes (Posibilidades: reflexivo/complemento directo, reflexivo/complemento indirecto, complemento indirecto no reflexivo, reflexivo intrínseco, complemento directo recíproco.)

(a) ¿El diccionario? Se lo he prestado a Juan.

(b) Comieron las setas y se envenenaron.

(c) Juan se quejaba del ruido del piso de arriba.

(d) Paco y Marta se quieren mucho.

(e) Jaimito se comió tres bocadillos y dos tortillas en cinco minutos.

 Cuaderno de ejercicios 7.2 "Construcciones reflexivas y recíprocas"

7.3 SUJETO NULO Y ORACIONES SIN SUJETO

Muy a menudo usamos oraciones sin un sujeto formal, pero el contexto deja claro que hay un sujeto sobrentendido. Por ejemplo, en (16b) no hay duda de que el sujeto de *compró* es *Pablo*. Eso puede explicarse por una transformación de eliminación del SN sujeto *Pablo*.

(16) a. Me han dicho que Pablo compró aquella casa.

b. Sí, la compró.

En cambio, en oraciones como (17a–17c) los verbos no tienen ningún sujeto.

(17) a. Llueve.

b. Hay muchos coches en el patio.

c. Hace calor.

Una manera de analizar casos como (17a–17c) consiste en clasificar el verbo como impersonal. La oración (O) es generada sin el sintagma nominal sujeto y sólo con el sintagma verbal, como en el diagrama (3a). La regla aplicable sería (18):

(18) O → SV (condición: V = [-personal]).

Una solución más genérica consiste en postular que las oraciones (17a–17c) tienen un SN sujeto semánticamente vacío y sin realización fonológica. Ese sujeto es representado en los diagramas (3a–3b) por el símbolo Δ, el cual sufre una transformación de eliminación (Δ → Ø). Esta solución formal tiene la ventaja de utilizar la misma estructura O → SN SV, lo que imparte al análisis un carácter más generalizador, que es siempre preferible a las soluciones que sólo se aplican a casos específicos.

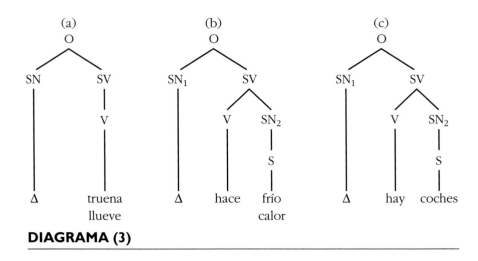

DIAGRAMA (3)

ACTIVIDAD 7.2 Haga el diagrama arbóreo correspondiente a las oraciones siguientes.

a. Nieva en la sierra.

b. Llueve y truena aquí.

c. Hay dos policías en la plaza.

7.4 LA INDETERMINACIÓN DEL ACTOR SEMÁNTICO

Hemos visto que el término "pasiva" designa oraciones como (19a–19c), del tipo **ser + participio,** en las cuales el verbo representado por el participio suele ser transitivo.

(19)   Pasiva

a. La moto fue robada por un desconocido.

b. Mi casa fue vendida por Juan.

c. El niño fue atropellado.

(20)   Activa

a. Un desconocido robó la moto.

b. Juan vendió mi casa

c. [¿Alguien?] atropelló al niño.

En (19a–b) el sintagma nominal sujeto **(la moto)** corresponde al paciente semántico (6.4), mientras que el agente de la pasiva introducido por la preposición **por (un desconocido)** corresponde al actor semántico (6.4). Para las pasivas del tipo (19c), que carecen de actor semántico, y por lo tanto no tienen un agente del tipo **por** + SN, se han propuesto diversos análisis. Una solución consiste en postular un sintagma nominal SN_1 con un pronombre indefinido como **alguien,** el cual sería eliminado por una transformación. Desde luego, ése es un problema puramente formal de la descripción lingüística. Desde el punto de vista comunicativo, oraciones como (19c) no tienen un agente claro precisamente porque el hablante no sabe o no quiere revelar quién es el agente. La función comunicativa de (19c) consiste en informar sobre el atropellamiento del niño, sin ocuparse de la identidad de quien lo atropelló.[2]

La pasiva sin agente es sólo una de las varias construcciones sintácticas que permiten ocultar la identidad del actor semántico. Otros recursos consisten en emplear un verbo en tercera persona plural sin el sujeto, como en (21a–b), o el pronombre indefinido **uno,** como en (21c), o el pronombre **tú** con valor genérico (y no como referencia al oyente), como en (21d):

(21) a. El domingo hicieron una barbacoa en la piscina del hotel.
  b. Ayer supe que han comprado la casa de tu vecino.
  c. Para hacer ese crucero, uno necesita mucha plata.
  d. Voy a ir temprano porque después de las cuatro ya no encuentras sitio donde estacionar, y si dejas el coche mal estacionado luego viene la grúa y te lo llevan.

ACTIVIDAD 7.3   Identifique las estructuras de indeterminación del actor semántico.

 Ejemplo:

¿Donde venden palomitas de maíz? Venden = tercera persona plural.

a. Me dijo Paco que han reformado la plaza del pueblo.

b. Ha habido tantos atracos en el barrio que uno ya no tiene ánimo de salir de casa.

c. He decidido viajar porque si te quedas en casa te aburres, y a mí no me gusta aburrirme.

d. ¿Sabes que uno de esos pisos ha sido alquilado?

e. Todavía no han divulgado el resultado de las elecciones.

Sin embargo, uno de los recursos de indeterminación del actor más usados en español es el **se** indeterminado, como en las oraciones (22a–22b), en las cuales no se revela quién ha hecho la acción referida:[3]

(22) a. Se llamó a la policía.

b. Ya se ha pintado la pared.

Las oraciones (22a–22b) tienen significado igual que las pasivas del tipo **ser + participio (La policía fue llamada, la pared ha sido pintada).** Pero sintácticamente la pasiva y el **se** indeterminado son dos construcciones distintas, que incluso pueden concurrir en la misma oración: **Cuando no se tiene plata, se es olvidado por todos.** Otra diferencia es que, mientras que la construcción pasiva sólo es posible con verbos transitivos, el **se** indeterminado es compatible tanto con verbos transitivos, como **llamar** y **pintar** en (22a–22b), como **trabajar, vivir,** y **viajar** en (23a–23c):

(23) a. Se trabaja duro aquí.

b. Se vivía bien en Macondo.

c. Cuando se viaja en grupo lo más divertido es la gastronomía.

Además, el **se** indeterminado requiere un verbo cuyo actor es [+humano], como en (24a), lo que explica por qué (24b–24c) no son aceptables. La pasiva no tiene esa restricción (24d).

(24) a. Se come un excelente pescado aquí.

b. *Se pasta bien aquí.

c. *Se ha comido todo el heno.

d. Todo el heno ha sido comido.[4]

Por fin, la construcción pasiva acepta la construcción del agente **por + SN (La moto fue vendida por el dueño).** En cambio, el sintagma **por + SN** junto al **se** indeterminado, como en (25), señala otra clase de complemento:[5]

(25) a. Se construyó el palacio por miles de pesos [coste].

b. Se pintó el piso por cortesía [causa].

c. Se reconquistó España por la espada [instrumento].

El **se** indeterminado puede analizarse como la representación de un actor caracterizado por los rasgos [-determinado], [+humano], [-P1], [-P2]. El rasgo [-determinado] significa que en lo que concierne al hablante, el actor es irrelevante, o desconocido. El rasgo [+humano] limita esa construcción a verbos que expresan actividades típicamente humanas. A su vez, los rasgos [-P1], [-P2] señalan que el actor es inmarcado para la primera y la segunda personas, mientras que el rasgo [-plural] excluye que el actor sea plural. Por lo tanto, la forma verbal queda limitada a la tercera persona singular. Esa estructura puede representarse por el diagrama (4):

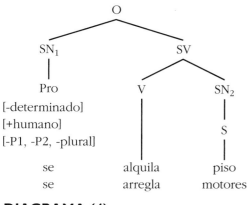

DIAGRAMA (4)

La explicación tradicional de por qué el verbo viene en el plural en oraciones como (26a–26b) es que los sintagmas **las paredes** y **motores** tendrían función de sujeto, con el cual concuerda el verbo. Sin embargo, si así fuese debería haber concordancia siempre que aquel sintagma fuese [+plural], pero como se ve en (27a), cuando el sintagma nominal es [+humano] es obligatoria la **a** personal, y el verbo no puede estar en el plural (27b). Nótese que una oración como **Se despertaron los guardias** (27c) se interpreta como reflexiva **(Los guardias dormían, pero se despertaron)** o recíproca **(Los guardias se despertaron los unos a los otros).** Una explicación consiste en interpretar el sintagma SN$_2$ como un seudosujeto.

(26) a. Se pintaron las paredes.
   b. Se arreglan motores.

(27) a. Se despertó a los guardias.
   b. *Se despertaron a los guardias.
   c. Se despertaron los guardias.

Por otra parte, muchos hablantes aceptan oraciones como (28a–28b), sin concordancia, que, aunque sean rechazadas por la gramática normativa, son frecuentes en el habla espontánea y en escritos como anuncios, y por lo tanto hay que considerarlas construcciones legítimas del idioma.

(28) a. Se alquila habitaciones.
   b. Se arregla motores.

Nótese que el concepto de seudosujeto se aplica a otras construcciones sintácticas. Un ejemplo de ello son las oraciones de (29a–29c), en las que el verbo **haber** con el significado de 'existir' no tiene sujeto y los sintagmas nominales

muchos amigos míos, dos o tres tornillos, vasos son complementos directos que pueden ser reemplazados por clíticos: **¿Hay libros? - Sí, los hay.**

(29) a. Había muchos amigos míos en la fiesta.
       b. Creí que no había empanadas para todos.
       c. ¿Crees que va a haber vasos para todos?

Sin embargo, muchos hispanohablantes, incluso de nivel universitario, usan habitualmente oraciones como (30a–30c):

(30) a. Habían muchos amigos míos en la fiesta.
       b. Creí que no habían empanadas para todos.
       c. ¿Crees que van a haber vasos para todos?

La existencia de oraciones como éstas sugiere que esos hablantes interpretan aquellos sintagmas nominales (**muchos amigos míos, empanadas, vasitos**) como sujeto de las oraciones. Esa discrepancia entre la norma académica y el uso real podría ser un reflejo de que ese aspecto de la lengua se encuentra en proceso de cambio.

Nótese, además, que la limitación formal del **se** indeterminado a formas verbales de tercera persona no impide su empleo con referencia al hablante, por una convención de cortesía o modestia, como en los diálogos de (31):

(31) a. - ¿Quiere unas palomitas de maíz?
          - Venga, se agradece.
       b. - Este informe lo ha escrito usted muy bien.
          - Gracias. Se hace lo posible.
       c. - ¿Se puede?
          - Cómo no, adelante, por favor.

ACTIVIDAD 7.4   Analice la función del pronombre **se** e identifique el sujeto de los verbos:

 Ejemplo:

Se vive muy mal en este pueblo. *Se indeterminado; no hay sujeto.*

(a) ¿Sabrías decirme dónde se alquilan bicicletas?

(b) Esas cosas no se dicen.

(c) Juan [apuntando hacia el periódico]: - ¿Se puede?
     Pablo: - Cómo no, tómeselo.

(d) Marta no fue al congreso porque no se lo permitieron.

(e) Se dice que Juanito se parece a su papá.

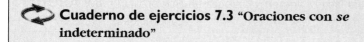

> **Cuaderno de ejercicios 7.3** "Oraciones con *se* indeterminado"

7.5 ORACIONES COMPLEJAS

Hasta aquí hemos analizado oraciones generadas a partir de la fórmula genérica O → SN SV. Esas oraciones se llaman *sencillas* (o *simples*) porque contienen un solo constituyente O y por lo tanto un solo sintagma verbal SV. Las oraciones *complejas,* a su vez, resultan de la combinación de dos o más oraciones. Hay dos categorías de oraciones complejas, las *coordinadas* y las *subordinadas*.

7.5.1 Oraciones coordinadas

El primer tipo de oraciones complejas son las coordinadas. En un enunciado como **María trabaja, Juana estudia y Paco duerme** tenemos una secuencia de oraciones estructuralmente equivalentes que se encuentran coordinadas, ya sea por yuxtaposición, ya sea conectadas por la conjunción **y.** La estructura genérica de la coordinación puede describirse con el diagrama (5).

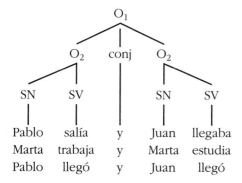

DIAGRAMA (5)

Desde un punto de vista estrictamente sintáctico (es decir, sin tener en cuenta el significado) las oraciones de una serie coordinada como O_1 O_2 . . . O_n son equivalentes entre sí. Pueden incluso ser transpuestas, es decir O_1 O_2 . . . O_n = O_2 O_1 ... O_n. Desde luego, la ordenación puede corresponder a una dependencia temporal, como se nota en (32a–32b), pero eso es consecuencia de los significados de los verbos que en ambos casos son sintácticamente equivalentes.

(32) Juan y María se casaron y tuvieron un hijo.

(33) Juan y María tuvieron un hijo y se casaron.

Las oraciones coordinadas pueden venir conectadas por conjunciones de distintas clases, que añaden un matiz específico a la relación entre las oraciones, como se ve en (34a–34e). Nótese que en (34c–34d) la identidad entre los sujetos $SN_1 = SN_2$ permite eliminar SN_2:

(34) a. Marta esquía *y* Francisca nada.   (copulativa/afirmativa)
  b. Pablo estudiaba *pero* Juan sólo trabajaba.   (adversativa)
  c. Marta *ni* estudia *ni* trabaja.   (copulativa/negativa)
  d. ¿Juana vendrá con nosotros *o* irá con ellos? (disyuntiva)

7.5.2 Oraciones subordinadas

En el segundo tipo de oraciones complejas, representadas por los ejemplos (86a–86c), hay dos oraciones, una de las cuales, llamada *subordinada°,* se encuentra insertada en la otra, llamada *principal* o *matriz.* La inserción se hace mediante una palabra estructural, como la conjunción subordinante **que** en (35a), o un pronombre relativo como **que** en (35b), o una conjunción subordinante como **mientras** en (35c).

(35) a. Yo sé [$_{OSub}$ que ustedes quieren comprar la casa].
  b. El alumno [$_{OSub}$ que habla español] consiguió un empleo].
  c. Jesús llegó [$_{OSub}$ *mientras cenábamos*].

En todos esos casos, el hecho de que la oración subordinada se encuentra insertada en la matriz implica una dependencia, o subordinación sintáctica. Esto quiere decir que la subordinada puede cumplir las funciones comúnmente ejercidas por las siguientes categorías sintácticas:

(a) Sintagma nominal (SN), como en (36a), donde la subordinada tiene la misma función que un sustantivo en una oración sencilla como (36b):
  (36) a. Sé [$_{OSub}$ que tú conoces al culpable].
    b. Sé [$_{SN}$ tu secreto].

(b) Sintagma adjetival (SAdj), como en (37a), donde la subordinada funciona como un adjetivo en una oración sencilla como (37b):
  (37) a. Conocí a la chica [$_{OSub}$ que habla español].
    b. Conocí a la chica [$_{SAdj}$ hispanohablante].

(c) Sintagma adverbial (SAdv), como en (38a), si la subordinada tiene la misma función que un adverbio en una oración sencilla como (38b):
  (38) a. Paco se fue [$_{OSub}$ cuando llegó su suegra].
    b. Paco se fue [$_{SAdv}$ ayer].

Analizaremos a continuación esas tres clases de oraciones subordinadas.

Cuaderno de ejercicios 7.4 "Oraciones simples y complejas"

7.5.2.1 Subordinadas nominales

En los ejemplos (39–43), hay una correspondencia entre el sintagma nominal SN_1 que se ve entre corchetes en la oración (a) y la oración subordinada, que tiene la misma función sintáctica en la oración (b).

(39) a. [$_{SN1}$ Esas palabras] ofenden. (sujeto)
　　 b. [$_{SubNom}$ El que digan eso] ofende. (sujeto)

(40) a. Yo sé [$_{SN1}$ la lección]. (complemento directo)
　　 b. Yo sé [$_{SubNom}$ que quieres la lección]. (complemento directo)

(41) a. Sus deseos son [$_{SN1}$ órdenes] . (complemento predicativo)
　　 b. Sus deseos son [$_{SubNom}$ que su asistente trabaje]. (complemento predicativo)

(42) a. Soñé [$_{SN1}$ con tu llegada]. (complemento de preposición)
　　 b. Soñé [$_{SubNom}$ con que llegabas] (complemento de preposición)

(43) a. La señal fue para [la salida]. (complemento de preposición)
　　 b. La señal fue [$_{SubNom}$ para que saliéramos]. (complemento de preposición)

La estructura básica de las subordinadas nominales puede representarse por diagramas como (6):

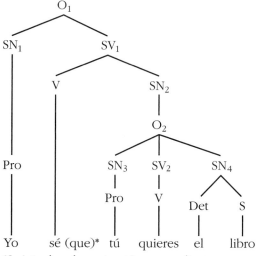

*Se introduce la conjunción *que* mediante una transformación.

DIAGRAMA (6)

ACTIVIDAD 7.5   Identifique la subordinada nominal (SubNom) y analice su función sintáctica:

◼ **Ejemplo:**

Sé que hablas ruso. SubNom = que hablas ruso; complemento directo de sé.

(a) Creíamos que ibas a traer la carne para la barbacoa.

(b) Que tengas tus propias herramientas es esencial.

(c) Durante aquel verano nos acostumbramos a que Teresa fuera muy independiente.

(d) Nuestra esperanza es que la encuentren antes de la noche.

(e) Ese aviso es para que embarquemos inmediatamente.

7.5.2.2 Subordinadas adjetivas (o relativas)

En la oración (44a) el adjetivo **angloparlante** modifica **la mujer.** En la oración compleja (44b) la oración subordinada **que habla inglés** modifica **la mujer,** como si fuera un adjetivo.

(44) a. La mujer *angloparlante* es traductora.

b. La mujer [$_{SubAdj}$ *que habla inglés*] es traductora.

En la generación de una oración como (44b) hay una transformación° de *relativización,* que reemplaza el SN_1 *la mujer* de la subordinada (idéntico al SN_1 *la mujer* de la oración matriz) por un pronombre relativo:

(45)   [$_{01}$[$_{SN1}$ Esa mujer] [$_{02}$[$_{SN2}$ la mujer] [$_{SV2}$ habla inglés] [$_{SV1}$ escribe novelas]]→

→ Esa mujer   que   habla inglés   escribe novelas

Como la subordinada relativa cumple la función de modificar el SN como si fuese un adjetivo, podemos representar su estructura por el diagrama (7), en el que la subordinada es generada por un SAdj insertado en aquel SN:

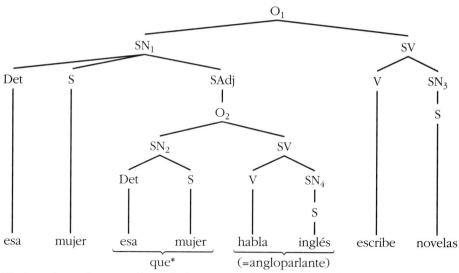

*Se introduce el pronombre relativo *que* mediante una transformación.

DIAGRAMA (7)

En una oración subordinada adjetiva el antecedente del pronombre relativo **que** es el sintagma nominal (SN_1) de la oración matriz (O_1). Por lo tanto, la función sintáctica de aquel pronombre es la misma que la del SN_1 que ha reemplazado, como en los ejemplos siguientes:

(**46**) a. Sujeto: Ese hombre *que habla francés* escribe poemas.

   b. Complemento directo: Ese chico *que viste* habla español.
   c. Complemento indirecto: El chico *al que diste el libro* vende drogas.
   d. Complemento de preposición   La chica *con quien hablaste* escribe poemas.

ACTIVIDAD 7.6   Analice la función sintáctica del pronombre relativo *que*:

◼ **Ejemplo:**
La moto que gané es japonesa. *que = complemento directo de gané*

(a) El policía que telefoneó es amigo de mi padre.

(b) El chico con quien salía Martita era catalán.

(c) Dame el postre que está en la nevera.

(d) Ha vuelto a visitarnos el pordiosero a quien mi madre regaló la chamarra.

(e) Quiero hablar con la secretaria que me presentaste ayer.

7.5.2.2.1 Relativas restrictivas y explicativas La relativa representada en (44b) y en el diagrama (8) es *restrictiva* (o *especificativa*), y contiene información indispensable a la caracterización del sintagma nominal. Asimismo en (47a–47c), las relativas son de esa clase, porque contienen información específica sobre el referente (*el hombre, la chica, esas personas*) del pronombre relativo.

(47) a. El hombre [_{SubRel} que vino ayer] es mi padre.
    b. La chica [_{SubRel} con quien quieres hablar] no está.
    c. Esas personas [_{SubRel} que no tienen documentos] no podrán cobrar.

En (48a–48c), en cambio, la información contenida en la relativa es sólo suplementaria, porque explica algo no esencial acerca del referente del pronombre relativo. Estas relativas no esenciales se llaman *explicativas*.

(48) a. Aquel hombre, [_{SubRel} que vimos ayer en el bar], es policía.
    b. Ese libro, [_{SubRel} que dice tales cosas], es subversivo.
    c. La chica de ayer, [_{SubRel} que trabaja en Correos], volverá por la tarde.

Las relativas explicativas funcionan como oraciones parentéticas, cuya función es hacer una clarificación acerca del referente del sintagma nominal. Esa función queda marcada en el habla por pausas breves, que suelen señalarse por comas en la escritura. Además, hay diferencias estructurales entre las restrictivas y las explicativas. Ambas pueden ser introducidas por el pronombre **que,** pero sólo las explicativas pueden ser introducidas por el pronombre **quien/quienes** (49a–49b).

(49) a. Mi hermano, [_{SubRel} quien/que vive en México], es traductor.
    b. *Mi hermano [_{SubRel} quien vive en México] es traductor.
    c. Mi hermano [_{SubRel} que vive en México] es pintor.
    d. Mis tíos, [_{SubRel} que son muy ricos], viven en Acapulco.

En (49a), la información esencial es lo que hace mi hermano; la relativa restrictiva **que vive en México** sólo añade información incidental acerca del SN **mi hermano.** En (49c), la relativa restrictiva **que vive en México** explica a cual hermano se refiere el hablante; se puede presumir que haya otro, u otros. Cuando el SN tiene un referente único **(mi padre, mi esposo, Juan),** la relativa modificante suele ser explicativa, como (50a–50c). De lo contrario, tenemos una secuencia anómala, como (51a–51c).

(50) a. Mi padre, [_{SubRel} a quien conociste ayer], se ha marchado.
    b. Mi esposo, [_{SubRel} al que conociste ayer], es un vago.
    c. Juan, [_{SubRel} al que te presenté ayer], es un buen amigo.

(51) a. *Mi padre [_{SubRel} al que conociste ayer] se ha marchado.
    b. *Mi esposo [_{SubRel} al que conociste ayer] es un vago.
    c. *Juan [_{SubRel} al que te presenté ayer] es un buen amigo.

Puesto que la oración parentética se añade a otra casi como si estuvieran coordinadas, podemos representar la estructura de la relativa explicativa (52) mediante un diagrama (8a) en el que las dos oraciones aparecen yuxtapuestas. Dicha estructura puede generar una oración compuesta de dos oraciones coordinadas por la conjunción **y,** que se inserta mediante una transformación: **Ese chico habla catalán y escribe poemas.** Alternativamente, se puede subordinar una de las oraciones directamente al SN de la otra, como en el diagrama (8b), donde la transformación de relativización reemplaza el SN **ese chico** por **que/quien.**

(52) a. Ese chico, que habla catalán, escribe poemas.
        b. Ese chico, quien habla catalán, escribe poemas.

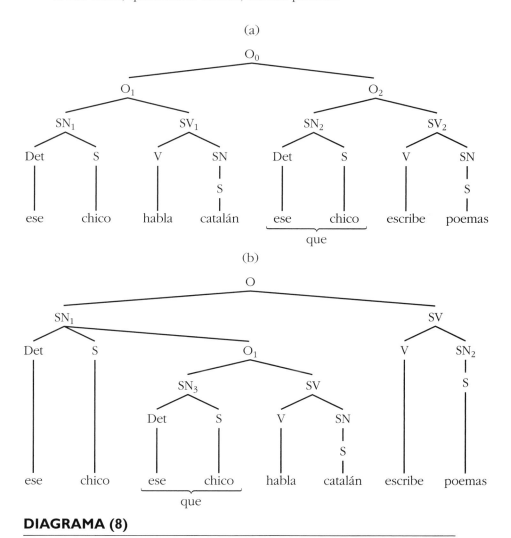

DIAGRAMA (8)

ACTIVIDAD 7.7   Analice la función sintáctica de cada pronombre relativo:

(a) La chica *que* conociste es estudiante de informática.

(b) Necesito hablar con la médica *que* examinó a mi hija.

(c) El plomero *al que* ofreciste el trabajo no ha podido aceptarlo.

(d) Vamos a recibir a los artistas *que* ganaron el premio

7.5.2.3 Subordinadas adverbiales

Las subordinadas adverbiales pueden representarse mediante un diagrama como (9), en el que el sintagma verbal (SV) incluye, además del verbo (V), el sintagma adverbial (SAdv). A su vez, éste incluye una conjunción (Conj) y una oración subordinada (O_2). La conjunción puede ser de varias clases, como de *lugar* (**donde, adonde**), de *tiempo* (**cuando, antes de que**), de *modo* (**como, según, mediante**), *condicional* (**si, por si acaso**) o *concesiva* (**aunque**), como en (53a–53d).[6]

(53) a. Marta duerme [$_{SubAdv}$ *donde* trabaja].

     b. Juan llegó [$_{SubAdv}$ *mientras* yo trabajaba].

     c. Nos expresamos [$_{SubAdv}$ *como* podemos].

     d. Viajaré [$_{SubAdv}$ *si* tengo dinero].

     e. Nosotros vendremos [$_{SubAdv}$ *aunque* él trabaje].

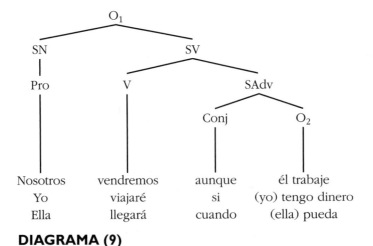

DIAGRAMA (9)

ACTIVIDAD 7.8 Analice y clasifique las oraciones subordinadas adverbiales.

(a) Corregiremos las pruebas mientras vemos la televisión.

(b) Haré el trabajo como pueda.

(c) Vive en la calle y duerme donde puede.

(d) Leeremos esos libros si tenemos tiempo.

(e) Pensamos visitarte el domingo aunque llueva.

 Cuaderno de ejercicios 7.5 "Oraciones complejas: coordinación y subordinación"

 Cuaderno de ejercicios 7.6 "Localización de oraciones subordinadas"

7.6. EL SUBJUNTIVO

Las formas del subjuntivo (Figura 5.8) se caracterizan por ocurrir principalmente en oraciones subordinadas. (En la página 204 se tratan los casos del subjuntivo en oraciones sencillas.) Hay correlación entre la ocurrencia del subjuntivo en la subordinada y ciertas características de la oración matriz.

7.6.1 El subjuntivo en las subordinadas nominales

En las subordinadas nominales el subjuntivo se correlaciona con verbos o expresiones de mandatos o dudas en la oración matriz (54a–54d). En contraste, el indicativo concurre con verbos o expresiones que afirman algo o expresiones que describen un hecho (55a–55d):

(54) a. Quiero que trabajes.   **(55)** a. Sé que trabajas
      b. Le digo que lo haga.   b. Le digo que lo hace.
      c. Dudo que venga   c Sé que viene.
      d. Es posible que esté.   d. Es verdad que está.

7.6.2 El subjuntivo en las subordinadas adjetivas

El subjuntivo en una subordinada adjetiva suele correlacionarse con un referente hipotético en el sintagma nominal de la matriz (56a–56b). En cambio, cuando el sintagma nominal de la matriz tiene un referente real, se usa el indicativo en la subordinada (57a–57b):

(56) a. Todavía se busca una medicina que cure esa tos.
   b. Todavía se busca la medicina que cure esa tos.

(57) a. Han inventado una medicina que cura esa tos.
   b. Han inventado la medicina que cura esa tos.

 Bastan dos rasgos variables, [definido] e [hipotético], cada cual con valencia positiva o negativa, para describr las cuatro combinaciones posibles:

	+ hipotético	**– hipotético**
+ definido	Todavía se busca la medicina que **cure** esa enfermedad.	Por fin han inventado la medicina que **cura** esa enfermedad.
- definido	Todavía se busca una medicina que **cure** esa enfermedad.	Por fin han inventado una medicina que **cura** esa enfermedad.

7.6.3 El subjuntivo en las subordinadas adverbiales

Las subordinadas adverbiales *condicionales,* introducidas por la conjunción **si,** expresan una condición para que se realice lo que dice la oración matriz. En los ejemplos (58a–58c), el indicativo señala una condición que el hablante considera realizable; en las oraciones (59a–59c), en cambio, el subjuntivo coocurre con una condición que el hablante considera hipotética o irreal. Una peculiaridad de las condicionales hipotéticas con **si** es que admiten formas del imperfecto, como en (58c). Sin embargo, oraciones como (58e), que combinan **si** con el presente de subjuntivo, aunque usadas en México y Centroamérica, no son aceptadas universalmente.

(58) a. Salimos/saldremos contigo si tenemos tiempo.
   b. Te presto el libro si me lo devuelve Juan.
   c. Si gano la elección, te nombraré ministro.
   d. Si tuviera tiempo iría a verlo.
   e. Si tengo tiempo voy a verlo.

(59) a. Saldríamos contigo si tuviéramos tiempo.
   b. Te prestaría el libro si me lo devolviera Juan.
   c. Si ganara la elección, te nombraría ministro.

 Se nota el contraste real/hipotético en las subordinadas concesivas (60a–60b), introducidas por la conjunción **aunque:**

(60) a. Aunque tiene [= real] mucho dinero, no paga sus cuentas.
   b. Aunque fuera [= hipotético] gratis, no me interesaría.

 En las subordinadas adverbiales de modo (61a–61b), de lugar (62a–62b) y de tiempo (63a–63b), el subjuntivo corresponde a una circunstancia hipotética, y el indicativo, a una circunstancia real:

(61) Modo: a. Lo hago como me da la gana.
                 b. Lo haré como me dé la gana.

(62) Lugar: a. Lo hago donde me da la gana.
                 b. Lo haré donde me dé la gana.

(63) Tiempo: a. Lo hago cuando me da la gana.
                 b. Lo haré cuando me dé la gana.

7.6.4 Consideraciones genéricas sobre el subjuntivo

Una cuestión importante sobre el subjuntivo es si es posible postular una explicación única para todas sus manifestaciones. Una respuesta afirmativa conlleva otra pregunta, o sea, si dicha explicación implica la presencia o ausencia de algún rasgo identificable, sea en la oración matriz, sea en la oración subordinada.

Las propuestas de una explicación única no han logrado un consenso general, y como los criterios sugeridos varían, la cuestión no puede considerarse resuelta.[7] Se han postulado rasgos sintácticos o semánticos de la estructura de la oración matriz. Por ejemplo, Lozano (1972, 1975) explica el contraste indicativo/subjuntivo en oraciones como (64–65) mediante los rasgos [+optativo], que exige el subjuntivo y [+/-dubitativo] que puede o no exigirlo, y que tiene que ver con características semánticas como volición o intención, respectivamente:

(64) a. Quiero que venga.   [+optativo]
         b. No quiero que venga.   [-optativo]

(65) a. Dudo que venga.   [+/-dubitativo]
         b. No dudo que venga.   [+/-dubitativo]

Se ha señalado en las propuestas más recientes una tendencia a interpretar el subjuntivo como recurso para señalar *presuposiciones* (Whitley 2002:126) que pueden reflejarse en los componentes de la oración matriz. Por ejemplo, en **Quiero / ruego / dudo / puede / es posible / es lógico / me gusta que venga Juanito,** el empleo del subjuntivo implica una actitud por parte del hablante, es decir, lo que éste presupone que hará Juanito.

Por otra parte, si el contraste entre los valores del rasgo [optativo] es evidente en los verbos **saber/mandar** en (66a-66b), en cambio en (67a-67b) la elección entre el indicativo y el subjuntivo señala distintos valores léxicos, como entre **decir** 'declarar' (69a) y **decir** 'ordenar' (67b).

(66) a. Sé que viene.   [-optativo]
         b. Mando que venga.   [+optativo]

(67) a. Digo que venga.   [+optativo]
         b. Digo que viene.   [-optativo]

Asimismo, (68a) expresa un mandato atenuado (**sugerir** = 'pedir cortésmente'), mientras que en (69) el hablante señala, también cortésmente, que ha habido un error (**sugiero** = 'creo').

(68) Sugiero que Pablo venga mañana.

(69) Sugiero que Pablo ha cometido un error.

Es la misma actitud de cortesía la que explica el empleo del subjuntivo por un editor en comentarios a un texto (70–71):

(70) Da la impresión de que hiciera falta cambiar esta palabra.

(71) Parece que faltara un verbo en esta oración.

Menos cortés, pero igualmente relacionada con la actitud del hablante, es la ocurrencia del subjuntivo en imprecaciones o insultos como los ejemplos (72a–72c), fácilmente interpretables como oraciones subordinadas en las que se ha eliminado una oración matriz del tipo **Quiero que...:**

(72) a. Que se fastidien los vecinos. A mí me importa un bledo lo que piensen.

b. ¡Que se jodan!

Finalmente, la explicación en términos de la actitud del hablante resulta satisfactoria en el caso del subjuntivo en oraciones sencillas, que incluyen palabras específicas como **tal vez, ojalá, quizá(s)** (73a–73d), o construcciones idiomáticas (73e–73f), o formas de cortesía también idiomáticas (73g–73h):

(73) a. **Ojalá** (que) venga mañana.   b. **Quizás** llegue a tiempo.

c. **Quizá** Enrique pudiera ayudarte.   d. **Tal vez** llegue temprano.

e. **Quisiera** hacerle una pregunta.   f. **Quisiéramos** que nos diera un plazo.

g. **¡Quien supiera** la respuesta!   h. **¡Quién tuviera** dinero!

Históricamente, **ojalá** deriva de la expresión árabe **ua xa illah** 'quiera Dios', y **quizás,** de la expresión latina *quis sapit* 'quien sabe'. Sin embargo, en español no son oraciones, sino expresiones idiomáticas lexicalizadas. Podemos analizarlas con los rasgos [+optativo] en (73a), [+dubitativo] en (73b–73c), o [+hipotético] en (73d). Desde luego, tanto **ojalá** como **quizá(s)** reflejan una actitud del hablante, al igual que el empleo idiomático de **quisiera/quisiéramos** en (73e–73f) como fórmulas de cortesía equivalentes a **quiero.**

El español comparte con otras lenguas románicas cierta tendencia hacia la disminución del uso del subjuntivo. Las formas del futuro, tanto sencillo **(hablare, hablares, hablare)** como compuesto **(hubiere/hubieres hablado),** mencionadas en (Figura 5.8), han desaparecido del español corriente y se encuentran limitadas a dos empleos. Uno son las frases hechas del tipo **sea lo que fuere, venga lo que viniere,** en las que se reemplazan fácilmente por el presente: **sea lo que sea, haga lo que haga.** El otro empleo, muy específico, es el lenguaje jurídico, naturalmente conservador, como se ve en los siguientes ejemplos del Artículo 59 la Constitución Española de 1978:

(74) a. Cuando el Rey **fuere** menor de edad, el padre o la madre del Rey ... entrará a ejercer inmediatamente la Regencia;
   b. Si el Rey se **inhabilitare** para el ejercicio de su autoridad ... entrará a ejercer inmediatamente la Regencia el Príncipe heredero de la Corona, si **fuere** mayor de edad.
   c. Si no **hubiere** ninguna persona a quien corresponda la Regencia, ésta será nombrada por las Cortes Generales.

Cabe notar que otras formas, como el pluscuamperfecto en subordinadas condicionales hipotéticas como (75a) suelen ser reemplazadas en el habla coloquial por la construcción *de + infinitivo* (75b):

(75) a. Si yo hubiese/hubiera sabido, lo habría hecho.
   b. De haberlo sabido, lo habría hecho.

Los ejemplos siguientes ilustran la tendencia a reemplazar el subjuntivo por formas del indicativo en el habla coloquial:

(76) a. Si sé [= hubiera sabido] que estás [= estabas] en cama no vengo [= hubiera venido]. (Lorenzo 1994:281)
   b. Si tenía [= hubiera tenido] tiempo, te visitaba [= habría visitado] en el hospital, pero no pudo ser.
   c. Hombre, no, pensé que si te llamaba [= llamara] tan temprano a lo mejor te despertaba [= despertaría] y no quise...
   d. No, es que si empezábamos [= empezáramos] a hablar de lunfardo entonces sí que no hacíamos [= haríamos] nada, no terminábamos [= terminaríamos] el informe.

De todos modos, se trata sólo de tendencias, y de momento no hay razón para pensar que el subjuntivo haya perdido su vitalidad, y mucho menos que esté amenazado de extinción.

ACTIVIDAD 7.9   Analice la razón del empleo del subjuntivo.
(a) Que aprendas bien eso es indispensable.
(b) Necesito una llave que abra todas esas puertas.
(c) Lo haremos cuando llegue Pablo, y no antes.
(d) ¿Has traído alguna cosa que se pueda comer?
(e) Si lo supiera, te lo diría.
(f) Póngame un café, cuando pueda.

Cuaderno de ejercicios 7.7 "El subjuntivo"

 Cuaderno de ejercicios 7.8 "Diagramas arbóreos."

Con este capítulo llegamos al final de la presentación de algunas de las estructuras más importantes del español. Se habrá notado que apenas hicimos referencia a fenómenos de variación, porque se trataba de presentar lo esencial compartido por todas las variedades de la lengua. Pero está claro que ésta presenta mucha variación, ya sea de una época a otra, o según el lugar donde se hable, o de acuerdo con los aspectos sociales de los hablantes, o según el contexto en que tenga lugar la interacción. Esos aspectos de la variación lingüística—temporal, regional, social y contextual—serán los temas de los cuatro capítulos siguientes.

Términos clave

actor indeterminado
oración
  sencilla / compleja, coordinada /
  subordinada, reflexiva, sin sujeto
oración subordinada
  adjetiva o relativa (restrictiva /
  explicativa), adverbial, nominal
posición de los clíticos
presuposición
pronombre indeterminado se
relativización
sintagma
  adjetival (SAdj), adverbial

  (SAdv), nominal (SN), preposicional (SPrep), verbal (SV))
subjuntivo
  en subordinadas nominales, adjetivas y adverbiales, en oraciones independientes (ojalá, quizás, talvez), optativo vs. dubitativo
subordinación
transformación
  (de añadidura, de eliminación, de reemplazamiento o de movimiento)

MITOS SOBRE EL LENGUAJE Se suele decir que "las negativas dobles son ilógicas," y que por lo tanto una oración como *He didn't do nothing* querría decir *He did something.* Sin embargo, en la práctica sabemos que cuando alguien dice *He didn't do nothing,* quiere significar exactamente lo mismo que *Él no hizo nada.* Y es más: nadie dice que las negativas dobles en español sea ilógicas, ni incorrectas. ¿A qué se debe, pues, la crítica a las negativas dobles en inglés? ¿Cómo se compara esa crítica a la que se suele hacer a construcciones como *Se alquila cuartos* (en vez de *se alquilan cuartos*), o *Habían muchas personas en la fiesta* (en vez de *Había muchas personas en la fiesta*) pese a que son muy usadas hoy día?

SUMARIO

En este capítulo hemos analizado la posición de los clíticos y diversas clases de oraciones, (reflexivas, sin sujeto, con el pronombre indeterminado **se**). También hemos visto que las oraciones pueden ser *simples* (con un solo sintagma verbal) o *complejas* (con dos o más sintagmas verbales). Las oraciones complejas pueden incluir dos o más oraciones *coordinadas,* ya sea solamente yuxtapuestas, ya sea conectadas por una conjunción coordinativa. En las oraciones complejas por *subordinación* hay una oración *principal* (o *matriz*) en la que viene insertada otra, llamada subordinada. Se clasifican las subordinadas en *nominales* (equivalentes a un sintagma nominal), *adjetivas* o *relativas* (equivalentes a un sintagma adjetival, que son clasificadas en *restrictivas* o *explicativas*) o *adverbiales* (equivalentes a un sintagma adverbial).

La ocurrencia de las formas del subjuntivo en oraciones subordinadas se relaciona con ciertas características de la oración matriz. Los criterios para explicar la ocurrencia del subjuntivo no han logrado el consenso general, y hay en las propuestas más recientes una tendencia a interpretar el subjuntivo como recurso para señalar *presuposiciones* por parte del hablante.

PRÁCTICA

A. Identifique los sintagmas nominales (SN), verbales (SV), adverbiales (SAdv) y preposicionales (SPrep).

◣ Ejemplo:

Pablo trabaja. Pablo: SN; Trabaja: SV.

1. Yo salgo mañana.
2. Tu hermano viene por la carretera.
3. Marta y yo salimos a las cuatro.
4. Aquel jefe es un tirano.
5. Vivimos en la tercera casa a la derecha.

B. Identifique todos los sintagmas y determine cuántas oraciones gramaticales distintas se pueden formar, variando su orden.

◣ Ejemplo:

Pablo llegó temprano: Pablo: SN; llegó: SV; temprano: SAdv

a. Temprano llegó Pablo.   b. Temprano Pablo llegó.
c. Llegó Pablo temprano.   d. Llegó temprano Pablo.

1. Ayer llegaron tres amigos en un coche azul.
2. Los jugadores de fútbol son personas importantes en el mundo del deporte.

3. En el bar de la calle Mayor se encontraban tres funcionarios del Ayuntamiento.

4. El lunes de la semana entrante iremos los tres muy temprano a la finca de mi hermano.

C. Las oraciones siguientes son ambiguas. Escriba una paráfrasis de cada una de sus posibles interpretaciones.

◢ Ejemplo:

Juana y la vecina conversaban sobre el muro.

(i) Juana y la vecina hablaban acerca del muro.

(ii) Juana y la vecina estaban sobre el muro mientras hablaban.

1. Las chicas se miraron en el espejo.

2. Pablo le entregó a Juanita el retrato de su madre.

3. Francisco decidió hacerlo en el piso.

4. No podría alabarla demasiado.

5. Se rompieron los cristales a las doce.

D. Explique la función sintáctica del pronombre **se** en las oraciones siguientes. Las posibilidades incluyen: complemento directo reflexivo, complemento indirecto reflexivo, complemento directo recíproco, **se** indeterminado, verbo inherentemente reflexivo.

1. Marta se hirió por descuido.

2. Juana y Paquita no se saludan.

3. Margarita se compró una moto roja.

4. La iglesia se halla en el Zócalo.

5. Se come bien en ese restaurante.

6. Ustedes se quejan demasiado.

E. En las oraciones siguientes, dentifique las coordinadas y las subordinadas.

◢ Ejemplo:

Pablo toca violín y María toca piano. *Oraciones coordinadas.*

1. Los coches chocaron cuando los conductores perdieron el control.

2. Los conductores perdieron el control y los coches chocaron.

3. El conductor herido fue llevado al hospital y el que causó el accidente fue arrestado.

4. El segundo conductor fue dejado en libertad aunque estaba borracho.

5. El conductor herido saldrá del hospital cuando esté fuera de peligro.

F. Identifique las oraciones adjetivas restrictivas y las relativas.

1. La señora que vive en Oaxaca es profesora de música.

2. Mi amigo Benavides, que vive en Lima, es un poeta famoso.

3. Mi amigo que vive en Lima es un poeta famoso.

4. Llegó anteayer el profesor que enseña música barroca.

5. Llegó anteayer el profesor Silva, que enseña música barroca.

G. Haga los diagramas correspondientes a las oraciones siguientes.

1. Sé que Marta trabaja aquí.

2. La chica que conociste ayer habla alemán.

3. Ester se peinaba delante del espejo.

4. María me prestó cinco pesos.

5. El arquitecto bajaba por la escalera.

H. Elija entre la forma del indicativo o del subjuntivo y explique la razón de su elección. En algunos casos ambas formas son posibles, pero el significado no es el mismo. Explique esos casos.

1. Sé que Marta trabaja/trabaje aquí.

2. Pensé que Marta trabajaba/trabajara aquí.

3. Juanito llora cuando su padre se va/vaya.

4. Mi hijo quiere saber dónde trabajo/trabaje yo.

5. Una de las hermanas peinaba a sus hermanitos mientras la otra planchaba /planchara su ropa.

6. Ese perro comerá todas las galletas que le das/des.

7. ¿Le has dicho que quieres/quieras una bicicleta para Navidad?

8. Me ofrecieron el puesto que yo quería/quisiera.

I. Cada una de las oraciones siguientes tiene una característica agramatical. Identifíquela y diga qué hay que hacer para que sea gramatical.

▲ Ejemplo:

* Miró la secretaria y la saludó. (El SN *la secretaria* requiere la *a* personal.)

1. *Pablo quejaba de que no podía estudiar.

2. *Lo dimos los billetes a Antonia.

3. *Llovieron demasiado anoche.

4. *Todavía no hemos visitado Rebeca.

5. *Juan ha escritas varias novelas.

J. Explique la diferencia entre las oraciones de cada grupo.

◢ **Ejemplo:**

a. Se ha casado la hija.

b. Se ha casado a la hija.

En (a) el SN **la hija** es el sujeto y **se** es un pronombre reflexivo. En (b) el SN **la hija** es el complemento directo, introducido por la **a** personal, y **se** es un pronombre indeterminado.

1. a. Se llamaba García.

b. Se llamaba a García.

c. Se llamaban García.

2. a. Llamaron Gutiérrez y Silva.

b. Llamaron a Gutiérrez y Silva.

c. Llamaron a Gutiérrez y a Silva.

d. Llamó Gutiérrez y Silva.

Temas para profundizar

A. Oraciones sinónimas, es decir que tienen el mismo significado, como (a) y (b), ¿deben o no analizarse como que tienen la misma estructura sintáctica? Explique su respuesta.

(a) Se publicaron muchos libros en Babilonia.

(b) Muchos libros fueron publicados en Babilonia.

B. Busque en una publicación en español diez ejemplos del subjuntivo, representando las categorías vistas en este capítulo, y analícelas.

Principales fuentes consultadas

Sintaxis española en general: Alarcos Llorach 1994; Bosque y Demonte (1999), vols 1, 2; Butler 1992, Butt and Benjamin 2000; Gili Gaya, 1972; RAE 1962; Whitley 2002; *subjuntivo:* Blake, 1987, Lorenzo 1994, Cap. 16; *coordinación y subordinación:* Bosque y Demonte (1999), Vol. 2, Segunda Parte: "Las construcciones sintácticas fundamentales."

Sugerencias para lectura

Gili Gaya 1972 es una obra tradicional, pero clara y didáctica. Para un estudio de varios aspectos de la sintaxis española, comparada con la inglesa, véase Butt & Benjamin (2000). Solé y Solé 1977 y los Capítulos 11–13 de *Spanish/English Contrasts,* de M. Stanley Whitley (2002) contienen mucha información y ejemplos útiles. Para un estudio profundizado, véase la *Gramática Descriptiva de la Lengua Española* de Ignacio Bosque y Violeta Demonte (Madrid: Espasa, 1999), vol. 2, "Las construcciones sintácticas fundamentales". Spinelli 1990 es una excelente introducción a los principios básicos de gramática.

[1]En esa función, el complemento indirecto reflexivo es llamado dativo ético en las gramáticas tradicionales.

[2]Una oración como **El hijo del vecino ha sido atropellado por alguien** es posible, pero menos probable que **El hijo del vecino ha sido atropellado** (o que **Han atropellado al hijo del vecino**). La razón es que atropellar sobrentiende la presencia de un actor semántico, y por lo tanto el sintagma **por alguien** es redundante.

[3]Nuestro análisis del **se** indeterminado recoge lo esencial de Lozano 1970.

[4]Una oración como **Se pasta/pace bien en esta cafetería** es aceptable si la interpretamos figuradamente, como un comentario sobre la calidad de la comida, o sobre los modales de los clientes.

[5]No hay un consenso sobre la aceptabilidad de oraciones como:

a. Se construyeron los acueductos por los romanos.

b. Se compraba a los esclavos por los terratenientes.

Algunos hablantes las rechazan, alegando que el **se** indeterminado y el agente explícito son incompatibles. Para otros, el **se** indeterminado puede venir con **por + SN** si la acción se ejerce sobre un sustantivo que tiene un referente [-animado] y [-humano], como en (a), pero no en (b). Otros consideran que son "forzadas" o que "no suenan naturales". De todos modos, es una construcción poco frecuente. La podemos explicar, tentativamente, como resultado de un cruce sintáctico entre la construcción con el **se** indeterminado y la pasiva: **se construyó el edificio + el edificio fue construido por los inmigrantes** → **se construyó el edificio por los inmigrantes**.

[6]Se suele distinguir las **conjunciones** sencillas como **cuando, donde, como**, etc., y las **locuciones conjuntivas**, formadas de dos o más palabras (**después que, por si acaso**), pero unas y otras tienen la misma función sintáctica.

[7]Whitley (2002, Cap. VII) y Butt and Benjamin (2000) presenta mucha información sobre el subjuntivo. Como ejemplos de formulaciones unitarias, véanse Bolinger 1974, 1976, Bergen 1978, Lozano 1972, 1975, Espinosa y Wonder 1976, Bell 1980, Takagaki 1984, Reider 1990.

Variación temporal

E era toda la tierra de un lenguaje e de unas palabras. E fue que, en mudándose de leuante, fallaron un valle en tierra de sinar e asentaron ende e dixieron . . . hedifiquemos una çibdat con una torre cuya cabeça sea en los çielos, e fagamos para nosotros nonbre, porque non nos derramemos por faz de toda la tierra. . . . E dixo el señor; he que un pueblo son e una lengua han todos, e esto han començado a fazer, e agora non será dellos vedado quanto pensaron fazer . . . desçendamos e perturbemos ende sus lenguas para que non entiendan el un lenguaje del otro. E derramolos el señor dende por la faz de toda la tierra, e çesaron de hedificar la cibdad. E por tanto se llamó su nombre babel, que ende perturbó el señor el lenguaje de toda la tierra.

Biblia Medieval Romanceada Judío-Cristiana. Génesis, **11:9¹**

| OBJETIVOS | En este capítulo se comentan algunos principios básicos de cómo cambia un idioma con el paso del tiempo: su pronunciación, su estructura fonológica, su morfología, sus reglas de sintaxis y su vocabulario, y se ilustran los procesos involucrados con ejemplos del español en varias etapas de su historia.

Hasta aquí hemos seguido una perspectiva sincrónica°, es decir, enfocando sólo la estructura actual de la lengua. En este capítulo emplearemos una perspectiva diacrónica°, es decir histórica, para analizar las líneas generales del desarrollo del idioma español a través del tiempo.

8.1 EL CAMBIO LINGÜÍSTICO

El estudio diacrónico nos permite comprender ciertas características fundamentales de un idioma. En primer lugar, cómo cambian las lenguas con el paso del tiempo, llegando a transformarse en lenguas totalmente distintas de la original. Puesto que esos cambios no se hacen uniformemente en todos los lugares, la perspectiva diacrónica nos da también la clave de cómo se forman las variantes regionales, o dialectos°, que comentaremos en el Capítulo 9. Pero incluso dentro de la misma comunidad, un idioma puede cambiar de maneras que varían según el grupo social de que se trate —clases, castas o grupos socioeconómicos—, lo que condiciona la formación de dialectos sociales, o *sociolectos*°, que serán el tema del Capítulo 10.

Según un mito muy persistente, algunos idiomas conocieron una época de perfección, a partir de la cual habrían degenerado: como dicen los puristas de todas las épocas, ya no se habla como antes. Hasta cierto punto esto es verdad, pero debido a dos procesos naturales: primero, porque cada nueva generación no adquiere su lengua materna exactamente como la habla la generación anterior. Y segundo, porque la nueva generación introduce cambios en el idioma, adaptándolo a sus necesidades expresivas. Pero eso no se debe a las causas que suelen mencionar los puristas —como la supuesta pereza de los hablantes o el desprecio por la gramática— sino por causas normales que hacen que todos los idiomas vivos se encuentren en un permanente proceso de cambio.

¿De qué manera operan los cambios diacrónicos? Fijémonos, por ejemplo, en el léxico, que se observa más facilmente. ¿Reconoce Ud. estas palabras?

la berlina	el landó	el cupé	el tílburi
el fiacre	la diligencia	la calesa	el cabriolé
el faetón	el buggy	la carroza	la victoria

Si no las reconoce, no se apene: son los nombres de coches de caballos que se usaban hasta principios del siglo veinte, y que para nuestros antepasados tenían significados tan específicos como los de los coches a motor de nuestros días, como:

la furgoneta	el autocar	el descapotable	el camión
el sedán	la limusina	la camioneta	el autobús

ACTIVIDAD 8.1 ¿Cómo cambia el vocabulario? Examine anuncios publicados en revistas o periódicos de hace unas seis o más décadas y haga una lista de unas 20 palabras que ya no se usan. Elabore una hipótesis para explicar por qué han dejado de usarse.

Pero el cambio lingüístico no opera sólo a nivel del léxico, sino que afecta a todos los aspectos del idioma. Con el paso del tiempo, la pronunciación de los fonos va cambiando, se pierden o se añaden fonos en ciertas posiciones, desaparecen ciertos contrastes entre fonemas, y se crean otros contrastes. Los cambios al nivel fonológico, a su vez, afectan la forma de las palabras, y también las relaciones sintácticas entre éstas. Como estas modificaciones tienen lugar lentamente, los hablantes se ajustan a ellas sin darse cuenta de ello, pero a medida que pasan las generaciones, la lengua puede llegar a ser muy distinta a la que se hablaba en la misma comunidad varios siglos antes.

ACTIVIDAD 8.2 Vuelva a leer el Capítulo 1, con particular atención a los detalles históricos a partir de la llegada de los visigodos a la Península Ibérica.

8.2 DEL LATÍN AL ROMANCE

Según comentamos en el Capítulo 1, el latín hablado en la Península Ibérica por los colonizadores romanos y sus descendientes fue diferenciándose hasta formar, durante la Edad Media, el romance hispánico.

Desde un principio, diversos idiomas contribuyeron a formar la base del léxico romance. Las lenguas de las civilizaciones prehistóricas ibéricas dieron algunas palabras, sea topónimos **(Segovia, Sigüenza, Cádiz)**, o sustantivos comunes **(izquierdo, páramo, perro)**, o sufijos como **-orro (abejorro) o -ueco (pedrueco)** (Penny 2002:515–516). Posteriormente, el romance ibérico fue influido por las invasiones germánicas en el siglo VI y por la invasión árabe en 711. Debido a ello, su historia siguió la de los reinos cristianos que se formaron en el norte de la península, cuyos descendientes actuales son Portugal y España. Portugal, que empezó en fines del siglo IX como un condado dependiente del reino de León, se independizó en 1128. España, a su vez, se organizó como estado moderno en la segunda mitad del siglo XV, bajo los Reyes Católicos, Fernando de Aragón e Isabel de Castilla.

8.2.1 Variedades del latín

El punto de partida de las lenguas románicas es el latín, pero no la variedad que se estudia en los colegios y universidades. Este latín *clásico,* o *literario,* que conocemos mediante la literatura producida por una élite instruida, seguía normas gramaticales y estilísticas muy definidas. Pero ninguna lengua viva se limita sólo a una modalidad literaria. Aunque la estructura del habla formal de aquella minoría culta se aproximaba al lenguaje literario, su habla informal o familiar era más relajada. En cambio, el habla de la masa de la población, por lo general analfabeta, seguía normas más flexibles que las de la modalidad hablada por las personas cultas, y además, presentaba mucha variación, sobre todo en las provincias, donde recibía la influencia de otros idiomas. Los gramáticos latinos, que se dedicaban a describir el idioma, reconocían varias modalidades de habla (lat. *sermo*):

Modalidades del latín hablado

cultas	populares
sermo urbanus 'habla urbana' (< *urbs* 'ciudad')	*sermo rusticus* 'habla campesina' (< *rus* 'campo')
sermo quotidianus 'habla diaria' (< *quotidiens* 'diario')	*sermo vulgaris* 'habla popular' (< *vulgus* 'pueblo común')
sermo usualis 'habla usual'	*sermo plebeius* 'habla plebeya' (< *plebs* 'gente común')

El latín popular, hablado por la gente común, fue la base de las lenguas románicas. Al contrario del latín literario, sobre el cual existe una abundante documentación, el latín popular fue una lengua esencialmente oral. Sin embargo, existen fuentes que nos permiten reconstruir sus rasgos principales. Entre éstas se incluyen:

—las inscripciones dejadas por los romanos en los monumentos, en las cuales aparecen grafías, palabras y construcciones que difieren de la norma escrita literaria. Esos detalles son particularmente evidentes en los *graffiti,* como los encontrados en las paredes de Pompeya y Herculanum, ciudades situadas en la costa mediterránea, cerca de Nápoles, que fueron soterradas por una erupción volcánica del Monte Vesuvio en 79 d.C. Son *grafitti* que se parecen, en contenido y calidad de lenguaje, a los *grafitti* de nuestros días.

—la pronunciación de algunas palabras latinas incorporadas a otros idiomas.

—la representación del habla de personajes rústicos en comedias populares, como las comedias de Plauto[2] o la *Cena Trimalchionis* ('La Cena de Trimalchio'), de Gaio Petronio, escrita alrededor del año 61 a.C.

—el lenguaje de obras técnicas sobre temas de medicina, arquitectura, agricultura o culinaria, escritas sin preocupación estética, o el de cartas personales, o de obras populares de temática religiosa, como la *Peregrinatio ad loca sancta* ('Peregrinación a los lugares sagrados'), atribuida a una monja del norte de la Península Ibérica de principios del siglo V d.C.

—los comentarios de gramáticos latinos sobre el lenguaje popular. La más conocida colección de dichos comentarios es el llamado *Appendix Probi* ("Apéndice de Probo").

Se debe este nombre a haber sido encontrada junto a un manuscrito de un gramático latino del siglo I d.C., llamado Marcus Valerius Probus. Se trata de una lista que empareja 227 palabras consideradas correctas con sus formas populares, consideradas incorrectas. Compilada, al parecer, por un autor anónimo después del año 568 d.C[3], esa lista ilustra cambios manifestados en el latín popular y criticados por los gramáticos. Se dan a continuación algunos ejemplos, ordenados, por comodidad, según el problema que ilustran.[4]

(a) Pérdida de /u/ o /i/ átonas, ort. **u, i:**

[3] *speculum*	*non speclum*	'espejo'
[111] *oculus*	*non oclus*	'ojo'
[201] *viridis*	*non virdis*	'verde'
[142] *stabulum*	*non stablum*	'establo'
[130] *tabula*	*non tabla*	'tabla'
[54] *calida*	*non calda*	'caliente'
[208] *februarius*	*non febrarius*	'febrero'
[8] *vernaculus*	*non vernaclus*	'esclavo nacido en casa del amo'

(b) Pérdida de /k/, ort. **c,** ante oclusiva:

[154] *auctor*	*non autor*	'autor'
[155] *auctoritas*	*non autoritas*	'autoridad'

(c) Sustitución de *e* (ort. **e**) por *i,* ort. **i,** seguramente pronunciada como una deslizada [i̯]):

[80] *solea*	*non solia*	'sandalia'	[55] *vinea*	*non vinia*	'viña'
[72] *lancea*	*non lancia*	'lanza'	[63] *cavea*	*non cavia*	'jaula'

(d) pérdida de una consonante o una sílaba:

[221] *vobiscum*	*non voscum*	'con vosotros'
[224] *olim*	*non oli*	'antes'
[220] *nobiscum*	*non noscum*	'con nosotros'
[152] *tensa*	*non tesa*	'vagón'

ACTIVIDAD 8.3   Examine algunos *graffiti* encontrados en su campus y explique qué revelan acerca del lenguaje informal actual. ¿Qué información podrían proporcionar a los lingüistas del año 3000?

8.2.2 El romance hispánico

Como ya se ha comentado (1.2), la invasión árabe del año 711 tuvo como consecuencia la división de la península en dos zonas, una cristiana y otra musulmana. En el norte, la formación de reinos cristianos contribuyó a la diferenciación regional del romance hispánico y a la formación de nuevos idiomas (1.3). En la Hispania musulmana existía un ambiente multilingüe. Aunque el árabe era el idioma de los conquistadores, la masa de la población hablaba el romance mozárabe, los judíos usaban el hebreo para fines literarios y litúrgicos, una minoría de cristianos instruidos empleaba el latín como lengua escrita y mucha gente, independientemente de su origen étnico, conocía dos o más idiomas. La documentación sobre el mozárabe, que tenía variedades regionales, incluye glosarios científicos latino-árabes,[5] topónimos, nombres propios encontrados en documentos e inscripciones en monumentos. Además, en ciertos poemas en árabe o hebreo, hay estribillo con palabras, frases y versos enteros en mozárabe, llamados jarchas, donde una mujer habla de su amante. El ejemplo siguiente es representativo:[6]

transcripción en alfabeto latino	mozárabe	castellano actual
garyd boš 'y yrmn'lš	garid vos ay yermanellas	decid vosotras, ¡oh! hermanitas
km 'kntnyr 'mw mali	com contenir a meu male	cómo contener mi mal (= dolor)
šin l'ḥbyb non bbryw.	sin al-ḥabīb no vivireyu	sin mi amante no viviré
'dbl'ry dmnd'ry	advolaray demandare	me volaré a buscarle

Con excepción de la frase árabe **al-habib** 'el amigo, querido, amante', la lengua de esos versos es claramente románica. **Garid** es un verbo, supuestamente derivado del lat. **garrire** 'parlotear'; **yermanella** es un sustantivo derivado de lat. **germana** 'hermana' + **ella** (diminutivo); **advolaray** sugiere un verbo **advolare**, posiblemente derivado de lat. **advolatus** 'vuelo'; en **vivireyu** y **advolaray**, la terminación revela el futuro ya desarrollado en romance **(viviré, volaré).**

Pese a haber estado casi ocho siglos en la Península Ibérica, el árabe no influyó en la estructura del romance hispánico, posiblemente debido a la gran diferencia estructural entre del árabe y el latín. Sin embargo, el vocabulario español adquirió cientos de palabras árabes, muchas de las cuales empiezan por la sílaba **al-**, que refleja el artículo árabe **al** (Figura 8.1). Por otra parte, a medida que se reconquistaba el territorio ocupado por los árabes, el castellano iba reemplazando el mozárabe e impidiendo la expansión de las otras lenguas románicas.[7]

ACTIVIDAD 8.4 Identifique en la Figura 8.1 las palabras que también existen en inglés.

Entre el período del latín popular y los primeros tiempos del castellano antiguo (siglo XIII) tuvieron lugar los cambios diacrónicos que moldearon los rasgos fundamentales de la lengua en todos los niveles: la pronunciación

■ FIGURA 8.1   Palabras españolas de origen árabe

ciencia	administración	arte militar	construcción
álgebra	alcalde	alfanje	azulejo
algoritmo	alcaide	alcalá	alcoba
cero	aldea	alférez	azotea
alquimia	alguacil	zaga	adobe

tecnología	vestimenta	alimentación	diversos
quilate	gabán	azúcar	ojalá
alcohol	alfiler	alfalfa	ajedrez
alambique	algodón	algarroba	Mengano
acequia	albornoz	azafrán	algarabía

(fonética y fonología), la forma de las palabras (morfología), la estructura de las frases (sintaxis), el significado de las palabras (semántica) y el vocabulario (léxico). La transición del latín a los romances y de éstos a las lenguas actuales fue gradual. A partir del siglo III aumentó sensiblemente la distancia entre el latín escrito y el habla popular, y a partir de ésta se formaron diversas hablas regionales. Éstas, parecidas entre sí, constituían un *continuo° dialectal*, del cual se desarrollaron los idiomas románicos o neolatinos peninsulares mencionados en la sección (1.7).

ACTIVIDAD 8.5   Haga una lista de las palabras o expresiones que utilizan sus padres o sus abuelos, pero no usted, ni sus hermanos o hermanas. ¿A qué se refieren esas palabras? A continuación haga una lista de las palabras empleadas por usted y otras personas de su generación, pero no por sus mayores. ¿A qué se debe el que no las utilicen ellos?

Desgraciadamente, lo que sabemos respecto al romance primitivo se basa en buena parte en conjeturas. Los romances se hablaron mucho antes que empezaran a aparecer en los documentos mezclados con el latín, que era la lengua usual de la escritura. Como quedó dicho (1.4), son de fines del siglo IX o principios del X los manuscritos más antiguos en que alguien escribió deliberadamente palabras que se reconocen como castellanas, a saber las *Glosas Emilianenses* y las *Glosas Silenses*. Aquéllas son comentarios sobre palabras, hechos por algún monje, al margen de un texto latino, como en el ejemplo siguiente (Lleal 1990:141), a las que se han añadido, entre corchetes, las traducciones al español actual:

Texto latino	Glosas
et **suscitabi bellum** et **effusiones** sanguinum	lebantai / pugna / bertiziones
[y suscité guerra y derramamiento de sangre]	

· ·

et effunditur sanguinem justorum   uerteran
[y se verterá la sangre de los justos]

Es relativamente fácil reconocer en esas glosas las palabras españolas: *lebantai* = **levanté,** *pugna* = **pugna, lucha;** *bertiziones* = *"verticiones"* es decir, **vertimientos,** y *uerteran* = **verterán** (es decir, 'se verterá'), ambos de **verter 'derramar'.** Además de demostrar que la lengua hablada por los que leían aquellos sermones era ya un romance, las glosas demuestran que la gente ya tenía dificultad en comprender el latín. En una sociedad cristiana, eso planteaba el problema de la comunicación entre los curas y el pueblo. Debido a eso, en 813, los representantes de la Iglesia Católica Romana reunidos en el Concilio de Tours debatieron la necesidad de usar la llamada "lengua vulgar"—es decir, el romance— en la predicación, porque los feligreses ya no entendían el latín en que predicaban los curas.

Aparte de las *Glosas,* las primeras palabras en romance aparecen en documentos notariales como en el texto siguiente, que es un fragmento de una escritura de donación de tierras, hecha por cierto Rodrigo Muñoz y su hermana, Jimena Muñoz. El documento es originario de un pueblo de Santander, en el norte de España, y está fechado del año 1085, pero la copia es del siglo XII. Para facilitar la lectura, hemos señalado en **negrilla** las palabras en latín.

Ego denique Rodrig Munnioz **et mea** germana domna Eissemena, **sic donamus quantum ad nos pertinet** in **ipsa** uilla que **uocitatur** Solorceno . . . de una parte **est ipsam hereditatem circa** rigo de Nauanna, **et** de **alia** parte carrera **antiqua** que **discurrit** de haças de Felguera, et **alio** pumare que **est** a la Petrosa.
    (Ramón Menéndez Pidal, *Crestomatía del español medieval.* 2a ed. Madrid: Editorial Gredos, 1971, p. 28. Adaptación)

Comparando el original y la traducción, el significado del texto queda claro:

1. **ego denique** = yo por fin
2. Rodrig Munnioz = Rodrigo Muñoz
3. **et mea** germana domna Eissemena = y mi hermana doña Jimena
4. sic **donamus** = así donamos
5. **quantum ad nos pertinet** = [todo] cuanto a nosotros pertenece
6. in **ipsa** uilla = en esa villa
7. que **uocitatur** Solorceno = que es llamada Solórzano

8. de una parte **est ipsam hereditatem** = de una parte está esa herdad (propiedad rural)

9. circa rigo de Nauanna = cerca del riego de Nauanna

10. **et** de **alia** parte carrera **antiqua** = e por otra parte la antigua carrera (camino)

11. que **discurrit** de haça de Felguera = que pasa por el haza (campo de cultivo) de Felguera

12. et **alio** pumare que **est** a la Petrosa = y el otro pomar (manzanar) que está en la Petrosa

Hay que entender que en la época sólo se aprendía a escribir en latín, de manera que esos documentos acababan por ser bilingües, con unas palabras (en particular, las fórmulas jurídicas) en latín y otras en romance. Los escribanos buscaban combinaciones de letras para representar los sonidos romances que no existían en latín. Es el caso, por ejemplo, de la nasal palatal [ñ] en **Munnioz** y **domna**. En **Eissemena**, forma antigua del nombre **Jimena**, las letras **Eiss-** representan la fricativa [ʃ], sobre la cual se dijo algo al comentar la pronunciación de la palabra **México** (2.5.2).

Una escritura de donación es un documento utilitario, sin ninguna preocupación estética y por lo tanto se puede suponer que refleje una mezcla de dos lenguas: el latín notarial, que era el único idioma que se aprendía a escribir, y el romance hablado por el notario y sus clientes, que penetraba en la lengua escrita quizás sin que la gente se diera cuenta. Un texto literario, al contrario, tiene una intención estética y refleja cierto cuidado en la elección de las palabras y la organización de las oraciones. Es el caso del siguiente fragmento del texto literario más antiguo de la lengua, el *Cantar de Mio Cid,* poema épico° de fines del siglo XII o comienzos del XIII. Su tema son las aventuras del noble castellano Ruy Díaz de Vivar, personaje histórico que murió en 1099 pleando contra los musulmanes. Éstos le llamaban *Cid* (del árabe popular andaluz **seid** 'señor') por su valor guerrero; viene de ahí el tratamiento respetuoso de **Mío** (en la época **mió**, con hiato) **Cid** 'mi señor', al que se añadía **Campeador**, es decir, 'batallador' o 'guerrero ilustre'. (Los números se refieren a los versos del *Cantar de mío Cid.*)

[715] Enbraçan los escudos delant los coraçones,
abaxan las lanças abueltas de los pendones,
enclinaron las caras de suso de los arzones,
yuanlos ferir de fuertes coraçones.
A grandes vozes llama el que en buen ora nació:

[720] ¡Feridlos, cavalleros, por amor del Criador!
Yo so Roy Díaz, el Çid de Biuar Campeador!
Todos fieren en el az do está Pero Vermúez.
Trezientas lanças son, todas tienen pendones;
seños moros mataron, todos de seños colpes;
a la tornada que fazen otros tantos muertos son.

[745] A Minaya Álbar Fáñez mataronle el cavallo
bien lo acorren mesnadas de cristianos.
La lança a quebrada, al espada metió mano;
maguer de pie, buenos colpes va dando.
Violo mio Cid Ruy Díaz el castellano,
acostó' a un aguazil que tenié buen cavallo,

[750] diol' tal espadada con el so diestro braço,
cortól' por la cintura, el medio echó en campo;
a Minaya Álbar Fáñez íval' dar el cavallo:
¡Cavalgad, Minaya, vós sodes el mio diestro braço!
  (Ramón Menéndez Pidal, *Crestomatía del español medieval.* 2a ed. Madrid:
  Editorial Gredos, 1971, p. 39-40. Adaptación)

En un principio la ortografía puede parecernos algo rara, pero a medida
que aprendemos a leerla, identificamos fácilmente palabras muy conocidas. Este
pasaje describe el comienzo de una batalla en la que unos trescientos caballeros
cristianos comandados por el Cid atacan a una tropa musulmana. Ruy (Roy) Díaz
(en el texto, *Roy*) era natural del pueblo castellano de Biuar, hoy Vivar. En los
versos anteriores, uno de los castellanos, Pedro Vermúez (mod. Bermúdez), se
ha adelantado sólo para atacar una formación (*az,* mod. **haz**) enemiga, y ahora
sus compañeros avanzan para ayudarle. La escena es típica de las descripciones
de batallas medievales. Cada caballero lleva un escudo en el brazo (*enbraçan
los escudos)* para cubrirse el pecho (*delant los coraçones),* mientras mantiene en
posición horizontal su lanza (*abaxan las lanças),* de la cual cuelga una insignia
(*pendón).* Mientras galopa, el caballero va con la cabeza inclinada hacia adelante (*enclinaron las caras),* con la cara por encima del arzón de la silla (*de
suso de los arzones).* Como hacen mucho ruido, el Cid tiene que gritar (*a grandes vozes llama)* sus órdenes (*Feridlos, cavalleros)* o animar a sus compañeros
(*por amor del Criador).* Los castellanos atacan todos juntos (*todos hieren)* en la
fila (*el az)* donde (*do)* está Pero Vermúez, y tienen éxito, puesto que la palabra
seños (mod. **sendos**) nos dice que cada uno mata a un enemigo. Llegados al
otro lado de la tropa árabe, los caballeros tornan los caballos (*a la tornada)* y
vuelven a atacar, matando a igual número: *otros tantos son [matados].*

Hay en el texto diversos contrastes con la lengua actual. Respecto a la
pronunciación, en la época la lateral /ʎ/ ya existía y se representaba por **l** o
por **ll**. Aparece también una **f** inicial, que existió en latín pero se ha dejado de
pronunciar en la lengua moderna, como se ve en *feridlos* > mod. **heridlos,**
fieren > mod. **hieren.** Hay importantes diferencias respecto a las fricativas y
africadas. La *cedilla (ç)* representa una africada dorso-alveolar sorda [ts] y la
z, una africada dorso-alveolar sonora [dz]. A su vez, la **x** representa la fricativa
palatal sorda [ʃ]. Nuestro fragmento no incluye su homorgánica fricativa palatal sonora [ʒ], que se representaba por **j, i,** o **g** en palabras como *oios* o *ojos*
[óʒos] mod. **ojos** o *muger* [muʒér] mod. **mujer.** Aunque la forma de algunas
palabras se ha modificado (*delant > delante, enclinar > inclinar, so > soy,
seños > sendos)* la mayoría tiene ya la forma que usamos hoy día. En sintaxis,

se nota la posición del pronombre átono **los** después del verbo conjugado (*yuanlos,* mod. **los iban**), y también la ausencia de la preposición **a** ante el infinitivo (*ybanlos ferir,* mod. **los iban a ferir**). Por fin, respecto al léxico, *suso* 'sobre' se ha arcaizado° es decir ha dejado de usarse, aunque sobrevive en el término náutico **susano** 'próximo, cercano' y en el nombre del monasterio donde se encontraron las *Glosas Emilianenses,* San Millán Suso (es decir, "de arriba") para diferenciarlo del monasterio más reciente, San Millán Yuso ("de abajo"). Otras palabras, como *embrazar,* apenas se usan. Como resultado de un cambio semántico (8.3.6), la palabra *moro,* que en el contexto medieval significa 'norteafricano,' tiene hoy cierta connotación despectiva, por lo que se suele reemplazarla por *magrebí,* derivado del topónimo *Magreb*[8]. Vemos en ese pasaje, por lo tanto, varios ejemplos de los cambios diacrónicos que transforman una lengua a lo largo de los siglos.

Desde luego, muchísimos más cambios participaron en la transformación del latín hablado al romance hispánico, y de éste a las lenguas románicas modernas. En las secciones siguientes daremos algunas breves nociones de cómo operan esos cambios.

8.3 CAMBIO FÓNICO

Los cambios fónicos tienen un papel fundamental en el desarrollo del idioma. Hay que distinguir entre el *cambio fonético,* que modifica la pronunciación, y el *cambio fonológico,* que afecta los contrastes que definen el sistema de fonemas.

8.3.1 Cambios vocálicos

El sistema fonológico del latín clásico tenía diez vocales y tres diptongos (Figura 8.2). Había cinco vocales largas, fonéticamente [a: e: i: o: u:], que suelen ser representadas hoy día por la señal ‾ sobre la letra (Ā, Ē, Ī, Ō, Ū).

■ **FIGURA 8.2**   Evolución de las vocales castellanas (posición tónica)

latín clásico		latín popular	castellano	latín clásico		latín popular	castellano
/i:/	VĪTA(M)*	[víta]	vida	/a/	LATU(M)	[látu]	lado
/i/	PILU(M)	[pélu]	pelo	/o/	PORTA(M)	[pórta]	puerta
/e:/	PLĒNU(M)	[plénu]	lleno	/o:/	FAMŌSU(M)	[famósu]	famoso
/e/	PETRA(M)	[pétra]	piedra	/u/	BUCCA(M)	[bóka]	boca
/a:/	PRĀTU(M)	[prátu]	prado	/u:/	LŪNA(M)	[lúna]	luna
/ai/	CAECU(M)	[kéku]	ciego	/oi/	POENA(M)	[péna]	pena
/aw/	AURU(M)	[óro]	oro				

* *Se dan los sustantivos en la forma del acusativo, cuya /m/ final se pierde en el latín popular.*

Había también cinco vocales breves [a e i o u], que representamos por la señal ˘ (Ă, Ĕ, Ĭ, Ŏ, Ŭ) o por la letra sin ninguna señal especial, A, E, I, O, U. En latín popular las vocales altas breves (Ĭ Ŭ) eran más abiertas que las vocales largas correspondientes: Ĭ > [e], Ŭ > [o]. Por eso, cuando se perdió el contraste de duración, la [e] procedente de la Ĭ breve se confundió con la [e] procedente de la Ē larga; asimismo, la [o] procedente de la Ŭ breve se confundió con la [o] procedente de la Ō larga. Por otra parte, las vocales medias breves (Ĕ, Ŏ) también tenían articulación más abierta, es decir, Ĕ > [ɛ], Ŏ > [ɔ], y por eso se diferenciaron de las vocales medias largas correspondientes, respectivamente Ē, Ō (Figura 8.2.) Además, los tres diptongos latinos sufrieron un proceso fonológico de *monoptongación,* transformándose en vocales:

AE [ai̯] > [e] o [ɛ] > [i̯e]	OE [oi̯] > [e]	AU [au̯] > [o]
SAETAM > *seda*	POENA > *pena*	MAURUM > *moro*
CAELUM > *cielo*		PAUCUM > *poco*

Como resultado de esos cambios, el latín hablado se quedó con un sistema de siete vocales, /a e ɛ i o ɔ u/. Posteriormente, en el desarrollo del castellano, las vocales [ɛ] y [ɔ] se diptongaron, transformándose respectivamente en los diptongos [i̯e] y [u̯e]. La monoptongación de AU [aw] > [o] se completó en castellano durante la Edad Media: AURUM > oro (Figura 8.3).

ACTIVIDAD 8.6   ¿Qué cambios sistemáticos identifica usted en las vocales de las palabras siguientes?

latín	español	latín	español	latín	español	latín	español
NOVA(M)	nueva	POENA(M)	pena	PAUPERE(M)	pobre	TERRA(M)	tierra
BONA(M)	buena	COENA(M)	cena	MAURU(M)	moro	METU(M)	miedo

■ FIGURA 8.3   Cambios vocálicos

latín clásico	latín popular	castellano	latín clásico	latín popular	castellano
monoptongación			*diptongación*		
FAENU(M) [ai̯]	[e]	heno	PETRA(M) [e]	[ɛ]	piedra
SAEPE(M) [ai̯]	[e]	sebe	SEPTE(M) [e]	[ɛ]	siete
POENA(M) [oi̯]	[e]	pena	PORTA(M) [o]	[ɔ]	puerta
COENA(M) [oi̯]	[e]	cena	MORTE(M) [o]	[ɔ]	muerte
AURU(M) [au̯]	[au̯]*	oro	FORTE(M) [o]	[ɔ]	fuerte
			CAELU(M) [ai̯]	[ɛ]	cielo

* *El cambio [au̯] > [o], esporádico en latín popular, se completó durante la Edad Media.*

Cuaderno de ejercicios 8.1 "Cambios vocálicos (I)"

 Cuaderno de ejercicios 8.2 "Cambios vocálicos (II)"

8.3.2 Cambios consonánticos

La mayoría de los cambios consonánticos siguieron procesos regulares. La Figura 8.4 compara esquemáticamente las consonantes del latín clásico, del castellano antiguo y del español moderno. Se han conservado las oclusivas /p b t d k g/, las

se conservan

■ **FIGURA 8.4** Consonantes: Latín clásico, castellano antiguo y español contemporáneo

Latín

	bilab	lab-dent	dental	alv	pal	vel	faring
oclusivas	p b		t d			k g	
fricativas		f		s			h
africadas							
laterales				l			
vibrantes				r			
nasales	m			n			

Castellano antiguo

	bilab	lab-dent	dental	alv	pal	vel	faring
oclusivas	p b		t d			k g	
fricativas		f v		s z	ʃ ʒ y		h
africadas				ts dz	tʃ dʒ		
laterales				l	ʎ		
vibrantes				r r̄			
nasales	m			n	ñ		

Español contemporáneo

	bilab	interdent	lab-dent	dental	alv	pal	vel	faring
oclusivas	p b			t d			k g	
fricativas		θ	f		s	y	x	
africadas						tʃ		
laterales					l	ʎ		
vibrantes					r r̄			
nasales	m				n	ñ		

fricativas /f s/, la lateral /l/, las nasales /m n/ y la vibrante /r/. Se desarrollaron también varias consonantes, de las cuales han quedado en la lengua moderna /θ, r̄, ñ, ʧ ʎ, y/, además de /x/, que se formó en el siglo XVI. Aparecen también en castellano las deslizadas /i̯/ y /u̯/, en general sin conexión histórica con las deslizadas de los diptongos latinos.

Comentaremos a continuación algunos cambios consonánticos a título de ejemplo.

8.3.2.1 Sonorización

Ciertos cambios son *condicionados* fonológicamente, es decir, ocurren en un entorno fonológico específico. Un ejemplo de ello es el proceso que transformó las oclusivas sordas latinas P /p/, T /t/, C /k/, en posición intervocálica, en las oclusivas sonoras /b/, /d/, /g/.

(1) /p/ > /b/   /t/ > /d/   /k/ > /g/
    PAUPERE(M) pobre   PRATU(M) prado   CAECU(M) ciego
    LUPU(M) lobo   VITA(M) vida   AMICU(M) amigo

La sonorización también afectó a las oclusivas sordas que forman un grupo consonántico (4.9) con una lateral en posición postvocálica:

(2) /pr/ > /br/   /tr/ > /dr/   /kr/ > /gr/
    CAPRA(M) > cabra   MATRE(M) madre   ACRE(M) agrio
    APRILE(M) > abril   LATRONE(M) ladrón   MACRU(M) magro

8.3.2.2 Reducción

El cambio de las vocales largas a vocales breves (8.3.1) es un ejemplo de *reducción*. Este proceso afectó también a las consonantes oclusivas largas del latín, representadas por letras dobles en la escritura:

(3) CUPPA(M) > copa   CAPPA(M) > capa
    LITTERA(M) > letra   GUTTA(M) > gota
    BUCCA(M) > boca   VACCA(M) > vaca

Nótese, en los ejemplos anteriores, que las consonantes españolas sordas resultantes de consonantes dobles latinas no sufrieron sonorización en posición intervocálica.

ACTIVIDAD 8.7   ¿Qué cambios sistemáticos se notan en las consonantes de las palabras siguientes?

latín	español	latín	español	latín	español
FATU(M)	hado	ACQUA(M)	agua	LEPORE(M)	liebre
MARITU(M)	marido	JOCU(M)	juego	SAPORE(M)	sabor

8.3.2.3 Palatalización

Un proceso muy productivo en la formación del castellano fue la palatalización, que consiste en un desplazamiento del punto de articulación hacia
la región palatal. Según vemos en la Figura 8.5 la oclusiva velar /k/ inicial
de CENTUM [kéntum] adquirió en latín popular una articulación palatal. Ésta
dio origen en castellano antiguo a la africada alveolar sorda [ts], la cual se
transformó posteriormente en la fricativa sorda interdental [θ].

(4) **latín clásico**   **latín popular**   **castellano**
  CENTU(M)   [kéntu]   [tsi̯éntu]   *ciento* [θi̯énto]
  CAELU(M)   [kɛ́lu]   [tsi̯élu]   *cielo* [θi̯élo]

Asimismo, en latín popular, la vocal E [e] en palabras como VINEA se
articulaba como una deslizada palatal [i̯]. Esa pronunciación fue responsable
por la grafía VINIA, registrada en el *Apéndice Probi* (8.2.1). La presencia de la
deslizada [i̯] condicionó la palatalización de la nasal N [n], dando origen a la
nasal palatal [ñ]:

(5) **latín clásico**   **latín popular**   **castellano**
  ARANEA(M)   [aránea]   [aráni̯a]   araña [aráña]
  VINEA(M)   [uínea]   [bíni̯a]   viña [bíña]

La palatalización creó en castellano antiguo varias consonantes que no
existían en latín, según se ve en la Figura 8.5.

■ **FIGURA 8.5**   Efecto de la palatalización en castellano

latín clásico	latín popular	castellano antiguo		castellano moderno
CENTU(M)	[kéntu]	[tsi̯entu]	} /ts/ } /θ/*	ciento
CAELU(M)	[kɛ́lu]	[tsiélo]		cielo
MINACEA(M)	[menáki̯a]	[amenádza]	/dz/	amenaza
EXEMPLU(M)	[eksémplu]	[eʃémplo]	/ʃ/ } /x/	ejemplo
MULIERE(M)	[múli̯er]	[muʒér]	} /ʒ/	mujer
FOLIA(M)	[fóli̯a]	[fóʒa]		hoja
NOCTE(M)	[nókte]	[nótʃe]	} tʃ	noche
MASCULU(M)	[másklu]	[mátʃo]		macho
CANNA(M)	[kánna]	[káña]	} /ñ/	caña
SENIORE(M)	[senióre]	[señor]		señor
VALLE(M)	[u̯álle]	[báʎe]	} /ʎ/	valle
PLORARE	[ploráre]	[ʎorár]		llorar
CLAMARE	[klamáre]	[ʎamár]		llamar
FLAMMA(M)	[flamma]	[ʎáma]		llama

/θ/ no ocurre en las hablas seseantes.

ACTIVIDAD 8.8   ¿Cómo se explica el desarrollo de las siguientes palabras españolas?

ANNU(M) > año	SENIORE(M) > señor
CLAVE(M) > llave	CANNA(M) > caña
OCULU(M) > ojo	PLUVIA(M) > lluvia
AMPLU(M) > ancho	INFLARE > inchar

8.3.2.4 Añadidura y eliminación de fonos

Las palabras pueden modificarse mediante la añadidura o la pérdida de fonemas. Estos dos procesos reciben nombres específicos según la posición del fono en cuestión (Figura 8.6).

En los graffiti de Pompeya se encuentran formas como **Ismurna** (< gr. **SMYRNA** 'Esmirna', ciudad de Turquía) e **ispose** (< gr. **SPONSAE,** 'esposa'), que son ejemplos de añadidura de una /e/ en posición inicial, en palabras que comienzan por /s/ + consonante. También en el español moderno, cuando se adopta en la lengua una palabra extranjera que empieza con **s** seguida de consonante, su pronunciación adquiere una /e/ inicial: ing. **stress** > estrés.

La añadidura de [r] en posición medial, es decir por *epéntesis,* fue esporádica y a veces motivada por *analogía,* es decir por la semejanza de una palabra con formas emparentadas. Por ejemplo, **trueno** deriva de TONU, con diptongación /ɔ/ > [we] con la añadidura de una /r/ epentética, posiblemente debido a la semejanza con **tronido** (de TONITRU, con metátesis (4.6.5) de la

■ **FIGURA 8.6**   Añadidura y pérdida de fonemas

Inicial		Medial		Final	
Añadidura:					
prótesis		**epéntesis**		**paragoge**	
SCRIPTORE(M)	escritor	TONU(M)	trueno	ANTE	antes
SPHAERA(M)	esfera	REGESTU(M)	registro		
SPINA(M)	espina	STELLA(M)	estrella		
STATUA(M)	estatua	RASTELLU(M)	rastrillo		
Pérdida:					
aféresis		**síncopa**		**apócope**	
APOTHECA(M)	bodega	SPECULUM(M)	pop. speclu*	espejo	NON	no
ELEEMOSYNA(M)	limosna	TABULA(M)	pop. tabla*	tabla	ET	y
		OCULU(M)	pop. oclu*	ojo	SIC	sí
					MENSE(M)	mes

R (cf. 8.3.2.5): TONITRU > ***tronitu*** > **tronido**). En STELLA → *estrella* aparecen tanto la /e/ protética como la /r/ epentética, ésta posiblemente motivada por analogía la /r/ de ASTRU 'astro'.

A su vez, la añadidura de fonema en posición final, o *paragoge,* es poco usual, aunque se encuentran ejemplos, como ANTE > antes.

Son mucho más usuales los casos de pérdida de fonemas. Un ejemplo de *aféresis,* o eliminación de fonema en posición inicial, es la debilitación articulatoria y la pérdida de la /f/ latina inicial ante vocal. En palabras como FARINA > harina o FABULARE > hablar, esa /f/ fue reemplazada en la región de Castilla por una fricativa faríngea [h], la cual posteriormente vino a desaparecer. Una aspiración, reflejo de aquella /f/, se mantiene en la pronunciación popular de ciertas regiones, tanto en España como en Hispanoamérica: **fuerte** [fu̯érte] ~ [hu̯érte], **se fue** [se fu̯é] ~ [sehu̯é]. Ante la deslizada /i̯/ la /f/ latina inicial se mantuvo en ciertas palabras como FESTA(M) > **fiesta** pero no en otras, como FERRU(M) > **hierro,** y se mantuvo ante consonantes líquidas, como en /fr/ FRAXINU > **fresno** o /fl/ FLOR > **flor** y ante la deslizada /u̯/, como en fu̯e/: FORTE > **fuerte.**

En fin, era muy común, ya en latín popular, la *síncopa,* que consiste en la pérdida de las vocales internas inacentuadas, proceso éste ya señalado en el *Apendix Probi,* como en OCULO > **oclu.**

8.3.2.5 Metátesis.

Puede haber también cambios en la posición de uno o más fonemas. Éste fenómeno se llama metátesis, que es *sencilla* cuando afecta a un solo fono (INTER > *entre*) o *recíproca,* cuando dos fonos intercambian sus respectivas posiciones (PARABOLA > esp. ant. *parabla* > *palabra*).

ACTIVIDAD 8.9   Identifique y clasifique los casos de metátesis:

 Ejemplo:

lat. PERICULU(M) > esp. ant. periglo > peligro Intercambio de posición entre a /r/ y la /l/.

lat.	PRAESEPE > pesebre	lat. pop.	APPECTORARE > apretar
lat.	CREPARE > quebrar	lat.	QUATTUOR > cuatro
lat.	MIRACULU(M) > *miraglo* > milagro	lat.	INTEGRARE > entregar

---

↻ **Cuaderno de ejercicios 8.3 "Cambios consonánticos (I)"**

8.3.3 Cambio fonológico

Mientras que el cambio fonético modifica la articulación de los fonos, el *cambio fonológico* altera los contrastes que definen los fonemas.

Un fonema puede desaparecer completamente, como en el caso de la consonante aspirada /h/ del latín clásico, que dejó de pronunciarse en el latín popular. El empleo de la letra **h** en palabras como **haber** (< lat. HABERE) se debe, por lo tanto, a una tradición escrita que no refleja la pronunciación. Los cambios fonológicos tambien pueden hacer que un fonema se divida en dos. Eso pasa cuando dos o más alófonos del mismo fonema empiezan a contrastar, terminando por formar fonemas distintos. Fue lo que pasó en la palatalización de /k/ ante vocal anterior y en la palatalización de /t/ ante la deslizada palatal /i̯/, que resultaron en los nuevos fonemas africados del castellano antiguo /ts/ y /dz/, según se ve en el resumen siguiente:

/k/ > /ts/, /dz/ ante vocal anterior
CENTUM > *ciento* cast. ant [tsi̯énto]
PACES > cast. ant *pazes* [pádzes], mod. [páθes]

/t/ /ts/, /dz/ ante deslizada palatal
FORTIAM > cast. ant. *fuerça* [fu̯értsa], mod. [fu̯érθa]
ACUTIARE > cast. ant. *aguzar* [aɣudzár], mod. [aɣuθár]

Ante otras vocales, sin embargo, /k/ y /t/ conservaron su identidad fonológica. Por lo tanto, de los fonemas /k/ y /t/ originales resultaron cuatro fonemas, o sea /k/, /t/, /ts/ y /dz/ (Figura 8.5).

Hay *fusión* de dos fonemas cuando éstos dejan de contrastar y sus alófonos pasan a pertenecer al mismo fonema. Ilustra este proceso el caso de las consonantes africadas y fricativas del castellano antiguo (Figura 8.7). Cuando se perdió el contraste de sonoridad entre /ʃ/ y /ʒ/, esos dos fonemas se redujeron a un solo fonema sordo /ʃ/. También se perdió aquel contraste entre las africadas /ts/ y /ds/, que se redujeron a /ts/. Asimismo, las fricativas /s/ y /z/ dejaron de contrastar, quedando sólo /s/. Eso quiere decir que de los seis fonemas originales quedaron sólo los tres fonemas sordos /ʃ/, /ts/, /s/. En el siglo XVI hubo un cambio más: el punto de articulación de la fricativa palatal /ʃ/ (que según vimos en la sección 2.5.2, se escribía con **x,** como en **dixo, mexilla, Quixote, México, mexicano**) empezó a desplazarse hacia la región velar, originando la fricativa velar sorda /x/. En todas partes la africada /ts/ perdió el rasgo oclusivo [t], originando una /s/ dorsoalveolar. Ésta se conservó en el español andaluz (y asimismo en el español de las Islas Canarias y de Hispanoamérica), y desplazó enteramente la /ś/ apicoalveolar característica del español del norte de la Península. Pero en esta variedad de la lengua, al contrario de Andalucía, la /s/ dorsoalveolar, en vez de fundirse con la /s/ apicoalveolar, adelantó su punto de articulación, originando la fricativa interdental /θ/.

En resumen, podemos decir que entre el período de formación del romance hispánico y la escritura de los primeros textos literarios castellanos, se desarrollaron las siguientes consonantes:

- las alveolares /ts dz/, luego reducidas a /ts/, que originó la /θ/
- la vibrante múltiple /r̃/, originaria de la /rr/ doble latina
- las palatales /ʃ ʒ ʧ ʤ ʎ ñ y/, reducidas en el español moderno a /x ʧ ʎ ñ y/

■ **FIGURA 8.7** Fusión de fonemas

castellano antiguo			español moderno

(a) Desarrollo de la /x/:

/ʃ/ quexa
/ʒ/ ojo
} /ʃ/   /x/ queja, ojo

(b) Castellano norteño: desarrollo
de la /s/ ([ś] apicoalveolar) y la /θ/:

/s/   osso   /s/
([ś] apicoalveolar)

/z/   casa   /z/
([ż] apicoalveolar)
} /s/   oso, casa
([ś] apicoalveolar)

/ts/ braço
/s/
([s] dorsoalveolar)

/dz/ pozo
} /θ/   brazo, pozo

(c) Español andaluz: desarrollo de la
/s/ ([s] dorsoalveolar):

/ts/ braço
/s/   osso
} /s/

/dz/ pozo
/z/   casa
} /z/
} /s/
([s] dorsoalveolar)
{ brazo, pozo

  oso, casa

ACTIVIDAD 8.10   Explique los casos de palatalización de las consonantes
(recuerde que **j** = [ʒ] en español antiguo).

latín	español	latín	español	latín	español
PLAGA	llaga(M)	FLAMA(M)	llama	FOLIA(M)	hoja
CLAMARE	llamar(M)	PALEA(M)	paja	OCULU(M)	ojo

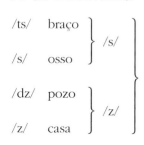 **Cuaderno de ejercicios 8.4 "Cambios consonánticos (II)"**

8.3.4 Cambio morfológico

Los cambios fonológicos condicionan cambios en la forma de las palabras, los cuales, a su vez, afectan a la sintaxis.

8.3.4.1 Morfología nominal

El latín clásico era una lengua flexionada y tenía una morfología compleja. Las formas nominales (sustantivos, adjetivos, demostrativos, posesivos y pronombres) tenían varias categorías flexionales: declinación, género, número y caso. Además, los pronombres personales, los posesivos y hasta los demostrativos compartían con los verbos la categoría de persona. Los sustantivos y adjetivos estaban distribuidos en *declinaciones*, o sea cinco clases morfológicas, puramente formales, tan arbitrarias como las conjugaciones de los verbos. Las categorías de género, número y caso se manifestaban en las terminaciones o flexiones: género masculino, femenino y neutro; número singular y plural; y los seis casos que señalaban las funciones gramaticales (sujeto, complemento directo, etc.). El resultado era un sistema morfológico complejo, del cual la Figura 8.8 da un botón de muestra.

Las terminaciones varían según la función sintáctica de la palabra, como se ve en los exemplos siguientes:

(6) a. amica   reginae   dedit   rosam   servo
        'la amiga'   'de la reina' 'dio'   'una rosa' 'al siervo'

    b. amicae   reginarum   dederunt rosas   servis
        'las amigas' 'de las reinas' 'dieron' 'rosas'   'a los siervos'

El sistema flexional latino tenía, por lo tanto, un carácter morfosintáctico°, es decir que las variaciones morfológicas jugaban un papel específico en la

■ **FIGURA 8.8**   Esquema parcial de la flexión nominal latina

Casos	1ª declinación regina (f.) 'reina'		2ª declinación servus (m.) 'siervo'		bellum (n.) 'guerra'	
	sg	pl	sg	pl	sg	pl
nominativo (sujeto)	regina	reginae	servus	servī	bellum	bella
vocativo (oyente)	regina	reginae	serve	servī	bellum	bella
genitivo (posesivo)	reginae	reginārum	servī	servōrum	bellī	bellōrum
dativo (compl. indirecto)	reginae	reginīs	servō	servīs	bellō	bellīs
acusativo (compl. directo)	reginam	reginās	servum	servōs	bellum	bella
ablativo (otros compls.)	reginā	reginīs	servō	servīs	bellō	bellīs

sintaxis. Debido a eso, el orden de palabras en latín clásico era flexible y el verbo venía habitualmente al final de la oración, como en (7), pero otras ordenaciones eran posibles, como en (8):

(7) a. amica   reginae   rosam   servo   dedit
     'la amiga'   'de la reina'   'rosa'   'al siervo'   'dio'
  b. amicae   reginarum   rosas   servis   dederunt
     'las amigas' 'de las reinas' 'rosas' 'a los siervos' 'dieron'

(8) a. servō   reginae   amica   rosam   dedit
     'al siervo'   'de la reina'   'amigo'   'rosa'   'dio'
  b. reginarum   amicae   rosas   dederunt   servis
     'de las reinas' 'amigas'   'rosas'   'dieron'   'a los siervos'

Los cambios fónicos del latín popular, como la pérdida del contraste entre vocales largas y breves y la pérdida de la /m/ final, reforzaron la tendencia como resultado hacia una morfología simplificada. En romance desapareció el sistema de declinaciones, quedando sólo los contrastes masculino/femenino y singular/plural. También los determinantes se redujeron drásticamente: de las seis clases de demostrativos latinos quedaron sólo tres clases con tres formas de singular y dos de plural. En cambio, se crearon dos nuevas categorías de determinantes, a saber el *artículo definido,* derivado del demostrativo ILLE, ILLA, ILLUD, y el *artículo indefinido,* derivado del numeral UNUS, UNA, UNUM. (Figura 8.9).

En la Figura 8.9, la /i/ latina de los ejemplos (1), (2) y (3) se articula en romance hispánico como /e/ (Figura 8.2), la /d/ final se pierde por apócope, y la /u/ átona final latina se articula como /o/. Además, en el ejemplo (2) la /p/ se asimila a la /s/. En el ejemplo (3) hay una forma compuesta por dos demostrativos, *ACCU + ILLE. (*ACCU es una forma hipotética, es decir, no verificada en ningún documento, que se postula como variante de ECCE 'he aquí'. En el ejemplo (4) la /i/ también se articula como /e/, y en el ejemplo (5) se pierde por apócope la /m/ final, y la /u/ átona final se rearticula como /o/.

El mecanismo de flexión perdió también otros empleos. En latín la mayoría de los adjetivos tenían el sufijo comparativo *-ior* (9a). Esta construcción flexionada fue reemplazada por una construcción analítica formada por MAGIS 'más' + adjetivo, como en (9b):

(9) a. Paulus **altior** quam Marius est. 'Pablo es *más alto* que Mario.'
    (Cf. ing. *Paul is **taller than** Mary).
  b. Paulus est **magis altus** quam Marius. 'Pablo es más alto que Mario.'
    (Cf ing. ***more intelligent than***).

■ **FIGURA 8.9**   Origen de los determinantes españoles

Singular (formas del nominativo):

Demostrativos   *Artículos*

(1)		(2)		(3)		(4)		(5)	
ISTE	este	IPSE	ese	*ACCU[1] + ILLE	aquel	ILLE	el	UNUS	uno
ISTA(M)	esta	IPSA(M)	esa	*ACCU + ILLA(M)	aquella	ILLA(M)	la	UNAS	una
ISTUD	esto	IPSU(M)	eso	*ACCU + ILLUD	aquello	ILLUD	lo		

Plural (formas del acusativo):

ISTOS	estos	IPSOS	esos	*ACCU + ILLOS	aquellos	ILLOS	los	UNOS	unos
ISTAS	esta	IPSAS	esas	*ACCU + ILLAS	aquellas	ILLAS	las	UNAS	unas

Posesivos
MEU(M)   mió (ant.), mío (diptongación), mi (por apócope, ante sustantivos)
MEA(M)   mía, mi (por apócope, ante sustantivos)
TUU(M)   to (ant.), tu (por apócope, ante sustantivos), tuyo (por analogía a cuyo)
TUA(M)   túa, tu (por apócope, ante sustantivos), tuya
SUU(M)   so (ant.), su, suyo
NOSTRU(M)   nuestro
VESTRU(M)   *vostru (por analogía a *nostru*), vuestro

[1]*ACCU es una forma hipotética de ECCE, usada en combinación con demostrativos. Las formas* aqueste/
aquest, aquesse/aques *también existieron en español antiguo.*

Sin embargo, así como en inglés hay comparativos irregulares **(good / better, bad / worse),** también en romance algunas formas comparativas irregulares se lexicalizaron:

(10) MELIOR (comp. de BONUS 'bueno')   > mejor
PEIOR (comp. de MALUS 'malo')   > peor
MINOR (comp. de PARVUS 'pequeño')' > menor
SENIOR (comp. de SENEX 'viejo')   > señor

8.3.4.2 Morfología verbal

Hay mucha semejanza entre el sistema verbal latino y el castellano, pero sin embargo hubo muchos cambios morfológicos (Figura 8.10).

En ambas lenguas, la raíz verbal lleva el significado léxico, mientras que la vocal temática (5.5) señala la conjugación, y las terminaciones flexionales señalan (1) el tiempo verbal (presente, pasado y futuro), (2) el modo (indicativo, subjuntivo e imperativo) y (3) la persona y el número.

■ FIGURA 8.10   Derivación de los tiempos verbales del español

Latin		Español Formas derivadas del latín		Formas nuevas	
Indicativo					
Presente	AMO	Presente	*amo*	Presente perfecto	*he amado*
Imperfecto	AMABA	Imperfecto	*amaba*		
Pretérito	AMAVI	Pretérito	*amé*		
Pluscuampf.	AMAVERAM			Pluscuamperfecto	*había amado*
Futuro	AMABO	-----		Futuro	*amar he > amaré*
Futuro perfecto*	AMAVERO			Futuro perfecto	*habré amado*
				Condicional	*amar ia > amaría*
				Condicional perfecto	*habría amado*
Subjunctivo					
Presente	AMEM	Presente	*ame*	Presente perfecto	*haya amado*
Imperfecto	AMAREM	------			
Perfecto	AMAVERIM	------		Futuro**	*amare, amares, amare...*
				Futuro perfecto	*hubiere amado*
Pluscuampf.	AMAVISSEM	Imperfecto	*amase*	Pluscuamperfecto	*hubiese/hubiera amado*
Futuro perfecto	AMAVERO	------			
Presente	AMA, AMATE			Imperativo	*ama* (tu), *amad*
Futuro	AMATO, AMATOTE	------			
Infinitivo:					
Presente	AMARE	Infinitivo	*amar*		
Perfecto	AMAVISSE/AMASSE	------		Presente perfecto	*haber amado*
Futuro	AMATURUS ESSE	--------			
Participios:	AMATUS	Participio	*amado*		
Presente	AMANS, -ANTIS		*amante***		
Futuro	AMATURUS, -A, -UM	----------			
Gerundio (ablativo)		Gerundio	AMANDO		*amando*

* Las formas del futuro perfecto de indicativo y las del perfecto subjunctivo eran iguales con excepción de la primera persona (amavero/amaverim).

** Sobre el futuro de subjuntivo ver la Figura 5.8 pág. 129.

*** El participio presente es un adjetivo en español moderno.

Había en latín cuatro conjugaciones, terminadas en -ĀRE, ĔRE, ĒRE e ĪRE, de las que descienden las tres conjugaciones españolas en **-ar-, -er,** e **-ir.** Los verbos latinos en ĔRE , como LEGĔRE 'leer', se repartieron entre los grupos en ĒRE e ĪRE.

	1ª	2ª	3ª	4ª
Latín	**AMĀRE**	**DEBĒRE**	**LEGĔRE**	**DORMĪRE**
	amo	debeo	lego	dormio
	amas	debes	legas	dormis
	amat	debet	legat	dormit

	1ª	2ª		3ª
Español	**amar**	**deber**	**leer**	**dormir**
	amo	debo	leo	duermo
	amas	debes	lees	duermes
	ama	debe	lee	duerme

En latín había una cuarta categoría de terminaciones que distinguían entre la voz activa y la voz pasiva (5.5.3). Por ejemplo, en (11) *poeta* es el sujeto em ambos casos, mientras que en (11a) *reginam* es el complemento directo (señalado por la terminación -*m*), mientras que en (11b) *a reginā* es el complemento de agente de la pasiva.

(11) a. Poeta reginam ama**t** 'el poeta ama a la reina'
  b. Poeta a reginā ama**tur** 'el poeta es amado por la reina'
  c. Cf. que vocitatur Solorceno 'que es llamada Solórzano' (p. 220).

Sin embargo, en latín se empleaba, para los tiempos del pasado, una construcción formada por formas conjugadas del verbo ESSE 'ser' seguidas de un participio:

(12) Poeta **amatus est** a reginā 'el poeta fue amado por la reina'

Le construcción ESSE + participio reemplazó totalmente en romance la pasiva latina flexionada, pero con un pequeño cambio temporal: *amatus est* dejó de señalar el pasado, como en (12), y pasó a señalar el presente *(es amado).*
  Otras formas verbales, como el futuro (AMABO 'amaré', AMABIS 'amarás', AMABIT 'amará') dejaron de usarse y fueron sustituidas por una construcción formada por el infinitivo seguido por formas de **haber**. La formación del condicional fue paralela, combinándose el infinitivo con las formas reducidas del imperfecto de **haber:**[9]

Futuro		**Condicional**	
amar he	amar hemos	amar ia	amar iamos
amar has	amar hedes (> eis)	amar ias	amar iades
amar ha	amar han	amar ia	amar ian

En latín no había tiempos compuestos, pero sí había ciertas combinaciones de HABERE 'haber' con un participio, que señalaban una acción terminada, como en (13a). Esas construcciones se generalizaron en romance, originando nuevos tiempos verbales según el modelo de (13b), del que hay varios ejemplos en el *Cantar de mío Cid,* como (13c–13f). Nótese que primitivamente, como en (13c–13d), en aquella construcción el participio (*quebrada,* 13c) concordaba en género y número con el complemento directo (*lanza,* 13c), pero con el paso del tiempo, esa regla se perdió en español, quedando el participio invariable.

(13) a. Habeo litteram scriptam (mod. *tengo una carta escrita*).
   b. He una carta escrita (mod. *he escrito una carta*).
   c. [Álbar Fánez] la lanza ha quebrada (*Cid,* 746).
      Mod. *la lanza ha quebrado.*
   d. Tornauas a Muruiedro, ca el se la a ganada (*Cid,* 1196).
      Mod. *Se volvía a Murviedro, porque él se la ha ganado.*
   e. Grandes son las ganançias que mio Çid fechas ha (*Cid,* 1149).
      Mod. *Grandes son las ganancias que mi Cid ha ha hecho.*
   f. ... de sus averes, de los que avien ganados. (*Cid,* 101).
      Mod. *que habían ganado.*

Ciertas formas verbales que se han conservado han sufrido cambios en su significado temporal. Por ejemplo, el pluscuamperfecto en **-ra** (CANTAVERAM > **cantara** 'había cantado') pasó a emplearse como imperfecto de subjuntivo, en competencia con las formas en **-se.**

Se desarrolló también en castellano un futuro de subjuntivo (Figura 5.8), con las terminaciones basadas en el futuro perfecto del indicativo latino **(amare, amares, amare, amáremos, amáreis, amaren).** Esta forma se arcaizó, reemplazada por el presente indicativo o el subjuntivo, con el que alterna en ciertos modismos, como (14a–14b), y en el lenguaje jurídico (7.6.4).

(14) a. Adonde **fueres** haz lo que vieres. / Adonde vayas haz lo que veas.
   b. Sea lo que **fuere.** / Sea lo que sea.

 Cuaderno de ejercicios 8.5 "Cambios morfológicos"

8.3.5 Cambio sintáctico

Como hemos visto (8.3.4.1) el señalamiento de la función sintáctica de los sustantivos y adjetivos por las terminaciones permitía que el orden de las palabras variara sin cambiar el significado denotativo, o básico, de la oración (ejemplos (7-8)).

La pérdida de las declinaciones condicionó un orden de palabras más fijo y también el empleo de preposiciones y conjunciones para señalar las

■ **FIGURA 8.11**   Origen de las preposiciones y conjunciones españolas

Preposiciones sencillas

A	a	DE	de	SINE	sin
ANTE	ante	IN	en	SUB	so (arc.)
CUM	con	INTER	entre	SUPER	sobre
CONTRA	contra	PER/PRO	por	TRANS	tras

Preposiciones compuestas

DE IN ANTE	ant. denante	POR AD	pora (arc.) para
DE TRANS	detrás	DE EX DE	desde
PER ANTE	perante (arc.)		

Conjunciones

ET	y	MAGIS	mas	AUT	o
NEC	ni	PER HOC	pero	QUID	que
QUOMODO	como	QUANDO	cuando	SI	si

funciones sintácticas. Un ejemplo de ello es el uso de la preposición **a** para señalar el complemento directo personal **(vio a la chica)** y el complemento indirecto **(dio el libro a la chica).** Se crearon también nuevas preposiciones y conjunciones (Figura 8.11). Algunas preposiciones castellanas provienen de preposiciones latinas, conservadas o ligeramente modificadas o combinadas con otras. Hay también preposiciones derivadas de otras palabras, e incluso algún *préstamo°* como ár. ***fatta*** > ant. **hata** > **hasta.**

En fin, se desarrollaron nuevos tipos de palabras compuestas (5.6.1.3), como N1 + prep + N2, en los que el sustantivo N2 modifica N1 (15a–15d).

(15) a. casa de chicas   b. arma de fuego
    c. copa para vino   d. café con leche

En época más reciente, se hizo muy productiva la construcción de tipo N1 + N2, en la que un sustantivo modifica el otro sin nexo sintáctico explícito:

(16) a. tienda mueblas   b. pronombre sujeto
    c. Operación Tormenta   d. coche bomba

8.3.5.1 Pronombres

En el sistema pronominal se nota la estrecha relación que hay entre los cambios morfológicos y los cambios sintácticos. Respecto a la forma, los pronombres latinos cambiaron relativamente poco en el paso al español, como se ve en la Figura 8.12. Hubo, sin embargo, varios cambios importantes como en la posición de los pronombres respecto al verbo. En latín los pronombres de complemento eran morfemas libres que tenían su propio acento tónico y podían venir no sólo antes o después del verbo (17a) sino también separados de éste por otra palabra (17b):[10]

(17) a. Me videt ~ videt me 'me ve'

b. Me sententiam rogavit 'me pidió la opinión'

Los pronombres de complemento directo e indirecto perdieron el acento tónico, transformándose en *clíticos* (5.4) es decir, morfemas ligados que vienen fonológicamente conectados a una forma verbal, como una sílaba adicional: **nos invita** [no-sim-bí-ta], **se lo pide** [se-lo-pí-ðe]. En español antiguo ese clítico podía venir después de un verbo conjugado (18a–18b), pero en la lengua actual la anteposición es la norma (19a–19b):

(18) a. las yentes cristianas **ascóndense** de mio Çid (*Cid, 29-30*);

b. Martín Antolínez . . . a mio Çid e alos sos **abástales** de pan e de vino (*Cid,* 66).

(19) a Se escondían del enemigo.

b. Les trajo pan y vino.

Por otra parte, la construcción *verbo conjugado + pronombre* queda limitada a ciertos estilos formales y literarios (20a) o a frases hechas (20b). La posposición sigue siendo la norma tras infinitivo, gerundio e imperativo (20c–20e).

■ **FIGURA 8.12**   Origen de los pronombres españoles

Sujeto		Complemento	
EGO > lat. pop. *eo* > yo		ME > me MIHI > mi	
NOS > nos		nos	
nos + otros > nosotros			
TU > tu		TE > te TIBI > ti	
VOS > vos		ant. vos, os	
vos + otros > vosotros			
ILLE > él		SIBI > si	
ILLOS > ellos			
ILLA > ella		la	
ILLAS > ellas			
ILLU >		lo	
		ILLI > le, ILLIS > les	
(IL)LI ILLU(M) > /lielo/ > *gelo* [ʒelo]			

(20) a. Decretóse el estado de sitio.

b. Acabóse el cuento.

c. Fue el primero en distanciarse del régimen.

d. Se solucionó el problema de la frontera cerrándola definitivamente.

e. Tráigamelas mañana por la tarde.

Tiene particular interés el desarrollo de **se** como pronombre de complemento indirecto de reemplazo de **le (se lo doy, se lo presto).** En latín popular esa construcción era (IL)LI ILLU(M), donde ILLI era el complemento indirecto (equivalente a **le**) e ILLU(M), el complemento directo (equivalente a **lo**). En la combinación (IL)LI ILLU(M) no hubo la pérdida de la primera sílaba del acusativo (ILLUM) que ocurrió en otras circunstancias, como en (IL)LU(M) > lo, (IL)LA(M) > la, etc. Por lo tanto, se conservó la vocal inicial, que evolucionó regularmente a la vocal media /e/. Ante esta vocal, la /i/ final de LI se convirtió, también regularmente, en una deslizada palatal. A su vez, la LL se simplificó en /l/. El resultado fue la secuencia /lielo/ que produjo /ʒelo/ en español antiguo. (Asimismo, /li̯elos/ > /ʒelos/, /li̯ela/ > /ʒela/, /li̯elas/ > /ʒelas/.) Posteriormente, la sílaba [ʒe] empezó a ser reemplazada por **se** [se], quizás por analogía con el pronombre reflexivo **se,** como en (21):

(21) Cortóle el yelmo, que llegó a la carne;

sabet, el otro non ge l'osó esperar (*Cid,* 765-766)

(Mod.) Le cortó el yelmo, que llegó a la carne;

sabed, el otro non se lo osó esperar

Otra innovación fue la duplicación pronominal en un sintagma del tipo *preposición + pronombre,* por énfasis, o para evitar ambiguedad (22a–22b):

(22) a. Te digo que me lo dio a mí;

b. ¿Por qué se lo das a ella y no a él?

Se crearon además nuevos pronombres y locuciones° que funcionaban como pronombres. En la Edad Media se empleaba **vos** no sólo como segunda persona plural sino también como segunda persona singular de respeto. A fines de la Edad Media, se añadió -*otros* a *vos* para distinguir claramente la forma plural. Luego se creó la forma *nosotros,* seguramente por analogía. Mientras que **nos** se ha arcaizado como pronombre sujeto, sobreviviendo sólo en el discurso formal del rey, del papa o de los obispos,[11] **vos** quedó en la lengua, primero como tratamiento singular de cortesía, luego como tratamiento reservado a los inferiores, y hoy día se usa en lugar de **tú** en varios países hispanoamericanos (ver **voseo,** 9.5.2, 10.3). A partir del siglo XVI se desarrollaron formas de tratamiento cortés con el verbo en tercera persona, como **su señoría, vuestra señoría, su merced, vuestra merced.** De esta última se originaron otras formas, como **vuesarcé, voaced** y la única que se ha quedado en el uso general: **usted.**

8.3.5.2 Nuevas construcciones verbales

El cambio sintáctico puede conllevar la especialización de ciertas formas. El verbo TENERE (que dió origen a **tener**) significaba posesión física (23a), mientras que HABERE (del cual se originó **haber**) señalaba tanto la posesión de una cosa (23b) como su obtención (23c):

(23) a. Gladium tenebat 'tenía la espada [en la mano]'
   b. Gladium habebat 'tenía [= 'poseía'] una espada'
   c. Gladium habuit 'obtuvo la espada'

En castellano antiguo se encuentran reflejos de esos usos (24a–24c) pero gradualmente **haber** se reduce a la función de verbo existencial y de verbo auxiliar que, como quedó dicho, ya se formaba en la construcción antigua **haber** + participio. Además de **haber,** en español antiguo se usaba también **ser** como auxiliar de verbos intransitivos, como en (25). Este uso desaparece en la lengua moderna, quedando sólo **haber** en aquella función.

(24) a. Tiene dos arcas llennas de oro esmerado. (*Cid,* 113)
   b. [mio Çid] avie [= había] grandes cuidados. (*Cid,* 6)
   c. En las manos las tiene [las espadas]. (Cid, 3182)

(25) Nacido es el Criador (Magos, 56)[12] , vs. ha nacido.

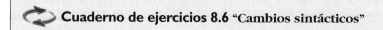

Cuaderno de ejercicios 8.6 "Cambios sintácticos"

8.3.6 Cambios semánticos y léxicos

Se entiende por *semántica* el área de la lingüística que se ocupa del significado. Con el paso del tiempo, el significado de las palabras tiende a transformarse mediante el proceso de *cambio semántico°.* A medida que se pierden ciertas palabras y se añaden otras nuevas, también se modifica la composición del léxico. Hay una relación muy estrecha entre el cambio semántico y el cambio léxico.

Diversos procesos intervienen en el cambio semántico. Uno de ellos es la *extensión semántica,* que expande el significado de una palabra, aumentando los referentes a los que se refiere ésta. Por lo tanto, aumentan también los contextos en los que la palabra puede usarse. La extensión semántica es responsable de que un término específico adquiera un significado genérico. Por ejemplo, SCUTUM designaba en latín un escudo rectangular, hecho de madera y recubierto de piel, distinto al CLIPEUM, que era un un escudo metálico de forma oval. Mientras que de la palabra SCUTUM se ha derivado **escudo** como término genérico, CLIPEUM ha sobrevivido sólo en la voz **clípeo,** empleada en arqueología. Asimismo MULIER significaba sólo 'mujer' (equivalente femenino de VIR 'hombre', reemplazado por HOMO 'hombre en general; ser humano'), mientras que UXOR significaba 'esposa' (equivalente femenino de MARITUS 'marido'). Pero MULIER adquirió también este último significado, lo que dio origen a los pares *hombre/mujer* y *marido/mujer,* mientras que UXOR desapareció de la lengua común. Asimismo, la voz popular **caballu** 'caballejo, rocín', se ha transformado en término genérico, mientras que el vocablo latino EQUUS 'caballo' ha desaparecido del uso común.

Cuando la palabra adquiere un significado socialmente más elevado, como en el paso de **caballu** a **caballo** o de lat. **casa** a esp. **casa,** se dice que ha habido un *mejoramiento semántico.* Fue ese también el caso lat. COMES 'acompañante, compañero de viaje', cuya forma acusativa **comite** dio origen a **conde,** con el significado de rango de nobleza, al igual que **duque** (del lat. DUX 'conductor'). El proceso inverso, llamado *degradación semántica,* atribuye a una palabra un significado negativo o peyorativo, como en los casos siguientes:

latín	español
IMBECILLUS 'débil'	imbécil 'tonto'
VULGARIS 'popular'	vulgar 'tosco, grosero'
(lat. med.) VILLANUS	villano 'facineroso'
'habitante de una villa'	

La base del léxico español se compone de palabras *populares* o *patrimoniales,* ya existentes en el latín hispánico y que han sufido cambios fonológicos regulares a lo largo de los siglos hasta asumir su forma actual. A partir del Renacimiento, se introdujeron en el español muchas palabras griegas y latinas debido al alto prestigio de las literaturas de estos idiomas. Llamadas *cultismos* o *formas cultas,* estas voces no pasaron por los cambios fonológicos sufridos por las palabras patrimoniales, sino que se adoptaron directamente del latín, sea en su forma original, como **déficit, quorum, álbum,** sea mediante pequeñas adaptacions fonológicas, por analogía con otras palabras patrimoniales, como **penitencia** (PAENITENTIA), o las palabras latinas terminadas en -TATE(M), que dieron vocablos en **-dad,** como CONTINUITATEM > **continuidad** o AMABILITATEM > **amabilidad.** Ciertas voces que han desaparecido de la lengua común pueden ser reintroducidas por vía culta en términos técnicos. Es el caso de la palabra UXOR 'esposa', que como hemos visto, fue reemplazada por MULIER, pero que aparece en la forma culta **uxoricida** 'marido que mata a la mujer' y **uxoricidio** 'acción de matar el marido a su mujer.'

Palabra latina específica	Palabra genérica española	Palabra genérica (desaparecida del español común)	Palabra genérica latina conservada en un cultismo
caballu 'caballejo, rocín'	caballo	*equum*	equino, equitación
spatha 'espada ancha de dos hilos'	espada	*gladium*	digladiar
uxor 'esposa'	mujer	*uxor*	uxoricida, uxoricidio
casa 'casucha'	casa	*domus*	domicilio, doméstico

Son también cultismos el sufijo superlativo **-ísimo** (de -ISSIMUS) y el morfema **-mente,** adaptación del sustantivo MENTE(M), elemento formador de adverbios que aparece en el castellano medieval también con la forma **mientre,** posiblemente por confusión con **mientras:**

(26) De los sos ojos tan tristemientre llorando
　　　 Tornava la cabeza y estábalos catando. (*Cid,* 3,4)
　　　 (Mod.) Por los ojos tan tristemente llorando
　　　 Volvía la cabeza y los estaba mirando.

ACTIVIDAD 8.11   Clasifique los cambios que han tenido lugar en las formas siguientes, sacadas de los versos del *Cantar de mio Cid* en el ejemplo (26):

▨ Ejemplo:

sos > mod. *sus*   Cambio analógico

1. *los sos*
2. *ojos* (¡OJO!)
3. *estábalos*
3. *catando*
4. *triste mientre*

Otras palabras, llamadas *semicultismos*°, fueron introducidas directamente del latín, aún en la época del español antiguo, pero han pasado por sólo algunas de las transformaciones sufridas por los vocablos patrimoniales. Algunas palabras semicultas, relacionadas a las actividades religiosas o a la administración pública, eran usadas por personas que, por saber algo de latín, como los sacerdotes o funcionarios, insistían en lo que creían fuese su pronunciación correcta. Es el caso de VIRGINEM o EPISCOPUM que dieron **virgen, obispo** y no **verzen* o **ebespo,* como sería de esperar, si se hubieran desarrollado normalmente.

Ciertas palabras latinas dieron origen a una forma popular y a otra culta o semiculta, formando un *doblete,* como CATHEDRA 'trono' > **cadera / cátedra** (originalmente la silla de un obispo). La razón de ello es que tales palabras se desarrollaron normalmente en el habla popular, pero en algún momento la forma original fue reintroducida en romance, con un significado especial. En esos casos, el significado de la palabra patrimonial suele ser más concreto, mientras que el de la forma culta es más general o metafórico.[13] O, al revés, una palabra latina puede no tener ningún descendiente popular en español, pero sí un cultismo o un semicultismo. Algunos ejemplos de ambos casos incluyen:

forma latina original	palabra patrimonial	cultismo	semicultismo
ARTICULU(M)	artejo	artículo	
SAECULU(M)	siglo	secular	seglar
OPERA(M)	obra	ópera	
EPISCOPU(M)	obispo	episcopal	
AFFECTIONE(M)	----	afección	afición
RESPECTU(M)	----	respecto	respeto

Los procesos de cambio semántico siguen funcionando en el idioma. Un ejemplo de extensión semántica es la transformación de un nombre propio en sustantivo común:

(27) a. Ese ministro es un **judas** ('un traidor')
b. Fulana es una **mesalina** ('una mujer disoluta')
c. Juanito es un **santo tomás** ('muy incrédulo')
d. Marta es una **lucrecia** ('una mujer virtuosa')
e. El ministro es un nuevo **hitler** ('un dictador')

La extensión semántica suele afectar particularmente ciertos nombres comerciales, pese a estar registrados como marcas, transformándolos en sustantivos comunes. Algunos se usan en el español internacional como **champán** ('vino espumante, originalmente da la región de Champagne, en Francia') o **coñac** ('brandy de la región de Cognac, en Francia'), pero otros se limitan a ciertas regiones, como los siguientes vocablos empleados en España:

Vespa	> vespa	'scooter' [es-kú-ter]
Tesafilm	> tesafilm	'cinta adhesiva'
Durex	> durex	'condón'
Kleenex	> kleenex [klí-nes]	'pañuelo de papel'
Tampax	> tampax	'tampón'

Siguen jugando un papel importante en la terminología científica y técnica los *helenismos,* es decir, préstamos del griego, como por ejemplo **átomo, bacteria, cibernética, cátodo, plástico, técnico.** La terminología científica suele ser internacional, y entra en el español por medio de otro idioma, por lo general el inglés. Hay también préstamos híbridos, formados por un morfema griego y otro latino:

gr. *tele* 'lejos' + lat. *visio* 'visión'   > televisión
gr. *tele* 'lejos' + lat. *fere* 'transportar'   > teleférico
gr. *elektro* + lat. *domus* 'casa'   > electrodoméstico
lat. *balneum* 'baño'+ gr. *terapia* 'cura' > balneoterapia

Los *préstamos* directos son palabras de otras lenguas que se incorporan al idioma sin grandes cambios además de algunos ajustes fonológicos. El árabe, como hemos visto (Figura 8.1), dejó muchas palabras en el léxico español. Actualmente los medios de comunicación facilitan la entrada de muchos préstamos, particularmente del inglés, en el léxico de la cultura popular (música, deporte, cine), las artes, y la tecnología. He aquí una pequeña muestra de préstamos directos encontrados en revistas contemporáneas:

módem	hardware	chip
disquete	bypass	scanner (también escáner)
software	chat master	chipset
whisky[14]	boutique	cederrón (< CDROM)

Para evitar los préstamos directos se suele traducirlos al español, lo que a veces conlleva cierto grado de extensión semántica:

file > archivo	*design* > diseño	*processor* > procesador
navigate > navegar	*storing* > almacenamiento	*peripheral* > periférico

El préstamo puede hacerse indirectamente, mediante el *calco,* o sea la traducción literal de una expresión extranjera:

portable computer > ordenador portátil	*hard disk* > disco duro
hot dog > perro caliente	*skyscraper* > rascacielos
basketball > baloncesto	*virtual fair* > feria virtual
virtual store > tienda virtual	*virtual office* > escritorio virtual
credit card > tarjeta de crédito	*wireless* > inalámbrico
computer game > juego de ordenador	*tool bar* > barra de herramientas
real time > tiempo real	*backlighting* > retroiluminación
serial port > puerto serie	*parallel port* > puerto paralelo
mouse > ratón	*slot* > ranura

Algunos calcos son sólo parciales, dando origen a vocablos híbridos:

ghetto blaster > gueto bláster	*Web space* > espacio web
cyberspace > ciber espacio	*Web page* > página web
reset button > botón de reset	

También se puede tomar como préstamo sólo el significado, expresándolo mediante la extensión semántica de una palabra española cognada° o simplemente parecida:

vocablo español	significado original	significado extendido	vocablo extranjero que ha influido
agresivo	violento	dinámico	aggressive (ing.)
explotar	aprovecharse	estallar	exploiter (fr.)
firma	nombre escrito	empresa	firm (ing.)
permisivo	que implica permiso	tolerante	permissive (ing.)
planta	piso de un edificio	fábrica	plant (ing.)
sofisticado	falsificado	refinado	sophisticated (ing.)

Una vez incorporado al léxico, el préstamo puede servir como base a la formación regular de nuevas palabras. Así, **roquero** (ing. *rock*), **boxeo** (ing. *box*) y **flirteo** (ing. *flirt*) han dado **boxear, boxeador, flirtear.** Los nuevos verbos son siempre de la primera conjugación, como:

customize > customizar	*digitalize* > digitalizar
scan > escanear	*televise* > televisar
optimize > optimizar	*standarize* > estandarizar
sponsor > esponsorizar	*globalize* > globalizar

Una palabra derivada o compuesta puede, a su vez, dar origen a nuevos morfemas o palabras. El sufijo griego *tele-* 'lejos' permitió formar vocablos como **telégrafo, teléfono, televisión.** Este último, al ser acortado (5.6.1.4), dio origen al prefijo **tele** 'cosa relativa a la televisión,' con el cual se han creado nuevas palabras:

telediario	telenoticia	telenoticiero
telespectador	televisivo	telefilm

El acortamiento puede hacerse mediante la eliminación de la primera palabra de un compuesto, como en *ordenador portátil* > *el portátil* o *teléfono móvil* > *el móvil.*

 Cuaderno de ejercicios 8.7 "Dobletes"

8.4 EL CAMBIO LINGÜÍSTICO CONTINÚA

Hacia el comienzo del siglo XVI la lengua española ya había adquirido esencialmente la estructura sintáctica que corresponde a su fase moderna. Los eventos históricos acaecidos entre finales del siglo XV y la primera mitad del XVI tuvieron un impacto profundo en la sociedad española y en el idioma. La llegada de Cristóbal Colón a América en 1492 permitió la expansión de la lengua. En el mismo año, el andaluz Antonio de Nebrija publicó su *Gramática de la Lengua Castellana* —la primera gramática de un idioma románico— que marcaría un rumbo para el desarrollo de la lengua escrita. También en 1492 se acabó el poder político musulmán en España, con la conquista del reino de Granada. Ese mismo año, los Reyes Católicos, Fernando e Isabel, firmaron un decreto expulsando a los judíos que no quisieran convertirse al catolicismo. Esta medida, que tuvo devastadores efectos para la economía de España, tuvo también una inesperada consecuencia lingüística, que fue el desarrollo de una variedad de la lengua, el *judeoespañol* (9.7).

Durante los siglos XVI y XVII se consolidaron los últimos grandes cambios fonológicos (8.3.3.), que se recapitulan a continuación.

(a) Se perdió la africada /h/, originaria de la *f* latina inicial y representada en la escritura por la letra *h* FARINA > harina [ha-rí-na] > harina [a-rí-na].

(b) Desapareció el contraste entre /s/ y /z/, reducidas a /s/.

(c) Las africadas /ts/ y /dz/ se redujeron al fonema /s/ dorsoalveolar, del cual se originó la /θ/ en el castellano norteño; pero en el habla meridional la /s/ procedente de /ts/ desplaza la /s/ apicoalveolar (fonéticamente [ś]).

(d) El fonema fricativo /ʒ/ perdió la sonoridad, confundiéndose con /ʃ/, representado en la escritura por la letra x. En el siglo XVI la articulación palatal de /ʃ/ se velarizó, originando el fonema /x/.

(e) También hacia fines del siglo XVI empezó a confundirse la pronunciación de /ʎ/ y de /y/, dando origen al yeísmo de Andalucía y América (4.4).

Se fijó también la morfología y la sintaxis. Por ejemplo, los artículos, que variaban entre **aqueste** y **este, aquese** y **ese,** se redujeron a **este, ese.** Desaparece el uso medieval de combinar el artículo con el posesivo, como en **los sos ojos** (*Cid,* 1), mod. **los ojos** o **sus ojos.** Los pronombres de sujeto plural **nos/vos** compitieron por algún tiempo con las formas compuestas **nosotros/vosotros,** pero ya en el siglo XVII sólo quedaban éstas en el uso general.

En la morfología verbal se perdió definitivamente la **d** de la segunda persona plural, lo que tuvo como resultado la diptongación de la **e** con la vocal anterior:

latín	castellano antiguo	español moderno
AMA**T**IS	ama**d**es	amáis
PONE**T**IS	pone**d**es	ponéis
LEGE**T**IS	lee**d**es	leeis
AUDI**T**IS	oí**d**es	oís

Además, se consolidaron las formas del futuro y del condicional, formadas, por la unión de un infinitivo con una forma de **haber (hablar + emos, comer + ía)** (Figura 5.7). En consecuencia, el pronombre clítico ya no puede venir entre las dos formas verbales, sino que debe venir antes del verbo:

(28) a. Contar vos he de los sus vestimentas.[15]
      Mod.: Os contaré de sus vestimentas.
   b. Convidar le íen de grado, mas ninguno non osava.[16]
      Mod.: Le invitarían con placer, pero ninguno osaba.

Los usos de **ser** y **estar** quedaron definidos, de manera que construcciones como (29a) se arcaizaron y fueron reemplazadas por oraciones como (29b):

(29) a. Ciertamente nacido es en tierra.[17]
   b. Mod.: Ciertamente ha nacido en tierra.

Haber reemplazó a **ser** como auxiliar:

(30) a. Nacido es el Criador.[18]
   b. Mod.: Ha nacido el Criador.

Entre las causas más importantes de los grandes cambios en el léxico, se pueden señalar dos. La primera, resultado de las modificaciones sociales y culturales provocadas por el Renacimiento, consistió en préstamos del italiano, sobre todo en las actividades culturales:

artes	música	literatura	arte militar
esbozo	piano	soneto	coronel
retrato	trombón	madrigal	marchar
claroscuro	ópera	novela	emboscada
diseño	sonata	terceto	escuadrón

Influye asimismo la creciente disponibilidad de libros y el aumento del número de personas que sabían leer y escribir. Muchas palabras son reemplazadas por otras, consideradas más elegantes o expresivas:

vocablos antiguos	vocablos actuales	vocablos antiguos	vocablos actuales
agora	ahora	cuita	pena
asaz	harto	hueste	ejército
aqueste	este	maguer	aunque
ca	porque	regoldar	eructar
cabero	último	solaz	consuelo
catar	mirar	solazar	consolar
cativo	desgraciado	vegada	vez

La segunda causa fue el contacto con América, donde contribuyeron con nuevas palabras los idiomas indígenas, como el náhuatl (México) *(cacahuate, coyote)*, el quechua, en los Andes (papa, cóndor) o el taíno en las Antillas (canoa, tabaco). (Ver también 9.5.4 y la Figura 9.6).

 Cuaderno de ejercicios 8.8 "El origen del léxico español"

---

quechua	náhuatl	arahuaco	caribe
papa	cacahuate	canoa	caníbal
carpa	galpón	tabaco	loro
pampa	tiza	maíz	caimán
choclo	coyote	ají	cacique
coca	chocolate	batata	butaca
cóndor	achicle	iguana	colibrí

Como cualquier idioma vivo, el español sigue modificándose, aunque lentamente, de modo que los cambios se notan relativamente poco a lo largo de la vida de uno. Además, la cara pública de la lengua en los medios de comunicación se rige en parte por una normativa, codificada en gramáticas, diccionarios y manuales de estilo, que ejercen cierto control sobre el cambio lingüístico. Pero éste continúa, y cuando en el siglo XXII los lingüistas — si los hay—comparen la lengua de su época con la de hoy día, seguramente encontrarán muchas diferencias.

Hay que distinguir entre el proceso de cambio en sí mismo y su difusión por la comunidad. El cambio empieza con innovaciones relativamente aisladas, muchas de las cuales no prosperan, mientras que otras se difunden a lo largo de distintos grupos sociales y acaban incorporándose al repertorio de toda la comunidad. Aunque el estudio diacrónico de los idiomas revela que el cambio lingüístico es un fenómeno normal, las actitudes de los hablantes hacia el cambio varían desde la aceptación entusiástica de algunos a la resistencia apasionada de unos cuantos. Por lo general, la mayoría incorpora las novedades sin problemas, particularmente las que contribuyen a agilizar la comunicación. En una sociedad muy estratificada, el origen popular de ciertas innovaciones suele dificultar su aceptación por las personas de nivel sociocultural más elevado. Además, como el cambio no se realiza de manera uniforme, es normal que coexistan en la lengua formas antiguas o conservadoras y formas recientes o innovadoras. Eso es particularmente notable en un idioma que, como el español, se habla en muchos lugares distintos, y que por lo tanto tiende a variar, no sólo de una región a otra, según comentaremos en el Capítulo 9, sino también de un grupo social a otro, lo cual será el tema del Capítulo 10.

Términos clave

añadidura de fonos
arcaizarse, arcaísmo
calco o traducción directa
cambio diacrónico
cambio fónico
cambio fonológico
cambio léxico
cambio morfológico
cambio semántico
cambio sintáctico
degradación semántica
diacronía
diptongación
eliminación de fonos
extensión semántica
forma culta o cultismo

forma patrimonial
    forma popular
forma semiculta
latín
    clásico, literario, popular, vulgar
mejoramiento semántico
metátesis
mozárabe
palatalización
pérdida de fonos
préstamo lingüístico
reducción semántica
sermo
    urbanus, quotidianus, usualis,
    rusticus, vulgaris, plebeius
sincronía vs. diacronía
sonorización

MITOS SOBRE EL LENGUAJE   Sabemos que todas las lenguas cambian con el tiempo, unas más rápidamente que otras, dependiendo de las circunstancias, pero el cambio es inevitable. Hay personas que lo lamentan y creen que eso se debe a la corrupción de la lengua por parte de los que no saben, o no quieren, hablarla correctamente. Se lamenta, particularmente, que el significado de las palabras cambie con el paso del tiempo, y se dice que habría que hacer algo para impedirlo. A su parecer, ¿cuál sería la base de esas actitudes? ¿Qué se entiende por "corrupción" en ese contexto? ¿Qué se podría hacer para impedir el cambio de significado de las palabras? ¿Qué pasaría si las lenguas no cambiaran?

SUMARIO

Con el paso del tiempo se modifican todos los aspectos de la estructura de los idiomas vivos: la articulación de los fonos, el sistema fonológico, la forma de las palabras, la estructura de las oraciones y el significado de los vocablos.

Mediante los cambios sufridos por el latín popular de la Península Ibérica se desarrollaron el castellano y las otras hablas romances. Con la reconquista, el castellano se expandió por la mayor parte de la Península. El *mozárabe* desapareció y los demás idiomas románicos quedaron limitados a áreas específicas: el *portugués* en Portugal y el castellano y otras lenguas en España.

En el cambio *fónico* se distingue entre los cambios *fonéticos,* que afectan la articulación de los fonos, y los *fonológicos,* que modifican el sistema de fonemas. El cambio *morfológico* afecta la forma de las palabras, y puede influir en el cambio *sintáctico,* que altera la estructura de las oraciones. Mientras unas palabras cambian de significado y otras se arcaízan, se crean palabras nuevas, causando así cambios *léxicos* y *semánticos.* El vocabulario se ha renovado mediante vocablos tomados directamente del latín (cultismos) y de cientos de préstamos de otros idiomas, particularmente hoy día del inglés. Aunque el cambio lingüístico es un fenómeno normal, las actitudes de los hablantes varían entre la aceptación y el rechazo, pasando por la aceptación de la mayoría. Puesto que el cambio lingüístico no opera de la misma manera en todos los lugares ni en todos los grupos sociales, uno de sus resultados es la variación regional y la variación social.

PRÁCTICA

A. Identifique los cambios fónicos que afectaron las vocales acentuadas. Suponiendo que se trate de cambios regulares, ¿qué generalización se puede sacar de los ejemplos? (Nota: En todos estos ejercicios se dan los ejemplos latinos sin la M final el acusativo)

◢ Ejemplo:

FORTE [fórte]	fuerte	Diptongación de la [ɔ]
1. TERRA [tɛ́r̄a]	tierra	_____
2. MEL [mɛ́l]	miel	_____
3. PETRA [pɛ́tra]	piedra	_____
4. HORTU [ɔ́rtu]	huerto	_____
5. PORTA [pɔ́rta]	puerta	_____

B. Fíjese en las vocales finales inacentuadas de las palabras latinas y en las vocales españolas correspondientes. ¿Qué cambio fónico ha tenido lugar?

◢ Ejemplo:

CAECU [kɛ́ku]	ciego	Cambio de la vocal alta [u] a la vocal media [o]
1. HORTU [ɔ́rtu]	huerto	_____
2. DIXI [díksi:]	dije	_____
3. PAUCU [páu̯ku]	poco	_____
4. PATRE [pátre]	padre	_____
5. SACCU [sák:u]	saco	_____

C. En la lista siguiente, fíjese sólo en lo que le ha pasado a la consonante inicial latina. Los ejemplos son todos regulares. ¿Qué generalización se puede sacar?

	Castellano antiguo	Castellano norteño moderno	Cambio fónico
◢ Ejemplo:			
CULPA	[kúlpa]	[kúlpa]	[kúlpa] *No ha habido cambio.*
1. CAELU [kɛ́lu]	[tsjélo]	[θi̯élo]	_____
2. CAESAR [kɛ́sar]	[tsesar]	[θésar]	_____
3. CAECU [kɛ́ku]	[tsego]	[θi̯éɣo]	_____
4. CIRCU [kírku]	[tsirko]	[θírko]	_____
5. CASA [kása]	[kása]	[kása]	_____

D. Identifique en lo siguientes grupos de palabras el resultado de las consonantes intervocálicas en castellano. ¿Qué cambios fónicos han tenido lugar? ¿Qué generalización se puede sacar?

Latín	Castellano
[k:]	[k]

◤ Ejemplo:

a. BUCCA	boca
b. VACCA	vaca
c. SACCU	saco

La consonante larga CC [k:] se ha reducido a una [k]

A.   [p] → [β]

a. LUPU	lobo
b. SAPORE	sabor
c. CUPA	cuba

B.   [t] → [ð]

a. AETATE	edad
b. ROTA	rueda
c. CATENA	cadena

C.   [k] → [γ]

a. URTICA	ortiga
b. CAECU	ciego
c. SECURU	seguro

D.   [p:] → [p]

a. CUPPA	copa
b. CIPPU	cepo
c. CAPPA	capa

E.   [t:] → [t]

a. GUTTA	gota
b. MITTERE	meter
c. SAGITTA	saeta

E. Suponiendo que sean regulares los cambios fónicos representados por los ejemplos, ¿qué procesos habrán afectado los grupos consonánticos iniciales?

■ **Ejemplo:**

PLAGA   llaga   El grupo consonántico PL [pl] se transforma en la lateral palatal [ʎ] en posición inicial

1. PRATU   prado   _____

2. BRACCHIU   brazo   _____

3. FRAXINU   fresno   _____

4. FRIGIDU   frío   _____

5. FLAMMA   llama   _____

6. GRAECU   griego   _____

7. CLAMARE   llamar   _____

8. PLORARE   llorar   _____

9. PLANTA   llanta   _____

10. PLANU   llano   _____

F. Algunas de las palabras de la práctica anterior han tenido dos resultados en español. ¿Qué diferencia hay entre ellos? ¿Qué hipótesis ofrece usted para explicar esa situación?

■ **Ejemplo:**

latín	castellano	
PLANU	llano	plano Llano es la forma patrimonial, y plano, la culta.

1. PLANTA   llanta   planta

2. CLAMARE   llamar   clamar

3. FLAMMA   llama   flama

4. PLICARE   llegar   plegar

5. PLUVIA   lluvia   pluvial (adj.)

G. Reescriba los textos siguientes en español actual y explique los cambios en cuestión. La ortografía de los textos ha sido actualizada. (Fuente: Menéndez Pidal 1971)

◣ Ejemplo:

Nacido es el Criador (*Auto de los Reyes Magos*, 5)

El uso del verbo ser como auxiliar se ha arcaizado; hoy se diría ha nacido.

1. Todo hombre que matare o firiere perro . . . pague cuanto lo apreciaren los hombres buenos (*Fuero de Brihuega*, 20–21).

2. Nacida es una estrella (*Auto de los Reyes Magos*, 55)

3. Ver lo he otra vegada (*Auto de los Reyes Magos*, 46)

4. Si queréis oír lo que os quiero decir, diré os lo que oí . . . (*Disputa del Alma y el Cuerpo*, 1–2)

5. Reinó el rei Salomón 45 años y murió, y soterraronlo en Jerusalén . . . (*Liber Regum*, 1–2)

6. Sus parientes todos dejó, / Así que más nunca los vió. (*Vida de Santa María Egipcíaca*, 137–138)

7. Todos los mis vassallos que aquí son finados (*Poema de Fernán González*, 559)

8. Cuidaba yo hoy sin duda le matar o prender (*Poema de Fernán González*, 556)

D. Compare la siguiente versión (siglo XIII) del Evangelio de San Mateo 6: 5–6 (la ortografía ha sido modernizada) con la versión moderna. Comente las diferencias, teniendo en cuenta las cuestiones siguientes:

1. ¿Qué palabras son las mismas bajo otra forma?

2. ¿Qué palabras han sido cambiadas por sinónimos?

3. ¿Qué tiempos verbales presentan formas distintas?

4. ¿Qué tiempos verbales han sido cambiados por otros?

5. ¿Se nota alguna variación en la forma o en el empleo de los pronombres?

E quando oraredes, no fagades
cuemo los ypocritas, que aman orar
en las sinoas e en los rencoles de las
calles, estando por tal que los vean
los ombres. Yo uos digo uerdat, que
ya recibieron so gualardon. Mas tu,
cuando orares, entra en tu camara e,
la puerta cerrada, ruega al to padre
en ascondido; e gualardonar te lo a
el to padre que lo vee en ascondido.
(Fuente: Menéndez Pidal 1971:274)

Y cuando ores, no seas como los
hipócritas; porque ellos aman el
orar en pie en las sinagogas y en las
esquinas de las calles, para ser vistos
de los hombres; de cierto os digo
que ya tienen su recompensa. Mas tú,
cuando ores, entra en tu aposento,
y cerrada la puerta, ora a tu Padre
que está en secreto; y tu Padre que
ve en lo secreto te recompensará en
público. (Fuente: Gedeones 1977:9)

Temas para profundizar

A. Compare el *Appendix Probi* con alguna las columnas de autoayuda del
tipo "hable así y no asá," publicadas en ciertos periódicos y revistas,
supuestamente para enseñarles a los lectores a hablar o a escribir correctamente. ¿Qué revelan aquellos consejos acerca del lenguaje hablado?
A su parecer, ¿son eficaces o no? Explique su respuesta.

B. Basándose en sus recuerdos, haga un breve análisis de los cambios
por los que ha pasado su manera de hablar desde que dejó la escuela
secundaria, teniendo en cuenta las cuestiones siguientes:

1. ¿Qué palabras ha dejado de usar?

2. ¿Qué palabras ha adquirido?

3. ¿En qué palabras ha notado usted algún cambio de significado?

4. ¿Ha cambiado su pronunciación? ¿De qué manera?

5. ¿Qué cambios han tenido lugar en su estilo de hablar?

Principales fuentes consultadas

Obras generales: Boyd-Bowman 1980, Candau de Cevallos 1985, Cano Aguilar 1988,
Catalán 1958, Hall 1974, Lapesa 1980, López García 1985, Lleal Garcerán 1990, Lloyd 1987,
Poulter 1990, Resnick 1981, Menéndez Pidal 1973, Penny 1991, 2000, Elcock 1960;
Latín vulgar: Väänänen 1981; mozárabe: Galmés de Fuentes 1983.

Sugerencias para lectura

Candau de Cerallos 1985, López García 1985, Lleal Garceran 1990, Penny 2000, Poulter 1990.

─────────────────── ■ N O T A S ─────────────────────

[1]*Biblia Medieval Romanceada Judío-Cristiana.* Edición del P. José Llamas, O.S.A. Madrid: Consejo Superior de Investigaciones Científicas, 1950, pág. 26.

[2]Tito Maccio Plauto: comediógrafo latino (¿254? - 184 a.C.), autor de comedias como *Miles gloriosus* ("El soldado fanfarrón"), *Anfitrión, Los gemelos, Los cautivos,* y otras.

[3]Aunque se pensó por mucho tiempo que se trababa de una obra del siglo III d.C, según Väänänen (1981: 200) el *Appendix Probi* fue copilado después del año 568 d.C.

[4]Los números entre corchetes se encuentran en la edición de Väänänen (1981).

[5]Asín Palacios 1943.

[6]Adaptado de Elcock (1960:402).

[7]El mozárabe fue reemplazado por el catalán en Valencia y Baleares, y por el portugués en el Algarve.

[8]El topónimo *Magreb* designa la región formada por Marruecos, Argelia y Túnez (algunos incluyen también a Libia).

[9]Las formas reducidas del verbo **haber** que se usaban cuando este verbo tenía la función de auxiliar, se originaron mediante los cambios siguientes:

> *habebam* > (hab)e(b)am > eam > ea > ía
> *habebas* > (hab)e(b)as > eas > eas > ías
> *habebat* > (hab)e(b)at > eat > ea > ía (Menéndez Pidal 1973: 302-303)

[10]Allen et al. 1903:246.

[11]D.R.A.E., Tomo II, pág. 1448.

[12]*Auto de los Reyes Magos,* siglo XII (Menéndez Pidal 1973: 71–77).

[13]Menéndez Pidal, 1973:11.

[14]La forma adaptada *güisqui* ha tenido poca aceptación y apenas se usa.

[15]*Vida de Santa María Egipcíaca,* verso 233 (Menéndez Pidal 1971: 101).

[16]*Cantar de Mio Cid,* verso 21 (Menéndez Pidal 1971: 33).

[17]*Auto de los Reyes Magos,* verso 23 (Menéndez Pidal 1971: 72).

[18]*Auto de los Reyes Magos,* verso 5 (Menéndez Pidal 1971: 71).

Variación regional

9

> La lengua es un complejo y variadísimo mosaico de hablas diversas, más o
> menos diferenciadas entre sí, más o menos agrupables en conjuntos dialectales.
>
> **Juan M. Lope Blanch, *Estudios sobre el español de México, 44***

OBJETIVOS En este capítulo analizaremos cómo el español varía de una
región a otra, formando modalidades, variantes o dialectos regionales,
e ilustraremos algunos de los aspectos más salientes de su variación
regional en España y en las Américas.

En el Capítulo I y en el anterior comentamos cómo la variación diacrónica realizó los cambios que transformaron el latín hablado en la Península Ibérica en el
romance hispánico, y cómo de éste se originaron las lenguas iberorrománicas,
como el castellano o español, el portugués, el gallego y el catalán. Hay también dos grupos de hablas no unificadas, el leonés (o asturiano-leonés, o astur-
leonés) y el aragonés. Además de la variación temporal, y en parte debido a ésta,
las lenguas varían en otras dimensiones. A medida que un idioma se extiende
geográficamente, se forman nuevas *comunidades de habla°,* cuyos miembros
interactúan, utilizando una modalidad lingüística común.[1] Con el paso del
tiempo, el habla de cada comunidad tiende a desarrollar rasgos que la distinguen
de las demás, dando origen a variedades *diatópicas,°* o *dialectos°* regionales.

9.1. VARIACIÓN REGIONAL

La *dialectología,* el estudio de la variación regional de las lenguas, empezó
en Francia y Alemania a finales del siglo XIX. Se trataba en un principio de
transcribir fonéticamente las modalidades del habla regional, que se suponían
amenazadas de desaparición. Los datos recogidos eran marcados en un *atlas
lingüístico*, que se usaba para analizar la distribución geográfica de los fonos
y de las palabras. Esa orientación geográfica reforzaba la tendencia a dar a las
variedades estudiadas nombres regionales, como *andaluz, extremeño, dialectos (hispano)americanos,* el habla de Villena, de Cartagena, etc.

El enfoque dialectológico contribuyó a reforzar la dicotomía entre los conceptos de lengua y dialecto. Se asociaba al de *lengua* la modalidad normativa, definida en las gramáticas escolares y empleada en las manifestaciones cultas del idioma, como la prensa, la literatura, la administración pública y la comunicación formal en general. A su vez, los *dialectos* constituían las hablas rurales, regionales, identificadas con grupos sociales con poca o ninguna instrucción formal. Al tratarse de variedades sin representación escrita propia, carecían de prestigio social.

Las generalizaciones sobre los rasgos dialectales son relativas. La existencia en una comunidad de cierto rasgo —como la /s/ aspirada (4.3.2.2) o el rotacismo o el lambdacismo (9.3), por ejemplo— no conlleva que sea exclusivo de ella, ni que lo usen todos sus miembros en todas las ocasiones. Sin embargo, la frecuencia e intensidad de comunicación entre los miembros de una comunidad contribuyen a fomentar cierta homogeneidad. Si comunidad se fracciona (por la emigración, por ejemplo), el habla de cada nueva comunidad podrá diferenciarse con el tiempo, formando dialectos distintos. Un ejemplo de ello es la formación del *judeoespañol* (9.7). Si la diferenciación llega a ser muy extrema, pueden desarrollarse nuevos idiomas, como en el caso de la transformación del romance hispánico en los idiomas románicos peninsulares.

Según vimos en el capítulo anterior, en su origen las diversas hablas hispánicas guardaban entre sí mucha semejanza fonológica, morfosintáctica y léxica. La dominación árabe (1.2, 8.2) fomentó una relativa homogeneización al contribuir a que se mezclaran hablantes de romance originarios de distintas regiones, primero al refugiarse en el Norte de la Península, y más tarde al repoblar los territorios reconquistados. Asimismo, contribuyó a cierta homogeneidad lingüística de España la expansión del castellano, primero como *koiné°*, o lengua común, de los repobladores de las tierras reconquistadas, y, progresivamente, como lengua de la administración real y medio de comunicación entre los hablantes de distintos idiomas, tanto en España como en Hispanoamérica. Además, a partir del siglo XVI el español se transformó en el vehículo de una cultura literaria de ámbito internacional. Basada tradicionalmente en la modalidad castellana, la norma de la lengua escrita, codificada por la Real Academia Española, constituyó hasta mediados del siglo XX, el punto de referencia internacional de la lengua. Hoy día se reconoce que, además de una norma internacional común, existe en cada país hispanohablante una norma culta, basada en la manera cómo emplean el idioma las personas instruidas.

ACTIVIDAD 9.1 ¿Cuál es la función de una norma lingüística? ¿Puede usted identificar algunos modelos de la norma del inglés de este país?

A medida que la lengua se ha extendido por otras regiones, se han desarrollado nuevas combinaciones de rasgos, configurando macromodalidades regionales (cada cual con sus subvariantes) que permiten la clasificación siguiente:

(1) Modalidades peninsulares
  a. Modalidad del norte y centro de España (el castellano norteño o "castellano propiamente dicho"), que históricamente ha formado la base de la variedad normativa (9.1).
  b. Modalidad meridional o andaluz (9.2), desarrollado en el sur de España (Mapa 1.4, pág. 9) a partir del castellano traído por las gentes que repoblaron las tierras tomadas a los árabes e influido por el mozárabe (1.3, 8.2.2).
  c. Otras modalidades regionales, como el *extremeño* (Extremadura), el *riojano* (Rioja) y el *murciano (Murcia)*.

(2) Modalidades atlánticas
  a. Español canario, hablado en las Islas Canarias (9.4).
  b. Español americano o hispanoamericano, en realidad un macrodialecto o macrovariedad, compuesto de diversas modalidades regionales (9.5).

(3) Modalidades habladas en los Estados Unidos de América, comentadas en el Capítulo 12.

(4) El español hablado en la Guinea Ecuatorial (9.6).

(5) El judeoespañol, desarrollado a partir del habla de los judíos que se marcharon de España en 1492 (9.7).

(6) Hablas de tipo *criollo°* (9.8) en las que ha influido el español: *papiamento* (Antillas Holandesas), *palenquero* (litoral colombiano), hablas españolas de Filipinas

---

 Cuaderno de ejercicios 9.1 "El español en España"

9.2 CASTELLANO

Según hemos visto (1.1), el castellano se originó a partir del romance hablado en la región al norte de Burgos (Mapa 1.4, pág. 9), donde se formó el reino de Castilla. En parte de esa región se hablaba el vasco, de modo que se desarrolló un ambiente bilingüe que tuvo influencia en el romance castellano. El área geográfica del castellano incluye a Cantabria, Castilla la Vieja y Castilla la Nueva. Como las demás áreas de España, presenta variación regional. Entre sus rasgos más salientes cabe señalar los siguientes:

(a) La articulación apicoalveolar del fonema /s/ → [ś], la llamada "*s* castellana," en la que el ápice de la lengua toca ligeramente los alvéolos, y que crera un efecto acústico que recuerda un poco la fricativa palatal [ʃ].

(b) La *distinción,* o sea el contraste fonológico entre /θ/ y /s/: **caza** /ká-θa/ [ká-θa] vs. **casa** /kása/ [ká-śa].

(c) Lleísmo, o sea el contraste fonológico entre la palatal lateral /ʎ/, representada por *ll* y la fricativa palatal /y/ representada por *y*: **calló** /kaʎó/ [ka-ʎó] vs. **cayó** /kayó/ [ka-yó]. Sin embargo, el lleísmo es hoy día un rasgo minoritario y su área tiende a reducirse. En la mayor parte del mundo hispanohablante prevalece el *yeísmo*, o sea la ausencia de contraste, en favor de /y/.

En la pronunciación yeísta suelen ser homónimos° pares como se **calló** / se **cayó** ambos /sekayó/ [se-ka-yó], **valla** / **vaya** /báya/ [bá-ya]. El contraste /ʎ/ : /y/ se conserva mejor en zonas rurales que en las zonas urbanas, que son mayoritariamente yeístas, como la misma ciudad de Burgos.[2]

(d) Sobre todo en Castilla la Vieja, la /d/ final de palabra tiende a pronunciarse como una fricativa interdental [θ]: **Madrid** [ma-ðríθ], **salud** [sa-lúθ], **verdad** [ber-ðáθ], **usted** [us-téθ]. Esa pronunciación se refleja en ortografías paródicas como **ustez** o **Madriz** (la última se usó como título de una revista madrileña de la década de 1980).

(e) Morfológicamente, suele haber *leísmo* y *laísmo*. El leísmo, práctica aceptada por la Real Academia Española, consiste en el uso del pronombre de tercera persona singular **le** como complemento directo masculino de persona (en vez de la forma más estándar **lo**) como en (1a-1b):

(1) a. - Has visto a Juan? - No, todavía no le he visto.

A su vez, el laísmo consiste en usar el pronombre **la** como complemento directo femenino de persona:

(2) a. ¿Por qué no la preguntas a Pilar a qué hora llega el director?

b. ¿Has visto a Juana? La quiero hacer unas preguntas.

Aunque la Real Academia Española no lo acepta, el laísmo tiende a extenderse en el lenguaje coloquial.[3]

ACTIVIDAD 9.2 Transcriba fonéticamente las frases siguientes, representando la pronunciación de alguien que distingue /s/ : /θ/ y /ʎ/ : /y/.

1. El ayudante se cayó, pero quedó callado hasta llegar al Ayuntamiento.

2. El cazador necesitaba unos zapatos de suelas gruesas para ir a la caza.

9.3 ANDALUZ

La implantación del castellano en el sur de la Península Ibérica conllevó el desarrollo de ciertos rasgos diferenciales que caracterizan el *andaluz*, formado entre los siglos XIII y XVI en la región de Andalucía, y que tiene particular interés por su influencia en la formación del español hispanoamericano. Puesto que el español escrito sigue la norma académica, una publicación sevillana o malagueña poco difiere de las publicaciones madrileñas o de otras

regiones españolas. El habla andaluza, en cambio, tiene características incon-
fundibles, sobre todo en su variedad coloquial. Según el filólogo español
Tomás Navarro Tomás (1946:133), "en el acento andaluz, de manera general,
y especialmente en su modalidad sevillana, la articulación es más blanda que
en castellano, la intensidad espiratoria más débil, el ritmo más rápido y el tono
más agudo (1946:133)". Con todo, el andaluz no es una modalidad uniforme,
sino un conjunto de hablas[2] caracterizadas por rasgos que, a la vez que contrastan con el castellano norteño, permiten identificar una Andalucía occidental y otra oriental, además de diversas subáreas. Entre los rasgos fonológicos
más notables del andaluz, se encuentran los siguientes:[4]

(a) El yeísmo es la norma general. Al no haber el fonema /ʎ/, son homónimos pares como **halla** / **haya** /á-ya/ [á-ya]. El fonema /y/ se realiza sea
como una palatal, sea africada, **¿Yo?** [ŷo], o sea fricativa **hallo** [á-yo].

(b) Hay seseo, es decir, no se hace la *distinción* /θ/ : /s/ del castellano
norteño. Por lo tanto, tienen la misma representación fonológica y la
misma realización fonética pares como **caza/casa** /kása/ o **cocer/coser**
/kosér/. Además, el fonema /s/ se realiza fonéticamente como [s] dorsoalveolar distinta a la [ś] apicoalveolar castellana.

Por otra parte, hay que diferenciar el *seseo* del *ceceo*, proceso fonológico que
hace que el fonema /s/ se realice fonéticamente como una fricativa interdental,
aunque menos tensa que la [θ] castellana (Narbona et al. 1998: 132). Tanto el
seseo como el ceceo resultan de processos paralelos del desarrollo de la africada
alveolar sorda medieval /ts/ (8.3.2). El seseo es un rasgo mayoritario no sólo
en el sur de España sino en todo el mundo hispanohablante. El ceceo, a su vez,
se encuentra sobre todo en el habla popular de la región sureña de Andalucía,
desde la provincia de Huelva hasta la región de Almería (Narbona et al. 1998:
131). Sobre la valoración sociocultural del ceceo, véase la sección (10.2). La diferencia entre el seseo, el ceceo y la distinción se ilustra en el esquema siguiente:

	seseo	**ceceo**	**distinción**
caza	[ká-sa]	[ká-θa]	[ká-θa]
casa	[ká-sa]	[ká-θa]	[ká-sa]
sensación	[sen-sa-sión]	[θen-θa-θión]	[sen-sa-θión]

(c) Aspiración - Se entiende por aspiración la articulación de una consonante fricativa faríngea [h] que se manifiesta en el español meridional
en tres casos:

(i) El fonema /x/ se articula como el alófono fricativo [h] en vez de la
fricativa velar [x] del castellano norteño:

	cast. norteño	**andaluz**
jaleo	[xa-léo]	[ha-lé-o]
paja	[pá-xa]	[pá-ha]
jauja	[xáu̯-xa]	[háu̯-ha]

(ii) El fono [h] ocurre inicialmente en palabras específicas debido a la conservación de la antigua fricativa /h/, que existió en el castellano medieval como resultado del cambio fonético de la /f/ inicial latina (8.3.2.4). Se trata de un rasgo fonético esencialmente rural y popular que también se da en otras regiones.

latín		castellano	andaluz
FUMU	**humo**	[ú-mo]	[hú-mo]
FERIRE	**herir**	[e-rír]	[he-rír]
FORCA	**horca**	[ór-ka]	[hór-ka]
FERVERE	**hervir**	[er-βír]	[her-βír]

(iii) El fono [h] corresponde a la llamada "**s** aspirada", o sea la articulación faríngea del fonema /s/ en posición implosiva°. A esta articulación suele corresponden un aumento en la apertura de la vocal precedente: (usted) **habla** [á-βla]: (tú) **hablas** [á-βlah], (él) **dio** [di̯ó] : **dios** [di̯óh].[5]

ACTIVIDAD 9.3 Transcriba fonéticamente las frases siguientes, representando la pronunciación de un hablante yeísta y seseante, y que también pronuncie la /s/ aspirada en posición implosiva y el alófono fricativo faríngeo de /x/.

1. Llegaremos en pocos minutos a la calle de la Llama, donde vivo con Julio y Juana.
2. En la Calle del Gallo Enjaulado, hay unos almacenes sensacionales.

(d) En posición prevocálica, el fonema /s/ suele realizarse como una fricativa sorda dorsoalveolar [s]. En posición implosiva, además de la **s** aspirada, hay diversas realizaciones fonéticas, tanto en el español meridional como en el de Canarias e Hispanoamérica. Una de éstas involucra la asimilación de la /s/ a una consonante sorda siguiente (sobre todo la /p/). Este proceso genera una consonante más larga: **caspa** [ká-pːa], **espérame** [e-pːé-ra-me]. Otro proceso fonológico conlleva la elisión° de la /s/ implosiva, tanto en el interior de una palabra, o en posición final absoluta, o entre dos palabras:

	interior de palabra	posición final absoluta	entre dos palabras
sin elisión	este [éh-te], hasta [áh-ta]	¡Dos! [doh], ¡Arroz! [a-r̄óh]	los quiero [loh-ki̯é-ro]
con elisión	este [é-te], hasta [á-ta]	¡Dos! [do], *¡Arroz!* [a-r̄ó]	los quiero [lo-ki̯e-ro]

Puesto que la elisión no es obligatoria, pueden alternar [h] y Ø ("cero fonético"), incluso en el habla del mismo individuo: **después nos vemos** [deh-puéh-noh-βé-moh], [deh-puéh-noh-βé-mo], [de-puéh-no-βé-mo], [de-pué-no-βé-mo].

(e) Hay *desoclusivización°,* es decir, el proceso fonológico de pérdida del elemento oclusivo inicial de la africada /ʧ/, que se realiza fonéticamente como la fricativa [ʃ]:

	pronunciación estandar	pronunciación con desoclusivización
	/ʧ/ → [ʧ]	/ʧ/ → [ʃ]
muchacho	[mu-ʧá-ʧo]	[mu-ʃá-ʃo]
chamaca	[ʧa-má-ka]	[ʃa-má-ka]
ocho	[ó-ʧo]	[ó-ʃo]
dicho	[dí-ʧo]	[dí-ʃo]

(f) En posición intervocálica se dan el debilitamiento y la elisión de consonantes, particularmente la /d/ y, con menos frecuencia, /g/, /b/ y /r/. En posición final puede debilitarse y elidirse cualquier consonante:[6]

Elisión de consonante intervocálica:

/b/	se acabó [sa-ka-ó], tobillo [to-í-yo], saborido [sa-o-rí-o]
/d/	nada [ná] / [ná:], menudo [me-nú-o], desgraciado [deh-gra-siá-o]
/g/	agua [á-ua], migaja [mi-á-ha]
/r/	aparece [a-pa-é-se], parecido [pa-e-sí-o], para [pa]

Elisión de consonante final:

/d/	césped [sés-pe] / [séh-pe], mitad [mi-tá], usted [uh-té]
/r/	favor [fa-βó], caer [ka-é], salir [sa-lí], señor [se-ñó]
/l/	social [so-siá], animal [a-ni-má], especial [eh-pe-siá]

(g) Hay tres procesos que involucran la nasal /n/ en posición final de palabra: la velarización y la nasalización de la vocal precedente, y la subsecuente pérdida de la /n/, como en los ejemplos:

velarización de la /n/	[ŋ] un pan [uŋ-paŋ]	son amigos [so-ŋa-mí-γoh]
nasalización de la vocal precedente	un pan [ũŋ-pãŋ]	son amigos [sõ-ŋa-mí-γoh]
pérdida de la /n/	un pan [ũ-pã]	son amigos [sõ-a-mí-γoh]

(h) Como resultado de la neutralización del contraste fonológico (4.8) entre las consonantes líquidas /r/ y /l/ en posición implosiva, tienen lugar los procesos fonológicos de *lambdacismo* y *rotacismo* (9.2):

rotacismo	**lambdacismo**
(articulción de /l/ como [r])	(articulación de /r/ como [ll])
calma /kál-ma/ → [kár-ma]	*muerte* /mu̯ér-te/ → [mu̯él-te]
alma /ál-ma/ → [ár-ma]	*arma* /ár-ma/ → [ál-ma]
el /el/ → [er]	*puerto* /pu̯ér-to/ → [pu̯él-to]

Los procesos fonológicos del andaluz se reflejan en aspectos de la morfología, como la formación del plural y las formas verbales de **tú.** La vocal ante /s/ implosiva es más abierta, y esa apertura se mantiene al elidirse la /s/, contribuyendo a preservar el contraste entre el singular y el plural de los sustantivos y adjetivos, y también el contraste entre las formas verbales de **tú** y las de **él,** como en estos ejemplos:

(i) (usted) habla [áβla]   (tú) hablas [áβlah] → [áβla]

(él) dio [di̯o]   dios [di̯ɔh] → [di̯ɔ]

mi niño [mi-ní-ño]   mis niños [mi-ní-ñɔh] → [mi-ní-ñɔ]

(j) Ocurre también el desuso del pronombre **vosotros**, neutralizándose por lo tanto el contraste informal/formal de **vosotros/ustedes**. Sin embargo, se conservan en el habla popular tanto el pronombre de complemento **os** como las formas verbales. En consequencia, se dan construcciones como (3a–3c):

(3) a. Ustedes no podéis entrar.

b. ¿Ustedes (os) vais a ir?

c. Ustedes os quedáis aquí hasta que yo vuelva.[7]

(k) Hay procesos morfológicos que cambian ciertas formas verbales, como en los ejemplos siguientes:

(i) formación de formas del futuro en **-dré**, por analogía con **podré, vendré**:

hadré (por haré) quedré (por querré)   perdré (por perderé).

(ii) acentuación del radical del verbo en todas las personas el presente de subjuntivo:

téngamos (por tengamos)   téngais (por tengais)

véngamos (por vengamos)   véngais (por vengais)

váyamos (por vayamos)   váyais (por vayais)

puédamos (por podamos)   puédais (por podáis)

(iii) regularización de los participios irregulares mediante la terminación **ido** (pronunciada [ío]):

escribi(d)o por escrito   abri(d)o por abierto

cubri(d)o por cubierto   mori(d)o por muerto

(iv) regularización analógica de radicales verbales: andé por anduve, andaste por anduviste, andó por anduvo, etc.

ACTIVIDAD 9.4   ¿Qué explicación fonológica tienen las siguientes faltas ortográficas?

1. Hemos hablao con eyos.
2. La niña no quieren venir.
3. Haremo lo que puédamo.
4. Lo hiso pa que lo supiéramo.
5. La muelte no depende de la suelte que uno tenga.

9.4 ESPAÑOL CANARIO

El archipiélago de Canarias (siete islas grandes y seis chicas) fue conquistado por Castilla en el siglo XV y constituyen una Región Autonómica cuya capital es Las Palmas, en la isla de Gran Canaria. Sus habitantes primitivos, llamados guanches, posiblemente originarios del Norte de Africa, se resistieron vigorosamente a los conquistadores españoles, que tardaron casi un siglo en dominar las islas.

El habla de Canarias tiene particular interés debido a su papel durante el período colonial como punto de reaprovisionamiento de los barcos que iban a América o que de allí regresaban. Puesto que hubo mucha participación andaluza en la colonización de las islas, no sorprende encontrar rasgos andaluces en el habla canaria. Desde luego, el léxico tiene muchas palabras características (Figura 9.1). Entre los rasgos fonológicos más notables del español canario se encuentran:

(a) Vocales:
  - alargamiento de las vocales acentuadas
  - el cierre de la /o/ átona final: **cochino** [ko-ʧí-nu], **mo-do** [mó–ðu]

■ **FIGURA 9.1**   Muestra del léxico canario*

Guanchismos	Andalucismos	Americanismos	Arcaísmos
baifa 'cabra'	abulaga 'aulaga'	alegador 'discutidor'	antier 'antiayer'
perenquén 'lagarto'	cigarrón 'saltamontes'	gago 'tartamudo'	cadenado 'candado'
gofio 'harina tostada'	tunera 'cochinilla'	rasca 'borrachera'	lenguaraz 'charlatán'
gore 'pocilga'	afrecho 'salvado'	tarro 'cuerno'	mercar 'comprar'

* Basado en Alvar 1996

(b) Consonantes:

- el seseo es generalizado: **zapato** [sa-pá-to], **zaga** [sá-ɣa]
- la /d/ intervocálica tiende a perderse: **hablado** [a-βlá-o]
- la /s/ implosiva pasa por varios procesos fonológicos, como la aspiración (**los tres** [loh-treh]), la pérdida (**mis casas** [mi-ká-sa]) o la asimilación a la consonante siguiente, produciendo una consonante larga (**espejo** [e-p:é-ho], **disgusto** [di-ɣú-t:o]).
- coexisten la distinción /ʎ/ : /y/ y el yeísmo, aquélla más en el campo y éste más en las áreas urbanas.

 Cuaderno de ejercicios 9.1 "El español en España"

9.5 EL ESPAÑOL EN AMÉRICA

La vieja dicotomía entre dos variedades supuestamente homogéneas, "español de España" vs. "español de América", ha sido superada por la noción más dinámica de un sistema lingüístico común que admite diversas realizaciones regionales. Debido a eso, tiene sentido, según ha sugerido Marcos Marín (1984), hablar del español *en* América, y no *de* América. Por otra parte, el término *español (hispano)americano* no designa una modalidad monolítica, sino un conjunto de variedades regionales que se extienden por una área de dimensiones casi continentales y que, compartiendo una base común, tienen cada cual una combinación específica de rasgos que lo caracteriza. Las divisiones entre los países a menudo corresponden sólo parcialmente a divisiones lingüísticas, puesto que los mismos rasgos suelen hallarse a uno y otro lado de las fronteras políticas. Como punto de partida se puede considerar una división geográfica (Mapa 9.1), basada en parte en la propuesta de Henríquez Ureña (1921).

Esta división, sin embargo, sólo sirve para un primer contacto con un macrodialecto muy diversificado. En los países andinos hay contrastes importantes entre el habla de las tierras altas del interior y las tierras bajas de la costa, tanto del Caribe como del Pacífico. Centroamérica presenta mucha mezcla dialectal. En México, con unos 105 millones de habitantes en un territorio casi tan grande como tres veces el estado de Texas, hay por lo menos cuatro grandes divisiones regionales (centro, noroeste, península del Yucatán y dialectos costeños).

Si comparamos periódicos publicados en diversos países, nos damos cuenta de ciertas diferencias de vocabulario y quizás de sintaxis, pero lo que más nos llamará la atención será lo que tienen en común. En lo que respecta a la pronunciación, las diferencias son más salientes, y si vemos una serie de entrevistas en un telediario de ámbito panamericano, por ejemplo, no confundiremos la manera de hablar de un mexicano con la de un argentino, ni la de un chileno con la de un cubano, pero no por eso dejaremos

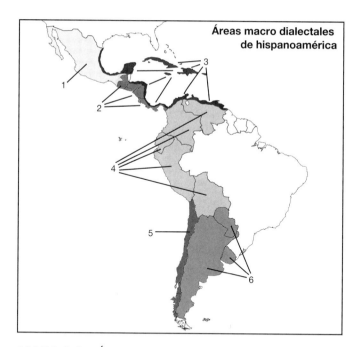

Áreas macro dialectales de hispanoamérica

1. México
2. Centroamérica (Panamá, Costa Rica, Nicaragua, El Salvador, Honduras, Guatemala y también el sur de México y la Península del Yucatán)
3. Caribe: Cuba, Puerto Rico, República Dominicana, región costeña de Venezuela, Colombia, Centroamérica y parte de México
4. Región andina: Tierras altas de Venezuela, Colombia, Ecuador, Perú, Bolivia y norte de Chile
5. Región central y sureña de Chile
6. Río de la Plata: Argentina, Uruguay y Paraguay

MAPA 9.1 Áreas macrodialectales de Hispanoamérica, aproximadamente según la propuesta de Henríquez Ureña (1921).

de entenderlos, sobre todo si se trata de hablantes que tienen instrucción formal, los cuales usarán un español bastante estándar. A medida que se baja en la escala sociocultural, se notarán más diferencias, incluso dentro del mismo país: habrá más semejanza entre el habla de un abogado mexicano y otro peruano que no entre un campesino mexicano y otro boliviano, y parte de la diferencia entre estos últimos podrá deberse a la influencia de idiomas indígenas.

Durante la etapa del proceso de colonización que se realizó a lo largo del siglo XVI, las distintas regiones americanas recibieron, en un tiempo relativamente breve, no sólo las costumbres e instituciones españolas, sino también hablantes de distintos dialectos peninsulares, entre los que predominaron los andaluces por lo menos hasta alrededor de 1600. Había además gente del norte de España, hablantes del "castellano viejo" y otros que hablaban según la norma de Toledo.

Cuando hablantes de varios dialectos se ven obligados a convivir más o menos permanentemente, es habitual que su habla pase por un proceso de *convergencia,* cuyo resultado es la eliminación de los rasgos más divergentes en favor de los más compartidos. Es como si la comunidad tratara, intuitivamente, de crear una *koiné* o lengua común, para facilitar la comunicación. Fue lo que ocurrió entre los hablantes de los distintos romances hispánicos, que se reunieron bajo la hegemonía castellana en la reconquista.

Aún antes de que llegaran a América los colonizadores, fomentaban el proceso de koineización las circunstancias materiales en que tenían que vivir los colonizadores. No sólo una gran proporción de éstos eran originarios de Andalucía, sino que los que procedían de otras regiones tenían forzosamente que pasar semanas o meses en Cádiz o Sevilla, mientras aguardaban pasaje a las colonias. Es natural que su manera de hablar adquiriera rasgos andaluces durante esa convivencia diaria y prolongada, que continuaba durante el viaje en barcos en los que el espacio absolutamente escaseaba. Además de la parada obligada en Canarias, el pasaje a América duraba como mínimo cuarenta días. Y, puesto que Sevilla era el punto de contacto obligado con España, los contactos con Andalucía continuaban en América, particularmente intensos en los puertos adonde llegaban los barcos. Con éstos llegaron, en una etapa posterior, nuevos rasgos andaluces, como la eliminación de la /d/ intervocálica (**hablado → hablao, marido →** marío) y asimismo de la /d/ final (**verdad → verdá**), la neutralización de las líquidas /r/ y /l/ (**puerto → puelto, calma → carma**), o la velarización de /n/ final (*pan* [paŋ] (Parodi 2001: 40)). Será por eso que la semejanza con el andaluz es más intensa en las tierras bajas de la costa —particularmente en el Caribe— mientras que en las tierras altas el habla suele ser más conservadora. A raíz de esta variación, se ha propuesto una distinción fonética entre variedades *radicales,* en las que tienen lugar procesos de pérdida de consonantes, y variedades *conservadoras,* en las que no hay dichos procesos (Guitart 1978, Bjarkman 1989). De una manera general, las variedades conservadoras se encuentran en la región de las antiguas capitales coloniales, como México, Guatemala, Bogotá, Quito, o La Paz, ubicadas en tierras altas, en donde tardaban más en llegar las nuevas pronunciaciones repesentadas por aquellos rasgos andaluces traídos por la gente que llegaba en los barcos, y que fueron ampliamente adoptados por las variedades *radicales*, encontradas en regiones costeras. Lima, ubicada en la costa, fue una excepción, puesto que allí se encontraban tanto la sede del gobierno del Virreino de Perú como uno de los puertos coloniales más activos, situado en la ciudad vecina de El Callao.

En dichos centros había instituciones culturales como las escuelas, universidades e instituciones de gobierno, que seguramente ejercieron una influencia lingüística conservadora. Por el contrario en la costa, había un ambiente social y lingüísticamente más anárquico que el de los centros del gobierno colonial. En estas regiones costeras, particularmente en el Caribe (Cuba, Puerto Rico, República Dominicana, litoral de Venezuela y Colombia) se desarrollaron las modalidades radicales, marcadas, como se ha dicho, por un fuerte parecido con el español de Andalucía y Canarias, entre las cuales también hay variación. Por ejemplo, aunque la aspiración y pérdida de /s/ (*niños, niñoh, niñoØ*) existe en todo el Caribe, la pérdida tiene una frecuencia cinco veces más alta en Santiago (Rep. Dominicana) que en San Juan (Puerto Rico). Asimismo, la /r̄/ como una fricativa velar o uvular [R] (arroz [a-Róh]) es habitual en Puerto Rico, pero no en la República Dominicana. Debido a tales diferencias se ha dicho que español caribeño es una abstracción: "Más que *un* dialecto, el 'español antillano' es *un complejo dialectal,* un *macrosistema* que contiene tres variedades diatópicas mayores: el cubano, el dominicano y el puertorriqueño" (Alba 1992: 528–539).

Desde luego, ese proceso de koineización y difusión de la lengua por el territorio americano no fue homogéneo. Según Parodi (2001) se formaron tres grandes modalidades de español. Además del español costero, hubo un español urbano, que fue la base de la variedad culta de las grandes ciudades. La tercera modalidad fue un español rural, bastante homogéneo, difundido por personas que

> se agruparon en pequeños ranchos . . . y que deseaban ocupar territorios de extensión limitada [y] sirvieron en toda América de puente entre las sociedades indígenas y la sociedad dominante . . . formaron 'nuevas redes sociales' y cadenas familiares que llegan a extenderse a lo largo de grandes territorios . . . . A partir de fines del siglo XVIII, en un territorio en el que predominan los indígenas, los ranchos empiezan a proliferar en todo el continente y con ellos se extiende el español americano. (Parodi 2001: 49-50).

De acuerdo con esta teoría, la difusión de la variedad rural explica que se conserven hoy día, en modalidades habladas en zonas rurales de Centroamérica, México e incluso Estados Unidos, rasgos de la lengua del siglo XVI, como en los siguientes ejemplos:

asigún	'según'	bía	'había'	aigre	'aire'
pader	'pared'	naiden	'nadie'	jueron	'fueron'
asina	'así'	haiga	'haya'	polesía	'policía'
probe	'pobre'	mesma	'misma'	dotor	'doctor'

[Ejemplos de Parodi (2001:50), adaptados a la ortografía común]

ACTIVIDAD 9.5 Identifique la forma normativa de cada una de estas palabras y explique el proceso responsable de las formas no normativas.

También las lenguas amerindias contribuyeron a plasmar el español americano. Desde el principio de la colonización se mezclaron los europeos —la mayoría de los cuales eran varones— con los indígenas, iniciando así un largo y complejo proceso de miscegenación, que eventualmente incluyó a africanos transportados a América como esclavos, y asimismo a inmigrantes europeos y asiáticos. Todos estos grupos étnicos han dejado, en distintas proporciones, alguna huella en el español americano.

Puesto que sería imposible describir, aunque someramente, la variedad regional, resumiremos a continuación los rasgos generales del español en América, con referencias específicas a algunos de los más salientes. Téngase en cuenta que dichos rasgos no se dan todos necesariamente en la misma región, y que además ocurren en combinaciones que varían de una región a otra.

 Cuaderno de ejercicios 9.2 "El español en Hispanoamérica"

9.5.1. Variación fónica

La característica del español peninsular meridional más difundida en Hispanoamérica es sin duda el seseo, o sea la ausencia del fonema /θ/, y por lo tanto de la distinción /θ/ : /s/ (4.4).

Otro rasgo generalizado es el yeísmo, o sea la ausencia de la lateral palatal /ʎ/ contrastando con /y/, pero hay variación en la realización del fonema /y/. La norma más difundida, encontrada en México, en el Caribe y en las tierras bajas en general, son los alófonos [y], [ỹ], como en **valla, vaya** [bá-ya], **yo** [ỹo]. En otras regiones, como la mayor parte del Uruguay y la Argentina, se da el proceso llamado *zheísmo*, que es la articulación de /y/ como una fricativa palatal sonora rehilada [ʒ], como en **calle** [ká-ʒe], **mayo** [má-ʒo]. Si esa consonante es sorda, como en **calle** [ká-ʃe], **mayo** [má-ʃo], el proceso se llama *sheísmo*. Otras variantes fonéticas incluyen articulaciones africadas, sonoras **caballo** [ka-βá-ỹo] o sordas [ka-βá-tʃo]. En aún otras regiones, como las tierras altas del norte del Ecuador, se da otra clase de contraste, que es como una combinación de yeísmo con zheísmo. A la ortografía **ll** corresponde la articulación zheísta, **calle** [káʒe], mientras que a la **y** ortográfica corresponde una articulación yeísta **cayó** [ka-yó]. En casos con éste se podría postular el contraste fonológico /ʒ/ : /y/. El lleísmo, es decir el contraste /ʎ/ : /y/, ejemplificado por **valla** [bá-ʎa] : **vaya** [bá-ya], —y que como hemos visto, es recesivo en España (9.2)—, solía darse, hace unas décadas, en algunas zonas conservadoras hispanoamericanas, como Paraguay, Bolivia y las tierras altas de Colombia, Ecuador y Perú, pero al parecer también en esas regiones es una pronunciación recesiva,[8] y los hablantes jóvenes tienden a ser yeístas, siguiendo la tendencia general del español americano.

Otro ejemplo de variación se encuentra en los sonidos representados ortográficamente por **j, g^{e,i}.** En el castellano norteño, se trata de una fricativa velar sorda [x] o una vibrante múltiple uvular sorda [X], ambos alófonos del fonema /x/: **caja** [ká-xa], [ká-Xa]. En ciertas regiones de Hispanoamérica, como Chile, este fonema /x/ tiene dos alófonos, a saber la fricativa palatal sorda [ç], que ocurre ante las vocales anteriores /e/ o /i/, y la [x], que viene ante las demás vocales. En cambio, en Centroamérica y el Caribe (como en el sur de España), se oye una fricativa faríngea [h]. Debido a eso algunos lingüistas prefieren representar el fonema en cuestión por /h/ en vez de /x/. Pese a esas diferencias de pronunciación, el contraste entre el fonema /x/ (o /h/) y los demás fonemas se mantiene inalterado.

■ **FIGURA 9.2**   Yeísmo, zheísmo y lleísmo

Yeísmo

| /y/ | [y] | halla, haya [á-ya] | Mayor parte de Centroamérica, México, |
| | | haya [á-ya] | Caribe |

Zheísmo

| /ʒ/ | [ʒ] | halla, haya [á-ʒa] | Argentina y Uruguay |
| (sheísmo) | | haya, haya [á-ʃa] | |

Yeísmo y zheísmo

| /y/ | [y] | haya [á-ya] | Tierras altas del norte del Ecuador |
| /ʒ/ | [ʒ] | halla [á-ʒa] | |

Lleísmo (recesivo en la mayor parte del territorio)

| /ʎ/ | [ʎ] | halla [á-ʎa] | Partes de Colombia, Bolivia |
| /y/ | [y] | haya [á-ya] | Ecuador, Perú, Paraguay |

La distinción entre modalidades conservadoras y radicales tiene que ver con una tendencia general del español americano a relajar la tensión articulatoria.[9] Dicho relajamiento conlleva procesos fonológicos como la elisión de consonantes intervocálicas o finales o la aspiración y pérdida de /s/ implosiva, descritas en la sección sobre el andaluz (9.3).

La aspiración y pérdida de /s/ implosiva se extiende por una amplia región que incluye el Caribe, costas de Ecuador y de Perú, y partes de Argentina, Chile y Uruguay. Estos procesos se dan tanto en posición final de palabra (**te acuerdas** [ta-ku̯ér-ðah] ~ [ta-ku̯ér-ða]) como en posición medial (**esta casa** [éh-ta-ká-sa] ~ [é-ta-ká-sa]).

La neutralización del contraste entre las líquidas /l/ y /r/ en posición implosiva es particularmente común en el Caribe. Es un proceso habitual en el habla popular, pero se manifiesta también, con menos frecuencia, en el habla coloquial de hablantes instruidos. El resultado fonético puede ser el lambdacismo (**alma** [ál-ma]) o rotacismo (**calma** [kár-ma]) mencionados en (9.3h), pero hay otras posibilidades. Una de éstas es la asimilación de /l/ o /r/ a la consonante siguiente, resultando en una consonante geminada, fonéticamente más larga (**carne** [kán:e], **puerto** [pu̯et:o]). También puede haber realización de /r/ o /l/ ya no como consonante, sino como una deslizada palatal, formando un diptongo con una vocal, como en **carne** [kái̯-ne] o **puerto** [pu̯éi̯-to].

La /r/ prevocálica presenta un alófono prepalatal fricativo sordo, representado por [ř], muy difundido en Hispanoamérica. En su articulación el ápice toca ligeramente los alvéolos; se forma a lo largo de la parte central de la lengua un pequeño canal por el cual pasa el aire. Este fono ocurre en los grupos consonánticos /tr/ y /dr/, como en **trago** /tŕa-ɣo/, **dragón** /dragón/ [dŕa-ɣón]. A oídos desacostumbrados, este sonido puede recordar una africada [ʧ] articulada débilmente, pero en realidad no hay confusión entre pares como **otro** [ó-tŕ.o] / **ocho** [ó-ʧo].

También la /ŕ/ tiene una articulación fricativa sonora, representada [ř], como en **rey** [řei̯], **carro** [ká-řo], **rico** [ři-ko], que puede causar, a quienes no estén acostumbrados, la impresión de una fricativa [ʒ]. Este fono ocurre, entre otras regiones, en Bolivia, el norte de Argentina y Paraguay. También es habitual en Puerto Rico que la /ŕ/ tenga una articulación fricativa velar o uvular, sea sorda [X] o sonora [R]: **arroz** [a-Xóh] ~ [a-Róh] ~ **carreta** [Ka-Xé-ta] ~ [Ka-Xé-ta].

El fonema nasal /n/ pasa por ciertos procesos fonológicos en el Caribe. Uno de ellos es la velarización de la /n/ en posición final de palabra o de sílaba: **¿Están?** [eh-táŋ], **son estos** [soŋ-éh-toh]. Otro es la nasalización, por asimilación, de la vocal ante consonante nasal, como en **campo** [kã̃m-po], **siempre** [si̯ẽm-pre] Si la consonante nasal se pierde, el resultado es una vocal nasal, como en [kã̃-po], [si̯ẽ-pre].

La Figura 9.3 presenta esquemáticamente los procesos fonológicos más comunes en el español hispanoamericano.

ACTIVIDAD 9.6   Estudie la figura 9.3 y busque dos o más ejemplos para cada uno de los procesos fonológicos representados.

9.5.2 Variación morfológica

La morfología del español americano culto presenta relativamente pocas diferencias respecto al peninsular. Hay alguna variación en el género de algunos sustantivos (méx. **el bombillo** vs. **la bombilla** o méx. **la muelle** vs. **el muelle**). El habla popular, sin embargo, presenta más variación. Se nota, por ejemplo, una tendencia a flexionar el género de los sustantivos (**la intelectuala, el telegrafisto**), y el plural de los sustantivos agudos (5.2.1) tiende a hacerse con **-ses: café / cafeses, maní / manises, papá / papases** (Lipski 1994: 240). Sin embargo, dado lo arbitrario de la categoría morfológica del género, tales diferencias no afectan la estructura de la lengua.

Algunas modificaciones morfológicas se han atribuido al contacto con otros idiomas. Fletcher (2000) explica la alta frecuencia de diminutivos en el español ecuatoriano para connotar "amabilidad, cortesía o súplica", como resultado de la influencia del quechua, que utiliza diminutivos en aquella función, añadiendo que las formas sin diminutivo podrían dar "la impresión de una falta de cortesía o una imposición".

(4) a. Una colita por favor.
　　　b. Hágame un favorcito.[10]

■ **FIGURA 9.3** Resumen de los procesos fonológicos comunes en Hispanoamérica*

Proceso		Regiones
seseo	ausencia de /θ/: *caza* /kása/ [ká-sa]	Toda Hispanoamérica
/x/ →	[ç] ante /e/, /i/: *gente* [çén-te], *ginete* [çi-né-te] [x] ante /a/, /o/, /u/: *caja* [ká-xa]	Chile
/s/ →	/h/ *caja* [ká-ha], [hén-te], *ginete* [hi-né-te] [h] *te acuerdas* [ta-ku̯ér-ðah] ~ [ta-ku̯ér-ða] Ø *esta casa* [éh-ta-ká-sa] ~ [é-ta-ká-sa]	Centroamérica, Caribe, partes de México, costas de Ecuador, de Perú, partes de Chile, Argentina, Uruguay
Neutralización de /l/ : /r/ : --Lambdacismo (*arma* [ál-ma]) --Rotacismo (*calma* [kár-ma]) --Asimilación de /l/ o /r/ a la consonante siguiente: *carne* [kán:e], *puerto* [pu̯et:o] --Articulación de /r/ o /l/ como deslizada palatal: *carne* [ká̯ine] o *puerto* [pu̯éi̯to].		Caribe y en partes de Chile
Fricativización de /r/ → [ř̃]: /tr/ /dr/ en *tres* /tres/ [třes], *cuadra* /ku̯adra/ [ku̯aðřa] /r̃/ → [ř] *rato* [řato], *perro* [péřo]		Chile, Costa Rica
Velarización de /r̃/ → [R]: *arroz* [a-Ró], *carreta* [ka-Ré-ta]		Puerto Rico, Rep. Dominicana
Velarización de /n/ → [ŋ]: *¿Hay pan?* [ai̯-paŋ], *¡Ven!* [beŋ].		Caribe
Nasalización de vocal ante consonante nasal *campo* [kãm-po], *siempre* [si̯ẽm-pre]		Caribe
Pérdida de la consonante nasal [kã-po]: [si̯ẽ-pre].		Caribe

* Regiones mencionadas a título ejemplificativo.

Respecto a los pronombres, menciónese el uso generalizado de **ustedes** y la ausencia de **vosotros** (como en partes de Andalucía) y **os,** que sin embargo se usan en estilos retóricos como los políticos, sermones religiosos y en versiones de la Biblia. En otros contextos comunicativos el posesivo **vuestro** puede aparecer esporádicamente, como en una tarjeta enviada por un abogado cubano a una pareja amiga: "...que tengan una feliz Navidad y buena suerte en vuestro viaje."

En lo que atañe a los pronombres átonos, la regla general es el *loísmo*, o sea el uso de **lo** como pronombre masculino de complemento directo. Sin embargo, en ciertas regiones existe leísmo, o sea el uso de **le** como complemento directo de persona, como el nordeste de Argentina (Donni de Mirande 1996:217), y en otras, como Puerto Rico, se ha registrado una tendencia al aumento del leísmo como en los ejemplos (5a-5c).

(5) a. Le saluda.
   b. Tengo el gusto de invitarle.
   c. Le vieron.[11]

ACTIVIDAD 9.7 Reescriba las oraciones siguientes, cambiando el pronombre en negrilla a la tercera persona singular y empleando primero el leísmo y después el loísmo.

1. Yo **te** vi ayer, Pablo.

2. Nosotros **te** llamamos toda la tarde, Juan.

3. Ellas quieren engañar**le**.

 Cuaderno de ejercicios 9.3 "Leísmo, loísmo, laísmo"

Una de las características morfológicas mas notables del sistema pronominal es el voseo, es decir el uso del pronombre **vos** como tratamiento informal en vez de **tú**. El voseo existe en Centroamérica, Venezuela, Colombia, Ecuador, partes de Bolivia, Paraguay, Argentina, Chile y Uruguay. Recuérdese que el español, como las demás las lenguas romances, heredó del latín dos pronombres de segunda persona, a saber **tú** (< Lat TU) para un solo interlocutor y **vos** (< Lat VOS) para dos o más interlocutores. Pero ya en latín había la costumbre de usar VOS como tratamiento respetuoso para un solo interlocutor. Se desarrolló esa práctica después de la división del Imperio Romano (395 d.C.) en un imperio de Occidente, con capital en Roma, y otro de Oriente, con capital en Bizancio. En ese contexto, el empleo de VOS era una forma respetuosa de reconocer que quienes se dirigían a un emperador efectivamente lo hacían a ambos.

Se usó **vos** en España hasta el final de la Edad Media, como tratamiento respetuoso para dirigirse a un superior, pero en el siglo XVI ese pronombre se transformó en forma de confianza entre personas de calidad (más detalles, en 10.3). Se estableció entonces el uso de **vuesa merced / vuestra merced** como tratamiento respetuoso, y de **tú** como tratamiento íntimo, mientras que **vos,** relegado al trato con inferiores y al uso popular, eventualmente desapareció. Ese cambio, que fue bastante rápido, alcanzó Hispanoamérica sólo en parte: mientras que las capitales de Nueva España (México) y del Virreinato de Perú (Lima) lo adoptaron y difundieron, **vos** siguió usándose en "regiones que durante el período colonial ... constituyeron áreas marginales desde el punto de vista administrativo y cultural" (Torrejón 1986: 677).

El voseo actual representa una reorganización morfológica, mediante la conservación del pronombre **vos** y el empleo de formas verbales específicas. El contraste informal/formal se mantiene en **vos/usted,** pero hay regiones donde **vos** coexiste con **tú** (10.3). En ese sistema pronominal reestructurado, **vos** se usa como sujeto y complemento de preposición, y comparte con **tú** el clítico **te** y el posesivo **tu, tuyo/a/s,** según se ve en el esquema siguiente y en los ejemplos (6a–6b).

	sujeto		complemento		
	singular	**plural**	**dir./ind.**	**preposición**	**posesivo**
tuteo	tú				
voseo	vos	ustedes	te	vos	tu, tuyo/a/s
tuteo/voseo	tú / vos				

(6) a. Decíme, ¿y qué te pasó a vos que hasta los veinticuatro no estudiabas? ¿Qué te sucedió?[12]

b. Bueno, lo que pasa es que sí podés encontrarlos, pero si querés buscártelos vos mismo, tenés que planearlo bien antes por tu cuenta.

Las formas verbales de **vos** derivan de las formas regulares de segunda persona de plural **(habláis, coméis, partís),** pero hay mucha variación morfológica, lo que sugiere un proceso de cambio lingüístico inconcluso. Las formas más difundidas (Argentina, Paraguay, Colombia, Venezuela, Centroamérica y la provincia mexicana de Chiapas) emplean las desinencias **-ás, -és, -ís** en el presente de indicativo **(hablás, comés, partís),** pero hay otras, como se ve en la Figura 9.4. Ha contribuido a esa variación el hecho de que el voseo ha sido valorado negativamente y condenado por enseñanza oficial (Carricaburo 1997: 16), según comentaremos en la sección (10.3).

ACTIVIDAD 9.8   ¿Cómo esperaría usted que dijera las oraciones siguientes un hablante que use el voseo? Use las formas correspondientes al voseo rioplatense (Argentina/Uruguay).

1. ¿**Vienes tú** mañana?

2. Necesito hablar **contigo.**

3. **Tú llevas tu** dinero y **traes** las bebidas.

4. Me ha dicho que quiere dar**te** el regalo a **ti** mismo.

■ **FIGURA 9.4**   Muestra de la morfología del voseo

	Presente de indicativo	Imperativo	Futuro	Presente de subjuntivo
Argentina,	tomás	tomá	tomarás	tomés
Uruguay,	comés	comé	comerás	comás
Paraguay	partís	partí	partirás	partás
	sos, estás, habés			
Chile	tomáis/tomás/ tomá	tomá/toma		
	coméis/comés/ comís	comí/come		
	partís	partí/parte		
	sos/soi, estáis/ estái, habís/ hai			
Ecuador (Costa/Sierra)	tomás/tomáis coméis/comís partís/partís sos, estáis, habés			

9.5.3 Sintaxis

Al encontrar una construcción que parece contrariar una regla general de la lengua, los lingüistas tratan de explicar su función en el dialecto del hablante. Un ejemplo sencillo de variación sintáctica es la posición del sujeto. Por lo general en español el sujeto tiende a venir después del verbo en las oraciones que empiezan por un pronombre interrogativo, como (7a–7b):

(7) a. ¿Qué quieren ustedes?
      b. ¿Cuándo vienen ustedes, mañana o pasado?.

Sin embargo, en el español caribeño, particularmente la variedad cubana, hay una tendencia a emplear el orden *pronombre interrogativo - sujeto - verbo*, como en (8a–8e). Se ha analizado esta construcción (Stiehm 1982) como un recurso sintáctico para ubicar el verbo en la posición que conlleva más valor informativo, es decir en posición final:

(8) a. ¿Qué tú quieres?

b. Supe que Juan y Antonio tuvieron un accidente. ¿Cómo ellos están?

c. ¿Cuándo ustedes vienen, mañana o pasado?

d. Yo vivo en Miami. ¿Dónde tú vives?

e. Yo enseño español. ¿Qué tú haces?

Sin embargo, hay hablantes que hacen la concordancia de **haber,** con el significado de 'existir', con su complemento directo, interpretado como un sujeto, como en (9a). Hay una variación sintáctica parecida en construcciones con el verbo **hacer** combinado con un sintagma nominal que es una expresión de tiempo. En la lengua estándar **hacer** es impersonal y **varias horas** (9b) es su complemento directo, pero en (9b) **varias horas** funciona como sujeto y el verbo concuerda en número con este sintagma (Lope Blanch 1953:95).

(9) a. Habían muchas personas. (estándar = había)

b. Hacían varias horas que esperaba. (estándar = hacía)

En la construcción **se lo + V,** el pronombre **lo** es el complemento directo y **se** representa el complemento indirecto, sin variación de género ni número:

(10) a. ¿El billete? Se lo di a Marta. (*lo = el billete*)

b. ¿Los intrumentos? Se los presté a mi hermana. (los = los instrumentos)

c. ¿La llave del coche? Se la entregué a Paco. (la = la llave)

d. ¿Las gramáticas? Se las devolví a la biblioteca. (las = las gramáticas)

Hay hablantes, sin embargo, que hacen el pronombre de complemento directo concordar en número y género con el complemento indirecto:

(11) a. Se los dije a ellos que ya no quiero ir. (estándar: se lo dije)

b. Se las [= a ellas] doy en cuanto lleguen.[13] (estándar: se la doy)

El empleo de los tiempos verbales presenta diferencias notables, particularmente en el pretérito y el subjuntivo. Pese a la preferencia general por el pretérito simple, ciertos informantes bolivianos usan regularmente el pretérito compuesto (12a–12c), en oraciones en las que en otras modalidades hispanoamericanas se emplearía el pretérito simple.

(12) a. He visto a tu hermano anoche. (por vi)

b. Las he comprado ayer. (por compré)

c. Lo he hecho arreglar el año pasado. (por hice)

d. Ha venido a cenar conmigo hace unos días. (por vino)

En el español de México el pretérito simple y el compuesto contrastan aspectualmente de dos maneras. En primer lugar, el pretérito simple denota una acción perfecta, es decir concluida, mientras que el pretérito compuesto denota una acción imperfecta, o sea no concluida:

(13) a. Este mes estudié mucho. (Mes terminado; acción concluida.)
  b. Este mes he estudiado mucho. (Mes no terminado; acción no concluida.)[14]

El otro contraste es que el pretérito simple conlleva una acción puntual (14a–14b) mientras que el pretérito compuesto denota una acción reiterada (15a–15b):

(14) a. Eso lo discutimos ayer.   (Acción puntual: una sola vez.)
  b. ¿Qué hiciste?   (Acción puntual: una sola vez.)

(15) a. Eso lo hemos discutido.   (Acción reiterada: varias veces.)
  b. ¿Qué has hecho?   (Acción reiterada: últimamente.)

Hay una tendencia general a reducir el número de tiempos verbales en uso. Las formas del subjuntivo en **-se** se usan mucho menos que las formas en **-ra.** Además, el uso real del subjuntivo a menudo se aparta de las normas de la gramática estándar, incluso en el habla de las personas de nivel sociocultural alto. Según una interpretación, el subjuntivo no se rige por reglas absolutas, sino variables, que permiten oraciones como (16a–16c)[15] o como (17a–17c):

(16) a. No es que **está** mal hecho.
  b. No me gustaba que nos **trataba** no como seres humanos.
  c. Me da coraje que **hay** muchos maestros así.

(17) a. No es que **esté** mal hecho.
  b. No me gustaba que nos **tratara** no como seres humanos.
  c. Me da coraje que **haya** muchos maestros así.

  (Ejemplos de Blake 1987:355):

 Cuaderno de ejercicios 9.4 **"Variantes dialectales"**

9.5.4 Variación léxica

Una lengua hablada en más de veinte naciones por más de 400 millones de personas, muchas de las cuales también utilizan otros idiomas, no puede dejar de presentar cierta variación léxica. Sirvan como botón de muestra los ejemplos de la Figura 9.5. Cualquier modalidad del español posee palabras y expresiones que no se usan en otras, y en lugares distintos puede variar el significado de la misma palabra. Sin embargo, hay muchas más semejanzas que diferencias léxicas entre las distintas modalidades del español.

■ **FIGURA 9.5**   Muestra de variación léxica en cinco países

España	Argentina	Puerto Rico	México	El Salvador
autocar	colectivo	guagua	camión	camioneta
acera	vereda	acera	banqueta	acera
piscina	pileta	piscina	alberca	piscina
cajón	cajón	gaveta	cajón	gaveta
americana	saco	gabán	saco	saco
cazadora	campera	jacket	chamarra	chumpa
calcetines	zoquetes	medias	calcetines	calcetines
gabardina	piloto	capa	impermeable	capa
bañador	malla	traje de baño	traje de baño	calzoneta
piso	departamento	apartamento	departamento	apartamento
gafas	lentes, anteojos	espejuelos	lentes, anteojos	anteojos

[handwritten margin note: jacket / raincoat]

La variación léxica en Hispanoamérica se explica en parte porque los colonizadores se encontraban ante una nueva realidad y tenían que encontrar nombres para designar las cosas que se les deparaban. Una solución consistía en usar los nombres de cosas parecidas que había en Europa. Por ejemplo, la palabra **comadreja,** que designa en España el animal llamado *weasel* en inglés, en América se aplica al animal llamado, también en inglés, *opossum.* Asimismo, se dio el nombre del **tigre** asiático y del **león** africano a su primo americano, que los indígenas llamaban *puma* o *jaguar,* y se llamó **gallina de la tierra** o **pavo** al pájaro que los indígenas llamaban *guajolote.* Otra solución consistía en adoptar palabras de los nombres de los idiomas amerindios (8.4). Además de corresponder a la necesidad de expresar aspectos de una nueva realidad, esos *indigenismos°* tuvieron, en el periodo colonial, una función simbólica: el conocer su significado y emplearlos en la conversación señalaba un conocimiento de América, una participación, directa o indirecta, en una prestigiosa aventura que animaba la imaginación de los europeos (Zamora 1982). Aunque la mayoría de esos préstamos han quedado limitados a la región de la lengua original, han pasado al léxico español común muchos indigenismos (Figura 9.6), originarios sobre todo de los idiomas de más importancia y extensión, como *el náhuatl* (México), *el taíno* y el caribe (lenguas extinguidas de los indios taínos y caribes, respectivamente, de las Antillas), *el quechua* (región andina), *el maya* (Yucatán y Guatemala) y *el guaraní* (Paraguay). Por otra parte, la interacción con esclavos de origen africano proporcionó al léxico general un cierto número de *africanismos,°* como **banana, mucamo, cachimba, guarapo, quilombo, conga, bongó, samba** y **sandunga** (Alatorre 1989: 260).

■ FIGURA 9.6   Indigenismos: Préstamos léxicos de lenguas amerindias

Náhuatl (México)	Quechua (Andes)	Taíno (Antillas)	Guaraní (Paraguay)	Caribe (Antillas)
aguacate	alpaca	cacique	jaguar	butaca
ají	carpa	canoa	mandioca	cacique
cacahuate, cacahuete	coca	guajiro	tapioca	caimán
chicle	cóndor	guayaba	tapir	caníbal
chocolate	choclo	hamaca	tucán	colibrí
coyote	guano	huracán		loro
galpón	llama	iguana	**Maya (Yucatán)**	
quetzal	mate	maíz	cenote	
tomate	pampa	maní	cigarro	
tiza	papa	papaya		
	puma	tabaco		
	vicuña	tuna		

Otra característica del español en América es la retención de vocablos y expresiones, que en español peninsular se han arcaizado[9] o quedado limitados al uso rural, como por ejemplo:

uso americano	equivalente peninsular	uso americano	equivalente peninsular
lindo	bueno, excelente	zonzo	tonto
fríjol	judía, habichuela	amarrar	atar
masas	pasteles	balde	cubo para agua
prieto	moreno	aburrición	aburrimiento[16]

Otras palabras han conservado el significado antiguo, que ya no tienen en el español peninsular, mientras que otras han adquirido un nuevo significado, como en los siguientes ejemplos:

Variación de significado

	uso americano	uso peninsular
luego	inmediatamente	más tarde
carro	automóvil	vehículo para cargas, tirado por animales
zócalo	plaza principal (Méx.)	base o cuerpo inferior de un edificio
jirón	calle (Perú)	desgarrón
pararse	ponerse de pie	detenerse
prometer	asegurar	hacer una promesa

Conservación del significado

	peninsular antiguo uso americano	uso peninsular
apurarse	darse prisa	esperarse
bravo	enfadado	valiente
provocar	apetecer	incitar
gafo	tonto (Ven.)	leproso (arc.)
dilatar	tardar	aumentar el volumen de un cuerpo

9.5.5. Dialectos locales

Se formó en la colonia una sociedad estratificada, en la que los españoles (llamados *peninsulares*) ocupaban la posición más alta, ejercían cargos en la administración colonial y se dedicaban al comercio. Luego venían los *criollos*, término que en un principio designaba a los hijos de padres europeos (*españoles mexicanos, españoles criollos, españoles americanos*) y que luego se extendió a los *euromestizos*, es decir a los hijos de padre europeo y madre indígena. Aunque los criollos formaban la clase alta de terratenientes, les estaban vedados los altos cargos en la administración colonial. Eso generaba un resentimiento que contribuyó a que en el siglo XIX dejaran de identificarse como españoles y asumieran el liderazgo de las luchas independentistas. Los indígenas ocupaban una posición inferior y se dedicaban sobre todo a la agricultura y las tareas del campo. Aun más abajo se encontraban los esclavos de origen africano y asimismo los mulatos, mayormente descendientes de padre blanco y madre africana.

Aunque la estratificación no impedía cierta movilidad social, el número de hablantes nativos de español era proporcionalmente pequeño en relación a la población amerindia, lo que dificultaba la difusión de la lengua y contribuía a un aprendizaje irregular y parcial por los amerindios. Esa situación propiciaba el desarrollo de modalidades locales del español marcadas por rasgos de los idiomas nativos. En México, por exemplo, hay un contraste entre la lengua estándar y las variantes influidas por idiomas como el náhuatl, hablado, en diversos dialectos, por más de un millón de personas. Algunos efectos de la fonología náhuatl sobre el español incluyen, según Flores Farfán (1998:11), los siguientes procesos fonológicos:

subdiferenciación de /o/ y /u/	simplificación de secuencias vocálicas, inexistentes en náhuatl:	inserción de vocal en grupos consonánticos:
cubrar (cobrar)	aunque → onque	clavo → quilavo
osgado (juzgado)	aunque → anque	plátano → polátano
to (tú)	influencias → inflencias	
butella (botella)		

Asimismo se ha explicado por la interferencia de idiomas amerindios la ocurrencia en regiones andinas, de no concordancia, sea entre un clítico y su referente (18a) o entre el sujeto y el complemento predicativo (18b) o entre el sujeto y el verbo, como en (18c):

(18) a. Él *los* dio algunas instrucciones.
b. Los informes fueron *excelente*.
c. Las otras chacras no *tiene* riego. (Ejemplos de Lipski 1994: 323)

Hay también casos de influencia a nivel sintáctico, ejemplificada por la inserción de un clítico de complemento directo antes del verbo, correspondiente a un prefijo pronominal que, en náhuatl, señala la transitividad del verbo:

(19) a. ¿No lo vieron mi llave?
b. Los vas a ir poniendo las botas. (Ejemplos de Flores Farfán 1998:16-17)

En el español paraguayo se han registrado diversos casos de interferencia sintáctica, como por ejemplo la pérdida del verbo copulativo **ser,** en frases como **esa señora mi mamá** (por **esa señora es mi mamá**), o la anteposición del poseedor al objeto poseído, como en **María su casa está en el monte,** en vez de **La casa de María está en el monte** (Granda 1996 68–69). Y no sólo las lenguas indígenas, sino también las africanas, puede que hayan contribuido a innovaciones sintácticas, como en el caso de la doble negación en el español de la República Dominicana (20a–20b), atribuida por Schwegler (1996:249) a la presencia de ese rasgo en el habla criolla de base portuguesa de los negros recién llegados de Africa:

(20) a. ¿Y dónde lo usan? - Bueno eso no sé decirle no. Por aquí casi nunca lo usan así no. (Dicho por un campesino)
b. Mañana no me da tiempo pa' venir a trabajar no. (Dicho por un empleado de hotel.)
(Ejemplos de Schwegler 1996:249)

Pese a su variedad, el español americano posee una base morfológica, sintáctica y léxica común que permite la comunicación, sobre todo a nivel culto, entre hablantes de los distintos países. Asimismo las diferencias con el español peninsular son más de superficie que de fondo.

9.6 EL ESPAÑOL EN GUINEA ECUATORIAL

Guinea Ecuatorial, con un total de unos 28.051 kilómetros cuadrados y 510.473 habitantes en 2003, comprende cinco islas y una pequeña región continental en Africa occidental. Fue descubierta por navegantes portugueses en el siglo XV y pasó formalmente al dominio español en 1778, aunque la colonización sólo empezó en 1858. En 1968 se independizó. La población es mayoritariamente de origen Bantú, y predomina la etnia Fang (80%) que habla dos dialectos principales, Fang-Ntumu y Fang-Okah; se hablan además otras lenguas indígenas minoritarias, como el bubi, un *pidgin*° de base inglesa llamado "pichinglis" y un criollo de base portuguesa. Aunque el español es oficial desde la independencia, lo habla sólo un 5% de la población. Desde 1995, también lo es el francés, en parte debido a los esfuerzos del gobierno por tener relaciones con Francia y con sus vecinos africanos de habla francesa.[17]

El español en Guinea Ecuatorial ilustra una situación en la que modificaciones vienen condicionadas por la escasez de hablantes nativos que pudieran servir de modelo a la adquisición de la lengua por las nuevas generaciones. También influyen factores como el contacto con los idiomas indígenas y el limitado nivel de instrucción formal en español. Entre los casos de variación fonológica, se notan los siguientes:

- Articulación de /f/ como una fricativa bilabial sorda [ɸ]: **gafas** [gá-ɸas], **blasfemia** [blas-ɸé-m̥ia].

■ FIGURA 9.7 Muestra de variación léxica en el español de la Guinea Ecuatorial *

Cambios de significado		**Anglicismos**	
bosque	'selva'	boy, boya (< *boy*)	'criado o criada'
brisa	'viento fuerte'	moni (< *money*)	'dinero, moneda'
cobijado	'protegido'	motoboy (< *motor boy*)	'ayudante del chófer del camión'
comidas	'vegetales para comer'	pepe (< *pepper*)	'especia picante'
ennegrarse	'acostumbrarse a los usos indígenas'	contrimán (< *countryman*)	'paisano'
molestar	'ignorar'	pichinglis (< *speak English*)	'pidgin hablado en la isla de Bioko'
Voces cultas y arcaísmos		**Préstamos de idiomas indígenas**	
apear	'venir andando'	balele	'baile indígena colectivo'
castizar	'hablar bien el español'	malambá	'bebida alcohólica'
dialogar	'hablar'	morimó	'espíritu'
monóculo	'tuerto'	mamba	'serpiente venenosa'
veleidoso	'poco serio'	mininga	'mujer indígena'
concebir	'darse cuenta'	tumba	'tambor hecho con un tronco de árbol'

*Ejemplos de Quilis 1996.

- Algunos hablantes hacen la distinción /θ/ vs. /s/, otros son seseantes y otros más tienden a reemplazar /θ/ por /f/, como en **canción** [kam-fi̯ón], **aceite** [a-féi̯-te].
- El fonema /x/ tiene diversas realizaciones fonéticas, como [x] velar o [h] faríngea, llegando también a perderse: **José** [xo-sé], [ho-sé], [o-sé].
- Los procesos de pérdida de fonemas afectan la /l/ final de palabra (**alcohol** [al-kól], **español** [es-pa-ñó]), /ʎ/ o /y/ junto a una vocal palatal (**escalerilla** [es-ka-le-rí-a], **botella** [bo-té-a]).
- El léxico incluye casos de palabras cuyo significado ha cambiado, arcaísmos preservados y préstamos de idiomas indígenas y del inglés (através del pidgin), según se ve la Figura 9.7.

9.7 JUDEOESPAÑOL

El origen del *judeoespañol*, o *español sefardí*, fue un caso extremo de discriminación étnica y religiosa. En 1492, los Reyes Católicos (1.5) determinaron la expulsión de los judíos que no quisieran convertirse al cristianismo, pero su éxodo ya había empezado antes, debido a disturbios antijudíos en 1391 (Hassán 1995:119). Varios miles de éstos se marcharon y establecieron comunidades en Europa (Portugal, Holanda, Italia, los Balcanes), y en Asia Menor, Africa del Norte y la isla mediterránea de Rodas. En esos sitios conservaron su lengua, el español preclásico, del que se desarrolló la modalidad conocida como *sefardí* (de **Sefarad,** nombre hebreo de la Península Ibérica), o *ladino*, o *dzhudezmo* [ʤu-ðéz-mo], o *judeoespañol*.[18] El judeoespañol comprende dos modalidades principales, el dialecto occidental, minoritario, que se formó en la región norte de Marruecos, y el dialecto oriental, mayoritario, que se formó en lo que son hoy los Balcanes, Palestina y Turquía.

El judeoespañol ilustra procesos lingüísticos que tienen lugar cuando una parte de una comunidad de habla emigra y pierde el contacto directo con el grupo original. El judeoespañol ha conservado rasgos que el idioma tenía antes de los cambios del siglo XVI, que conformaron el español moderno. Se supone que el cambio lingüístico del judeoespañol ha sido retardado por tratarse esencialmente de una lengua empleada dentro de cada comunidad sefardí, pero aún así el judeoespañol ha cambiado, particularmente en el léxico, que incluye préstamos de los idiomas con los que ha estado en contacto, como el turco, el árabe además y otras lenguas europeas, como el francés o el italiano. El hecho de no ser un idioma estandarizado ha contribuido al desarrollo de alguna variación interna, lo que permite que en un mismo dialecto coexistan formas distintas de la misma palabra. En los siguientes pares de palabras del dialecto de Estambul, por ejemplo, hay una

forma considerada prestigiosa, y otra sin prestigio.[19] Nótense los valores fonéticos de *ç* = [ts] y *x* = [ʃ]:

Forma prestigiosa	Forma sin prestigio	Español estándar
somos	semos	somos
nuestro/muestro	mweso	nuestro
keres / kyeres	kes / kyes	quieres
esfuegro	esxuegro [esʃueɣro]	suegro
verdá	vedrá	verdad
muço [mútso]	munço [múntso]	mucho

La situación actual de recesión en que se encuentra el judeoespañol tiene
diversas causas, algunas íntimamente relacionadas entre ellas. El aislamiento
de las comunidades contribuye a la diferenciación dialectal, que es un obstáculo al desarrollo de una literatura significativa que pudiera contribuir a
unificar las comunidades. Otras causas son el desaparición de muchas comunidades en Europa debido al Holocausto y la competencia de otras lenguas.
En el antiguo Imperio Otomano, donde había una política de tolerancia
hacia las lenguas y culturas de los diversos grupos étnicos, las comunidades
sefardíes habían podido conservar su idioma. Pero el Imperio Otomano ter-
minó en 1923 con la creación de la República de Turquía, que adoptó una
política de modernización, influida por una ideología nacionalista, impuso
el aprendizaje y uso obligatorios del turco. Como resultado, para una parte
significante de los 22.000 sefardíes de Estanbul "el judeoespañol ha dejado de
ser una lengua viva",[20] y se halla cada vez más limitado al ámbito familiar. En
Israel, la adopción del hebreo como lengua nacional ha restringido el ámbito
de la lengua, limitando su la probabilidad adquisición y conservación por las
nuevas generaciones. En los Estados Unidos, el inglés es dominante en las
comunidades sefardíes, igual que entre otros grupos de origen inmigrante.
Hace poco más de dos décadas se calulaba en 350.00 el número de hablantes, mayormente bilingües,[21] del judeoespañol, pero a fines del siglo XX se
creía que en todo el mundo, de unos 300 mil descendientes de judeoespa-
ñoles, sólo unos cien mil todavía hablaban el idioma ancestral.[22]

Una buena parte de la literatura sefardí pertenece a la tradición oral. En
la escritura sefardí se emplearon en un principio los caracteres hebreos, lo
que dificultó su lectura a los no sefardíes. Con la utilización del alfabeto latino
se desarrolló una ortografía más simplificada que la española, ilustrada en el
siguiente texto, escrito por un autor israelí contemporáneo, que ilustra algunas
de sus características principales.

1 En efekto, malgrado ke el djudeo-espanyol de oy no es el ke era avlado
2 por las primeras jeneraciones de desendientes de los ke fueron ekspulsados
3 de Espanya, malgrado ke desde entonses esta lengua se troko bastante, kon la
4 inkluzion de un grande numero de palavras turkas, ebreas i fransezas, mal-

5 grado esto i otros faktores mas, esta es ainda klaramente una lengua espan-
6 yola ke puede ser entendida bastante fasilmente por los ispano-avlantes de
7 otros paizes i otras kulturas.
8   La supervivensia del djudeo/espanyol es un fenomeno ke desha intriga-
9 dos i maraviyados a los afisionados del ispanizmo en las diversas partes del
10 mundo. Ainda mas kurioza i interesante es la supervivensia no solo de la len-
11 gua, sino ke de toda una kultura i mizmo de una mentalidad espanyola, al
12 seno de los sefaradis, los desendientes de los exilados.
13   ¿Komo puede eksplikarse este fenomeno, del apegamiento de esta
14 komunidad a la lengua i kultura del paiz ke la avia tan kruelmente tratado?
15 ¿I a ke era devido el refuzo obstinado de los sefaradis de intergrarsen en la
16 kultura del paiz ke los avia resivido tan jenerozamente, dandoles la posibi-
17 lidad de empesar en una mueva vida i prosperar en sus aktividades ekonomi-
18 kas kaje sin ninguna restriksion?
19   Para responder a estas preguntas kale tomar en kuento siertos faktores
20 bazikos. En primer lugar, ke para los djudios ekspulsados de Espanya, el
21 espanyol era sus lengua materna, la lengua ke eyos avlavan, meldavan i
22 entendian mijor ke kualkera otra, inkluzo el ebreo. Ademas, munchos de los
23 ekspulsados eran parte de la elite kultural i intelektual de Espanya. Entre eyos
24 avia eskritores i poetas, savios i maestros de eskola, medikos, kartografos,
25 astronomos etc., ke tenian un ekselente konosimiento del espanyol de akeya
26 epoka i ke eskrivieron numerozos livros, antes i despues de la ekspulsion.
27   Otro faktor ke kontribuyo a la kontinuidad sentenaria del djudeo-
28 espanol, fue ke, malgrado sus aleshamiento de Espanya, los sefaradis
29 kontinuaron a estar al koriente, durante munchos anyos, de los akonte-
30 simientos en dicho paiz i de los dezvelopamientos en el kampo de la kreasion
31 literaria. Esto ultimo, grasias a los marranos ke venian a unirse kon eyos,
32 bastante regolarmente i en grupos mas o menos grandes, sigun las presiones
33 exersadas sovre eyos por la inkizision en la Peninsula.[23]

ACTIVIDAD 9.9   Identifique en el texto anterior:

a) algunas palabras que no existen en español normativo.

b) algunas palabras que revelan la pronunciación seseante.

c) algunas palabras que revelan la pronunciación yeísta.

Se nota que la correspondencia entre la ortografía y los fonos es mucho más estrecha que en el español común. La razón es que desde la Edad Media hasta principios del siglo XX se usaban caracteres hebraicos, y al adoptarse el alfabeto latino, se optó por una ortografía simplificada.

Se prescinde de la acentuación, de la **_h_** muda (al ejemplo del italiano), y del grupo consonántico **_qu_** = [k], representado por la **_k_**. Sobre ser un habla seseante y yeísta, mantiene el contraste /b/ : /v/, las fricativas palatales /ʃ/ : /ʒ/ y las fricativas alveolares /s/:/z/, que contrastan en sonoridad, además de la africada palatal [dʒ], que se conserva en algunas palabras, como **_dju-deo_** [dʒudéo]. Otro rasgo hoy conservado dialectalmente, es la /n/ paragógica añadida al reflexivo **se** cuando el sujeto es plural (*integrarsen*, [15]); innovaciones como la sustitución de **n** por **m** (*mueva* [17] 'nueva') y el posesivo **sus** 'de ellos' concordando con el poseedor plural: **sus lengua** (21), **sus alesha-miento** (28).

Entre las palabras y variantes morfológicas que se han arcaizado en la Península se encuentran **malgrado** (3) 'a pesar de', **refuzo** (15) 'rechazo', **kaje** (18) 'casi', **kale** (19) 'es necesario', **munchos** (29) 'muchos'. Las innovaciones incluyen préstamos de lenguas con las que ha estado en contacto **meldavan** [29] 'leían' (un préstamo del turco), **regolarmente** [32], (cf. ital. **regolarmente**), **dezvelopamientos** (30) 'desarrollos' (cf. fr. **développements**).

 Cuaderno de ejercicios 9.5 "El judeoespañol"

9.8 HABLAS CRIOLLAS

Una consecuencia de la interacción de personas que no tienen una lengua común puede ser la formación de un idioma pidgin. Se trata de una lengua híbrida, muy simplificada, que utiliza el vocabulario de la lengua socialmente dominante (llamada *lexificadora o superstrato*) y una versión simplificada de la gramática de la lengua socialmente dominada (llamada *sustrato*). Por definición, un pidgin no es lengua nativa de nadie, pero si los hijos de hablantes de pidgin lo adquieren como su lengua materna, entonces el pidgin se transforma en un idioma criollo.

Uno de los resultados lingüísticos de las incursiones coloniales europeas en África y Asia fue la formación de varios pidgins, sobre todo de base portuguesa, holandesa, inglesa y francesa. Los pidgins y criollos hablados por africanos traídos de África como esclavos han dado origen a los criollos hablados actualmente en el Caribe, como el criollo de base francesa de Haití y el criollo de base inglesa de Jamaica, entre otros. Nos interesan particularmente dos criollos, el *palenquero* y el *papiamento*. Son idiomas formados a partir de criollos de base portuguesa hablados por esclavos africanos originarios de regiones bajo el control de Portugal, como Angola y São Tomé. Debido al contacto con el español, ambos han pasado por un proceso de *relexificación,* es decir que una gran parte de su léxico, originalmente portugués, ha sido reemplazado por palabras españolas.

9.8.1 Palenquero y papiamento

El *palenquero* es un criollo hablado por unas dos mil personas en el poblado colombiano de Palenque de San Basilio, a unos 70 kilómetros de la costa, caribeña, cerca de Cartagena de Indias. El nombre deriva de *palenque*, o sea una estacada de madera hecha para la defensa de un sitio. El poblado fue formado en principios del siglo XVII por esclavos escapados de Cartagena, cuyos descendientes han podido conservar su habla en parte gracias al aislamiento en que vivieron hasta principios del siglo XX. En esta época empezaron a trabajar fuera del poblado, por lo que tuvieron que aprender el español. Hoy día, debido a su integración gradual a la sociedad hispanohablante, el vocabulario y estructura sintáctica del palenquero tienden a asemejarse progresivamente al español. Como resultado de esa convergencia lingüística, el palenquero se ha transformado en lo que se llama un idioma *post-criollo°*.

El *papiamento* (o *papiamentu*) es hablado por unas docientas mil personas en las Antillas Holandesas (islas de Aruba, Bonaire y Curazao). El nombre deriva del verbo **papear** (esp. 'balbucir,' port. 'charlar'). Aunque el holandés es la lengua oficial, el papiamento tiene status de lengua nacional y sirve como medio de cultura no sólo popular sino también literaria. Los expertos coinciden en que su origen se remonta al pidgin afroportugués hablado por los africanos traídos a Curazao, que durante el régimen colonial fue un centro de repartimiento de esclavos para el resto de América. A la base pidgin-portuguesa original se añadió la influencia del castellano, del que deriva el 85% del léxico actual. El holandés, aunque sea lengua oficial, no aporta más que el 5%, y el resto del léxico es de origen portugués, africano o inglés, debido a la creciente influencia de los Estados Unidos en la región.[24] Tanto el palenquero como el papiamento comparten rasgos típicamente criollos, como los ejemplos siguientes.

El sustantivo es invariable en número: en papiamento hay un sufijo plural optativo, **-nan,** y en palenquero el plural se señala por el prefijo **ma** (< más):

(21) a. *Pap.* dos cigaría (o cigaríanan) 'dos cigarrillos'
     b. *Pal.* baka 'vaca' / ma baka 'vacas'.

El adjetivo también es invariable:

(22) a. *Pap.* un homber/muhé famoso 'un hombre famoso /una mujer
       famosa'
     b. *Pal.* ũ forma 'una forma', bwẽ sopa 'buena sopa'

Los pronombres personales son los siguientes:

	palenquero	**papiamento**		**palenquero**	**papiamento**
P1sg	i	mi	P1pl	suto	nos
P2sg	bo	bo	P2pl	bo	boso
P3sg	[E]le	e	P3pl	ané	nan

En ambos idiomas el orden habitual de las palabras es sujeto - verbo - complemento:

(23)	**S**	**V**	**C**	
a. *Pap.*	mi	ta pidí	bo	'yo te pido'
b. *Pal.*	i	ta ablá	bo	'yo te hablo'

■ **FIGURA 9.8**   Marcadores de aspecto y tiempo verbal en palenquero y
papiamento

Palenquero	**Papiamento**
	aspecto continuativo
ata	*ta*
i ata kumé 'como, estoy comiendo'	mi ta come 'como, estoy comiendo'
bo ata miní 'vienes, estás viniendo'	boi ta bini 'vienes, estás viniendo'
	aspecto perfectivo
a	*a*
i a kumé 'he comido'	mi a come 'he comido'
bo a kantá 'has cantado'	bo a canta 'has cantado'
	pasado
ba	*tábata*
i kumé ba 'comí'	mi tábata come 'comí'
bo ablá ba 'hablaste'	bo tábata papia 'hablaste'
	futuro
tãn	*lo*
i tãn, kumé 'comeré'	lo mi come 'voy a comer'
bo tãn, kantá 'cantarás'	lo bo canka 'cantarás'

Al no haber flexión verbal, el tiempo y el aspecto verbal se señalan mediante los morfemas libres pal. ***ata,*** pap. ***ta*** (Figura 9.8).

Al contrario del palenquero, que tiende a hablarse menos a medida que las nuevas generaciones aprenden el castellano, el papiamento es bastante estable, y se utiliza en la instrucción y en los medios de comunicación. Ilustra el papiamento escrito a nivel formal el texto siguiente, una noticia de la toma de posesión del Gobernador de Aruba:

> Gobernador señor Fredis Refunjol a duna e siguiente discurso, durante e sesion extraordinario di diamars mainta, den cual el a proclama publicamente su aceptacion di e cargo importante aki.
> "Awor cu mi a caba di asumi e funcion di Gobernador di Aruba, cual ta un honor grandi cu ta toca mi, lo mi kier a haci uso di e oportunidad pa dirigi mi mes na Parlamento, y por medio di Parlamento na henter pueblo di Aruba. Mi kier confirma y duna e siguranza cu mi lo eherce mi funcion segun e mas elevado normanan di etica constitucional, cu respet pa ley y tur conciudadano. Mi meta ta pa ser un digno Gobernador, sin distincion algun di raza, credo o color."
> (*Diario Online - E Matutino di Aruba*. 13 de Mayo de 2004; http://www. diarioaruba.com/)

🔄 **Cuaderno de ejercicios 9.6 "Papiamento"**

9.8.2 Hablas españolas de Filipinas

El archipiélago de Filipinas (población estimada en 84.619.974 en 2003) fue descubierto por españoles en 1521 y colonizado a lo largo del siglo XVI. Se separó de España en 1898 como resultado de la guerra con los Estados Unidos y se independizó de este país en 1946. Aunque durante la colonia el español fue el idioma de la élite gobernante, se ha calculado que en la separación de España sólo lo hablaba un diez por ciento de la población, y a fines del siglo XX esa cifra había bajado a un 3%, aproximadamente 1.816.773 personas. Los demás hablaban diversos idiomas indígenas, el más difundido de los cuales era el *tagalo* (o filipino), que es hoy el idioma oficial. Durante el periodo colonial muchos españoles se mezclaron con los naturales de las islas, y del contacto del español con los idiomas de éstos se formó un idioma criollo, el *chabacano,* que hoy tendrá unos 1.200.000 hablantes. El chabacano contiene elementos españoles y también de idiomas indígenas como el tagalo y otros. Los rasgos españoles son evidentes en la siguiente versión del Padre Nuestro:[25]

> Tata diamon talli na cielo, bendito el di Uste nombre.
> Ace el di Uste voluntad aqui na tierra, igual como alli na cielo.
> Dale kanamon el pan para cada dia.
> Perdona el diamon maga culpa, como ta perdona kame con aquellos
> tiene culpa kanamon. No deja que ay cae kame na tentacion
> Y libra kanamon del mal.

 Cuaderno de ejercicios 9.7 "Chabacano"

9.9 HABLAS DE FRONTERA

El contacto continuado de dos lenguas *cognadas°* propicia la transferencia de elementos lingüísticos entre éstas. Es el caso del llamado *fronterizo*, hablado en diversas zonas de la frontera del Uruguay con el Brasil. Se trata de un conjunto de hablas, designadas por los lingüistas como "dialectos portugueses del Uruguay" (DPU), que tienen como base el portugués popular brasileño, fuertemente influido por el español popular. Algunos lingüistas los clasifican como *dialectos bilingües*, es decir, sistemas intermedios entre dos lenguas que se hallan en una situación de contacto relativamente estable. Debido a eso, su léxico viene de uno u otro idioma, según las necesidades comunicativas. El hecho de que la frontera sea abierta facilita la interacción de hablantes de los dos idiomas: en ciudades gemelas como Rivera (Uruguay) y Livramento (Brasil), se cruza la calle para ir de compras o a trabajar al otro país.

En esa situación, aunque los DPU constituyen el habla materna de los niños que nacen y crecen en la región, carecen de un estándar y presentan mucha variabilidad, incluso en el habla de una misma persona. Estructuralmente, los DPU se caracterizan por una marcada simplificación morfosintáctica que allana las diferencias entre los dos idiomas, y se manifiesta de varias maneras (ejemplos de Elizaincín et al. 1987):

(a) Omisión de palabras (señalada por Ø) en complementos de lugar:

nasí Ø Itaquí	*esp.* nací en Itaquí	*port.* nascí em Itaquí
vo Ø Montevideo	*esp.* voy a Montevideo	*port.* vou a Montevidéu
casa Ø mi ermã	*esp.* casa de mi hermana	*port.* casa de minha irmã

(b) Empleo del indicativo en vez del subjuntivo:

falta muitu para que é	*esp.* falta mucho para que sea
	port. falta muito para que seja
pedem que nos asemo ayuda	*esp.* piden que hagamos ayuda
	(= ayudemos)
	port. pedem que façamos ajuda
	(= ajudemos)

(c) Reducción de las formas verbales a P3sg:

eu tem qu'irme imbora	*esp.* yo tengo que irme embora
	port. tenho que ir-me embora
	(P3sg = tem [tẽj])
us otro sai	*esp.* los otros salen
	port. os outros saem (P3sg = sai)
nos trabaiaba	*esp.* nosotros trabajábamos
	port. nós trabalhávamos
	(P3sg = trabalhava, pop. [trabajáva])

ACTIVIDAD 9.10 Según cierta opinión, los dialectos resultarían de la corrupción de la lengua. Trabajando con algunos condiscípulos, examine este tema y prepare una exposición sobre los posibles puntos de vista.

 Cuaderno de ejercicios 9.8 "Cada oveja con su pareja"

Dijimos al principio que el estudio de la variación regional empezó enfocando la distribución geográfica de las variables fonéticas, morfológicas y léxicas (la dialectología tradicional no llegó a ocuparse mayormente de la sintaxis). Uno de los temas que ha ocupado a los estudiosos del español hispanoamericano ha sido su división en áreas dialectales. Ese objetivo, muy de acuerdo con los de la dialectología de la primera mitad del siglo XX, presupone unas comunidades de habla relativamente estables. Sin embargo, desde la segunda mitad del siglo XX ha habido en Hispanoamérica un fenómeno de desplazamiento de las poblaciones rurales hacia los centros urbanos. En particular, la sobrepoblación de grandes ciudades como México, Lima, Buenos

Aires, Bogotá o Caracas ha tenido consecuencias lingüísticas, como la mezcla de variedades rurales en los ambientes urbanos, y la consecuente formación de dialectos "rurbanos" resultantes de la urbanización de hablantes rurales, sobre los que apenas se han realizado investigaciones de bulto (Hidalgo 1990: 58; Bortoni-Ricardo 1985). Lo que parece claro es que la variación geográfica es sólo parte del cuadro general de la variación lingüística. Además, en las grandes concentraciones urbanas, que forman macrocomunidades de habla, los contrastes lingüísticos más acentuados tienen que ver con diferencias en el habla de los distintos grupos sociales, definidos según factores como el nivel socioeconómico, el sexo, la edad o el grado de instrucción formal. En el capítulo siguiente nos ocuparemos de la variación social del lenguaje.

Términos clave

africanismo	**español canario**	**lleísmo**
amerindio	**español meridional**	**modalidad regional**
andaluz	**español norteño**	**palenquero**
aspiración	**habla híbrida/mixta**	**papiamento**
castellano	**indigenismo**	**pidgin**
ceceo	**judeoespañol**	**rotacismo**
criollo	**laísmo**	**seseo**
desoclusivización	**lambdacismo**	**voseo**
dialecto	**leísmo**	**yeísmo**
dialectología	**lengua**	**zheísmo**
distinción	**intracomunitaria**	
español (hispano)	**loísmo**	
americano		

MITOS SOBRE EL LENGUAJE   A menudo se dice que los hablantes de tal región hablan mejor o peor que la gente de otras. Sin embargo, cuando se pregunta por qué es así, nadie sabe dar una respuesta concreta. O si no, se dice que tienen un acento raro, o que no dan a las palabras su "verdadero" significado. A su parecer, ¿cuáles son las causas de esas actitudes? ¿Cuáles son sus posibles consecuencias, positivas o negativas? ¿Se dice algo parecido del inglés hablado en alguna región de este país? En este contexto, ¿qué sentido tiene la frase "tener un acento"? ¿Es posible hablar sin acento? ¿Tienen las palabras un significado "verdadero", o es que se trata de una convención entre los hablantes?

SUMARIO

La variación lingüística geográfica contribuye a la formación de dialectos o modalidades regionales, identificables por rasgos específicos de fonología, morfología, sintaxis, o vocabulario. En español se reconocen, además de una norma internacional, normas regionales basadas en el habla de las personas cultas.

La expansión del castellano por la Península Ibérica y por el mundo dio origen a diversas modalidades, como el judeoespañol, el andaluz y el español hispanoamericano. El judeoespañol, actualmente en recesión, conserva rasgos de la lengua del siglo XVI, además de préstamos de otros idiomas, como el turco y el árabe. El andaluz, desarrollado a partir del castellano que se estableció en el sur de la Península Ibérica, influyó mayormente en la formación del español hispanoamericano. En éste se distinguen los dialectos conservadores, asociados a las antiguas capitales coloniales (México, La Paz, Bogotá), por lo general situadas en tierras altas, de los dialectos radicales, asociados a las tierras bajas y los puertos coloniales, y en particular a la región del Caribe. Allí la lengua, de arraigo más popular y más abierta a la innovación, se desarrolló con un fuerte parecido con el español de Andalucía y Canarias. El contacto entre los idiomas contribuye a la formación de hablas mixtas, como los pidgins y los criollos, como el palenquero y el papiamento, y los dialectos híbridos, como los dialectos portugueses hablados en puntos de la frontera uruguayo-brasileña.

PRÁCTICA

A. ¿Qué diferencias hay entre la variación diacrónica y la variación geográfica o regional?

B. ¿De qué manera el castellano pudo contribuir a cierta homogeneización lingüística en España?

C. ¿Cómo se originó y desarrolló el judeoespañol?

D. ¿Cuáles son algunos de los rasgos fonológicos y léxicos del judeoespañol?

E. ¿Qué son el palenquero y el papiamento?

F. ¿Cuáles son algunos de los rasgos compartidos por el palenquero y el papiamento?

G. ¿Qué procesos fonológicos afectan el contraste /r/ : /l/ en el español caribeño?

H. ¿Cuáles son algunas de las realizaciones fonéticas del fonema /r/ en el español hispanoamericano?

I. ¿En qué consiste el *voseo*? ¿Dónde se encuentra? ¿Cómo se dirían las oraciones siguientes en un dialecto voseante?

(a) ¿Tú hablas español?   _____

(b) Tú eres argentino, ¿no?   _____

(c) ¿Tú quieres tus llaves?   _____

(d) Quiero que vengas mañana.   _____

(e) ¿A qué hora partes?   _____

J. En el siguiente pasaje se describe la situación de un turista español en México. ¿A su parecer, las palabras que lo confunden son léxicas o gramaticales? ¿Cuál de estas dos clases de palabras tiene más probabilidad de causar problemas de comprensión? ¿Por qué? ¿De qué otra manera se podría decir **luego luego?**

> ... en el desayuno le ofrecen *bolillos*. ¿Será una especialidad mexicana? Son humildes panecillos, que no hay que confundir con las *teleras*, y aun debe uno saber que en Guadalajara los llaman *virotes* y en Veracruz *cojinillos*. Al salir a la calle tiene que decidir si toma un *camión* (es el ómnibus, la *guagua* de Puerto Rico y Cuba), o si llama a un *ruletero* (el taxista). A no ser que le ofrezcan amistosamente un *aventoncito* (un empujoncito), que es una manera cordial de acercarlo al punto de destino (una *colita* en Venezuela, un *pon* en Puerto Rico). Le dice al chofer que lo lleve al hotel, y le contesta:
> - Luego, señor.
> - ¡Cómo luego! Ahora mismo.
> - Sí, luego luego.
>   Después comprenderá que *luego* significa 'al instante'. (Rosenblat 1962; Adaptación).

Temas para profundizar

A. Busque en la Internet algunos sitios sobre el judeoespañol y prepare un informe sobre aspectos de la lengua y la cultura que encuentre. Palabras clave: *Judeo-Spanish, judeoespañol, ladino, sefardí.*

B. ¿De qué manera ha influido el idioma inglés en la homogeneización lingüística de este país?

C. Haga una breve encuesta entre algunos hispanohablantes (de ser posible, originarios de distintos países) para determinar con quién y en qué circunstancias usan **tú/vos** o **usted.** ¿Qué semejanzas o diferencias revelan sus respuestas?

Principales fuentes consultadas

Las referencias básicas sobre variación han sido Alvar 1996a, 1996b, Lipski 1994 y Zamora Vicente 1970. Se han consultado además las siguientes obras: *Americanismos*: Bohórquez 1984; *Andaluz*: Vaz de Soto 1981, Narbona Jiménez y Morillo-Velarde 1987, Narbona, Cano y Morillo 1998; *Español hispanoamericano*: Canfield 1981, Bjarkmann 1989, Boyd-Bowman 1972, 1976, Cotton y Sharp 1988, Donni de Mirande 1996, Elizaincín 1981, Hammond

1989, 2001, Guitart 1978, Hidalgo 1990a, 2001a, 2001b, Lope Blanch 1987, Navarro Tomás 1966, Sedano 1997, Zamora Munné y Guitart 1982, Parodi 1995, 2001, Perissinoto 1994; *Fronterizo*: Hensey 1972, Elizaincín et al. 1987, Carvalho 1998, 2004; *Indigenismos*: Zamora Munné 1976, 1982; *Africanismos:* Megenney 1983; *Judeoespañol*: Malinowski 1983, Harris 1982b, 1994; *Palenquero*: Megenney 1984, 1986; Schwegler 1984, 1998, Schwegler y Morton 2003; *Papiamento*: Goilo 1972, 1974; *Pidgins y criollos*: Reinecke et al. 1975, Silva-Corvalán 1989b, McWhorter 2000; *Seseo y ceceo*: Dalbor 1980; *Voseo*: Fontanella de Weinberg 1987, Siracusa 1972, To-rrejón 1986, Carricaburo 1997.

Sugerencias para lectura

Rosenblat 1962, 1963; Lope Blanch 1987; Alatorre 1989, Zamora Munné y Guitart 1982; Schwegler y Morton 2003, Silva-Corvalán 1989, Lipski 1994, Hammond 2001, McWhorter 2000.

N O T A S

[1]Es útil distinguir entre *comunidad de habla* y *comunidad lingüística,* formada por las personas que comparten una misma lengua, aunque no necesariamente interactúen entre ellas (como la comunidad de hablantes del español). Véanse Gumperz 1968 y Hymes 1967.

[2]Moreno Fernádez 1996:219, Hernández Alonso 1996:200.

[3]Hernández Alonso 1996:203.

[4]Se recoge aquí el planteamiento de Narbona Jiménez y Morillo-Velarde Pérez 1987.

[5]Se ha señalado que la abertura de la vocal ante /s/ aspirada determina contrastes significativos, que se pueden representar como [a]:[a̤], [e]:[ɛ], y [o]:[ɔ], y que por lo tanto se podría postular en andaluz tres fonemas vocálicos más que en el castellano norteño. Sin embargo, ésta solución parece superflua al ser dichos contrastes predecibles a partir de una representación fonológica *vocal* + /s/. Es decir, la /s/ implosiva aspirada condicionaría la realización de una vocal más abierta, que se conservaría incluso después de la caída de la /s/.

[6]Se agradecen a Francisco García éstos y otros ejemplos del andaluz.

[7]Los ejemplos (3c–3d) son de Narbona-Jiménez y Morillo-Velarde Pérez (1987:93).

[8]Barrutia and Schwegler 1994:210; Hammond 2001:296.

[9]Canfield 1981:5.

[10]Ejemplos de Fletcher 2000.

[11]Ejemplos de Vaquero 1996:63.

[12]Barrenechea 1987:18–20.

[13]Ejemplos de una profesora universitaria de español boliviana. Kany (1951:109–112) da ejemplos de autores de catorce países hispanoamericanos. Véase también Contreras 1972:526–528.

[14]Ejemplos de Lope Blanch 1972:131–132.

[15]Ejemplos de Blake 1987:355.

[16]Ejemplos de Moreno de Alba (1995:103) que señala que un arcaísmo *absoluto* es una forma que ha desaparecido de la lengua, como **maguer** 'a pesar', o **catar** 'mirar.' Una forma que ha dejado de usarse en una región pero sigue en uso activo en otras es un arcaísmo *relativo* o un *seudoarcaísmo*.

[17]Quilis 1996; "Equatorial Guinea", *Wikipedia* (www.wikipedia.org).

[18]Sobre los nombres del judeoespañol, véanse Gold (1977) y Harris (1982a, 1994).

[19]Ejemplos de Ulmer-Avcikurt (1996:182).

[20]Malinowski (1982:19). Véanse Harris 1982b, 1994 y Hassan (1995) sobre la decadencia del judeoespañol, un indicio de la cual es la drástica disminución de publicaciones. El semanario de Estambul *Salom* (www.salom.com), escrito en turco, incluye sólo algunas páginas en judeoespañol. En Jerusalén se publica trimestralmente *Aki Yerushalayim: Revista Kulturala Djudeo-espanyola,* y hay una emisión radiofónica diaria de quince minutos (*Kol Israel* 'la Voz de Israel').

[21]Bun 1981:50.

[22]Moshe Shaul, citado en *La Región,* 24 de enero de 1999, http://web.jet.es/cem/articulo2.htm.

[23]"El djudeo-español ainda bivo?..." Por Moshe Shaul, *ABC Sábado cultural.* Madrid, 10 de agosto de 1985. pág. 10.

[24]Ha contribuido a la participación de otros idiomas la historia de las Antillas Holandesas, que fueron posesión española 135 años (1499-1634), holandesa 161 años (1634-1795), francesa 5 años (1795-1800,) inglesa 2 años (1800-1802) y otra vez holandesa desde 1802; hay autogobierno desde 1954.

[25]Los datos sobre el español en Filipinas son de Quilis (1996b) y la versión del Padrenuestro es de Bernardino S. Camins, incluida en el *Chabacano de Zamboanga Handbook* (1988). Fuente: www.iespana.es.

Variación social

10

Cada dialecto posee su propia norma (sus propias normas, de acuerdo con los niveles socioculturales que abarque) y por cierto que hay normas muy superiores –de mayor prestigio– que otras. Pero ninguna de ellas comprende todo lo que corresponde a la totalidad de la lengua española.

Juan M. Lope Blanch, *Estudios sobre el español de México*, 44–45.

> **OBJETIVOS** En este capítulo comentaremos aspectos de las relaciones entre variación lingüística y factores sociales, fenómenos resultantes del contacto entre las lenguas, de las actitudes hacia la variación, la ideología subyacente a esas actitudes, problemas educativos concernientes al bilingüismo y a la diglosia, y tabú lingüístico.

La interacción con nuestra primera comunidad de habla —por lo general, nuestros familiares y sus amigos— nos proporciona el *input* para adquirir nuestra primera lengua, comúnmente llamada *materna*. Pronto nos damos cuenta de que su uso varía según el interlocutor o la situación. Aprendemos, por ejemplo, que hay personas que podemos tratar de **tú** o **vos** (9.4.2) y otras a las que debemos tratar de **usted.** Y no son sólo los pronombres los que varían, sino también muchas de las palabras que usamos, la manera de pronunciar ciertos fonos, ciertas construcciones y otras cosas que aprendemos a controlar sin pensar mucho en ello. Sin esa capacidad de adaptarnos a la variación social del lenguaje, sería muy difícil comunicarnos eficazmente. Nos damos cuenta de eso cuando tratamos de usar en una conversación real un idioma que sólo hemos estudiado en clase. En este capítulo vamos a enfocar algunos aspectos de la variación social del lenguaje, que es el objeto de la *sociolingüística*.

10.1 COMUNIDADES DE HABLA Y VARIACIÓN

Como miembros de una comunidad de habla, es natural que sepamos entender y expresarnos en varios dialectos sociales, o sociolectos, participando así en una red de subcomunidades. Esta red ofrecerá menos variación (sin llegar, desde luego, a ser totalmente uniforme) si vivimos en un pequeño pueblo, participando de una *red social°* densa, es decir, formada por relativamente pocas personas pero que interactúan con mucha frecuencia, reforzando mutuamente el comportamiento lingüístico del grupo. En cambio, nuestra comunidad de habla será más variada si vivimos en una gran ciudad, donde participamos de una red social difusa, es decir con muchas más personas pero con menos frecuencia de interactuación.

Si nos mudamos a otro país donde se hable nuestro idioma, es posible que nos sorprendamos al descubrir que la gente no lo emplea igual que en nuestra comunidad de origen. Además de la variación regional que comentamos en el capítulo anterior, nos damos cuenta de que hay diferencias incluso cuando se usa el mismo vocabulario y sintaxis. Como se trata de comportamientos internalizados y automatizados, podrá costarnos tiempo y esfuerzo el ponernos en condiciones de participar en la vida social cómodamente. Un ejemplo sencillo: quizás en nuestra comunidad original los hijos les decían **usted** a sus padres y eran tuteados por éstos, mientras que en la nueva comunidad todos los miembros de la familia se tutean. ¿Qué harán nuestros hijos? ¿Seguirán tratándonos de **usted** como antes (que a lo mejor es lo que nos gusta) o, siguiendo el ejemplo de sus nuevos compañeros, pasarán a tratarnos por *tú?* Y cuándo vengan nuestros padres a visitarnos, ¿cómo tratarán nuestros hijos a los abuelos?

Tendemos a interactuar con unas personas más que con otras, y eso refuerza los rasgos compartidos de nuestro comportamiento lingüístico. Por lo tanto, la frecuencia e intensidad de comunicación entre los miembros de una comunidad de habla contribuyen a la caracterización de su manera de hablar. Es un mecanismo particularmente eficaz en el ámbito de los grupos socioeconómicos, las llamadas clases sociales, cuyos miembros interactúan más intensamente entre sí que con individuos de otros grupos.

ACTIVIDAD 10.1   ¿A qué comunidades de habla perteneció usted hasta los cinco años? ¿Y hasta los diez? ¿Y actualmente? ¿Qué influencia han tenido en su comportamiento lingüístico?

La siguiente anécdota de un español de visita a México ilustra cómo pueden combinarse factores regionales y sociales mediante detalles pequeños pero significativos de una sencilla expresión de cortesía:

Le han ponderado la exquisita cortesía mexicana y tiene ocasión de comprobarlo:
- ¿Le gusta la paella?
- ¡Claro que sí! La duda ofende.
- Pos si no tiene inconveniente, comemos una en la casa de usted.

No podía tener inconveniente, pero le sorprendía que los demás se convidaran tan sueltos de cuerpo. Encargó en su hotel una soberbia paella, y se sentó a esperar. Pero en vano, porque también los amigos lo esperaban en la casa de usted, que era *la casa de ellos.* (Rosenblat 1962, adaptación)

La clave de esta anécdota es que la expresión **en la casa de usted** se usa de maneras distintas en dos países. En España es sólo de una expresión descriptiva (= "la casa en donde usted vive", o "la casa que le pertenece"). En México, en cambio, es una frase hecha que tiene un significado social específico, es decir, es una fórmula que significa que "mi casa es su casa" y por lo tanto, si le invito "a la casa de usted", se entiende que es a mi casa, que usted debe considerar suya. De hecho, aquella expresión no dista mucho de la expresión con que un español suele recibir a un huésped: **Está usted en su casa.**

ACTIVIDAD 10.2 Haga una lista de por lo menos cinco expresiones de cortesía, en español o en inglés cuya interpretación literal puede causar malentendidos, y explique cuál es su significado social.

10.2. RASGOS SOCIOLINGÜÍSTICOS Y VARIABLES SOCIALES

Desde un punto de vista lingüístico, la variación que se detecta en las lenguas es un fenómeno normal y objetivamente neutro. Pronunciaciones fonéticamente distintas, como **los tres han venido** [los-tre-sam-be-ní-ðo] / [loh-tré-ham-be-ní-o] / [lo-tre-am-be-ní-o] (9.3), formas paralelas como **haga** y **haiga** (9.5), o construcciones sintácticas alternativas como **había muchos policías** vs. **habían muchos policías** (9.5.3) existen en todos los idiomas. La lingüística, además de constatar que en ciertas comunidades algunos hablantes pronuncian la /s/ implosiva como [s], otros como [h], y que otros no la pronuncian —o, incluso que hay hablantes que presentan las tres pronunciaciones, aunque no necesariamente en las mismas proporciones— trata de explicar las causas del fenómeno y las circunstancias en que se manifiesta.

Es habitual que haya una correlación entre la frecuencia de esa clase de variación y ciertas variables sociales concernientes a los hablantes. Se sabe, por ejemplo, que formas como **haiga, naiden,** son más frecuentes entre hablantes poco escolarizados. A su vez, la poca escolarización suele ser más frecuente entre personas de nivel socioeconómico bajo. La correlación entre variables lingüísticas y variables sociales, como la edad, el sexo, la escolaridad, o el nivel socioeconómico de los hablantes, tiene relevancia sociolingüística.

Una de las razones por las que la edad es un factor asociado con la variación lingüística es que las innovaciones en una lengua empiezan a menudo entre la gente joven. Por ejemplo, en España los jóvenes urbanos tienden a ser yeístas (4.4), mientras que la conservación del fonema /ʎ/, y por lo tanto del contraste /ʎ/ : /y/ es un rasgo que se encuentra más entre la gente mayor y particularmente en áreas rurales del norte y centro del país (Hernández Alonso 1996: 200). Asimismo, la neutralización del contraste entre /l/ y /r/ en posición implosiva (9.3(h)) en las tierras bajas de América (Caribe y regiones del litoral colombiano y venezolano) tiende a ser estadísticamente más frecuente entre hablantes rurales de nivel socioeconómico bajo y menos usual entre hablantes urbanos de nivel socioeconómico alto (Penny 2000: 161). En términos estadísticos, podemos decir que hay una correlación negativa entre la frecuencia de aquella neutralización y el nivel socioeconómico del hablante. Es importante fijarse en que se trata de tendencias estadísticas encontradas en comunidades de hablantes: el hecho de que en algún punto del Caribe haya un analfabeto que no neutralice aquellas consonantes, o un licenciado en derecho que diga **Si usted vuerve a la izquielda, seguro que no se pielde,** sólo tiene interés si son estadísticamente representativos de su comunidad.

Lo más habitual es que la variación de un rasgo lingüístico esté asociada a diversas variables sociales a la vez. Según hemos comentado (9.4.1), en el español rioplatense se da el zheísmo/sheísmo, o sea la articulación del fonema /y/ como una fricativa rehilada, que puede ser sonora [ʒ] o sorda [ʃ]. En un estudio realizado hace tres décadas, se verificó que la incidencia más alta del alófono sordo [ʃ] se daba entre las mujeres de menos de treinta años. Se verificó también que entre éstas, las que producían aquel alófono con más frecuencia eran las que sólo tenían instrucción primaria. Entre las mujeres de más de treinta años, en cambio, las frecuencias más altas de [ʃ] se daban entre las que tenían formación universitaria. La conclusión es que el proceso de ensordecimiento de [ʒ] a [ʃ] correspondía a un cambio lingüístico en progreso, que estaba más adelantado entre las mujeres que entre los hombres (Fontanella de Weinberg 1973:146ff.).

Otro tema que ocupa la sociolingüística es la valoración, positiva o negativa, que las personas suelen hacer sobre determinadas formas de su idioma, considerándolas buenas o malas, más elegantes o más correctas que otras. Pese a que son subjetivas y varían según la época o la comunidad, dichas opiniones influyen en el comportamiento de los hablantes. Algunas son mitos tan arraigados en nuestra tradición cultural que apenas se nos ocurre cuestionarlos, aunque puedan generar prejuicios en contra de los hablantes de una u otra modalidad.

Un ejemplo es el mito de que ciertas modalidades son intrínsecamente buenas o malas, y que por lo tanto en tal o cual región se habla la mejor (o la peor) modalidad de la lengua. El análisis objetivo de tales creencias suele revelar cosas interesantes sobre las actitudes de la sociedad hacia su idioma. Un ejemplo de ello son los resultados de una encuesta sociolingüística sobre las actitudes hacia el español de Buenos Aires, con 350 encuestados, en su mayoría entre los 15 y los 50 años, 54% hombres y 46% mujeres, considerados representativos de los bonaerenses cultos de clase media alta. La conclusión fue que el 59% de los encuestados, que se daban cuenta de las particularidades de su manera de hablar, creían que "el español porteño no puede considerarse como 'buen español'", pero aún así la mitad de los encuestados declaraba sentir "orgullo de su propia modalidad que refleja lo argentino" (Solé 1991: 95–96). Esos resultados demuestran que aunque una modalidad lingüística sea valorada negativamente por sus propios hablantes en lo que respecta a criterios de corrección, sí puede ser valorada positivamente como señal de su identidad étnica.

En tiempos normales, el habla de las personas de prestigio social tiende a ser valorada positivamente, mientras que los rasgos lingüísticos asociados al habla popular, es decir, de grupos de nivel socioeconómico bajo suelen tener poco prestigio, y pueden incluso ser estigmatizados. Un ejemplo de ello son las actitudes hacia el *leísmo,* o sea el uso de **le** en vez de **lo** como complemento directo masculino de persona, el *laísmo,* que es el uso de **la** en vez de **le** como complemento indirecto de persona, y el *loísmo,* es decir el uso de **lo** en vez de **le** como complemento indirecto de persona. En el siguiente diálogo entre dos colegas de trabajo, Antonio, que es leísta, usa **le** como complemento tanto directo como indirecto, mientras que Arturo distingue entre **lo** complemento directo y **le** complemento indirecto:

(1) Arturo   - ¿Has visto a Pablo hoy?
     Antonio - No, todavía no le he visto, estará desayunando. (le = CD)
     Arturo   - Pues cuando lo veas, dile que necesito hablarle, ¿vale?
             (lo = CD, le = CI)

Antonio, además de leísta, es laísta, y usa *la* como complemento tanto indirecto como directo:

(2) Antonio - Por cierto, ¿quieres hablarla también a Pilar? Acabo de verla en
          el pasillo. (la = CI, CD)
     Arturo   - No hace falta, la vi ayer y le comenté aquel asunto.
          (la = CD, le = CI)

En ese momento Mariano, el botones de la empresa, interviene, y siendo loísta, usa *lo* como complemento indirecto de *diga:*

(3) Mariano - Oiga, don Arturo, ahora bajo a la cafetería,
          si veo a don Pablo, ¿quiere que lo diga que pase por su
          despacho? (lo = CI)

En español normativo aquellos pronombres se distribuyen asimétricamente entre las funciones de complemento directo (CD = **lo, los, la, las**) y complemento indirecto (CI = **le, les**). El leísmo extiende las funciones de complemento directo masculino de persona a **le, les.** El loísmo emplea **lo** en ambas funciones, mientras que el laísmo hace lo mismo con **la,** (en este caso, **le** se vuelve redundante). Un sistema hipotético con laísmo y leísmo tendría sólo cuatro formas, cada cual con función de complemento directo e indirecto.

norma (incluye *leísmo*)		sistema hipotético con loísmo + laísmo
CD	**CI**	**CD y CI**
lo, le	le	lo
la	le	la
los, les	les	los
las	les	las

El análisis sugiere que tanto el laísmo como el loísmo obedecen a cierta lógica simplificadora. Sin embargo, desde una perspectiva sociolingüística, esos tres rasgos se valoran de manera distinta. El leísmo, muy difundido en España, se considera parte de la lengua estándar; el laísmo, algo menos difundido, es aceptable como rasgo coloquial, pero no en estilos cultos o formales, y aún menos en la lengua escrita. En loísmo, por fin, se valora negativamente como rasgo del habla popular. Si en una entrevista televisiva una persona de cierta categoría social emplea el leísmo, a lo mejor nadie se lo nota; si emplea el laísmo, quizás se lo noten, pero no pasa nada; pero si usa el loísmo, es posible que se lo critiquen. Son actitudes que nada tienen que ver con la lógica del lenguaje, sino con las opiniones subjetivas de la comunidad en la que se dan esas formas, por así decir, en competencia unas con otras. En comunidades en donde no se dan esos fenómenos, como México, por ejemplo (Lope Blanch 1983: 12), la valoración del loísmo y el laísmo no sería de carácter social, sino regional, y se los consideraría formas ajenas al sistema del español local.

Uno de los rasgos más difundidos es el proceso fonológico que origina la aspiración y pérdida de la /s/ en posición implosiva, ya sea final ante pausa **(¡Vamos!)** o preconsonántica **(los veo)** (4.6.3). Al parecer se originó en Andalucía, de donde se difundió a Canarias e Hispanoamérica (9.3), y su valoración social varía, según la región y el grupo socioeconómico. La Figura 10.1 presenta de manera esquemática la distribución de dicha valoración en ocho países.

Uno de los procesos fonológicos más difundidos y más marcados socialmente es la debilitación y pérdida de consonantes intervocálicas, particularmente la /d/. Afecta particularmente a los participios en **-ado** → [áo] e **-ído** → [ío] y se da muy intensamente en Andalucía, Canarias y el Caribe, especialmente en el habla popular y el rural. Una frecuencia tan elevada puede crear la impresión equivocada de que es un rasgo típico sólo de las personas de menor cultura, lo cual no es cierto. Lo que pasa es que en el caso de la /d/, como en muchos otros casos de variación, rasgos encontrados en todos los hablantes tienen una distribución que varía según los grupos socioeconómicos. Mientras

■ FIGURA 10.1 Distribución sociolingüística de la aspiración y pérdida de la /s/*

Región	Distribución de [s], [h] y Ø **: valoración sociolingüística
Colombia 　Tierras altas 　Costa del Caribe	[s] se mantiene en Bogotá, donde [h] tiene menos prestigio [h], Ø tienen menos prestigio; se conserva más [s] entre hablantes cultos
Cuba	[h], Ø generalizadas por todo el país y grupos sociales
Ecuador 　Tierras altas, incl. 　Quito 　Costa	[s] se conserva regularmente; es forma prestigiosa [h], Ø como en el Pacífico; alguna tendencia a restaurar [s] entre la clase culta
España	[s] forma de prestigio en el norte; [h] generalizada en el sur; era forma sin prestigio, pero ha ganado aceptación en las últimas décadas.
México 　Central 　NO México 　Yucatán 　Veracruz /Tabasco 　Acapulco	[s] se mantiene como forma de prestigio; muy poco [h], Ø [h], Ø como en Centroamérica [s] se mantiene, pero ocurren [h], Ø [s] se conserva entre hablantes cultos; [h], Ø principalmente entre grupos socioeconómicos más bajos [s] es la forma de prestigio; [h], Ø ocurre en los grupos socioeconómicos más bajos
Perú	[h] ante consonante, [s] ante pausa o vocales en posición inicial es forma de prestigio (clase media); [h], Ø aumentan en las clases más bajas.
Puerto Rico	[h] generalizado y Ø aumenta, irradiándose desde San Juan
Rep. Dominicana	[h] y Ø generalizados, incluso en los niveles sociales más altos

* Datos principalmente de Lipski (1994).
** Ø: alófono cero, es decir, pérdida total de /s/

que en la Andalucía rural la pérdida de la /d/ en los participios en **-ado** llega a alcanzar el 100%, una investigación realizada en Córdoba (sur de España), se ha encontrado que en el habla urbana ese proceso fonológico se registra en "un 90% en hablantes de nivel bajo, 94% en los de nivel medio y un 85% en los de nivel alto". Se han encontrado también correlaciones con edad: la /d/ se perdía un 72% entre los jóvenes, un 63% entre los maduros y un 82% entre los mayores. En lo que respecta al sexo de los encuestados, la pérdida era de

80% para los hombres pero sólo de 67% para las mujeres (Narbona et al. 1998: 177). Con base en tales datos, se puede plantear la hipótesis de que, respecto a la pérdida de la /d/ intervocálica, las mujeres de la comunidad analizada constituyen el grupo que más conserva la /d/, mientras que los ancianos son los que más la pierden.[1]

Por otra parte, sería difícil justificar lingüísticamente la valoración, positiva o negativa, que hacen los hablantes acerca de los fenómenos de variación. El ceceo (9.3) se manifiesta esencialmente en el habla popular, y se acepta socialmente mucho menos que el seseo.[2] Por otra parte, la pérdida de la /d/ se tolera más en los participios en **-ado** (**hablado** [aβláo]) que en los en **-ido** (**comido** [kómiðo], **salido** [salíðo]), y aun menos en los sustantivos (**Toledo** [toléo], **marido** [marío], **boda** [bóa] o **codo** [kó:]). Como ha señalado Zamora Vicente, en "el castellano medio…la pérdida se generaliza y tolera en la terminación **-ado,** pero es considerada como vulgarismo hiriente en otros casos" (1970: 317). Debido a la creencia equivocada de que las formas con el hiato (3.4) **-ao** final constituyen una falta, muchos hablantes insertan una /d/ en palabras que no la tienen, como **bacalao, Bilbao** o **gentío,** produciendo formas hipercorrectas° como **bacalado, Bilbado** o **gentido.**

En las sociedades occidentales, de una manera general, las formas consideradas correctas o prestigiosas suelen coincidir con el dialecto social, o sociolecto, de los grupos socioeconómicos más altos, que son los que detienen el poder político y controlan instituciones sociales directamente interesadas en la lengua, como las escuelas, las editoriales y los medios de comunicación. Las actitudes y opiniones a menudo revelan las pasiones que pueden despertar las formas lingüísticas distintas a las que estamos habituados a considerar correctas. Sin embargo, no deja de ser irónico condenar un rasgo lingüístico por su arraigo popular y/o rural, considerando que el español se originó de una modalidad popular del latín hablada por soldados y agricultores, y se repartió fuera de Castilla precisamente por haber sido adoptado como lengua común por gentes de condición social más bien humilde.

ACTIVIDAD 10.3   Trabajando con algunos compañeros, identifique y comente argumentos en favor y en contra de la idea de que los hablantes de las variedades populares o rurales de un idioma no se expresan tan bien como los hablantes de las variedades urbanas.

 Cuaderno de ejercicios 10.1 "Rasgos sociolingüísticos"

La valoración del habla dialectal puede parecernos ambivalente, puesto que se nos presenta como algo pintoresco, al margen de la sociedad urbana

y letrada, como evocando el contraste ***sermo rusticus*** vs. ***sermo urbanus***
(8.2.1). Algunos ficcionistas han tratado de valorar el habla regional como
medio de expresión, dignificándola a la vez que a sus hablantes. Un ejemplo
de ello es el drama *La carreta,* del autor puertorriqueño René Marqués:

Luis	- No seah animal. Vah a dir pa que aprendah a ganal máh chavoh. El bruto siempre se quea abajo.
Chaguito	- El que nase bruto sí. Pero yo sé bahtante...
Juanita	- Sí, con tu tercer grado...
Chaguito	- Tú cállate. Lah mujereh jablan cuando lah gallinah mean.
Don Chago	- *(Riendo.)* Ay, ay. Si yo jubiera podío desile eso a mi difunta.
Juanita	- Eso eh. Ríale lah grasiah al dehcarao ehte.

. . . .

Don Chago	- Conque el gallo se había desaparesío, ¿eh?
Chaguito	- ¡Ay, bendito viejo, no diga ná! Míe que si dise argo Luis me vende er gallo. Ya oyó lo que dijo. Miguel lo ehtá ehperando.
Don Chago	- Caramba, le dan treh buenoh pesoh por el condenao gallo. ¿Tú piensah sacale máh en er pueblo? (René Marqués, *La carreta,* p. 30–1)

Siguiendo la tradición, incorpora ese pasaje rasgos como la aspiración del
fonema /s/ posvocálico (/s/ > [h], ort. **h**), tanto final **(seah, eh, vah, apren-
dah, máh, chavoh, mujereh, lah, gallinah)** como medial **(bahtante,
dehcarao, ehte).** También hay ejemplos de neutralización de /l/ y /r/ en
posición posvocálica, resultando sea en lambdacismo **(ganar → ganal)** sea
en rotacismo **(algo → argo, el → er).** La /r/ final del infinitivo se asimila a
una /l/ inicial siguiente en **sacarle → sacale, decirle → desile.** Hay también
casos de pérdida de consonantes intervocálicas, resultando en la fusión de
las vocales, si son idénticas **(para → paa → pa, nada → naa → ná)** o en la
articulación de un hiato, si son diferentes **(queda → quea, podido → podío,
desaparecido → desaparecío, condenado → condenao).** Se ve en **jablan**
la conservación de la fricativa aspirada [h], pronunciación arcaica resultante
de la /f/ latina inicial (lat. pop. **fabulare** → esp. ant. **fablar → hablar).** Se
mantiene la **ll** ortográfica, que al tratarse de una variedad yeísta, se interpreta
como [y] y no [ʎ]. Por otra parte, grafías como **nase** por **nace, dise** por **dice**
o **grasia** por **gracia,** subrayan que se trata de una modalidad seseante.[3]

 Cuaderno de ejercicios 10.2 "**El habla rural puertorriqueña**"

10.3 FÓRMULAS DE TRATAMIENTO

Suele haber mucha variación en las fórmulas con las que se tratan los participantes en un diálogo. Consideraremos dos temas, a saber el uso de los pronombres de segunda persona y el empleo de los nombres y títulos.

Los pronombres españoles de segunda persona suelen sorprender a los angloparlantes por su contraste con el inglés: mientras que *you* es invariable, en español hay que elegir entre **tú, usted, vos, vosotros/vosotras, ustedes,** y además hay que hacer concordancia entre el pronombre y las correspondientes formas verbales, pronombres clíticos y posesivos. El segundo contraste es social: mientras que *you* se aplica a todos, los pronombres españoles tienen connotaciones de formalidad o informalidad, respeto, confianza o distancia. Por si eso fuera poco, las normas de uso varían según la comunidad, o incluso dentro de la misma comunidad, lo que refuerza la idea de que la variación regional y la variación social son dos caras del mismo proceso.

Podemos analizar el uso de los pronombres de tratamiento mediante parámetros relacionados con la relación entre los interlocutores. Dos de esos parámetros, propuestos por Brown y Gilman (1960), son el *poder* y la *solidaridad.* La dimensión de poder involucra diferencias jerárquicas, como rango o distancia social (real o simbólica). Una diferencia de poder otorga al superior el derecho a cierta deferencia, manifestada por el pronombre **usted** y títulos como **señor, señora** y otros. A su vez, la dimensión de solidaridad actúa sobre la distancia social, favoreciendo un tratamiento informal **(tú, vos, vosotros).** Esos parámetros pueden ser complementados por otro, la *confianza,* que es una dimensión estrictamente personal entre los interlocutores. Otros factores que pueden tener relevancia incluyen la edad, sexo, posición social, situación profesional y el contexto en que tiene lugar la interacción.

Si hay una diferencia marcada de poder (que suele conllevar distancia social), el inferior (B) le debe al superior (A) el tratamiento formal **usted.** En cambio, A puede tratar a B por **tú,** estableciendo un uso pronominal asimétrico, $A \overset{-\text{tú}\rightarrow}{\underset{\leftarrow\text{Ud}-}{}} B$ que confirma su posición superior. Pero también puede tratar a B por **usted,** estableciendo el llamado *ustedeo recíproco* (A ← Ud → B), que marca más solidaridad por parte de A. Esa solidaridad puede deberse a diversas razones —A puede querer expresar deferencia por B porque éste es mayor; pero también puede hacerlo precisamente para evitar la connotación de confianza que conlleva el pronombre tú, particularmente si la distancia social entre A y B no es muy grande.

En una relación entre iguales —dos conocidos, A y B, del mismo nivel social, mismo sexo, edades aproximadas— suele predominar el parámetro de solidaridad, permitiendo el uso simétrico del mismo pronombre, ya sea con el ustedeo recíproco, por deferencia mutua, ya sea con tuteo o voseo recíproco (A ← tú → B, A ← vos → B), que pone a los interlocutores en plan de igualdad y señala que hay solidaridad entre ellos.

Pero hay que matizar un poco. Puesto que las comunidades de habla se estructuran por normas compartidas, A y B no son totalmente libres para optar entre **tú** y **usted,** porque la misma comunidad también participa en el proceso. En ciertos sectores, como las fuerzas armadas, el tratamiento es explícitamente dictado por reglamentos, y en las instituciones civiles —gobierno, parlamento, judiciario— hay normas de uso o tradiciones que hay que seguir. En el sector civil y en las relaciones personales, sin embargo, hay cierto margen de elección.

Imaginemos una comunidad donde los padres tratan a los hijos por **tú** y son tratados por **usted.** Si una pareja decide usar el tuteo recíproco con sus hijos, podrá ser censurada —tácita o explícitamente— por miembros de la comunidad que consideren que el cambio compromete su posición de cara a sus propios hijos. En una empresa donde la norma es el ustedeo recíproco entre subordinados y superiores, el gerente que decida adoptar el tuteo recíproco en su departamento podrá ser llamado a la orden por sus superiores, si éstos creen que dicha práctica perjudica el funcionamiento de la empresa. Es más: puede que los mismos empleados rechacen la invitación al tuteo. Quizás, mientras que los empleados más jóvenes aplaudan la idea por considerarla democrática, los empleados mayores —algunos de más edad que el jefe— se molesten, por considerar que su edad les da derecho a un trato formal. Algunos podrán pensar que el tuteo elimina una distancia apropiada al trato profesional. Algunas de las empleadas podrán creer que el tuteo supone una confianza con su jefe que prefieren no tener. Bien miradas las cosas, el tuteo y el ustedeo son, en sí mismos, ni más ni menos democráticos, sino que su valoración depende de cómo los interpreten los hablantes y de la dinámica de la relación entre éstos.

En español hay que tener en cuenta los pronombres **tú, vos, usted, ustedes** y **vosotros/as.** Este último se usa en el habla corriente sólo en España, aunque en partes de Andalucía y Canarias se prefiere **ustedes** (9.4) como forma no marcada y carente, por lo tanto, de valoración social. En cambio, el empleo recíproco de **vosotros,** como el de **tú,** refleja la solidaridad, como en las relaciones entre amigos, compañeros o personas del mismo rango social. Además, **vosotros** puede expresar una solidaridad retórica en situaciones en que una persona se dirige a un grupo colectivamente por **vosotros,** pero trata a cada uno de **usted,** como una guía de museo que conduce a un grupo de turistas. En ese caso, **vosotros** marca la solidaridad con el grupo, mientras que **usted** señala la deferencia hacia el individuo.

Los pronombres de singular son **tú, usted** y **vos,** éste último mucho más difundido en Hispanoamérica[4] (9.5.2) de lo que revelan los manuales de español para extranjeros. Mientras que hay zonas de *tuteo* exclusivo, hay otras de *voseo* exclusivo y otras más donde **vos** y **tú** coexisten, formando con **usted** un sistema triple de uso muy matizado. Las reglas varían según la región y también la clase social, y la figura 10.2 muestra la distribución de posibilidades.

Si el tuteo recíproco marca la solidaridad y la confianza, el *ustedeo* recíproco, de formato A ← Ud → B, ofrece más matices. La situación más generalizada es la que denota una *solidaridad deferencial,* es decir, en que hay solidaridad, pero también respeto. Ese **usted** deferencial se usa tradicionalmente entre adultos y puede verse reforzado por circunstancias específicas. El compadrazgo, por ejemplo, suele conllevar el **usted** recíproco: dos amigos

■ FIGURA 10.2 Fórmulas de tratamiento (*)

Tú/usted

Usos asimétricos	S	P	C	Ejemplos
A $^{-tú\rightarrow}_{\leftarrow Ud-}$B	+	≠	–	A: padre; B: hijo
	–	≠	–	A: patrón; B: empleado
	–	≠	–	A: policía; B: detenido

Usos simétricos

	S	P	C	
A ← tú → B	+	=	+	A y B: amigos íntimos
	+	≠		A: profesor, B: alumno
A ← Ud → B	+	=	+/–	A y B: amigos adultos (ustedeo deferencial)
	+	–	–	A y B: adultos en una situación profesional
				A: médico, B: paciente; A: patrón, B: empleado;
				A: policía, B: prisionero

Vos/usted**

Usos asimétricos

	S	P	C	
A $^{-vos\rightarrow}_{\leftarrow Ud-}$B	–	≠	–	A: patrón, B: empleado
	–	≠	–	A: carcelero, B: prisionero

Usos simétricos:

	S	P	C	
A ← vos → B	+	=	+	A y B: amigos;
	+	≠		A: profesor, B: alumno

* S = solidaridad, P = poder, C = confianza
** Se refiere tanto a voseo completo (vos hablás) como a voseo con tú (tu hablás).

o amigas que se tutean, al hacerse compadres o comadres, pasan a tratarse de **usted,** señalando así que sus lazos de amistad y solidaridad se han estrechado de una manera específica.

Hay comunidades que usan el **usted** recíproco como tratamiento único, prescindiendo del contraste informal/formal (algo como el uso de **you** en inglés). Ese ustedeo generalizado suele limitarse a ciertos estamentos socio-económicos, no necesariamente los mismos en todos los países. En las tierras altas de Colombia, se usa entre las clases media y baja, y se extiende a los amigos, familiares y niños. En esas regiones, "se aprende **tú** en la escuela pero se usa poco en la vida diaria, particularmente en áreas rurales" (Lipski 1994:213). También en areas rurales de Panamá se da el ustedeo recíproco, "incluso entre amigos íntimos y familiares" (Lipski 1994: 300). Hay además una diferencia entre usar **usted** + verbo o sólo el verbo: se ha señalado que en Chile el uso de la forma verbal de tercera persona sin el pronombre "provoca menor distancia" que el uso del verbo con el pronombre, "por lo que constituye una suerte de etapa intermedia respecto del tuteo (**Tía, ¿sabe dónde viven los López?**)" (Cartagena 2001).

Respecto a los matices sociales de **vos,** hay que distinguir entre las comunidades en que este pronombre es el único del trato informal y aquéllas en que coexisten **tú** y **vos.** También hay que tener en cuenta sistemas mixtos, como el llamado *voseo verbal,* que combina el pronombre **tú** con las formas verbales de **vos** (**tú trabajás** en vez de **vos trabajás**). En el Uruguay este voseo verbal, común en el habla culta de Montevideo, es la forma de prestigio, y en los grupos sociales más altos se usa también **tú** como tratamiento más íntimo que **usted,** pero de menos confianza que **vos.** En la Argentina, en cambio, el voseo completo **(vos trabajás)** corresponde al habla de todos los niveles sociales de Buenos Aires, y tiende a difundirse por el resto del país, llegando, mediante el turismo, la radio y la televisión, hasta el Uruguay, donde parece encontrar receptividad entre la gente joven (Carricaburo 1997: 30–32).

El voseo ejemplifica cómo puede variar la valoración social de una forma lingüística. En la Argentina el voseo fue "estigmatizado en otras épocas y prohibido por el Consejo Nacional de Educación en 1939" (Solé 1991: 97). Se le han hecho críticas feroces, como "arcaico vulgarismo", "desaseada costumbre" o "vulgaridad añeja" (Castro 1960: 40, 73), aunque algunos lingüistas hayan demostrado más tolerancia, como el español Amado Alonso, al declarar que "el tratamiento de 'vos' debe ser absolutamente respetado…porque como ocurre en la Argentina y en América Central, también es el tratamiento de la amistad, de la familia y del amor" (1980:66). Se ha sugerido que puede haber contribuido a la valoración positiva del voseo "el proceso socioeconómico que se inicia en el país con el peronismo, en las décadas del 40 y del 50" que potenciaba un "discurso institucionalizado" populista, que simulaba disminuir la relación de poder y aumentar la solidaridad entre el pueblo y los dirigentes (Carricaburo 1997: 25–26). En esta interpretación, aquel proceso socioeconómico contribuyó a relajar la presión ejercida por educadores conservadores, ayudando a expandir el uso del voseo, hoy generalizado en todos los niveles sociales argentinos, incluso entre profesores y alumnos, tanto en las escuelas como en la universidad.

En el Paraguay, a mediados del siglo XX hubo un periodo en que el tuteo era característico del habla de las personas de clase alta y ascendencia española, mientras que el voseo era típico del habla popular en español (la mayor parte del pueblo hablaba sobre todo guaraní). Cambios políticos y sociales, como la ascendencia de una ideología nacionalista, han contribuido a que el voseo se impusiera en todas las clases sociales. En Chile, el voseo generalizado de la época colonial sufrió críticas de los educadores,[5] y, parcialmente desplazado por el tuteo en el habla culta, se valoraba negativamente como rasgo rústico. Sin embargo, en la década de 1980 esa situación había cambiado mediante la adopción del voseo por los jóvenes de clase media y alta (Torrejón 1986). Este voseo es de tipo verbal, o sea, combina el pronombre **tú** con las formas de **vos (tú hablás),** contrastando con el voseo auténtico, es decir, con formas propias **(vos hablís),** usado en los niveles socioeconómicos bajos y en el campo, y posiblemente recesivo hoy día (Torrejón 1991). En Colombia el voseo se encuentra en la costa del Pacífico, donde coexiste con el tuteo, pero en otras regiones se lo considera un rasgo regional, de limitado prestigio en el habla urbana. En Centroamérica (Panamá, Costa Rica, Nicaragua, El Salvador, Honduras y Guatemala) la valoración social de las formas de tratamiento se puede resumir, en líneas generales, de la siguiente manera:

Panamá: hay voseo en la costa del Pacífico, con formas verbales derivadas de **vosotros (vos trabajai),** pero valorado negativamente como rasgo rústico, y al parecer, recesivo (Lipski 1994: 300).

Costa Rica: voseo generalizado entre iguales sociales, valorado positivamente coexiste con el ustedeo de confianza entre amigos y familiares (Lipski 1994: 224).

Nicaragua: voseo generalizado, incluso con conocidos donde no hay familiaridad (Lipski 1994: 292).

El Salvador: el voseo de solidaridad y confianza coexiste con el ustedeo de solidaridad, incluso entre familiares, a veces combinado "con formas verbales voseantes" (Carricaburo 1997: 44); hay tuteo como tratamiento intermedio (solidaridad sin confianza) entre hablantes urbanos de nivel sociocultural alto. En medios socioeconómicos bajos o rurales el voseo coexiste con el ustedeo generalizado (Lipski 1994:258).

Honduras: el voseo coexiste con el tuteo y el ustedeo, incluso entre familiares, pero el ustedeo recíproco predomina entre las clases obreras y rurales (Lipski 1994:272).

Guatemala: voseo generalizado, pero el tuteo se valora más, particularmente entre las mujeres (Lipski 1994: 266).

Tienen particular interés sociolingüístico los sistemas mixtos que combinan **tú, vos** y **usted.** Como quedó dicho, en Uruguay el tuteo **(tu hablas)** ofrece una alternativa entre el voseo y el ustedeo; a su vez, el voseo con **tú** **(tú hablás)** es la norma de prestigio de la capital, pero el voseo completo **(vos hablás)** también existe en regiones cercanas a la Argentina. Hay dos zonas de tuteo **(tú hablas),** una en la costa este y otra al norte, en la frontera con el Brasil; allí el prestigio del voseo como norma de la capital fomenta el uso del **vos,** incluso con formas verbales de **tú,** es decir, **vos hablas, vos tienes** (Carricaburo 1997: 31).

La coexistencia de las formas puede perdurar, originando sistemas en los que la elección del tratamiento corresponde a pequeños detalles de cómo se procesa la interacción. En Popayán (Colombia), Murillo Fernández (2000) encontró, en entrevistas grabadas con personas de todos los estamentos sociales, que en el 68% de los casos los hablantes utilizaban **tú, usted** y **vos** con el mismo interlocutor, como en el diálogo (4) entre dos jóvenes universitarias.

(4) X: *Usted* no *sabe* los problemas.

A: ¿O sea que ya no *volvés* parallá?

X: ¿En qué parte *vivís,* A?

A: En Camilo Torres. *Andá* y conversamos.

X: *Venga* pero *cuénteme* una cosita *usted* no quiere que le den licencia o si *quiere* que le den.

A: No porque a mí me perjudica eso, no ve que me quitan el sueldo.

Aquella alternancia se explica porque cuando X necesita "una información de carácter más privado y de mayor confiabilidad," es decir si A desea una licencia, "usa el pronombre *vos* y cuando la información es un tanto formal, usa el pronombre de tratamiento *usted.*"

En el cuadro tan diversificado de la valoración del voseo se notan dos tendencias principales. En ciertas regiones (como el campo panameño), tiende a limitarse a grupos sociales de bajo prestigio y podrá eventualmente ser reemplazado por el tuteo o el ustedeo recíprocos. En otras (como la Argentina, Uruguay, Paraguay y la mayor parte de Centroamérica) goza de vitalidad y prestigio y no hay razón para pensar que esté en vías de desaparecer. La evolución diacrónica del voseo también tiene matices de variación social. A principios del siglo XIX en Buenos Aires el voseo con formas de **tú (vos cantas, tienes, eres)** se usaba entre las clases altas (como hoy día en Montevideo), mientras que el voseo con formas propias **(vos cantás, tenés, sos)** era de uso rural. En la segunda mitad del mismo siglo, estas últimas formas habían sido adoptadas por "todos los niveles socioeducacionales bonaerenses donde actualmente es el único uso en vigencia" (Fontanella de Weinberg 1992: 33).

Menciónese de paso que hay otras formas de tratamiento de ámbito geográfico limitado pero importantes en el trato social. La forma **su merced/ su mercé,** por ejemplo, señala la relación de compadrazgo en la República Dominicana (Carricaburo 1997: 21), y en el área de Bogotá se usa como tratamiento de solidaridad deferencial de hijos a padres, o de vendedor a cliente en el mercado (Lipski 1994:214), o en la versión diminutiva **su mercesito,** en el trato con un sacerdote.

Sería equivocado pensar que tanta variación quiere decir que no haya normas para el uso de las formas de tratamiento. Sí las hay, pero aparte de las más genéricas, no se aplican a la totalidad de la lengua sino a comunidades específicas, donde la elección entre una forma y otra depende de varios factores. De una manera general, hoy día en España el tuteo es universal entre jóvenes, y también entre adultos, particularmente si se trata de personas del mismo sexo y del mismo rango social o categoría profesional. En esos casos, la insistencia en el uso de **usted** puede señalar una intención de marcar distancias, o sea, una disminución de la dimensión de solidaridad. También en Hispanoamérica se ha difundido el tuteo/voseo, pero hay mucha variación regional. Por ejemplo, entre adultos se suele pasar al tuteo entre cubanos más rápido que entre mexicanos o peruanos, pero en todos los países intervienen variables sociales como el grupo socioeconómico, el sexo y la edad de los participantes, y la variación entre ambientes urbanos y rurales. En el español de Bogotá, por ejemplo, hace dos décadas se ha detectado un incremento del tuteo entre los jóvenes de la clase alta (Uber 1985), pero una investigación más reciente (Bartens 2003) ha señalado una variación directamente relacionada con el sexo de los hablantes. Eso quiere decir que hay más tuteo entre las mujeres, mientras que los hombres del mismo nivel social tienden a preferir el ustedeo de confianza, incluso entre amigos. Otro detalle es que los hombres que se ustedean tienden a tutear a las mujeres —no sólo las de su grupo social sino también "a desconocidas, vendedoras y camareras" (Bartens 2003:7)

De lo expuesto se concluye que el uso de **usted** goza de mucha vitalidad,[6] de manera que para un extranjero, al dirigirse a un desconocido, la regla más segura es empezar por el trato de **usted** y esperar a que el interlocutor sugiera un tratamiento menos formal.

ACTIVIDAD 10.4 Haga una lista de unas 5 a 10 personas con las que usted suele conversar en español y explique por qué las trata de **tú** o de **usted,** según el caso.

 Cuaderno de ejercicios 10.4, El voseo.

Las formas de tratamiento abarcan también los nombres y títulos que usamos para dirigirnos a las personas o referirnos a ellas. En los países hispanohablantes, las personas tienen un *nombre* (llamado *de pila* por referencia a la tradición de bautismo católico en su tiempo mayoritario) que puede ser sencillo **(Juan, María)** o compuesto **(Juan Pablo, María Teresa).** El trato íntimo admite los hipocorísticos°:

Teresa → Tere	Maria Teresa → Maite
Pilar → Pili, Pilín	Victoria → Viki
Francisco → Paco (Esp.), Pancho (Méx.)	Dolores → Lola, Loli
Concepcíon → Concha, Conchi, Conchita	José → Pepe, Pepín

En España y muchos otros países tradicionalmente se usan dos apellidos, el paterno *(primer apellido)* y el materno *(segundo apellido).* Si vemos un nombre como **Juan** (o **Juana**) **García Rodríguez** (o **García y Rodríguez**), sabemos que **García** es el primer apellido de su padre y **Rodríguez** el primer apellido de su madre. Si los apellidos de los padres coinciden, se usan ambos: **Juana García (y) García.** Las mujeres casadas conservan oficialmente sus dos apellidos, pero socialmente pueden usar el del marido, precedido por **de:** **Juana García Rodríguez de Márquez.**

En el trato informal, se usa sólo el nombre **(-Hola, Juan. - ¿Qué tal, María?),** aunque entre varones puede usarse el apellido **(Velazco, ven acá.),** sobre todo si hay menos confianza, o en ciertos ambientes específicos, como entre militares del mismo rango. Si hay formalidad, se usa un título de cortesía como **don/ doña, señor/señora,** o si no un título profesional, como **doctor/doctora** para los médicos y dentistas, **licenciado/a** (para los abogados) o **ingeniero/a** en ciertos países hispanoamericanos. Puesto que señalan diferencia, se usan con **usted.** Nótese que **don/doña** se usan con el nombre **(don Francisco, doña Marta, don Paco, doña Tere),** que es una manera de combinar la deferencia y la confianza, pero hay mucha variación regional (Stewart 1999:131). **Señor/ señora** se usan preferentemente con el apellido **(señor García, señora Silva);** usados con el nombre de pila, señalan una relación menos formal, en la que puede haber una distancia jerárquica, como en la práctica española de llamar **señora Jacinta** a la portera o a la señora de la limpieza.

Tanto el nombre como el apellido, sin título, pueden usarse con **tú** o **usted.** En ese caso, mientras que el uso recíproco de **usted** señala deferencia mutua, el uso del nombre por el superior señala su poder, puesto que el inferior usa la fórmula **título + apellido (señor Menéndez),** y es común entre varones cuando hay una relación laboral, como en el diálogo (5), entre el dueño de un piso en Madrid y el albañil de mediana edad que hacía unas reformas en la cocina, o el diálogo (6), entre el gerente de un bar madrileño a un camarero algo mayor:

(5) - García, ¿ha usted arreglado aquella ventana?
   - Eso lo hago mañana, señor Silva.

(6) - Oiga Paco, recoja esos vasos y déjelos en la barra.

La Figura 10.3 presenta un esquema general de las combinaciones de nombres y títulos.

ACTIVIDAD 10.5   Puesto que en inglés se trata a todos por *you,* ¿cómo se señala más o menos confianza, o más o menos deferencia? Haga una lista de unas diez personas con las que usted tiene distintos grados de formalidad (amigos, parientes, profesores, jefes) y analice los elementos verbales de su tratamiento. ¿Qué diferencias encuentra, y cómo las explica? ¿Cómo se expresarían esas diferencias si les hablara en español?

 Cuaderno de ejercicios 10.3 "Fórmulas de tratamiento"

■ **FIGURA 10.3**   Nombres y títulos

Nombre solo	Nombre de pila		Francisco, Francisca
	Diminutivo		Pancho, Paco, Paquita
	Apellido		García

Título

de cortesía

don / doña + nombre de pila — don Antonio / doña Marta

señor + nombre de pila / apellido — señor Pantaleón / señor García

señora + apellido / nombre de pila / de + apellido del marido — señora Fernández / señora Marta / señora de Rodríguez

profesional

+ apellido — capitán Alatriste / doctor González / ingeniero Silva / doctora Silva / profesor Cortez

+ nombre de pila — padre Juan / fray Antonio

10.4 ARGOT

Podemos ver en una lengua como el español dos grandes categorías o divisiones. Por una parte, la lengua normativa, instrumento de la mayor parte de la comunicación escrita (por lo que también se suele llamar, aunque sin demasiada exactitud, *lengua literaria*) y de la comunicación oral a nivel formal. Por otra parte, hay la lengua coloquial que mayormente se utiliza en la comunicación oral. Desde luego, esa lengua coloquial no es algo monolítico, sino que presenta muchos matices y gradaciones según factores como, entre otros, el nivel de educación y cultura de los hablantes. Hay, por lo tanto, desde lo que se suele llamar *lengua coloquial culta,* típica de las personas instruidas, hasta las modalidades de la llamada *lengua popular,* usada por las personas sin mucha instrucción formal.

Una dimensión de la lengua coloquial, tanto culta como popular, consiste en diversos léxicos específicos usados por personas que comparten determinada actividad, profesión o sistema de vida. Ese léxico informal, llamado *argot* o *jerga,* es fundamentalmente oral, formado espontáneamente, sin planificación, por la contribución colectiva de sus usuarios. Incluye un léxico (palabras, modismos, siglas) que tiene como referentes los objetos de uso y las actividades del grupo, y habitualmente sólo se utiliza entre sus miembros, por lo que puede impedir a la comprensión por personas ajenas al grupo. Los profesionales —médicos, ingenieros, veterinarios, lingüistas, militares, albañiles, taxistas— suelen tener su argot específico. Cuanto más estable sea una profesión o actividad, tanto más probabilidad tendrá su argot de conservarse, pasando de los mayores a los más jóvenes, como parte de un proceso de integración al grupo.

El argot de ciertos grupos sociales, como los estudiantes y la gente joven en general, tiende a ser menos durable y a renovarse, al menos parcialmente, con cada nueva generación. Las actitudes de los adultos hacia el argot juvenil, usualmente negativas, dificultan su incorporación a la lengua escrita aunque también aquí interfieren el correo electrónico y los teléfonos móviles con pantalla. A medida que los jóvenes se hacen adultos, abandonan espontáneamente la mayor parte de su argot juvenil, mientras que la generación siguiente pasa a desarrollar el suyo.

La lengua coloquial incluye un *argot urbano* o *común,* que se encuentra a disposición de todos los hablantes, caracterizado por su informalidad y oralidad. Es habitual que, con el tiempo, algunos elementos de ciertas jergas específicas se incorporen al argot común. Es el caso, por ejemplo, de términos del argot psicoanalítico empleados en la conversación diaria fuera del contexto original, o de términos del argot informático, derivados del inglés que han sido adoptados en el uso general.

Argot sicoanalítico	**Argot informático**
sentir complejo	interface (< interface)
complejo de inferioridad	linkear (< to link)
acto fallido	chatear (< to chat)
autopunición/autocastigo	cliquear (< to click)
proyectar/proyección	emilio (< e-mail)
sentimiento de culpabilidad	atachear (< to attach)
represión	deletear (< to delete)

ACTIVIDAD 10.6   Haga una lista de unas diez palabras de argot sacadas de su vocabulario activo, dé sus equivalentes no argóticos y explique en qué circunstancias emplearía unas u otras.

Ciertos grupos marginados, como las diversas categorías de criminales, suelen tener un argot muy exclusivo, ya que parte de su función consiste en impedir que personas ajenas al grupo entiendan lo que dicen. La incorporación de términos procedentes del argot de los delincuentes a la lengua coloquial común constituye un proceso de mejoramiento semántico (8.6.3), mediante el cual términos considerados vulgares empiezan a ser utilizados —usualmente por la gente joven, más abierta al cambio lingüístico— y se incorporan al repertorio común. Es un argot sumamente variable regionalmente, como se ve por la siguiente muestra de equivalentes al enunciado **la policía arrestó al delincuente y lo llevó a la cárcel:**[7]

Guatemala: La chonta se cachó al largo y lo refundió en el bote.
Chile: Los pacos pillaron al pato malo y lo metieron en cana.
España: La pasma cogió al quinqui y lo metió al maco.
México: La chota agarró al malandrín y lo metió al bote.
Uruguay: La cana cazó al pinta y lo mandó para troden.
Puerto Rico: Los gandules cogieron al pillo y lo mandaron pa'dentro.

 Cuaderno de ejercicios 10.5 "Argot"

Un conocido ejemplo de argot es el lunfardo, que se formó entre los grupos socioeconómicos bajos de Buenos Aires, en la segunda mitad del siglo XIX. Entre los delincuentes urbanos se usaba el término *lunfardo,* o por acortamiento (5.6.1.4), *lunfa,* de origen indeterminado, para designar al mismo ladrón,[8] y de ahí pasó a señalar su habla secreta. No sorprende, por lo tanto, que el primer glosario de lunfardo haya sido compilado por un comisario de policía, bajo el sugestivo título de *El idioma del delito* (Dellepiane 1894). La formación del lunfardo ilustra el préstamo lingüístico, que es una consecuencia regular del contacto entre las lenguas y dialectos. En el grupo socioeconómico donde se desarrolló el lunfardo había muchas personas de origen italiano, cuyos dialectos contribuyeron a su vocabulario. Otros términos son de origen español, ya sea urbano o rural (habla gauchesca), francés, español, del caló de los gitanos y de varias otras fuentes. Según se ve en los ejemplos (Figura 10.4), una característica del lunfardo es el cambio del significado original del las palabras, ya sea por analogía o arbitrariamente.

Otro proceso, llamado *vesre* (de *revés*), consiste en una metátesis (4.6.5) que cambia el orden de las sílabas de una palabra: **café** → **feca, tango** → **gotán.** El vesre permite suavizar palabras y expresiones menos corteses, como **gordo** → **dogor, queso 'torpe'** → **soque, culo** → **locu, pedo** → **dope.** Muchos términos lunfardos, propagados por el teatro popular y por el tango, han sido mejorados semánticamente e incorporados al argot coloquial común rioplatense, como **guita** 'dinero', **afanar** 'robar', **cacho** 'pedazo', **mechera** 'ladrona de tiendas', **abacanado** 'enriquecido', **mona** 'borrachera', **feca** 'café'. Para ciertos hablantes, además, el uso del lunfardo contiene un elemento sociopolítico, puesto que señala solidaridad con el pueblo que lo emplea espontáneamente. Por ejemplo, decir **Soy del rioba** (← barrio) **de Flores,** puede connotar una actitud positiva hacia el barrio bonaerense de Flores, de clase media baja.

 Cuaderno de ejercicios 10.6 "Lunfardo"

■ **FIGURA 10.4**   Ejemplos del léxico lunfardo

Préstamos del italiano:*

bacán 'rico, elegante'   ← gen. baccan 'patrón'
bagayo 'paquete, contrabando'   ← gen. bagaggi 'equipaje'
cachar 'agarrar sorpresivamente'   ← it. cacciare 'agarrar'
crepar 'morir'   ← it. gen. crepare 'morir'
chimento 'chisme'   ← dial. abrucés cementë 'cosa que suscita la curiosidad'
laburo 'trabajo'   ← it. meridional lavurarë 'trabajar'
minga 'nada'   ← milanés minga 'nada'

Préstamos de otras lenguas:**   **Cambios de significado:****

esp. guita 'dinero'   gayola 'cárcel'
fr. ragú (ragout) 'hambre'   estaño 'mostrador de bar'
guar. matete 'confusión'   farra 'fiesta'
ing. espiche 'discurso'   cráneo 'persona inteligente'
                                 carburar 'pensar'
                                 abanico 'agente de policía'
                                 aliviar 'robar'
El "vesre"**   herramienta 'arma del ladrón'

ajoba   ← abajo   tubo 'botella'
dogor   ← gordo   vaivén 'cuchillo'
feca   ← café   aceitar 'sobornar,'
gotán   ← tango   chumbo 'revólver'
yobaca   ← caballo   puente 'ladrón de automóviles
jermu   ← mujer   estacionados'
loma   ← malo   verano 'vergüenza'
rati   ← tira 'policía'   yugar 'trabajar'
rioba   ← barrio
tagui   ← guita 'dinero'
tapún   ← punta
tombo   ← botón
ajoba   ← abajo
congomi   ← conmigo
jotraba   ← trabajo
tacuaren ← cuarenta
telangive ← vigilante

---

* Ejemplos de De Pierris 1990.
** Ejemplos de Cammarota 1970, Teruggi 1978, Devicienti 1987, Gobello 1996 y Laura Carcagno
  (comunicación personal).

10.5 TABÚ LINGÜÍSTICO

Las lenguas naturales suelen tener una categoría léxica convencionalmente llamada *lengua vulgar*, que abarca palabras, modismos y modos de expresión sobre temas que son objeto de tabú, es decir, de una prohibición basada en alguna razón sociocultural. Por lo general, se trata de temas escatológicos, o sexuales, o religiosos. Suele haber mucha variación acerca de las palabrotas, insultos, juramentos, imprecaciones y blasfemias. Hay palabrotas que pertenecen a la lengua como un todo, pero otras son más bien regionales o locales.

Los *eufemismos* son palabras o expresiones que sustituyen los términos ofensivos o prohibidos por otros socialmente aceptables. Ya los antiguos griegos usaban el nombre ***Euménides*** 'amables' como eufemismo para evitar nombrar a las ***Erinias*** 'furias' o diosas de la venganza, mientras que los romanos, quizás por temerlas menos, las llamaban ***Furias,*** sin ambages. En la tradición judaico-cristiana, el nombre de Dios es tabú —hay un mandamiento que prohíbe tomarlo en vano— y para no nombrar a Dios directamente se han creado eufemismos como **el Señor, el Todopoderoso** o **el Creador.** La tradición religiosa evita asimismo mencionar a los seres malignos por el nombre, quizás debido a la creencia de que hacerlo es una manera de invocarlos. Por eso hay muchos eufemismos para el nombre del Diablo (alias **Demonio, Satán** o **Santanás**), no vaya a pensar que se le llama:

el Maligno	**el Feo**	**el Patas**
el Malo	**el Tiñoso**	**el Diantre**
el Enemigo	**el Colorado**	**el Cola Larga**

Asimismo, para evitar mencionar la muerte directamente se puede decir **la cruel, la huesos, la hora suprema, la hora final, la pálida,** y por no decir **morir** ni usar términos coloquiales que algunos consideran de mal gusto (como **cascar, palmar,** o **estirar la pata**) se dice **fallecer, dejar de existir** o **pasar a mejor vida.** A su vez, el *muerto* pasa a ser **el extinto, el fallecido,** o **el finado** (y, de tratarse de una muerta, **la extinta, la fallecida, la finada**).

Los eufemismos suavizan una idea penosa o grosera y mantienen el decoro, que al ser definido culturalmente, varía según la época y el lugar. Lo que no sorprende es que haya muchos eufemismos para designar las actividades excretorias. Por ejemplo, en vez de decir **defecar** u **orinar** (o sus equivalentes más populares, **cagar** y **mear**), se habla de **hacer aguas** (mayores o menores, respectivamente), **hacer de vientre, ir de vientre** o **hacer sus cosas,** y el sitio donde se las hace es **el aseo,** o **el servicio** (o **los servicios**), o en una casa, sencillamente **el baño** o **el lavabo.**

También hay cantidad de eufemismos para todo lo referente al sexo: se dice **hacer el amor,** o **mantener relaciones sexuales** (o **íntimas**), evitando así términos técnicos, como **copular,** y otros que algunos consideran vulgares, como **follar** o **echar un polvo.** Si se tratara de hablar de las consecuencias, se dice que una mujer ha quedado **embarazada** o **en estado** (algunos consideran vulgar decir **preñada**), y posteriormente que **ha dado a luz** a una hija (de los animales se dice **parir**), la cual, de no estar casada la madre, los más conservadores podrán consider **ilegítima** o **bastarda,** o más eufemística-mente, **natural,** término que, tomado literalmente, sugiere perversamente que no lo son los hijos de las parejas casadas.

Cuando una palabra adquiere un significado considerado tabú, su empleo con el significado original se vuelve problemático, por lo que se suele reemplazar por otra. Por ejemplo, en México y otros países, debido a que en el argot coloquial la palabra **huevo** significa 'testículo', es habitual referirse al producto de la gallina por **blanquillo.** En Cuba, **papaya** se refiere al órgano sexual femenino, y por eso se usa **fruta bomba** para señalar la fruta. En varios países hispanoamericanos (México, Argentina, Uruguay, entre otros), el verbo **coger** significa 'copular', y por eso uno **agarra** un taxi en vez de **cogerlo,** mientras que en España, donde aquel verbo preserva su significado original de 'asir', se coge tranquilamente un taxi, un tren, un avión, o cualquier objeto, y cuando un toro pilla a un matador, o sea, lo coge con los cuernos, muy naturalmente los periódicos notician la cogida —a todos títulos lamentable, pero decente.

Mientras que los insultos (7a) van dirigidos hacia un blanco específico —una persona, el gobierno— los juramentos o imprecaciones (7b–7c) no se dirigen a nadie en particular, sino que sirven para señalar rabia, impaciencia o irritación (7d–7e), incluso sin ningún significado más allá que para reforzar la impaciencia del que habla.

(7) a. - ¡Sos un cretino! - ¿Cretino, yo? ¡Y vos sos una mocosa irresponsable!
b. ¡Mierda! ¡Me he golpeado el pulgar!
c. ¡Esa mierda de motor no arranca!
d. ¿Sabes dónde carajo están mis llaves? - Ni puta idea.
e. A ver si alguien me explica eso de una puñetera vez.

Las *blasfemias* violan un tabú religioso o social. Es el caso de muchas expresiones usadas en España (aunque no en todos los países de habla española), que combinan términos relativos a excreciones con nombres de una figura o institución (religiosa o no) a la que se quiere insultar. La expresión **voto a Dios** es un juramento clásico, en voga en la época de Cervantes, y las imprecaciones de (8a–8d), variaciones de la fórmula **me cago en + SN,** siguen en pleno uso, sobre todo en el habla de los varones, aunque en las últimas décadas se ha generalizado también entre las mujeres.

(8) a. ¡Me cago en Dios!
b. ¡Me cago en la hostia!
c. ¡Me cago en la leche de tu madre!
d. ¡Me cago en la madre que les parió a los nacionalistas ésos!

Como no siempre se puede decir ni escribir lo que se quiere, hay eufemismos que suavizan esos juramentos:

(9) a. ¡Mecacho/ mecachis [= me cago] en los verbos irregulares!
b. ¡Mecacho/mecachis en diez [= Dios]!
c. ¡Voto a tal...!

(10) a. ¿Dónde diantre [= diablo] está la llave?

b. ¿Qué caramba [= carajo] quieres decir con eso?

Asimismo en México el verbo **chingar** (en jerga vulgar, 'copular') ocurre en insultos como (11a) pero también en expresiones (11b–11c), que se interpretan con un significado idiomático de énfasis.

(11) a. ¡Vete a la chingada!

b. Chingo a mi madre si no es así. = 'Te aseguro enfáticamente que es así'.

c. ¡Estoy hasta la madre! = 'He comido hasta la saciedad'.

Hay *degradación* semántica cuando una palabra normal, como **huevo** o **coger,** adquiere un significado obsceno o vulgar. El proceso inverso, *mejoramiento* semántico, permite que una palabra tabú se incorpore al habla común, quizás limitada a estilos coloquiales, pero de todos modos aceptable. Por ese proceso se han generalizado en España expresiones como **cojonudo/a** (← **cojón** 'testículo' + -*udo*), **de la madre** y **de puta madre** (**puta** 'prostituta') con el significado de 'excelente' como en (12a–12c):

(12) a. La fiesta estuvo de puta madre.

b. El baile estuvo de madre.

c. —¿Qué tal tu moto?— Pues cojonuda.

Desde luego, para quienes viajan de un país hispanohablante a otro —particularmente si se ha aprendido el español como lengua extranjera— los tabúes lingüísticos reservan interesantes sorpresas. De repente una expresión que siempre hemos conocido y usado como normal se convierte en vulgaridad soez, y uno se da cuenta de que ha dicho una mala palabra, o como se dice en España, ha echado un taco —pero ojo, porque en Uruguay, **echar un taco** quiere decir 'copular'. Téngase en cuenta, además, que lo "bueno" o "malo" de las palabras es convencional, y por eso la tolerancia por las palabrotas varía también diacrónicamente. Una busca electrónica en el diario español *El País* (www.elpais.es) de los últimos cinco años ha dado el siguiente recuento de ciertas palabras que hace unas décadas no se podían imprimir, pero que hoy día aparecen en entrevistas (13a–13b) y en artículos de escritores de primera línea (14).

carajo: 174	follar: 74
hijoputa: 11	mierda: 305
puta: 820	coño: 288

(13) a. "El cine", dijo, "es una aventura simpática, misteriosa e hija de puta".[9]

b. Comenzó el partido de fútbol, las gradas llenas de botellones, cristales…ya los animadores…comenzaron con insultos varios y…les llamaron de todo: maricones, pijos de mierda, hijos de puta, cuando termine esto os vais a enterar…[10]

(14) Recordemos al último y fumigado ministro del Interior del Pepé [Partido Popular] hablando en plan listillo de terroristas «inmolados», en generosa adopción del punto de vista de esos hijos de puta, en vez de utilizar la más objetiva y adecuada palabra «suicidio».[11]

Aunque muchos todavía se ofenden por el uso público de esas palabras, está claro que algo ha cambiado, no en las palabras, que son las mismas, sino en la actitud de una parte considerable de los hablantes, quienes son, en última instancia, los que promueven el cambio lingüístico.

ACTIVIDAD 10.7 Ciertas personas sostienen que las palabrotas son intrínsecamente malas y su uso degrada el idioma. Otras mantienen que las palabrotas deben ser aceptadas como parte íntegra de la lengua. Trabajando con algunos condiscípulos, presente argumentos en favor y contra de ambos puntos de vista.

 Cuaderno de ejercicios 10.7 "Palabras tabú"

10.6 LENGUAS EN CONTACTO

Desde el principio de la colonización el español ha coexistido intensamente con otros idiomas en Hispanoamérica. Una consecuencia de ese contacto, además del préstamo léxico, ha sido la formación de dialectos locales y de hablas híbridas que tienen interés sociolingüístico.

En la región del Río de la Plata la presencia masiva de inmigrantes italianos condicionó la formación, a partir de la segunda mitad del siglo XIX, de una habla híbrida de español con dialectos italianos, conocida popularmente por el nombre de *cocoliche*. Esta palabra originalmente designaba al estereotipo del inmigrante italiano todavía no aculturado. Dialectos como el cocoliche sirven como recordatorio de que la diferencia entre las lenguas romances no es absoluta sino gradual. Dado el gran parecido entre la estructura y el léxico del español y el italiano, resultaba práctico a los imigrantes comunicarse mediante un código que quedaba a medio camino entre sus dialectos y el español. Se adoptaba una palabra cognada, se adaptaba una terminación española a palabra italiana, se ajustaba una forma verbal y el resultado era un código usado no sólo por hispanohablantes sino también dentro de la comunidad inmigrante. Sin norma fija y admitiendo varias soluciones paralelas, el cocoliche se formó como "un continuo de posibilidades lingüísticas, que oscilan entre un polo español y un polo italiano, según la situación comunicativa planteada y según el dominio que cada hablante tenga del español" (Barrios 1996:85). Sin ser una lengua, el cocoliche se diferenciaba suficientemente como para no ser ni italiano ni español, pero era el único código manejado por muchos inmigrantes: "En gran parte de los casos, el inmigrante no llegaba nunca a tener un dominio total del español, pero se apartaba lo suficiente del italiano como para que se pudiera afirmar que había abandonado el dominio activo de esta lengua" (Fontenella de Weinberg 1987: 140). Es importante el detalle de la pérdida del dominio activo del dialecto original, reemplazado por el cocoliche, porque sugiere que los niños nacidos en la comunidad adquirían esa habla híbrida como su lengua materna, que luego iban modificando, como cualquier habla viva, en el contacto con el español. A medida que mejoraban las condiciones sociales, más niños de cada nueva generación accedían a la escuela y hablaban más y mejor el español. Sin embargo, tanto el cocoliche como el el español italanizado de las generaciones siguientes servían de señal de identidad étnica (Barrios 1996:85).

El cocoliche fue muy empleado en el teatro popular. Entre los dramaturgos que lo utilizaron se destaca Armando Discépolo (1887–1971), cuyas piezas enfocan la dificultad del inmigrante para integrarse en un ambiente poco acogedor, con el resultado de una alienación social tan difícil de superar como la misma peculiaridad lingüística que marca su manera de hablar. En la pieza *Stéfano*, la frustración se evoca en el diálogo entre el anciano don Alfonso y su hijo cincuentón, Stéfano, músico y compositor fracasado. Don Alfonso, llegado a la Argentina ya mayor, se expresa en cocoliche, mientras que Stéfano, que inmigró relativamente joven, habla un español marcado por su italiano nativo.

> **Stéfano** — Nada. E la caída de este peso cada ve má tremendo é la muerte. Sémpliche. Lo único que te puede hacer descansar es l'ideale... el pensamiento... Pero l'ideale es una ilusión e ninguno l'ha alcanzado. Ninguno. No hay a la historia, papá, un solo hombre, por más grande que sea, que haya alcanzado l'ideale. Al contrario: cuando más alto va meno ve. Porque, a la fin fine, l'ideale es el castigo di Dío al orguyo humano; mejor dicho: l'ideale es el fracaso del hombre.
>
> **Alfonso** — Entonce, el hombre que lo abusca, este ideale ca no s'encuentra, tiene que dejare todo como está.
>
> **Stéfano** — ¿Ve cómo me entiende, papá?
>
> **Alfonso** — Pe desgracia mía. Ahora me sale co eso: "La vita es una ilusione". ¡No! o No es una ilusione. Es una ilusione para lo loco. El hombre puede ser feliche materialmente. Yo era feliche. Nosotro éramo feliche. Teníamo todo. No faltaba nada. Tierra, familia, e religione. La tierra... Chiquita, nu pañuelito... Pero que daba l'alegría a la mañana, el trabajo al sole e la pache a la noche. La tierra... la tierra co la viña, la oliva e la pumarola no es una ilusione, no engaña, ¡e lo único que no engaña! E me l'hiciste vender para hacerme correr a todo atrás de la ilusione, atrás del ideale que, ahora no s'alcanza, atrás de la mareposa. M'engañaste. [..] E m'engañaste otra ve: "Papá, vamo a ser rico. Voy a escribir una ópera mundiale. Vamo a poder comprar el pópolo. Por cada metro que tenimo vamo a tener una cuadra..." E yo, checato, te creí.
>
> (Armando Discépolo, *Stéfano*, p. 588–589.)

Hay en este texto palabras italianas de fácil comprensión para un hablante de español, como ***ideale*** 'ideal,' ***vita*** 'vida,' ***ilusione*** 'ilusión,' ***religione*** 'religion' o ***pópolo*** 'pueblo.' Hay más palabras españolas que italianas, pero la impresión global de una habla fuertemente italianizada se sostiene debido a que virtualmente todos los enunciados incluyen por lo menos una forma italiana o italianizada. Ciertos recursos ortográficos refuerzan visualmente la impresión de oralidad: por ejemplo, la **ch-** española evoca la pronunciación africada de ***ce-*** [ʧe] en grafías como ***sémpliche, pache, feliche*** o ***checato***, basadas en las palabras italianas ***semplice*** 'senzillo', ***pace*** 'paz', ***felice*** 'feliz' y ***ciecato*** 'cegado'. Las construcciones híbridas como ***el trabajo al sole e la pache a la noche*** imparten al discurso una imprevisibilidad que subraya la marginación, lingüística a la vez que social, del hombre no aculturado a su sociedad adoptiva.

> **ACTIVIDAD 10.8**   Analice todo el texto de *Stéfano* y comente las diferencias entre la representación literaria del cocoliche y el español común.

Textos como las piezas de Discépolo subrayan que las lenguas no operan en el vacío, sino en un ambiente social, la comunidad de habla, donde tiene lugar una constante interacción: la lengua sirve de instrumento de comunicación y expresión a la comunidad, y en cambio, la cultura creada por ésta influye en la lengua. No importa si se trata de una lengua oficialmente reconocida o de un habla que apenas tiene un nombre: la dinámica entre lengua y cultura es la misma.

 Cuaderno de ejercicios 10.8 "Cocoliche"

10.7 BILINGÜISMO Y DIGLOSIA

La capacidad de hablar dos lenguas o dialectos, bilingüismo o bidialectalismo, es una característica individual y no colectiva. Cuando se trata de pueblos, ciudades o regiones bilingües o bidialectales, hablamos de *bilingüismo* o *bidialectalismo ambiental*. Además, el bilingüismo es una condición gradual y no absoluta, es decir, se puede ser más o menos bilingüe, dependiendo del grado de facilidad que se tenga en cada una de las modalidades en cuestión. El bilingüismo *total* o completo, que conlleva proficiencia total en cualquier situación, es relativamente incomún, por la sencilla razón de que es poco usual tener vivencias idénticas en ambos idiomas y en todos los contextos. El extremo opuesto —el bilingüismo rudimentario— es más común, puesto que hay muchas personas fluentes en una lengua y con facilidad limitada en otra, como tantos camareros o porteros de hotel que chapurrean el inglés con los clientes internacionales, o los políticos monolingües de toda la vida que de pronto empiezar a ***jablar un poquiitou dey eyspaniol*** para conseguir votos. Entre esos dos extremos —bilingüismo total vs. bilingüismo rudimentario— se sitúa la mayoría de los bilingües, para los que uno de los idiomas es *dominante,* y el otro, *subordinado.* Lo habitual es manejar ambos idiomas bien en ciertos contextos pero no en todos: algunos pueden hablar de finanzas o literatura en ambos, pero a la hora de charlar sobre el partido de béisbol en el bar sólo les vale uno.

Si uno practica ambos idiomas con frecuencia, su condición de bilingüe podrá ser *estable,* pero si la facilidad empieza a perderse, se pasa a un *bilingüismo inestable,* que puede llevar al *bilingüismo residual,* que sólo conserva algunas formas sencillas del idioma —saludos, modismos, quizás algún rezo, frases hechas, alguna palabrota que decía el abuelo, nombres de cosas específicas como términos de gastronomía, piezas de vestuario u otros objetos de la cultura ancestral— que se utilizan insertadas en enunciados en el idioma dominante. Es una situación habitual entre descencientes de inmigrantes, para quienes el idioma dominante es el del país en donde han nacido. Suelen coexistir en la misma comunidad e incluso en la misma familia, representantes de todas esas categorías.

Cuando dos modalidades lingüísticas (lenguas o dialectos) coexisten en la misma comunidad, es habitual que se desarrolle alguna relación entre ellas. La *diglosia* es la relación en que una modalidad baja (B) se encuentra subordinada a una modalidad alta (A) y ambas se complementan, cumpliendo funciones distintas. Es decir, en una situación diglósica cada modalidad tiene su especialización funcional, que delimita su ámbito de uso.[12] La diglosia conlleva una valoración social desigual de las modalidades involucradas. La modalidad alta (A), se usa en situaciones formales y actividades consideradas de alto prestigio, como los debates en el parlamento, los trámites en los tribunales, los negocios del gobierno, y las actividades de alta cultura, entre éstas la educación, la alta literatura, los periódicos de gran circulación y, en ciertas comunidades, también las actividades litúrgicas. La modalidad baja (B) se emplea en las actividades menos formales de la vida social, en el ámbito doméstico, la correspondencia privada, alguna literatura popular o folklórica y quizás algún aspecto de la instrucción elemental, habitualmente para facilitar el aprendizaje de la variedad A.

La relación entre las dos lenguas no existe en abstracto, sino que se define en una sociedad específica. En las regiones de Francia donde se da el bilingüismo, el francés es la lengua A con respecto a la lengua regional (el catalán, el bretón, el provenzal). En cambio, en las comunidades francófonas de Estados Unidos (Vermont, Luisiana) el inglés es la lengua A y el francés, la lengua B. Asimismo, en las comunidades hispanohablantes de Estados Unidos, cuyos miembros son mayoritariamente bilingües, suele existir una relación diglósica entre el inglés (A) y el español (B). Los detalles de esa relación varían según la comunidad, pero hay ámbitos, como la administración pública, la legislación, los tribunales, o la universidad,[13] en los que sólo se usa el inglés. Aunque hay publicaciones, radio y televisión en español, el inglés está mucho más presente en los medios de comunicación.

La diglosia no implica necesariamente una desventaja para la modalidad B, siempre y cuando ésta no conlleve un estigma social, los ámbitos de actuación de A y B estén bien definidos, y la adquisición de A esté al alcance de todos. En ese caso, se sabe cuándo y cómo usar cada modalidad, y el equilibrio diglósico puede gozar de una relativa estabilidad. Pero esa situación ideal es relativamente inusual. En Hispanoamérica, de una manera general, la situación es poco favorable a los idiomas indígenas, que ocupan el lugar de modalidad baja respecto al español, utilizado en la administración pública, la educación, los medios de comunicación y la literatura. Además el español es la lengua oficial de toda la nación, mientras que las funciones de cada idioma indígena no van más allá de su ámbito. Si quieren superarse, los hablantes de B deben hacerse bilingües; al contrario, los hablantes de A (con excepción de los que interactúan con los de B, como los sacerdotes, maestros de escuela, policías y otros funcionarios del gobierno) no tienen por qué aprender el idioma B. La excepción parcial en Hispanoamérica parece ser el Paraguay, donde hay un alto grado de bilingüismo en español y guaraní. Tradicionalmente el español ha sido la modalidad A y el guaraní la modalidad B,[14] con la particularidad de que el aprendizaje del guaraní solía ser exclusivamente oral. Sin embargo, desde 1992 el guaraní tiene rango de lengua oficial, y se hacen esfuerzos por normalizar su situación en la escuela. A su vez, esta situación plantea nuevos problemas, como el de desarrollar una forma escrita estándar para el guaraní. Éste tiene la ventaja de ser un símbolo de identidad nacional y étnica pero aún así se ha notado cierta preferencia por el español en ambientes urbanos, donde el bilingüismo parece disminuir.[15]

En una relación desigual de poder entre los idiomas, a menudo los hablantes de B deben elegir entre el monolingüismo marginado (hablar sólo B), o el bilingüismo marcado por el conflicto entre las lenguas y sus respectivas culturas, o el monolingüismo en A, que conlleva el abandono de la lengua B. Esta situación existió entre el español y las demás lenguas de España. Hasta mediados de la década de 1970, los idiomas regionales carecían de rango oficial, y en algunas épocas, como durante la dictadura del general Francisco Franco (1939–1975) tanto su enseñanza como su uso mediático estuvieron prohibidos o muy limitados. La Constitución Española de 1978 ha permitido otorgar a tres de aquellos idiomas (catalán, gallego y vasco) el rango de lengua cooficial con el castellano en sus respectivas regiones. En Cataluña ha sido posible corregir la situación, haciendo del catalán el idioma del gobierno autonómico regional y lengua vehicular de la enseñanza primaria y secundaria (ambos idiomas se usan a nivel universitario). El catalán se halla muy difundido en la prensa, en la radio y en la televisión. Por otra parte, el hecho de que más de la mitad de la población de Cataluña sean hablantes de español, además del peso de éste como lengua internacional, crea una situación de equilibrio inestable, cuyo resultado queda por ver. En otras regiones catalanoparlantes, como las Islas Baleares y Valencia (donde se le da el nombre de *valenciano*), en las cuales también hay mucho bilingüismo, la situación diglósica, pese a la cooficialidad, sigue favorable al español. Algo parecido se da en Galicia, donde el gallego se usa en la administración y en la educación (compartiendo este espacio con el español), pero tiene relativamente poca presencia en los medios de comunicación. Es revelador el contraste con Cataluña, donde el catalán ha tenido siempre prestigio como lengua de una clase media autóctona de buen nivel socioeconómico. El gallego, en cambio, ha sido caracterizado desde la Edad Media como lengua rural, hablada por personas de nivel socioeconómico bajo, mientras que el castellano, lengua de gobierno y de alta cultura, siempre ha gozado de prestigio. Por eso tiene raíces profundas en Galicia la tendencia a asociar el ascenso social con la sustitución del gallego por el español. Tampoco está claro si esa situación puede ser cambiada, puesto que los datos demográficos señalan una disminución del número de hablantes nativos de gallego.[16]

En una situación diglósica, el papel de la modalidad B fuera del ámbito doméstico puede ser muy limitado, y sus hablantes pueden convencerse de que no sirve para otras actividades. Su presencia en los medios de comunicación puede limitarse a programas de carácter folklórico o humorístico, reservándose a la modalidad A los noticieros, programas de análisis y comentario social o político, en fin todo lo que se considere trascendental. Esa división refuerza la idea de que B está bien como lengua de estar por casa, pero A es la lengua que de veras cuenta. En tales casos, si cunde la percepción de que el dominio de A es indispensable al ascenso social, los hablantes de B pueden sentirse presionados no sólo a aprender A, sino también a abandonar B.

Las variables sociales incrementan las posibilidades de variación lingüística, particularmente si se tienen en cuenta otras variables, como quiénes participan en la comunicación, si la situación es formal o informal —en otras palabras, cuál es el contexto comunicativo. En el capítulo siguiente nos ocuparemos de la variación contextual del lenguaje.

Términos clave

argot o jerga

bilingüismo

  completo, parcial, ambiental,
  residual, rudimentario

cocoliche

comunidad de habla

deferencia / confianza

degradación semántica /
  mejoramiento semántico

diglosia

  variedad (A)lta, variedad (B)aja

eufemismo

fórmulas de tratamiento

hipercorrección

leísmo / loísmo / laísmo

lunfardo

poder y solidaridad

red comunicativa

red social

  difusa/densa

sociolecto

tabú lingüístico

tuteo / ustedeo / voseo

valoración social

variable lingüística

variable social

variación social

MITOS SOBRE EL LENGUAJE   ¿Recuerda usted la distinción que hacían los antiguos romanos entre *sermo urbanus* y *sermo rusticus* o *sermo vulgaris?* Desde tiempos muy remotos ha habido actitudes negativas hacia las variedades populares o rurales de los idiomas y, desde luego, también hacia sus hablantes. ¿Hay actitudes como ésas en esta sociedad? A su parecer, ¿qué base lingüística, o no lingüística, pueden tener? ¿Qué efectos positivos o negativos tienen esas actitudes?

SUMARIO

La correlación entre formas lingüísticas alternativas y variables sociales (escolarización, edad, sexo, nivel socioeconómico) tiene relevancia sociolingüística. La valoración, positiva o negativa, de ciertos rasgos asociados al prestigio social, es subjetiva y varía según la época o la comunidad. La variación social también se manifiesta en las fórmulas de tratamiento **(tú/vos/usted, vosotros/ustedes),** analizadas por los parámetros de *poder, solidaridad,* y *confianza.* Las diferencias de poder suelen marcarse por el uso asimétrico de **tú (vos) / usted,** pero hoy día se nota cierto incremento en la informalidad, aunque eso varía regionalmente. Una lengua como el español comprende dos grandes variedades, la *normativa* y la *coloquial;* ésta varía desde la *coloquial culta* hasta la *lengua popular.* El léxico informal, llamado *argot* o *jerga* (como el *lunfardo* bonaerense) incluye términos referentes a objetos y actividades de grupos específicos y tiende a renovarse regularmente. El *argot urbano* o *común* se caracteriza por la informalidad y oralidad. La lengua llamada *vulgar* incluye palabras, modismos y modos de expresión que muchos consideran tabú o prohibidos, y que se refieren a temas escatológicos, o sexuales, o religiosos. También varían las palabrotas y los *eufemismos,* que sustituyen los términos ofensivos. Las *blasfemias,* que violan un tabú religioso, pueden combinar términos relativos a excreciones con el nombre de la divinidad o de los santos. La variación social y la variación diacrónica se tocan cuando las palabras sufren *degradación* o *mejoramiento* semántico. Ciertas palabras y expresiones consideradas groseras hace unas décadas tienen más aceptación hoy día, incluso en los medios de comunicación. El contacto entre las lenguas puede dar origen a variedades híbridas, como el **cocoliche,** resultante del contacto del español y el italiano en la región del Río de la Plata, y también puede fomentar el bilingüismo. En las situaciones bilingües puede haber *diglosia,* en la que una lengua B(aja) se encuentra subordinada a otra lengua A(lta), cumpliendo cada una funciones distintas. En Hispanoamérica la coexistencia con el español ha sido poco favorable a los idiomas indígenas, aunque en el Paraguay el español y el guaraní son oficiales y el guaraní es símbolo de identidad nacional. En España, la cooficilialidad con el español ha favorecido, en diferentes proporciones, a las lenguas regionales, como el catalán en Cataluña, Valencia y Baleares, el gallego en Galicia y el vasco o euskera en el País Vasco o Euskadi.

PRÁCTICA

A. ¿Qué es una comunidad de habla y qué influencia tiene sobre sus miembros?

B. Explique por qué la valoración social de las formas lingüísticas no se basa en criterios u objetivos, sino en la opinión o el gusto de los hablantes.

C. ¿Qué es el lunfardo? ¿Cómo se caracteriza?

D. ¿Qué es el cocoliche? ¿Cuáles son sus rasgos principales?

E. ¿Qué es el argot y cuáles son algunas de sus características?

F. ¿Qué fórmulas se usan para expresar deferencia en inglés? ¿Y para expresar confianza?

G. ¿Cómo se comparan las fórmulas empleadas en inglés al tratamiento de **usted/tú** en español?

H. ¿Qué variables sociales afectan el uso de las palabrotas? ¿De qué manera lo hacen?

I. Explique las diferencias de variación social entre los enunciados de cada par:

1a. Le pegaron un botellazo en los morros y el tío espichó.
1b. El hombre murió por haber sido golpeado en la cara con una
     botella.

2a. Qué, guapa, ¿hace un cubata?
2b. ¿Me permite invitarla a una bebida?

3a. Oye tío, no seas bruto, ¿no ves que aquí no fuma nadie?
3b. Usted que es tan amable, ¿podría hacer el favor de no fumar?

4a. Me han soplado que ha palmado tu viejo. Oye, lo siento, ¿eh?
4b. Supe que falleció tu papá. Te acompaño en el sentimiento.

5a. ¡Si me costó un riñón!
5b. El precio fue relativamente alto.

6a. ¿Trabajas o estudias?
6b. ¿A qué se dedica usted?

Temas para profundizar

A. Entreviste a algunos hispanohablantes (de ser posible, de dos o más
países o regiones) y determine qué pronombre (**tú, usted, vos**) usan en
el trato con sus familiares. Para preservar la uniformidad de la encuesta,
haga las mismas preguntas a cada entrevistado.
B. Identifique a algunas comunidades de habla a las que usted pertenece
y describa su interacción lingüística con algunos de sus miembros. ¿Hay
personas que no pertenecen a las demás comunidades? Explique qué
rasgos lingüísticos caracterizan a algunas de esas comunidades.
C. ¿Hay modalidades lingüísticas en situación diglósica en este país?

Principales fuentes consultadas

Aspectos generales de la variación social y fórmulas de tratamiento: artículos en Alvar
1996a, 1996b; Briz 1998, Carricaburo 1997, Graell y Quilis 1989, Hurley 1995, Klee y
Ramos-García 1991, Lipski 1994, López Morales 1989, Micheau 1991, Placencia 1997, Penny
2000, Uber 1985, Silva-Corvalán 1989a, 2001. Se han consultado además: *Argot:* Daniel
1989, León 1998, Sanmartín Sáez 1999; *Cocoliche:* Barrios 1996, Gobello 1996, Fontanella
de Weinberg 1987, Meo Zilio 1964; *Diglosia:* Ferguson 1959, Fishman 1967, 1971, Schiffman 1998; *Español canario:* Ortega Ojeda (?2004); *Italiano en la Argentina y Uruguay:*
Barrios 1996, Fontanella de Weinberg 1987, De Pierris 1990; *Lenguaje tabú:* Luque Durán
et. al. 1997, Grimes 1978, Kany 1960, Rosenblat 1987, *Lunfardo:* Cammarota 1970, Chamberlain 1981, Fontanella de Weinberg 1987, Gobello 1996.

Sugerencias para lectura

Alatorre 1989; Lipski 1994; Luque Durán et al. 1997; Silva-Corvalán 2001; Nuessel 2000,
Clampitt-Dunlap 2000, Stephens 2002.

N O T A S

[1]Datos de Narbona et al. 1998: 177.

[2]Narbona et al. 1998: 136–137.

[3]Sobre el lenguaje de *La carreta,* véanse Shaffer (1971) y Nuessel (1997, 2000).

[4]En España **vos** se limita al uso protocolario debido al Rey.

[5]Influyó en ese proceso Andrés Bello (1781–1865) gramático venezolano radicado en Chile.

[6]Debido a eso, no se puede decir que favorezcan a los alumnos los instructores de español como segunda lengua que sólo practican el tuteo en clase, privándolos de desarrollar una habilidad esencial para el trato social.

[7]Citado de "Jergas de habla hispana", en www.jergasdehablahispana.org/ejemplos; autora y webmaster: Roxana Fitch.

[8]Gobello 1996: 14.

[9]"El cineasta Jesús Franco evoca en sus memorias los hitos de su vida". *El País:* 28-05-2004.

[10]*El País:* Cartas al Director: 28-05-2004.

[11]Arturo Pérez-Reverte, "Diálogos de besugos", *El Semanal,* 30 de mayo de 2004 (www. capitanalatriste.com)

[12]El concepto de diglosia fue propuesto por Charles Ferguson (1959), que lo aplicó a dos modalidades del mismo idioma, y extendido a situaciones de bilingüismo por Joshua Fishman (1967, 1971).

[13]El uso del español en el contexto de los departamentos de lenguas es una situación específica que no altera su relación diglósica con el inglés.

[14]El Paraguay fue una de las comunidades incluidas en el trabajo original sobre diglosia de Ferguson (1959).

[15]Gynan 1998: 70, 75.

[16]Fernández Rodríguez et al., 1994.

Variación contextual

Marcio - ¿Qué llamáis *bordones?*
Valdés - A esas palabrillas y otras tales que algunos toman a que arrimarse cuando, estando hablando, no les viene a la memoria el vocablo tan presto como sería menester. Y así unos hay que se arriman a *¿entendéisme?* y os lo dicen muchas veces, sin haber cosa que importe entenderla o que sea menester mucha atención para alcanzarla.

Juan de Valdés, *Diálogo de la lengua,* V

OBJETIVOS En este capítulo se analizan aspectos de la variación según el contexto en el que tiene lugar la comunicación. Se comentan los registros del discurso, ciertas normas de conversación y estrategias comunicativas como los marcadores del discurso y de cortesía, además de algunos principios generales de pragmática.

Hemos comentado que el lenguaje es un comportamiento social utilizado en la comunicación, mediante las funciones informativa o cognitiva, directiva, fática, expresiva y factitiva (2.2). (Sería ésta una buena ocasión para repasar esos conceptos.) Ese comportamiento social se manifiesta en *contextos°* situacionales definidos por diversos factores, tales como quiénes son los interlocutores, cuáles son sus intenciones, qué relación hay entre éstas y aquéllos, si están solos o si hay otras personas presentes, y otros más. En este capítulo comentaremos cómo el contexto comunicativo influye en la forma de los enunciados.

11.1 EL ACTO DE HABLA Y EL CONTEXTO COMUNICATIVO

Adquirir facilidad en un idioma incluye aprender a pronunciar los fonos (fonología), producir la forma correcta de las palabras (morfología) y organizar frases y oraciones (sintaxis) con las palabras y modismos (léxico), pero no se trata sólo de eso. Hablar con soltura y comunicarse eficazmente, acomodando lo que se dice a las situaciones y a los interlocutores, depende de nuestra *competencia° comunicativa,* adquirida mediante los modelos suministrados por las comunidades de habla de las que hemos participado. Asimilamos los primeros modelos más o menos intuitivamente al adquirir nuestra primera lengua, y a lo largo de la vida, a medida que nos expongamos a nuevos contextos, tendremos otros modelos a nuestra disposición. Pasamos por un proceso similar al aprender nuevos idiomas, pero en este caso la asimilación no es tan fácil.

Lo que pasa es que al aprender un idioma en un contexto escolar, como segunda lengua o "lengua extranjera", jugamos con la desventaja de que ningún curso de idiomas podrá exponernos a todos los contextos comunicativos del mundo real. Cuando tratemos de comunicarnos, tendremos que actuar eficazmente, reaccionando a los estímulos del contexto en el que nos encontremos. Respecto a eso, hablar un idioma es como practicar un deporte: un diálogo es como una partida de esgrima o de tenis, en la que uno tiene que actuar automáticamente y sin dudar. Veamos, por ejemplo, las situaciones de la *Actividad* siguiente.

ACTIVIDAD 11.1   Imagínese que usted estudia en un país hispanohablante y se encuentra con un natural del país, con quien ha hecho amistad. Diga qué contestaría si esta persona le dijera: "Tengo algo que decirte, y es que ...

a) ... ha muerto mi padre". _____

b) ... mi novia ha sufrido un accidente y está en el hospital". _____

c) ... acabo de saber que he ganado una beca para ir a estudiar a París".

_____

d) ... hoy es mi cumpleaños y quiero que vengas a casa a cenar". _____

e) ... me parece muy mal lo que hace el gobierno de tu país". _____

Desde luego, no hay sólo una respuesta correcta para cada situacion, aunque sí puede haber varias respuestas incorrectas. Para (a) hay ciertas fórmulas, como **lo siento** o **mi pésame.** Para (b), además de fórmulas como **lo siento** o **qué lástima,** se espera que el oyente dé alguna demostración de interés (**¿Cómo fue eso? ¿Y cómo se encuentra?).** Para una noticia más positiva como (c), se suele reaccionar entusiásticamente con una expresión como **¡Enhorabuena!** o **¡Felicidades!** En (d), **¡Feliz cumpelaños!** seguido de algo como **con mucho gusto,** suele ser la respuesta formulaica más genérica. Huelga decir que la respuesta a (e) puede ser muy variada, dependiendo de la actitud del interlocutor: si es agresiva, lo primero que hay que hacer es quitarle hierro al asunto, diciendo algo como **De acuerdo, pero entenderás que yo no tengo la culpa.** Al contrario, si es chistosa, se puede hacer un poco de broma: **De acuerdo, incluso le he mandado un e-mail a mi querido presidente.** Nótese que **de acuerdo** no tiene el mismo significado en ambos casos. En el primero, refleja una estrategia de concordancia aparente, para en seguida cambiar el rumbo de la conversación, evitándose así una confrontación. En el segundo caso, **de acuerdo** tiene un significado más literal. Esos ejemplos demuestran que, además de la estructura sintáctica y del significado de las palabras, la interpretación de un enunciado depende del contexto comunicativo. El estudio de cómo los enunciados varían para ajustar el significado al contexto comunicativo es la *pragmática°*.

Se entiende por *acto de habla* una actividad comunicativa, definida respecto a las intenciones del hablante y el efecto que tiene en el interlocutor. En un acto de habla el contexto funciona como un parámetro que delimita lo que se puede o lo que se debe decir. Podemos distinguir varios elementos en el contexto, como el *ambiente*, los *participantes*, el *género*, la *clave* y el *propósito*.

El *ambiente* es definido por el espacio físico donde tiene lugar el acto de habla: un aula, un jardín, un espacio público (saguán de hotel, bar, restaurante), un espacio privado (una habitación de hotel, un despacho particular).

Los *participantes* son las personas que hablan (aunque puede haber personas que sólo escuchen, como en un sermón religioso). Además de ser individuos (Paco, María, Juan) estas personas desempeñan un *papel°* en el acto comunicativo. Por ejemplo, en un bar, Paco y Juan pueden ser sólo dos amigos que hablan de fútbol, pero en el despacho Paco es el supervisor y Juan es el subordinado, y esta diferencia de papeles podrá afectar la manera como hablan durante el expediente.

El *género* es la clase de acto de habla de que se trata: saludo, despedida, chiste, pregunta, entrevista, clase, conferencia, sermón, interrogatorio, y muchas más.

La *clave* del acto de habla tiene que ver con la actitud de los participantes, que puede ser seria o chistosa, amistosa, o agresiva, irónica o animadora, familiar o distante, etc.

El *propósito* concierne los resultados o el efecto que se esperan del acto de habla. Si hay una transacción y se tramita algo entre los participantes, es decir, si se espera que los oyentes hagan algo, decimos que la comunicación es *transaccional*. En ese caso lo más importante es el *contenido* comunicativo. De lo contrario, si se trata de una comunicación fática (2.2) en la que lo más importante es el hecho de charlar y no tanto lo que se dice, si hay lugar para bromas, anécdotas, cambios de tema, y se tolera más la interrupción, puesto que no se está tratando de llegar a ninguna conclusión definitiva, el acto de habla es *interaccional*. Eso no quiere decir que el acto de habla no sea importante, sino todo lo contrario, porque la comunicación fática, al reforzar las relaciones entre las personas, prepara el terreno para la comunicación transaccional. Una clase, por ejemplo, suele ser principalmente transaccional (el objeto es hacer que los alumnos aprendan algo), pero de vez en cuando, para descansar, el profesor puede gastar una broma, pasando así a una relación interaccional. Aunque no sea obligatorio, el cambio de la interacción a la transacción puede ser marcado por expresiones señaladoras como **pero hablando en serio; ahora hazme caso; sin bromas.**

Cada contexto tiene normas específicas de comportamiento verbal (y también no verbal, que de momento no nos interesan) que dependen en buena parte del género, de los participantes y del propósito.

 Cuaderno de ejercicios 11.1 "Elementos del acto de habla"

Un acto de habla puede variar en una dimensión definida por el concepto de *registro*°. Uno de los componentes del registro es la formalidad. Según el análisis[1] propuesto por Joos (1967), la variación en formalidad puede analizarse en cinco niveles, representados por los estilos *protocolario, formal, consultivo, familiar* e *íntimo*.[2] Aunque haya gradaciones dentro de cada nivel, la formalidad varía en proporción inversa a la intercomunicación de los participantes, representada por la presencia de diálogo. La variación en formalidad afecta el grado de explicitud de los enunciados: cuanto más formal el contexto, tanto más explícito será el discurso. Una conferencia científica, la negociación de los términos de un contrato, o la explicación de los pormenores de una patente, definen contextos que requieren un máximo de explicitud en los detalles. En cambio, una charla informal sobre los mismos temas puede limitarse a generalidades, particularmente si los interlocutores se conocen bien y comparten mucha información que sirve de trasfondo a lo que se dice. En la conversación entre amigos íntimos o amantes, la información compartida puede ser tanta que dispense los detalles, y según la situación, incluso las palabras.

REGISTROS: PROTOCOLARIO — FORMAL — CONSULTIVO — FAMILIAR — ÍNTIMO

+ ← FORMALIDAD → −

− ← DIÁLOGO   → +

El nivel protocolario es el menos espontáneo y el que más se acerca, en sintaxis y en léxico, al lenguaje escrito. Se emplea en discursos solemnes y textos administrativos o jurídicos, que emplean un vocabulario preciso y una sintaxis explícita y relativamente compleja, como en el texto siguiente.

> De acuerdo con lo previsto en el artículo 150 de la Ley de Sociedades Anónimas, se pone en conocimiento que la junta general de accionistas del Banco Amistad, celebrada el día 13 de agosto de 2001, acordó trasladar el domicilio social del actual de la calle Tal, 302–304, entresuelo, de Barcelona, a la calle Cual, 240, planta baja, interior, también de Barcelona. (Anuncio de periódico, adaptado.)

ACTIVIDAD 11.2   Reescriba el ejemplo anterior como una nota a un amigo/a, informándole del cambio de dirección del banco donde ambos tienen una cuenta en común.

Poco o nada interactivo, ese *discurso°* sirve a una comunicación impersonal, a menudo confundida con una voz de autoridad, evidente en ciertos avisos públicos que proporcionan información en tercera persona **(Se ruega no fumar)** o en ninguna persona **(No estacionar. Vedado el paso).** El registro protocolario requiere un aprendizaje específico, puesto que algunas de sus manifestaciones suelen emplear una sintaxis y un vocabulario poco habituales en el habla espontánea. Si se emplea oralmente da la impresión, a menudo correcta, de que se lee un texto escrito, como los avisos de aeropuerto, limitados a la información estrictamente necesaria:

Se ruega a los señores pasajeros que no dejen sus pertenencias incontroladas.

Ultimo aviso de la salida del vuelo de Aerolíneas Andorra número quinientos cuarenta y cuatro, destino San Marino. Señores pasajeros, embarquen puerta número veintiocho.

El nivel siguiente, el registro formal, aunque conservando algo de la circunspección del registro protocolario, su atención a la forma y a la precisión, permite alguna participación del oyente. Ésta, sin embargo, suele venir marcada por una tensión deliberada, que impone límites a la interacción, como en el siguiente comentario en una entrevista:

Es un discurso profundo, con... para meditar, como son todos los discursos de Su Majestad El Rey. Eh... lleva tres seguidos en las tres últimas Pascuas Militares que han servido de pauta para el comportamiento posterior de las Fuerzas Armadas, puesto que los discursos del Rey en esta festividad son de una gran enjundia y de... más que de comentarlos al día siguiente, de ir estudiándolos y meditándolos a lo largo de un perído de tiempo largo.[3] (Entrevista a un general español, *Panorama de España - Enero '83*, Radio Nacional de España, Servicio de Cooperación Cultural.)

En orden decreciente de informalidad, el registro consultivo, el registro familiar y el registro íntimo, esencialmente dialogantes, constituyen el ámbito

■ **FIGURA 11.1**   Lenguaje protocolario

Avisos:

Se ruega no fumar	No colgar carteles
Entre	Empujad / Empujen / Empujar
Prohibido el paso	Servicios
Reservado el derecho de admisión	No asomarse por la ventanilla
Se prohibe fijar carteles	Silencio

Instrucciones:

Introduzca una moneda en la ranura A, pulse el botón rojo y retire el billete en la ranura B.

En caso de emergencia, rómpase el cristal y tírese de la cadena.

habitual de la comunicación oral en la mayoría de las situaciones en las que nos movemos. El registro consultivo se sitúa en una posición intermedia entre la formalidad y la intimidad. Su intención de claridad favorece una pronunciación cuidada, un vocabulario corriente, sin arcaísmos ni neologismos, que excluye el argot, las expresiones demasiado coloquiales o íntimas, y desde luego, las palabrotas y los juegos de palabras. La sintaxis favorece las oraciones completas, pero evitando las construcciones demasiado complejas, para no sobrecargar la memoria de los participantes, potenciando así su inteligibilidad. Sin embargo, como en los demás registros, hay espacio para variación.

Los medios de comunicación masivos presentan ejemplos de cómo esos registros pueden usarse. En un *talk show,* en el que los oyentes tienen ocasión de conversar por teléfono con el locutor o los entrevistados, es posible mantener un registro informal o consultivo. En los noticieros, en cambio, suele mantenerse el registro consultivo mientras se dan las noticias serias, pero se puede adoptar registro más familiar a la hora de los deportes o del boletín meteorológico. La información es direccional, puesto que el televidente/radiooyente no tiene posibilidad de interacción, pero hay formatos en los que se trata de crear una ilusión interacctiva mediante un diálogo entre dos o tres locutores, que intercambian comentarios como si estuvieran charlando con los espectadores. Comparese el texto (1), de una noticia de radio (texto leído) con el fragmento de una entrevista televisiva (2):

(1) El día cinco han quedado restablecidas totalmente las comunicaciones entre España y la Colonia de Gibraltar. Con ello se cumplía lo acordado en noviembre de mil novecientos ochenta y cuatro entre los gobiernos del Reino Unido y España, para poner fin a las restricciones que afectaban a la colonia desde hacía dieciséis años.[4] (Noticiero de una radio española, febrero de 1985)

(2) ... yo creo que no debemos crear influencias nocivas sobre los que tienen que decidir — es decir que nosotros debemos estar acatando naturalmente la decisión del congreso — y acatando a los que se presentan como candidatos — y buscar que la neutralidad sea máxima — que la claridad sea máxima — y no inclinarnos para no crear una zona de influencias que pudieran dar a esto un tono como de preparación previa — (De una entrevista televisiva)

En los diálogos realizados en registro consultivo, cada interlocutor aguarda su turno y trata de mantener su discurso al mismo nivel que los demás, guardando cierta seriedad y prescindiendo del humor, con lo cual se potencia el intercambio de información a expensas del relacionamiento personal. En cambio, las situaciones en las que se emplean los registros familiar e íntimo son compatibles con las interrupciones, con las frases truncadas y con el humor, que contribuye a promocionar la distensión y el trato afable. El registro *íntimo* es el que más se caracteriza por la interacción personal, la confianza y la máxima espontaneidad. Los nombres de "habla familiar" o "habla coloquial", por lo que nos referimos a ese registro, subrayan su llaneza y falta de ceremonia. Compárense los ejemplos (3a-3c), respectivamente en registro consultivo, familiar, e íntimo:

(3) a. Si desea usted quitarse la americana, se la puedo colgar.
(Azafata en un vuelo transoceánico.)
 b. Si quieres, quítate la americana, porque hace calor, ¿verdad?
 c. Oye tío —¿cómo es posible— americana y corbata —en un día como hoy?— que cosa más hortera —pues nada, hay que llevar ritmo de verano— ¿que no? —ya está bien con el calor que hace…

La formalidad y la impersonalidad señalan una disminución de la solidaridad entre los interlocutores. Eso se nota particularmente en las prohibiciones **(No fumar. Prohibido asomarse a la ventanilla).** De ahí que a menudo se trate de suavizarlas, disfrazándolas de pedidos **(Les rogamos a nuestros clientes que no fumen. Le pedimos disculpas por las molestias).** Para crear la ilusión de la comunicación informal o íntima, la publicidad emplea un estilo conversacional al dirigirse a un usuario hipotético:

¿Quiere jugar al golf? El Club Palo de Oro tiene abierta la admisión de 25 plazas de Abonado Temporal.

¿Dices que no tienes tiempo? ¿Quieres ser voluntario? ¿No sabes dónde acudir? Llama al número 000-0000.

(Anuncios de periódicos, adaptados)

Un elemento fundamental del registro es el léxico, que suele ser muy especializado según el tema. Cada área de actividad suele tener un léxico propio que define un registro, o incluso subregistros técnicos. Por ejemplo, en el área de la salud, los médicos y los enfermeros comparten cierto vocabulario, pero cada uno de esos grupos profesionales tiene su vocabulario específico. Una ojeada a los periódicos y revistas de gran circulación revela una variedad de registros, como en los ejemplos siguientes:

Ciencia-tecnología:
Según investigaciones recientes, un número elevado de peluqueros padece dermatitis alérgica ocupacional, es decir reacción inmunitaria exagerada a una sustancia química, causada en un 54,33% de los casos por un colorante del tinte del pelo derivado de la parafenilendiamina, o por un colorante azoico, ácido 4-aminobenzoico (40,67%), o el níquel (36,7%). (Basado en noticia de *El País,* 8 de junio de 2004)

Cosmetología:
Estudios científicos sobre alopecia androgenética realizados en nuestros laboratorios demuestran que aunque la caída del cabello es hereditaria, un tratamiento dermatológico puede ser una solución eficaz para predecirla y prevenirla. Este *shampoo* le ofrece un tratamiento completo, con un complejo

de vitaminas y aminoácidos que incluye aminexil, una molécula anticaída que aumenta en un 5% la intensidad del cabello. (Adaptación de anuncios publicitarios)

Arquitectura de interiores:

Le proporcionamos un espacioso cuarto de estar equipado con televisor de pantalla gigante, mesitas de madera, sofá de piel. Dos amplios ventanales proveen abundante iluminación y la chimenea de piedra ladeada por dos lámparas de pared le obsequia un tono de sobria elegancia. (Adaptación de anuncios publicitarios)

Informática:

Este servidor se ofrece en configuraciones de torre o bastidor, y viene equipado con placa base con velocidad de salida de 100 Mz, 850 KB de memoria caché de Nivel 3 y 150 MB de memoria SDRAM ampliable hasta 5 GB, controlador integrado en la placa base, así como diez ranuras, de las cuales ocho están basadas en la tecnología PCI y las dos ranuras restantes utilizan tecnología ISA. (Adaptación de anuncios publicitarios)

Lo primero que se nota en estos textos es que su sintaxis es regular y sencilla, y que están formados por oraciones cortas y fáciles de entender. La mayoría de los sustantivos y adjetivos son de uso común, así como las palabras estructurales, que por cierto no presentan demasiada variedad, según se ve en la muestra siguiente:

sustantivos: número, peluquero, reacción, sustancia, caso, tratamiento
determinantes: un, una, el, la, los
adjetivos: científicos, recientes, eficaz, hereditario, sobria
pronombres: le, la, (relativo) que
formas verbales: es, decir, demuestran, viene, padece
preposiciones: según, de, en, sobre, por
conjunciones: y, que
participios: causada, exagerada, realizados, equipado, elevado

ACTIVIDAD 11.3 Complete las listas arriba con otras palabras de los textos comentados que no pertenecen a registros técnicos.

Por otra parte, cierto número de palabras pertenecen a registros distintos (Figura 11.2). Algunas son de registros muy específicos, como **parafenilendiamina**, o **ácido 4-aminobenzoico** (ciencia-tecnología) o **850 KB de memoria caché de Nivel 3** (informática). Otras pueden ser empleadas en varios registros, como **complejo de vitaminas, aminoácidos, aminexil,** que pueden aparecer tanto en un texto de química como de ciencia —lo que nos recuerda que el lenguaje de los anuncios a menudo echa mano de términos científicos para impresionar y convencer a los clientes. Otros son términos compuestos (5.6.1.3), formados de palabras ordinarias, como **cuarto de estar** o **televisor de pantalla gigante,** pero que tienen un significado específico en el contexto en el que se usan. O sea, uno puede estar en cualquier cuarto de una casa, pero un **cuarto de estar** tiene una finalidad específica. Asimismo, se puede debatir si una pantalla es grande o chica, pero **pantalla gigante,** en lenguaje comercial, se refiere a determinada talla, en relación a otras, que serán, por ejemplo, **grande, media,** o **chica,** o incluso **minipantalla.**

ACTIVIDAD 11.4   Identifique el significado de las palabras en la Figura 11.2 y determine cuál es el término inglés equivalente a cada una.

La capacidad de ajustar automáticamente el registro según el grado de formalidad del contexto comunicativo sólo se adquiere mediante la práctica. Ello explica por qué es difícil usar un idioma aprendido en un contexto escolar

■ **FIGURA 11.2**   Vocabulario de cuatro registros específicos

Ciencia-tecnología	Cosmetología	Arquitectura de interiores	Informática
investigaciones	alopecia	espacioso	servidor
dermatitis alérgica	androgenética	cuarto de estar	configuración de torre
ocupacional	caída del cabello	equipado con	configuración
reacción inmunitaria	tratamiento	televisor de pantalla	de bastidor
sustancia química	dermatológico	gigante	placa base
colorante	predecir	mesitas	velocidad de salida
parafenilendiamina	prevenir	sofá de piel	100 Mz
colorante azoico	complejo de	ventanales	850 KB de memoria
ácido 4-aminobenzoico	vitaminas	proveer	caché de Nivel 3
níquel	aminoácidos	iluminación	150 MB de memoria
	aminexil	chimenea de piedra	SDRAM
	molécula	lámparas de pared	ampliable
	anticaída	tono de sobria	5 GB
	intensidad del	elegancia	controlador integrado en
	cabello		la placa base
	champú (<ing.		ranuras
	shampoo)		tecnología PCI
			tecnología ISA

cuando queremos charlar informalmente en una situación real. En las clases de idiomas se suele aprender a pedir y dar información, a contestar preguntas, a comentar textos literarios o culturales, a explicar ideas y puntos de vista, pero generalmente mediante interacciones realizadas en el registro consultivo. Además, un ambiente académico no suele reproducir las circunstancias de espontaneidad que caracterizan una charla entre amigos. Una de las contribuciones más relevantes de la pragmática al aprendizaje de idiomas consiste en identificar las características de la comunicación oral para que puedan incorporarse a los materiales de enseñanza.

Los registros que más tienen en común con la modalidad escrita son el protocolario y el formal, mientras que los estilos informal e íntimo se acercan más al discurso oral. El registro consultivo, en cambio, tiene suficiente flexibilidad para servir, con las necesarias adaptaciones, tanto a la expresión oral como a la escrita. Según un punto de vista, la escritura basada en la norma constituye una herramienta cognitiva que, por su papel en la comunicación pública, la enseñanza y la investigación científica, debería tener primacía sobre las demás variedades.[5] Pero incluso si se acepta ese planteamiento, es importante tener en cuenta que el habla y la escritura son actividades distintas, dos medios diferentes de utilizar el idioma, y por lo tanto sería una equivocación concluir que una debiese emular a la otra. El habla espontánea no es ni menos lógica ni menos estructurada que la escritura: son medios distintos que, pese a tener una base común, se manifiestan separadamente según reglas propias que sólo se solapan parcialmente.

> ↻ **Cuaderno de ejercicios 11.2 "Registros"**

11.2 VARIACIÓN DEL SIGNIFICADO SEGÚN EL CONTEXTO

Un concepto muy usado en pragmática es el de "cara" (traducción del término ing. *face*) desarrollado por Brown y Levinson (1978, 1987). "Cara" tiene que ver con el prestigio, la reputación o la imagen que tiene uno en su grupo social. Se incluye en ello la autoimagen, es decir, lo que uno piensa acerca de sí mismo, o lo que cree que piensan los demás acerca de él.

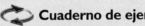

Como variable pragmática, "cara" se refiere a la idea de que en una conversación cada participante puede **quedar bien** o **guardar las apariencias** (ing. *to save face,* lit. "salvar la cara"), o al contrario, puede **quedar mal** (ing. *to lose face,* lit. "perder la cara") y por eso, perder prestigio ante los demás. En la raíz de esta noción se encuentra nuestro deseo de querer a la vez ser respetados (cara positiva) y preservar nuestra autonomía e independencia (cara negativa) respecto a nuestros interlocutores. Para que una conversación tenga éxito, no basta que un hablante quede bien (o que "guarde la cara"), sino que hace falta que contribuya a que su interlocutor también quede bien (o que no "pierda la cara"). Cómo se consiguen esos objetivos en la práctica es algo que varía mucho de una cultura a otra, incluso si hablan el mismo idioma.

En una conversación, aún entre amigos, siempre existe la posibilidad de que la "cara" de algún participante se vea amenazada por algo que diga otro. Por ejemplo, una pregunta inocente (4a) puede hacer que queden mal ("pierdan cara") tanto el hablante como el oyente. De hecho, la pregunta (4a) representa también una amenaza a la "cara" de la persona mencionada (Paco). Aquella pregunta presupone que B debiera haber sido invitado, y al forzarle a revelar que no lo ha sido, pone en duda el prestigio de B junto a Paco, o la consideración de Paco hacia A. La conversación llega a un impase porque A se da cuenta de que, sin querer, ha contribuido a que B "perdiera cara", al tener que reconocer que no había sido invitado por su amigo común.

(4) A. Entonces, ¿nos vemos el sábado en la barbacoa en casa de Paco?

B. Eh... pues no... no lo creo... es que... yo no sé nada de eso...

A. Ah, lo siento. Pensaba que estabas al tanto. Pues...

En un principio, se considera una amenaza potencial a la cara negativa del interlocutor, o sea, a su autonomía, cualquier acto de habla que lo obligue a hacer algo o que influya en su comportamiento, sea una pregunta (a lo mejor no sabe la respuesta), o un pedido (a lo mejor no quiere, o no puede realizarlo), o una orden (tener que obedecer es demostrar que no se tiene autonomía) e incluso una advertencia, consejo o sugerencia:

(5) a. ¿Cuál es el tema de ese cuento que tenían que leer en casa?

b. Hagan el favor de contestar a esas preguntas.

c. Póngase de pie.

d. Si usted bebe, no debe manejar.

e. Es por su bien: no beba tanto.

f. ¿Por qué no mira si la computadora está enchufada?

Asimismo, puede constituir una amenaza directa a la autoestima del interlocutor (o sea a su "cara positiva") cualquier enunciado que señale una crítica o una evaluación desfavorable de su comportamiento, acciones o ideas (6a–6c), o incluso una interrupción que le impida de manifestarse.

(6) a. Este informe está un desastre, García. ¿Cuántas copas se tomó antes de escribirlo?

b. Esta instalación está una chapuza, Pedro. Tendrá usted que hacerla de nuevo.

c. No es que no tenga usted razón, pero tiene poca, y la poca que tiene, es mala.

Como regla general, todo lo que le haga quedar mal a uno es potencialmente dañino a su "cara positiva". Si uno llega tarde a una cita, se espera que

se disculpe u ofrezca una explicación (7a). Como la disculpa o el reconocimiento de un error constituye una amenaza a la "cara positiva" de uno, el
interlocutor, si quiere ayudarle a quedar bien, puede quitarle hierro al asunto
(7b). De lo contrario, si quiere hacer que el otro quede mal, puede agravar
la situación (7c):

(7) a. A —Perdone el retraso, jefe.
    b. B —No se preocupe, García, ya se sabe que la circulación está fatal.
    c. B —El tiempo es dinero, García. ¿No tiene usted despertador?

Desde luego, el significado de un mismo enunciado puede variar según la
situación en la que se emplee. Por ejemplo, una frase como **¿Tienes un dólar?**
significa cosas distintas si quien la hace es un mendigo, o una vendedora de
periódicos que me hace el cambio, o un amigo conductor, al acercarnos a
un puesto de peaje. Comparemos, por ejemplo, las distintas interpretaciones
(a–d) de las preguntas en los ejemplos siguientes (8–11):

(8) ¿No hace demasiado calor aquí?
    a. Te lo pregunto porque a lo mejor tengo fiebre.
    b. Es que quiero que vuelvas a abrir esa ventana que has cerrado.
    c. Estarás loco o enfermo, para llevar puesta esa chaqueta con el calor
       que hace aquí.
    d. Te lo pregunto por curiosidad, porque nunca he estado aquí.

(10) ¿Es éste el vestido que compraste ayer?
    a. Te lo pregunto por amabilidad, pero me parece un trapo.
    b. Es que me parece haberlo visto en otra ocasión.
    c. Quiero que sepas que lo encuentro muy elegante.
    d. Te lo pregunto por curiosidad, porque me has dicho que ayer com-
       praste un vestido.

(11) Así que ¿quieres ir al teatro?
    a. En verdad sé que quieres ir; te lo pregunto porque me encantaría
       acompañarte.
    b. Pues tendrás que ir sola, porque yo prefiero ir al cine.
    c. Estarás de broma. ¿O es que no te acuerdas que ha muerto la tía
       Paquita?
    d. Te lo pregunto para confirmar mi impresión de que eso es cierto.

En cada caso sólo el comentario (d) corresponde a una "pregunta informativa" que se puede interpretar literalmente. En los demás casos la intención del hablante, y por lo tanto el significado comunicativo de la pregunta,
depende del contexto y exige una interpretación particular.

ACTIVIDAD 11.5 Basándose en los ejemplos (8–11), analice los enunciados siguientes en términos de cuatro posibles significados para cada uno:

1. Usted vendrá mañana, ¿verdad?

2. ¿Dónde compraste estos dulces?

 Cuaderno de ejercicios 11.3 "Por la cara': Variación de significado según el contexto"

El contexto influye no sólo en la interpretación de los enunciados, sino también en la elección de su forma. Si debo anunciar a un grupo de personas que va a hablar mi amigo Fulgencio Arvomonte Gramasildo, puedo elegir entre diversas maneras de referirme a él:

(12) a. Bueno, muchachos, ahora va a hablar Fulgencito.
    b. Va a hablar ahora nuestro amigo Fulgencio.
    c. Va a hablar ahora el compañero Arvomonte.
    d. Hablará ahora el señor Arvomonte.
    e. Tendremos ahora el honor de escuchar al doctor Arvomonte Gramasildo.
    f. Tiene la palabra Su Excelencia, el Cónsul General de la República de Baraquezaba, el honorable señor Fulgencio Arvomonte Gramasildo.

En esos casos, el acto de habla es el mismo (*presentación de un orador*) y los participantes son los mismos (*yo, mi amigo y el grupo de personas*), pero el contexto varía: (12a) y (12b) sugieren una tertulia íntima, siendo la primera algo más informal, según se deduce del uso del diminutivo **Fulgencito**. La forma **compañero** en (12c) sugiere un contexto político, quizás una reunión de sindicalistas o algo por el estilo. Los demás ejemplos sugieren un contexto formal: (12d) puede ser una reunión de hombres de negocios; en (12e) el empleo de un título profesional **(doctor)**, además de los dos apellidos a la vez **(Arvomonte Gramasildo)** sugiere un ambiente más solemne, como un congreso de profesionales o un banquete de ceremonia. El enfoque de la presentación también ha cambiado: no solamente digo que hablará él, sino que nosotros tendremos el honor de escucharlo. Finalmente, en (12f) la solemnidad alcanza su más alto grado: todas las palabras enfocan al presentado, la referencia a su empleo viene calificada por el honorífico **su excelencia,** y a sus títulos se añade el de **honorable señor.**

ACTIVIDAD 11.6   Usted necesita hablar con su amigo Francisco García, alias Pancho, que es director de un banco, y trata de localizarlo por teléfono. ¿Cómo expresaría eso a cada una de estas personas?

a. A la recepcionista del banco que contesta al teléfono, y a quien usted no conoce.

b. A la secretaria particular de su amigo, a la que usted conoce superficialmente.

c. A la mujer de su amigo, a la que usted conoce bien.

d. A un amigo común, que trabaja en el banco.

e. Al hijo de doce años de su amigo.

Como comentamos anteriormente, en la caracterización del contexto comunicativo intervienen diversos elementos. Hay el ambiente físico, definido por el lugar y, más particularmente, por las circunstancias. El mismo lugar —una sala, por ejemplo— puede servir a distintos eventos o actividades, con los mismos participantes: una ceremonia de bautismo, una fiesta, una boda, un velorio, una misa, una conferencia, o una reunión de negocios. Asimismo, cualquiera de esos eventos puede tener lugar en sitios distintos: en una sala, un patio, un jardín, o una plaza pública. Cada evento caracteriza un contexto, culturalmente definido, que requiere cierta clase de comportamiento.

Otro factor importante es el fondo de información compartido por los interlocutores, como en el fragmento de diálogo (13):

(13) Juanita –¿Quieres venir a cenar mañana?
    Daniel –Con mucho gusto. ¿Traigo un tinto de Rioja?
    Juanita –Pensaba hacer un pescado.
    Daniel –Un Albariño, entonces.
    Juanita –Me parece fenomenal.

Daniel se propone llevar una botella de vino tinto a la cena, pero cuando Juanita le comenta que piensa servir pescado, él le sugiere un Albariño, refiriéndose a un vino blanco de calidad, y ella asiente, demostrando con su respuesta que comparten la misma opinión sobre la clase de vino que debe acompañar aquel plato.

Influye también el marco lingüístico en el que se inserta el enunciado, es decir, los demás enunciados que forman el contexto verbal de la conversación. En un diálogo entre Maruja y Mariano, la respuesta **¡Pero si ha sido un regalo mío!** puede tener significados distintos:

(14) M.—Voy a darle aquel jersey verde a un mendigo.
    M.—¡Pero si ha sido un regalo mío! (= Me ofendes.)

(15) M. —¿Cuándo quieres que te devuelva aquel jersey verde?

M. —¡Pero si ha sido un regalo mío! (= Me sorprende que no te des cuenta de que fue un regalo.)

(16) M. —Tengo que darle las gracias a tu madre por aquel jersey verde.

M. —¡Pero si ha sido un regalo mío! (= ¿Es posible que se te haya olvidado? ¿Por qué agradecérselo a mi madre si te lo he dado yo?)

También las relaciones sociales entre los interlocutores influyen en el significado. Un enunciado como **No seas impertinente** puede ser interpretado como un comentario gracioso, o una reprimenda severa, o un insulto pesado, según el grado de intimidad entre los interlocutores y también el contexto comunicativo.

ACTIVIDAD 11.7 Siguiendo los ejemplos (14–16), invente distintos contextos para cada frase, según el significado señalado en paréntesis:

1. Tienes un perro, ¿verdad?   (a) broma   (b) sorpresa   (c) enfado

2. ¿Ha llegado el médico?   (a) miedo   (b) alegría   (c) enfado

---

11.3 CLASES DE ACTOS DEL HABLA

Entre los actos de habla, hay tres actividades fundamentales: dar información, obtenerla, y trasmitir mandatos. Tres clases de oraciones nos sirven para realizar directamente aquellas actividades: las oraciones *aseverativas*, que hacen una aserción, es decir, proporcionan información, las oraciones *interrogativas*, que plantean una pregunta, y las oraciones *directivas*, que conllevan mandatos, ruegos o pedidos. He aquí algunos ejemplos:

(17) Aseverativas :

a. Dice el boletín meteorológico que va a llover.

b. Mañana llega el presidente a la capital.

(18) Interrogativas:

a. ¿Te parece que va a llover?

b. ¿Sabes cuándo llega el presidente?

(19) Directivas:

a. Llévate el paraguas, mi hijo.

b. Haga el favor de informarse de cuándo llega el presidente.

Muchos de los actos de habla con los que informamos, pedimos, mandamos, suplicamos, amenazamos, apostamos, aconsejamos y expresamos nuestros sentimientos, son indirectos. Su interpretación depende no sólo del contexto sino también de nuestro conocimiento de las reglas sociales de la conversación.

Por ejemplo, una oración aseverativa puede ser una petición (20a) o un mandato (20b), ambos indirectos:

(20) a. Me gustaría que me dispensara del trabajo mañana por la tarde, señor García.

b. Me gustaría que se dedicara usted más a su trabajo, Gutiérrez.

Asimismo, una interrogativa puede ser un consejo (21a) o mandato disfrazado de pregunta (21b):

(21) a. ¿No crees que deberías llevarte el paraguas?

b. ¿No le parece que debería preparar aquellos informes cuanto antes?

Ciertos enunciados constituyen actos del habla factitivos (del lat. *facere* 'hacer'), es decir que la misma enunciación ejecuta la acción que describe. Por ejemplo, mientras que (22a) sólo describe una intención, oraciones como (22b–22c) constituyen la oferta a la que se refieren:

(22) a. Pienso darte mil pesos como regalo.

b. Te ofrezco mil pesos por esa bicicleta.

c. Si usted me da mil pesos, la bicicleta es suya.

Enunciados factitivos como (22b–22c) son *comprometimientos*, porque constituyen un compromiso por parte del hablante. Pertenecen a esa categoría los enunciados que expresan promesas, apuestas, juramentos y otros que obligan al hablante a hacer algo. Las amenazas (23a), aunque no lo obliguen, lo comprometen lo suficiente como para constituir prueba de sus malas intenciones. Por eso, a menudo se disfrazan mediante una aseveración (23b) que, tomada literalmente, no hace más que declarar lo obvio:

(23) a. ¡Te voy a matar!

b. ¡Te vas a morir!

Imaginemos que Paco le recuerde a su jefe que el día siguiente es fiesta y éste le contesta como en (24a). Aunque esta oración es declarativa, tiene intención directiva, formulada indirectamente. Por otra parte, el jefe podría emplear un acto del habla *directivo* (24a–24b) expresando un mandato, orden, petición, o ruego, cuyo objeto es influir en el comportamiento de Paco para que haga algo deteminado:

(24) a. Lo sé, pero necesitaré su ayuda para terminar el informe.

b. Por favor, venga al despacho mañana.

c. Venga usted mañana y déjese de cuentos.

En cambio, los verbos en (25a–25e) son factitivos, puesto que conllevan la ejecución de la acción a la que se refieren.

(25) a. Le pido que venga de todos modos.

    b. Le digo que venga.

    c. Le ruego que me dispense.

    d. Le informo que no se le puede dispensar.

    e. Le advierto que si no viene, será despedido.

Para que enunciados como (26a–26c) constituyan actos factitivos, el hablante tiene que tener el derecho legal de ejecutar la acción, y las condiciones tienen que ser apropiadas. En (26a) el hablante tiene que tener el poder legal de celebrar una boda, y los oyentes tienen que cumplir las condiciones para poder casarse. En (26b) el hablante debe ser un juez (y no un escribano o un ujier), y el oyente tiene que haber sido juzgado según lo prescriba la ley. En (26c) el hablante tiene que ser el propietario de la bicicleta, y ésta no puede haber sido regalada a otra persona.

(26) a. Los declaro marido y mujer.

    b. Este tribunal lo condena a tres años de prisión.

    c. ¿Te gusta esa bici? Pues te la regalo.

ACTIVIDAD 11.8   Identifique los enunciados factitivos y los no factitivos:

a. Le urjo (ordeno, notifico) a comparecer al juzgado.

b. Le promuevo (asciendo, rebajo) a usted al grado de capitán.

c. Te presento a mi amigo, el capitán Pantaleón.

d. Te apuesto mil pesos a que no lo haces.

e. Les prometemos arreglar el coche para mañana.

 Cuaderno de ejercicios 11.4 "Clases de actos de habla"

11.4 NORMAS DE LA CONVERSACIÓN

Por sí solo, el análisis de oraciones aisladas no da cuenta del hecho de que en una conversación real los enunciados se condicionan mutuamente. Para explicar cómo funciona ese condicionamiento, el filósofo H. Paul Grice propuso el llamado *principio de cooperación*, que consiste en normas conversacionales (las llamadas "máximas de Grice") relativas a la calidad, la cantidad, la relevancia y el modo de la información.

La primera máxima es la *calidad* de la información, que debe ser *verdadera*. Es decir, se espera que el hablante sólo diga lo que cree ser verdad, puesto que de otra manera no puede haber comunicación. Supongamos que un amigo me diga que el alcalde de su ciudad se llama Francisco Robledo y luego constato que su nombre es Francisco Reboredo. Eso no quiere decir que mi amigo haya mentido, sino que estaba mal informado, o que su memoria le ha fallado. Pero si alguien se presenta como Maruja García y luego se descubre que su verdadero nombre es Epaminondas Coturno, podrá sospecharse que tuvo intención de ocultar algo, eludiendo así a la máxima de calidad.

La segunda máxima es que la información debe ser cuantitativamente *apropiada*, es decir, ni más ni menos que la necesaria. Si alguien quiere hacer una compra por Internet y sólo se dispone a dar el nombre de la ciudad en donde vive, la información es insuficiente. Al contrario, si en una entrevista de trabajo se le pregunta al candidato cuando nació, y la respuesta es algo como "En la madrugada de un viernes, cuando el sol apenas empezaba a abrirse camino entre las nubes grises y la lluvia, anunciando el amanecer del día quince de mayo de mil novecientos cincuenta", es claro que hay demasiada información.

Y no sólo demasiada, sino que, además, es inútil, puesto que aquella respuesta contraría también la tercera máxima, según la cual la información debe ser *relevante*, es decir, relacionada con el tema y el contexto del diálogo. Si la irrelevancia es muy extremada, el resultado es el sinsentido, que es una forma de humor que explota el absurdo, como en ciertos chistes tradicionales:

(27) En una oficina de empleos:
    a. —¿Cómo se llama usted?
      —Yo no me llamo, los que me llaman son los demás.
    b. En una habitación de hotel, un huésped descubre un hombre en el armario:
      —¿Quiere explicar por qué se encuentra usted en mi habitación?
      —Hombre, si yo no me encuentro, el que me ha encontrado es usted.
    c. En una clínica:
      —Siento decirle que su enfermedad no tiene cura.
      —Bueno, doctora, ¿sería posible tener otra opinión?
      —Pues, además de enfermo, es usted muy feo.

En todos esos diálogos la pregunta contiene una palabra o expresión *ambigua*°, es decir, que admite por lo menos dos interpretaciones distintas. El chiste consiste en que, aunque el contexto exige una interpretación, la persona que contesta elige otra, que por su irrelevancia, crea un efecto absurdo.

La cuarta máxima, en fin, requiere que la información sea *clara* y *organizada*, permitiendo, o incluso facilitando su interpretación. Algunos excelentes ejemplos de desobediencia a esa máxima, y asimismo a las anteriores, se encuentran en entrevistas con políticos. Ahora bien, para ejemplificar cómo operan esas máximas, imaginemos que un cliente le diga a un agente de viajes que necesita viajar a Macondo con urgencia. En los diálogos siguientes, cada respuesta viola una máxima del principio de cooperación.

A. ¿A Macondo? Cómo no, señor. Hay un avión mañana a las cinco y treinta de la mañana. (Pero al llegar al aeropuerto el cliente se da cuenta de que hace un mes se ha cancelado aquel vuelo. Se ha desobedecido la máxima de calidad, y por lo tanto la información no era verdadera.)

B. ¿A Macondo? Cómo no, señor. Mire, si usted sale del centro a las cuatro de la mañana, pues, en media hora llega al aeropuerto, y sesenta minutos después sale el avión, o sea, a las cinco y media. (Máxima de cantidad: bastaría con decir que hay un avión a las cinco y media.)

C. ¿A Macondo? Cómo no, señor. Es una ciudad muy linda, ¿verdad? Vive allí una tía mía, y la visito de vez en cuando. Mire, hay un avión que sale temprano -bueno, demasiado temprano no, pero lo digo así porque a mucha gente le parece que es un horario muy temprano, pero vamos, eso es muy relativo. A mí, por ejemplo, me gusta levantarme tempranito. Pues como le decía, sale a las cinco y media el avión. (Máxima de relevancia: la mayor parte de la información dada es irrelevante.)

D. ¿A Macondo? Cómo no, señor. Le recuerdo que los pasajeros tienen que pasar por seguridad para que les registren el equipaje. Hay un vuelo a las cuatro de la tarde. La guagua del aeropuerto sale de la Plaza Mayor. Usted debe estar en el aeropuerto por lo menos dos horas antes del embarque por lo de la seguridad. Hay otro vuelo a las cinco y media de la mañana. (Máxima de modo: la información debe ser ordenada.)

 Cuaderno de ejercicios 11.5 "Máximas conversacionales (I)"

 Cuaderno de ejercicios 11.6 "Máximas conversacionales (II)"

11.5 ESTRATEGIAS COMUNICATIVAS

Los principios de cortesía verbal hacen parte de un cuadro más amplio de estrategias que nos permiten organizar las ideas y argumentos según el contexto comunicativo, de manera (idealmente) a proteger nuestra "cara" y la de los demás participantes y así lograr los mejores resultados para nuestros actos de habla. En este apartado consideraremos tres clases de estrategias comunicativas, a saber los marcadores del discurso, la cortesía y la atenuación.

11.5.1 Marcadores del discurso

En los enunciados de (28) vemos palabras o expresiones que, sin tener una función sintáctica específica, señalan actitudes del hablante hacia lo que dice él mismo o lo que dice su interlocutor. Se trata de marcadores del discurso, informalmente llamados *muletillas* o *bordones,* que aunque suelen recibir poca atención en los cursos de español como segunda lengua, son indispensables a la comunicación eficaz. Algunos de los marcadores del discurso más frecuentes (como **bueno, este, pues, vamos a ver, vaya**) señalan que uno se prepara para hablar, o que vacila, mientras organiza las ideas para decir algo:

(28) a. —¿Qué hubo en la reunión?

    —**Bueno**... se trató de varios asuntos. **Vamos a ver,** en primer lugar se habló de los gastos de oficina...

    b. —Domina usted el inglés?

    —**Este**... lo que se dice dominar... **pues**... lo comprendo bastante bien, y... lo que es hablar... **vaya,** me hago entender...

Las funciones de los marcadores del discurso son muy variadas y a menudo se superponen. Entre las más usuales están las siguientes:

1. Estructurar la información **(pues, bien, por una parte/por otra parte, a propósito, por cierto)**
   a. —**Por cierto,** quería comentarte algo sobre ese chaval.
   b. —Supe que te vas a New York— ¡qué bien! **A propósito,** ¿sabes que mi hermano vive en Manhattan?

2. Conectar los segmentos del discurso **(pues, en cambio, por otra parte)**
   a. —Hay que sacar la basura. —**Pues** sácala tú, cariño, que ahora no puedo.
   b. —¿Se te olvidó traer el champán? **¡Pero** si viene a cenar mi jefe!
   c. —... **y así,** se ha decidido otorgarle el primer premio a Juan García.
   d. —¿No has conseguido la beca? ¡Cuánto lo siento! —**Ya ves,** tanto esfuerzo para nada.

3. Reformular o clarificar ideas **(es decir, quiero decir, es que, o sea, o séase** (pop.), **lo que quiero decir es)**
   a. —Salió en la tele que mañana va a nevar, **o sea** que a lo mejor ya no nos vamos a Andorra.
   b. —Papá, ¿me prestas mil pesos? **Es que** voy a salir con amigos...

4. Controlar el contacto con el interlocutor **(oye/oiga, mire/mira)**
   a. —Sí, es verdad, eso dijo, pero **mira,** lo que yo creo es lo siguiente...
   b. —Me parece muy bien, pero **oiga** usted, hay que tener cuidado, porque...

5. Reforzar el contacto con el interlocutor **(¿entiende/entiendes?, ¿comprende usted/comprendes?, ¿me sigue/sigues?, ¿me explico?/no sé si me explico)**
   a. —He olvidado el dinero en casa, **¿comprendes?**
   b. —Tendremos que reformular todo el proyecto, que no le ha gustado para nada a la mujer del jefe, **no sé si me explico.**

6. Señalar que se está de acuerdo, o que uno está a punto de despedirse.
   a. —**Pues nada,** - entonces mañana nos vemos.
   b. —**Bueno,** vale. (España)
   c. —Te lo traigo mañana.— **Ándale.** (México)

ACTIVIDAD 11.9   Escriba las respuestas idiomáticas a las preguntas, empleando marcadores del discurso apropiados.

a) ¿Por qué no puede usted venir mañana?

b) Conque, ¿te quedaste en la calle hasta las cinco?

c) ¿Quedamos para cenar el viernes?

d) ¿Podrías devolverme aquel libro?

e) ¿Cuándo crees que podrás pagarme?

Ciertos términos tabú, cuyo significado argótico original se ha perdido o atenuado en algunas comunidades, se usan como marcadores del discurso en el habla coloquial. Tres ejemplos del español peninsular contemporáneo son:

Término	Significado argótico original	Empleo como marcador del discurso coloquial (sin el significado argótico)
coño	'vulva'	—Qué cara más triste, ¿**coño,** qué te pasa?
leche	'esperma'	—¡**Leche,** qué gobierno tenemos!
joder	'copular'	—Me han robado la billetera. — **Joder,** qué mala suerte la tuya.

 Cuaderno de ejercicios 11.7 "Estrategias comunicativas: marcadores del discurso"

11.5.2 Cortesía

Aunque en teoría se puede analizar cada una de las cuatro normas de Grice independientemente de las demás, en las conversaciones reales su aplicación se superpone y se complementan mutuamente. Tanto aquellas normas como los marcadores del discurso contribuyen al concepto de *cortesía verbal*. Ésta consiste en seguir ciertas convenciones que actúan de dos maneras complementarias. Por una parte, disminuyen la probabilidad de conflicto entre los interlocutores, y por otra parte, agilizan la interacción, estimulándolos la cooperar mutuamente. La elección de los rasgos que constituyen la cortesía reflejan la actitud de un interlocutor hacia el otro respecto a valores de deferencia, distancia social, y el concepto de "cara" comentado anteriormente.

A nivel léxico, el empleo de eufemismos (10.5) es una forma de cortesía verbal, puesto que permite tratar temas delicados como las enfermedades, la muerte o el sexo, sin ofender a los interlocutores. Además, la cortesía verbal se manifiesta por la elección de palabras específicas, frases hechas, o expresiones idiomáticas, como las que se dan en la Figura 11.3.

■ **FIGURA 11.3** Expresiones habituales de cortesía verbal (*)

Pedir algo o un favor:	**Sentimiento por la muerte de**
Por favor	**alguien:**
Puede/podría hacerme el favor de...	Lo siento.
Si no es molestia	Le/te acompaño en el sentimiento.
Si es tan amable	Ayudándole/te a sentir.
(Haga tal cosa; tráigame tal cosa)	Mi sentido pésame.
Agradecer:	(Qué, ¿ha palmado el viejo?)
Muchas gracias	**Señalar que se quiere hablar:**
Muchísimas gracias	Bueno, déjame decirte algo
Muy amable	¿Me permite decir algo/interrumpirle
Empezar una conversación:	un instante?
Quería comentarte algo	(¿Quieres callar? Tengo algo que
Quisiera comentarte algo	decirte)
Tengo algo que decirte/comentarte	**Excusarse por haber hecho/**
Hay un tema que quería comentarte	**dicho algo:**
(Escucha lo que te voy a decir)	Lo siento (mucho/muchísimo)
Expresar desacuerdo:	Perdón
De acuerdo, pero...	Perdóneme
Sí, pero por otra parte...	**Atraer la atención de alguien:**
Hombre, si tu lo dices, pero...	Disculpe
(¡No sabes de lo que hablas!)	(¡Oye, tú!)

(*) Entre paréntesis, expresiones que pueden comprometer la "cara" negativa del interlocutor.

Por convención, ciertas construcciones sintácticas se consideran más corteses que otras. Es el caso de pedidos formulados mediante preguntas en las que se usa el verbo modal (6.1.3) **poder** (30a–30b) o el verbo principal en el condicional (31a–31b):

(30) a. ¿Podrías alcanzarme la sal?
b. ¿Puedes prestarme esa revista un par de días?

(31) a. ¿Me pasarías esa botella?
b. ¿Me prestarías ese diccionario de alemán hasta el viernes?

ACTIVIDAD 11.10 Haga una lista de entre cinco y diez expresiones de cortesía ritualizadas en español y explique en qué situación se usan.

11.5.3 Atenuación

Una estrategia comunicativa que utiliza el concepto de cortesía es la atenuación, que involucra estrategias para evitar una confrontación que amenace la "cara" tanto del hablante como del oyente.

Se trata, en esencia, de elegir un planteamiento indirecto en vez de uno directo. Por ejemplo, si tengo que hablar a alguien de un asunto suyo, puedo hacer ver que estoy involucrado en el problema, cuando en realidad quien lo tiene es mi interlocutor. Si un profesor tiene razones para creer que un alumno ha plagiado y le dice **Usted ha plagiado esto,** seguramente provocará una confrontación. Pero si lo hace impersonalmente, diciendo **Hay un problema con su trabajo,** atenuará el planteamiento de la cuestión, y si dice **Tenemos un problema con su trabajo,** contribuirá aún más para crear condiciones para empezar un diálogo. Desde luego, no se trata de evitar el problema, ni de minimizarlo, sino de crear condiciones para encontrar una solución satisfactoria.

En (32a–32b), aunque corteses (nótese el uso de **por favor**), los pedidos se hacen directamente; en los ejemplos siguientes, son atenuados mediante un planteamiento indirecto, sea por una pregunta (33a) o un comentario aparentemente aseverativo (33b).

(32) a. Cierre la puerta, por favor.
b. Por favor, caballero, no se asome a la ventanilla.

(33) a. ¿Podría cerrar la puerta, por favor?
b. Por favor, caballero, está prohibido asomarse a la ventanilla.

Se ha empezado a analizar sistemáticamente ciertas diferencias de estrategias comunicativas entre distintas comunidades hispanohablantes,[6] y aunque quede mucho por investigar, queda claro que la cortesía verbal es definida por cada cultura, de manera que lo que se considera cortés en una comunidad puede ser considerado descortés en otra. Diálogos como (34a–34c) son perfectamente normales en bares españoles:

(34) a. [Camarero, en una cervecería madrileña] —¿Qué le pongo?
[Cliente] - Una caña y unas aceitunas.
b. - [Cliente, en un bar barcelonés] —Póngame un café y un Mascaró [marca de coñác catalán]
c. [Camarero en un café madrileño] —¿Qué van a tomar?
[Señora de media edad] —Un agua mineral y un café cortado.[7]

En esos casos, la interacción ha sido perfectamente correcta, aunque los clientes no hayan usado fórmulas como **por favor,** porque no hacen falta en aquellos contextos. En (35), dicho por un cliente en la barra de una cervecería madrileña en hora de mucho movimiento, **cuando pueda** funciona como atenuante al mandato directo. En (36), el formato del pedido es aseverativo, sin atenuación marcada.

(35) —Dos cañas, cuando pueda.

(36) [Camarero en un café barcelonés] —¿Qué van a tomar?
[Cliente] —Dos cañas, una porción de tortilla y otra de chorizo.
[Camarero] —De acuerdo.

Esa manera directa de pedir algo en un lugar público español (bar, café) contrasta con la interacción más atenuada que se observa en contextos similares en Hispanoamérica. En Chile, por ejemplo, "es inusual el empleo de un imperativo, ya que resulta insultante. Lo habitual y cortés sería, por tanto, el empleo de fórmulas alternativas, entre las que destacan las interrogaciones". (Puga Larraín 1997:95).

11.5.4 Hablando al teléfono

Hablar al teléfono es una actividad comunicativa muy específica, esencialmente oral y caracterizada por la ausencia de contacto físico o visual. Los interlocutores no pueden valerse de miradas, ni de gestos como los que permiten añadir una capa de significado fático a la interacción cara a cara. Debido a ello, hay más posibilidad de desentendimiento, sobre todo cuando los interlocutores no se conocen, o se conocen solo superficialmente. Quizás por eso se usen fórmulas hechas, que sin embargo suelen variar de una cultura a otra. Al contestar al teléfono, por ejemplo, se suele decir **Diga** o **Dígame** o **¿Sí?** en España, **Aló** en Chile, **Bueno** en México. Mientras que un uruguayo se identifica en tercera persona **(Hola Mariano, habla Horacio)**, un español a lo mejor lo hace en primera **(Hola Mariano, soy Paco)**.

En las últimas décadas, el empleo generalizado de contestadores automáticos ha creado un nuevo contexto comunicativo, en el cual la palabra oral sólo es escuchada mucho después de haber sido proferida. El análisis de los mensajes grabados pone de relieve los contrastes entre los registros. El texto siguiente procede de una grabación dejada en un contestador automático en Madrid.[8]

(37) ehh — Ana — hola — soy Julia — del gimnasio — que mañana teníais que ir al teatro — era para comentarte — de que al final mañana no se puede organizar lo de la obra — entonces mañana te llamará Esperanza para comentarte **si** será el jueves — o qué día queda lo de la obra — ¿de acuerdo? — pero sobre todo que mañana **no es** la obra de teatro — vale — venga — adiós —   (Grabación de archivo)

En este texto el registro es claramente coloquial y la hablante improvisa, articulando los elementos esenciales de lo que quiere decir. Tras una ligera duda, señalada por **ehh,** identifica a la destinataria **(Ana)**, la saluda **(hola)** y se identifica a sí misma **(soy Julia — del gimnasio).** Luego, pasando al tema de la llamada, explica de qué se trata **(que mañana teníais que ir al teatro),** empezando esta frase con la conjunción **que,** recurso habitual en el español coloquial para subrayar a continuación, real o ficticia, de la comunicación. Nótese que el empleo del artículo neutro **lo** (5.3.1) señala que se trata de información compartida con la interlocutora: la expresión **lo de la obra** funciona como una especie de marco referencial para identificar la información nueva que viene a continuación, introducida por **era para comentarte — de que al final mañana no se puede organizar lo de la obra.**

Luego clarifica Julia con énfasis (representado en negrita) lo que todavía no se sabe con seguridad: *entonces mañana te llamará Esperanza para comentarte* **si** *será el jueves — o qué día queda lo de la obra.* A continuación, una fórmula fática (**¿de acuerdo?**) funciona como pausa, permitiendo que la oyente procese la información. Luego, para que no quede duda, reitera el contenido más importante del mensaje, usando otra vez el tono enfático, representado en negrita (*pero sobre todo que mañana* **no es** *la obra de teatro*) y termina con tres fórmulas fáticas que señalan confirmación (**vale**), tránsito entre el mensaje (**venga**) y el saludo final (**adiós**).

 Cuaderno de ejercicios 11.8 "Lengua oral y lengua escrita"

11.6 DE LA VARIACIÓN A LA NORMA

Las categorías de variación que hemos comentado —temporal, regional, social— permiten enfocar por separado aspectos de la lengua que en realidad se dan concomitantemente. El cambio lingüístico es continuo, la variación regional y la social están íntimamente conectadas, y cualquier acto de habla tiene lugar en un contexto determinado y por lo tanto conlleva la elección de un estilo. Las manifestaciones de la variación subrayan el hecho de que la lengua, considerada como un sistema, es una abstracción, y lo que existe son las modalidades —variantes, variedades, dialectos o cómo se llamen— utilizadas por los miembros de las comunidades de habla. Que algunas modalidades sean más o menos divulgadas, o tengan más o menos prestigio que otras, se debe a causas históricas y sociales, y no a que sean intrínsecamente más o menos aptas para la comunicación que las demás.

Si hay tanta variedad, uno podría preguntarse cómo es que el español no ha originado lenguas distintas. Hay varias razones para eso. No sólo no ha transcurrido tiempo suficiente, sino que desde el periodo colonial la comunicación entre las regiones de habla española ha aumentado constantemente. El contacto, directo o indirecto, con hablantes de otras variedades se ha intensificado gracias a los medios de comunicación masiva, como la radio, el cine, la televisión, y la prensa, los cuales, pese a las particularidades locales, suelen reflejar variedades compartidas por millones de usuarios. La prensa, en particular, pone de relieve el hecho de que los hispanohablantes comparten una norma escrita, trasmitida y reforzada por la escolaridad.

De hecho, una lengua hablada por tantas personas y en tamaña extensión geográfica sólo puede funcionar eficazmente como instrumento de comunicación mediante una modalidad basada en lo que hay de común entre sus diversas modalidades. Es lo que se puede llamar *español general*, una especie de koiné culta, dotada de un léxico y unas normas sintácticas relativamente uniformes, que se puede manejar a nivel interregional e internacional. Desde luego, el español general no es una cosa acabada y hecha, sino algo que se está siempre construyendo mediante la interacción de los hablantes.

Hasta las primeras décadas del siglo XIX se aceptaba que la norma internacional del español coincidiera con la norma española —y particularmente con la madrileña—, pero desde la independencia de los países hispanoamericanos se han desarrollado otros centros culturales, identificados con sus capitales y otras ciudades importantes. Bajo la influencia de largas polémicas entre los partidarios de seguir la norma española y los que predicaban la libertad lingüística absoluta, se ha llegado a la visión de que la lengua no tiene un polo único, sino varios, cada uno de los cuales genera una norma culta regional con características propias. Ese planteamiento ha sido posible gracias al desarrollo de los estudios filológicos y lingüísticos en los países hispanohablantes y también a la cooperación entre la Real Academia Española (RAE) y las academias americanas, fundadas a partir de 1870 (la primera fue la colombiana, en 1871, y la más reciente, la norteamericana, en 1973). Dicha cooperación permite llevar a cabo proyectos colectivos, como la última edición de la *Ortografía de la lengua española* (*RAE* 1999), que no es la norma "de la Academia" sino "de las Academias", lo que es algo muy distinto. Lo mismo se puede decir del *Diccionario panhispánico de dudas,* preparado mediante la cooperación de las veintidós academias de la lengua, cuya presentación de anuncia para el III Congreso Internacional de la Lengua Española, en noviembre de 2004, en la ciudad de Rosario, Argentina.[9] Según ha comentado un renombrado lingüista:

> Las sociedades se organizaron, decidieron que era más cómodo entenderse todos y tener una ortografía y una gramática común, desarrollar una norma hispánica, que no es la de Madrid ni la de Ciudad de México, pero que se puede usar y entender en todas partes. Quien sólo desee ser entendido en su casa, poco habrá de preocuparse por ninguna norma; pero quien desee tener un público amplio, acceder a una riqueza de millones de seres humanos, tiene un instrumento común a su alcance, un puente entre lo que cada uno habla en su casa y el abstracto, como todas las lenguas, que es la lengua española.[10]

En el español actual pueden distinguirse dos grandes tendencias, a saber, la *lengua culta*, identificada con los hablantes que tienen una educación formal relativamente alta, y la *lengua popular*, usada por las personas de bajo nivel de escolaridad. Desde luego, no se trata de dos modalidades aisladas, sino más bien de un continuo, en el que las dos tendencias suelen interpenetrarse hasta cierto punto, sobre todo en los registros informales y entre los jóvenes, que adoptan, pese a la resistencia de los sectores más conservadores, elementos de la lengua popular. Ésta, esencialmente oral, se caracteriza por la espontaneidad y, por lo tanto, presenta más variación. En lengua culta, en cambio, existe un proceso de autorregulación que es más o menos intenso según la formalidad del registro y según se trate de habla o de escritura. La modalidad más cuidada es la escritura formal, como en periódicos, revistas, libros técnicos o literarios, documentos, informes, o cartas de negocios. Las modalidades más espontáneas son las manifestaciones típicamente orales en registro informal o íntimo.

La lengua, por lo tanto, es todo eso, y mucho más. Y es también un idioma en expansión, cuyo territorio se ensancha mediante el desplazamiento de millones de hispanohablantes que emigran anualmente, por las razones más diversas, a los Estados Unidos de América, donde distintas modalidades regionales y sociales entan en contacto diario unas con otras y todas con el inglés, según comentaremos en el capítulo siguiente.

Términos clave

acto de habla directivo
acto de habla factitivo
capacidad comunicativa
cara negativa (ing. *negative face*)
cara positiva (ing. *positive face*)
comunicación interaccional
comunicación transaccional
contexto comunicativo (ambiente, clave, género, participantes, propósito)
cortesía
interacción oral
lengua culta
lengua popular
marcadores del discurso
    (muletillas o bordones)

máxima de calidad
máxima de claridad y
    organización
máxima de propiedad
máxima de relevancia
oración aseverativa
oración directiva
oración interrogativa
pragmática
principio de cooperación
    (de Grice)
registro
    (protocolario, formal, consultivo,
    familiar, íntimo)
variación contextual

MITOS SOBRE EL LENGUAJE Hay quienes critican el uso de muletillas, es decir, de palabras como como **bueno, este, pues, vamos a ver** (o en inglés, ***well, I mean, you know, huh...., er...***). En situaciones formales (como una entrevista de trabajo, o cuando un político es entrevistado en la televisión), se valoran positivamente las respuestas directas y dadas sin hesitación, mientras que las respuestas marcadas por pausas y muletillas suelen recibir una valoración negativa, como si la persona que las usa no mereciera crédito. ¿Cuáles serían las causas de esa actitud? ¿Se pueden justificar? A su parecer, ¿qué papel deben tener esos marcadores del discurso en la enseñanza de idiomas extranjeros?

SUMARIO

La manera como utilizamos una lengua varía según el contexto comunicativo, definido por la situación, los participantes, sus intenciones, el *género* del acto de habla (saludo, despedida, chiste, pregunta, entrevista), la *clave* (actitud de los participantes), el *propósito* (transacción, interacción) el ambiente y otros factores. La pragmática estudia la variación contextual, que incluye fórmulas hechas y estrategias comunicativas que varían según el acto de habla en cuestión. Otra variable de un acto de habla es su *registro* (*protocolario, formal, consultivo, familiar* e *íntimo*), en el cual la formalidad varía en proporción inversa a la intensidad de intercomunicación de los participantes. Según el registro el léxico puede ser muy especializado.

En la interacción interviene la variable "cara" (ing. ***face)***, que tiene que ver con el prestigio, la reputación o la imagen (incluso la autoimagen) y con la idea de que en una conversación cada participante trata de "salvar la cara" (quedar bien, guardar las apariencias) o "perder la cara".

Por los actos de habla damos y obtenemos información y trasmitimos mandatos, mediante oraciones *aseverativas, interrogativas* y *directivas,* cuya. La interpretación depende de su contenido, del contexto y de nuestro conocimiento de las reglas sociales de la conversación. Otros actos de habla son los *comprometimientos* (el hablante se compromete a algo) y los actos *factitivos,* que constituyen por sí mismos la acción que describen.

La conversación puede analizarse por las normas conversacionales que involucran las máximas de calidad, la cantidad, la relevancia y el modo de la información. Las estrategias comunicativas incluyen los marcadores de discurso (muletillas o bordones) que estructuran la información, conectan los segmentos del discurso, reformulan o clarifican ideas, controlan y refuerzan el contacto con el interlocutor. Las máximas conversacionales y los marcadores del discurso contribuyen al concepto de *cortesía,* es decir, convenciones que minimizan el conflicto, agilizan la interacción y estimulan la cooperación. Otra estragegia comunicativa es la *atenuación,* que evita una confrontación que amenace la "cara" tanto del hablante como del oyente mediante un planteamiento indirecto en vez de uno directo. Las estrategias comunicativas, la cortesía verbal y la atenuación se manifiestan de diversas maneras entre distintas comunidades hispanohablantes.

PRÁCTICA

A. ¿Qué son los actos de habla?

B. ¿Cuáles son los elementos del contexto de un acto de habla?

C. ¿Cuáles son las actividades fundamentales de los actos de habla?

D. ¿Qué diferencia hay entre los niveles protocolario y formal?

E. ¿Cómo se comparan los niveles informativo, familiar e íntimo?

F. ¿Cuáles son las máximas de Grice?

G. ¿Cuál es la función de la cortesía verbal?

H. ¿Qué se entiende por una estrategia de atenuación?

I. Siguiendo los ejemplos (Ia–Ic), invente para cada uno de los enunciados siguientes tres contextos distintos que puedan ser interpretados de la manera señalada.

   ¿Has visto un billete de diez dólares que estaba sobre el piano?

   a. (conflictiva: desconfianza)

   b. (preocupación)

   c. (indiferencia)

J. Siguiendo los ejemplos (Ja–Jc), invente para cada uno de los enunciados siguientes tres contextos distintos que puedan ser interpretados de la manera señalada.

   ¿Has podido leer el e-mail que te mandé ayer sobre ese asunto?

   a. (conflictiva: irritación)

   b. (ansiedad)

   c. (curiosidad bienhumorada)

K. El texto siguiente es un anuncio de un remedio que se puede comprar sin receta médica. ¿Qué proporción de ese texto comprende usted sin tener que consultar el diccionario? Después de consultarlo, ¿qué términos le parecen más difíciles, y por qué? ¿De qué manera utiliza la terminología especializada? ¿Qué promete el anuncio? ¿Y qué es lo que sólo parece prometer?

   La acción de Fraudistol sobre el cerebro hace que esté especialmente indicado para curar la resaca al día siguiente a una noche de fiesta. Como complemento, Fraudistol incorpora un complemento anticefalálgico que alivia la mayor parte de las cefalalgias y un eficaz antiséptico bucofaríngeo científicamente comprobado como atenuante de los olores etílicos. Además, tiene sabor a chocolate y te lo tomas según la intensidad de la resaca. Una pastilla al despertar y si persiste la resaca, otra pastilla a cada hora. Ya lo sabes, cuando despiertes con resaca, toma Fraudistol y saldrás aliviado.

Temas para profundizar

A. En España se considera una norma de cortesía verbal saludar al entrar en un ascensor (hola, buenos días/tardes/noches) y también al salir (adiós) al salir. ¿Cómo compara usted esta norma con el comportamiento, en el mismo contexto, en otros países que conozca?

B. Basándose en el tema anterior, identifique y comente algunas diferencias de cortesía verbal en distintas situaciones que usted conozca.

Principales fuentes consultadas

Temas generales y pragmática: Levinson 1983, Silva-Corvalán 1994, Briz Gómez 1998, Briz Gómez et al. 1995, Brown y Levinson 1978, 1987, Cascón Martín 1995; Vigara Tauste 1980, Yule 1996; marcadores del discurso: Silva-Corvalán 2001; registros: Joos (1967); atenuación y cortesía: Briz 1998, Haverkate 1994, García 1992, Puga 1997.

Sugerencias para lectura

Silva-Corvalán 2001, Briz 1998, Haverkate 1994, Yule 1996; en Briz Gómez et al. 1995 hay una gran variedad de artículos de interés.

[1]Los comentarios de esta sección han sido adaptados de Azevedo 2003.

[2]En el original (Joos 1967) los términos son, respectivamente, *frozen, formal, consultative, casual* e *intimate*. Planteada inicialmente para el inglés americano, esta clasificación es aplicable a otros idiomas, aunque los detalles de la realización en el habla o la escritura puedan variar.

[3]En éste y otros ejemplos, al tratarse de textos orales, debe considerarse la puntuación, hasta cierto punto arbitraria, como un simple recurso auxiliar de la lectura.

[4]Noticiero de una radio española, febrero de 1985.

[5]Baum 1989: 223.

[6]Briz 1998, Puga 1997.

[7]Le agradezco este ejemplo a Dru Dougherty.

[8]Éste y otros ejemplos se analizan en Azevedo 2004.

[9]"Español sin dudas." *El País* (www.elpais.es), 17 de octubre de 2004.

[10]Marcos Marín, Francisco. El denominador común, la lengua. *Rumbo en internet* (http://www.diariosrumbo.com/opinion), 14 de octubre de 2004.

El español en los Estados Unidos

12

Algunos creemos que los estudios lingüísticos del habla de un pueblo deberían contribuir no sólo a la mayor comprensión y aceptación de las formas verbales empleadas por el grupo, sino también a la mayor comprensión y aceptación del *grupo*.

Ana Celia Zentella (1990b:152)

OBJETIVOS En este capítulo examinaremos algunos temas relativos a la lengua española en los Estados Unidos y su coexistencia con el inglés. Se plantean las características del español en las que se nota la influencia del inglés, el tema del conservación de la lengua y de cuáles sean sus espacios sociales y comunicativos.

12.1 FONDO HISTÓRICO

Aunque los españoles estuvieron en la región de Virginia antes que los británicos, sus esfuerzos colonizadores sólo prosperaron en la Florida, que fue española de 1513 a 1819, y en la región formada por los actuales estados de California, Nevada, Arizona, Nuevo México y Texas, además de partes de Utah, Colorado y Kansas. Estos Territorios Españoles Fronterizos (Craddock 1992) formaron parte del Virreinato de Nueva España (capital, Ciudad de México) hasta la independencia de México (1821). En 1848, a raíz de la guerra con Estados Unidos, México cedió a este país, por el Tratado de Guadalupe-Hildalgo[1] y mediante indemnización de quince millones de dólares, 55% de su territorio, desde Nuevo México hasta California —unas 530.00 millas cuadradas comprendiendo los actuales territorios de Arizona, California, Nuevo México, Texas, y partes de Colorado, Nevada y Utah. Se calcula que en esa época vivían en toda esa región unos 82.500 mexicanos, de los cuales había 60.000 en Nuevo México, 14.000 en Texas, 7.500 en California y 1.000 en Arizona.[2] En 1853, mediante la *Gadsden Purchase*, México cedió a Estados Unidos, por diez millones de dólares, una franja de la frontera de Nuevo México y Arizona (aproximadamente 29.640 millas cuadradas).[3] La Figura 12.1 da la cronología de la presencia hispana en Norteamérica.

■ **FIGURA 12.1**   Fechas destacadas de la presencia hispana en Norteamérica*

1512	Juan Ponce de León descubre la Florida.
1517	Primer desembarco español en México (Yucatán).
1519	Los españoles exploran el sur de Texas, las Carolinas, la Bahía de Chesapeake; fundan una colonia en Peñiscola (hoy Pensacola, Florida).
1528–1536	Trescientos hombres desembarcan en la Florida; ocho años más tarde, los cuatro sobrevivientes llegan a Nueva España, liderados por Alvar Núñez Cabeza de Vaca, que narró la travesía del Suroeste en *Naufragios y comentarios*.
1542	Descubrimiento del puerto de San Diego.
1570	Fundación de la Misión de Axacán (cerca de Jamestown, Virginia), destruida por los indígenas en 1571. Cesan los esfuerzos españoles en la región.
1587	Primera colonia británica en la isla de Roanoke.
1598	Juan de Oñate funda la misión de San Gabriel (Nuevo México).
1602	Sebastián Vizcaíno explora la costa de la Alta California.
1620	El *Mayflower* llega a Plymouth.
1691	El Padre Eusebio Kino funda la Misión de San Javier (Arizona).
1769-76	Gaspar de Portolá y Fray Junípero Serra llegan por tierra desde Baja California hasta la bahía de San Francisco; empieza la colonización de la Alta California.
1803	*Louisiana Purchase:* Los Estados Unidos compran de Francia el territorio de la Luisiana, desde el río San Lorenzo, en la frontera con Canadá, hasta el Golfo de México.
1819	España cede la Florida a los Estados Unidos.
1822	Independencia de México.
1836	Creación de la República de Texas, incorporada a los Estados Unidos en 1845.
1846	Guerra entre Estados Unidos y México: por el tratado de Guadalupe-Hidalgo, México cede a Estados Unidos, por quince millones de dólares, 55% de su territorio, abarcando unas 530.000 millas cuadradas desde Nuevo México.
1853	*Gadsden Purchase:* México cede a Estados Unidos, por diez millones de dólares, unas 29.640 millas cuadradas en la frontera de Nuevo México y Arizona.
1898	Guerra de Cuba. Estados Unidos toma posesión de Puerto Rico.
1917	Se otorga la ciudadanía norteamericana a los puertorriqueños.
1952	Puerto Rico pasa a ser Estado Libre Asociado *(Commonwealth of Puerto Rico)*.
1959	Fidel Castro toma el poder en Cuba. Exiliados cubanos empiezan a llegar a los Estados Unidos.

* (Material adaptado de *España en Norteamérica,* por Augustina Apocada de García, *Gráfica* (Los Angeles), abril de 1976, y de otras fuentes.

 Cuaderno de ejercicios 12.1 "Fondo histórico: cada oveja con su pareja"

A principios del siglo veintiuno la población hispana de Estados Unidos tiende a aumentar rápidamente. Según datos de la Oficina del Censo, había en 1982 15,8 millones de hispanos, que pasaron a 22 millones en 1990 y a 35,2 millones en 2000, y a 37,4 millones en 2002, representando 13,3% de la población total. Los hispanos son el grupo étnico que más crece en el país, gracias a la inmigración de Hispanoamérica, sobre todo de México, según se ve en la Figura 12.2.

Las mayores concentraciones de hispanos se encuentran en el Oeste (44,2%) y el Sur (34,8%) de Estados Unidos, y las menores en el Noreste (13,3%) y el Medio Oeste (27,0%). La Figura 12.3 da los números referentes a la población de algunas grandes ciudades con mayores concentraciones de población hispana.

En el censo de 2000, 28.101.052 personas declararon hablar español en casa. Este dato representa un incremento de 10.761.880 sobre el censo de 1990, cuando 17.339.172 declararon tener el español como lengua del hogar.[4] De una manera general, los datos disponibles apuntan no sólo a que, después del inglés, el español es la lengua más hablada en Estados Unidos, sino que éste es el quinto país del mundo en número de hispanohablantes, después de México (104.907.991), Colombia (41.662.073), España (40.217.413) y Argentina (38.740.807).[5]

Aunque se encuentran en todos los estados de la Unión, los hispanos se concentran en tres regiones. Los mexicanoamericanos y chicanos[6] viven

■ **FIGURA 12.2**   Origen de los hispanos residentes en EE.UU.

Hispanos en EE.UU. según el origen (2002)

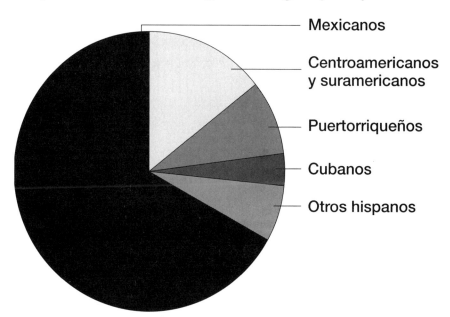

- Mexicanos
- Centroamericanos y suramericanos
- Puertorriqueños
- Cubanos
- Otros hispanos

Fuente: U.S. Census Bureau, Annual Demographic Supplement to the March 2002 Current Population Survey.

■ FIGURA 12.3   Población hispana en ciudades de más de 250.000 habitantes (en miles)

	Población Total	Hispanos Total	Porcentaje de Hisp	Mexicanos Total	PR Total	Cubanos Total	Otros Grupos
Albuquerque, NM	448,6	179,1	39,9	68,5	1,7	1,7	107,1
Boston, MA	589,1	85,1	14,4	4,1	27,4	2,2	51,3
Colorado Springs, CO	360,9	43,3	12	23	2,7	0,3	17,3
Houston, TX	1.953,60	730,9	37,4	527,4	6,9	5	191,5
Los Angeles, CA	3.694,80	1.719,10	46,5	1.091,70	13,4	12,4	601,5
Miami, FL*	362,5	238,4	65,8	3,7	10,3	123,8	100,7
New York, NY	8.008,30	2.160,60	27	186,9	789,2	41,1	1.143,40
San Antonio, TX	1.144,60	671,4	58,7	473,4	7,8	1,5	188,7
San Diego, CA	1.223,40	310,8	25,4	259,2	5,9	1,9	43,7
San Francisco, CA	776,7	109,5	14,1	48,9	3,8	1,6	55,2
San Jose, CA	894,9	270	30,2	221,1	4,1	1	43,8
Santa Ana, CA	338	257,1	76,1	222,7	0,7	0,6	33,1
Tucson, AZ	486,7	173,9	35,7	145,2	2,1	0,6	25,9

* La población de la región de Miami-Condado de Dade es de 1.291.737, de los cuales 57,3% son hispanos.

Fuente: U.S.Census Bureau, StatisticalAbstract of the United States: 2000, Population p. 40, www.census.gov/prod/2003pubs/02statab/pop.pdf

principalmente en el Suroeste, más del 80% en áreas metropolitanas como Los Angeles,[7] San Diego, San Francisco, San Antonio, El Paso, Phoenix, Denver y Albuquerque. Los cubanoamericanos se concentran en la Florida, donde forman la mitad de la población de Miami y la tercera parte de la zona metropolitana, el Condado de Dade. Los puertorriqueños, a su vez, se concentran en áreas urbanas del Nordeste, sobre todo en la ciudad de Nueva York y alrededores.

 Cuaderno de ejercicios 12.2 "Los hispanos en EE.UU."

Según el censo de 2000, el promedio de edad de los hispanos es de 25,8 años, significativamente menos que los 35.3 años de la población en general. Puesto que el mantenimiento de una lengua minoritaria depende sobre todo de las nuevas generaciones, la relativa juventud de la población hispana podrá jugar un papel importante en el futuro del idioma español en Estados Unidos. Aparte de que hay personas originarias de todos los países hispanohablantes, hay cuatro grupos lingüísticos bien caracterizados, a saber (1) el chicano o mexicanoamericano, (2) el caribeño, representado por las ramas cubana, puertorriqueña y dominicana, (3) el español hablado por inmigrantes y sus descendientes originarios de otras regiones de Hispanoamérica y (4) ciertas hablas de ámbitos limitados, como el español tradicional de Nuevo México y Colorado, los dialectos hispanos de Luisiana y Texas, y el judeoespañol. Aunque la actual comunidad hispanohablante se compone principalmente de inmigrantes que llegaron después de 1920 y de sus descendientes, su presencia hispana no ha sufrido solución de continuidad desde la colonia. Esto implica continuidad en el uso del español, aunque a fines del siglo XIX, como hemos visto, su número no alcanzaba los 100.000. Esa tradición lingüística se refleja en muchos topónimos, en el léxico rural y el de otras actividades (Figura 12.4).

 Cuaderno de ejercicios 12.3 "El español en los nombres de lugar estadounidenses"

■ **FIGURA 12.4** Presencia del español en el léxico del inglés *

Topónimos estadounidenses:

Estados	**Ciudades**	**Ríos**	**Montes**
Arizona	San Francisco	Colorado	Sierra Nevada
California	Santa Fe	Rio Grande	Diablo
Colorado	Alamogordo	Sacramento	Sangre de Cristo
Nevada	Los Gatos	Arroyo del Pino	Gallinas
New Mexico	Monterey	San Gabriel	Los Padres
Texas	Socorro	Rio Hondo	Sierra Madre
Florida	Los Angeles	San Jacinto	Santa Cruz
Montana	El Cerrito	Los Pinos	San Gabriel

Otras categorías:

Geografía	**Alimentación**	**Construcción**	**Vestido**	**Diversos**
arroyo	chile con carne	adobe	camisa	peon
barranca	enchilada	pueblo	serape	calaboose
canyon	tortilla	ranch	sombrero	vigilante
mesa	taco	corral	mantilla	desperado
sierra	tequila	hacienda	guayabera	hoosegow
hurricane	guacamole	patio	poncho	vamoose
tornado	fajitas	plaza	huarache	pecadillo

Flora	**Fauna**	**Música**	**Ganadería**	
alamo	coyote	tango	lariat	stevedore
mesquite	mustang	rumba	chaps	barbacoa
manzanilla	pinto	merengue	lasso	cafetería
roble	palomino	mambo	stampede	cockroach
sinsemilla	mosquito	bolero	vaquero	alligator
saguaro	burro	mariachi	corral	gringo
roble	condor	fandango	rodeo	barrio
				hammock

* Datos de Marckwardt 1958:41 y otras fuentes.

Cuaderno de ejercicios 12.4 "Topónimos del espanõl en California"

ACTIVIDAD 12.1   Con la ayuda de un diccionario de inglés, como *The American Heritage Dictionary of the English Language,* explique el origen de los vocablos *boosegow, vamoose, buckaroo, burricane, mustang, pinto, sinsemilla, tornado, lariat, chaps, lasso, stampede.*

12.2. EL ESPAÑOL CHICANO

Usado hasta mediados del siglo XX para designar despectivamente a los mexicanoamericanos, el término *chicano,* mediante un proceso de mejoramiento semántico (8.3.6) se ha transformado en un indicador de identidad étnica.[8] La mayoría de la población chicana es de origen relativamente reciente: en 1900 había sólo 103.199, y entre 1900 y la década de 1920, llegaron alrededor de 700.000 inmigrantes mexicanos.[9] En California, según Alvar (1996b: 91), citando varias fuentes, "en 1824 los españoles o descendientes de españoles eran unos 4.080, por 360 estadounidenses y 90 colonos mejicanos". El origen más reciente de aquella población tiene relevancia lingüística, puesto que, según el mismo autor,

> "no podemos pensar en un español patrimonial de California, sino un español importado reciente, o muy recientemente, sometido al flujo de unas gentes venidas del otro lado de la frontera y que determinan la creación, si es que se crea, de un dialecto que prolonga el hablado de las diversas tierras mejicanas que dan los contingentes de emigración."

Con razón, por lo tanto, se ha definido el español chicano como una variante del español mexicano con préstamos léxicos del inglés,[10] aunque hay que tener en cuenta también la presencia de calcos sintácticos de este idioma. Como es natural, el español chicano abarca un continuo de modalidades y estilos. Una distinción fundamental se basa en la oposición estándar/popular,[11] que contrasta las variantes más cercanas al español estándar (particularmente el del Norte de México) con las modalidades rurales y de ambientes urbanos de nivel socioeconómico más bien bajo.

Entre las hablas rurales hay que mencionar dos, a saber el español tradicional de Nuevo México[12] , históricamente relacionado con el habla de los colonizadores españoles del siglo XVI, y el "español general del Suroeste"[13] también de origen rural, pero caracterizado por un fuerte componente bilingüe, debido a la influencia del inglés. Desde la época de los primeros estudios del español del Suroeste, a principios del siglo XX,[14] hasta después de la Segunda Guerra Mundial, la población hispana de la región mantuvo un fuerte arraigo rural. Pero el aumento de la movilidad geográfica y de la urbanización ha contribuido a un proceso de homogeneización del habla chicana que justifica caracterizarla como "macrodialecto binacional" (Lozano 1974:147). Por otra parte, muchas de las características fonológicas y morfosintácticas del español del Suroeste reflejan fenómenos encontrados en el habla popular de otras regiones del mundo hispano, como la articulación relajada, común en el andaluz y en el canario, que condiciona la pérdida de las vocales átonas. Se encuentran también procesos fonológicos de alzamiento de las vocales medias, de rebajamiento de vocales altas y de la diptongación de los hiatos, ejemplificados en la Figura 12.5.

En lo que atañe a las consonantes, se trata de una variante yeísta en el fonema /y/ puede generar una deslizada o elidirse como en **cabello** [ka-βe-yo] → [ka-βéi̯-yo] o [ka-βé-o]. Como las demás variantes del español hispanoamericano, es seseante, y presenta aspiración de la /s/ no sólo implosiva (**este** [éh-te]) sino también intervocálica y hasta inicial (**nosotros** [no-hó-troh], **sí, señor** [hí-he-ñór]). Se oye, además, la aspiración arcaica derivada de la /f/ latina: [hwé] por **fue,** [hui̯-moh] por **fuimos.** Las fricativas sonoras [β], [ð] y [γ] se pierden en posición intervocálica, (**abuelo** [a-γu̯é-lo], **hablado** [a-βláu̯], **agua** [á-u̯a]), y la [ð], también en posición final (**usted** [us-té], **verdad** [ber-ðá].

Son comunes las formas populares resultantes de metátesis (4.6.5) como **pared/pader, magullado**/[ma-yu-γá-ðo], de la inserción de consonantes paragógicas **nadie/naiden** y epentéticas, como **mucho/muncho** y de la alternancia de bilabiales y velares sonoras como **abuja** [a-βú-ha] por **aguja** o **güey** [gu̯éj] por **buey).**

La morfología tiende a simplificarse, sea mediante la reducción del número de formas, sea por regularización de las formas irregulares. Es común, por ejemplo, el desplazamiento del acento tónico en la primera persona de plural del presente de subjuntivo, siguiendo el modelo de las demás personas (Figura 12.6), fenómeno éste que, como hemos visto, se manifiesta en el español de Andalucía (9.3.4).

En el sistema verbal alternan formas normativas y no normativas, como (a) la terminación **-nos** por **-mos** en la primera persona plural del imperfecto indicativo y del presente subjuntivo (**trabajábanos** por **trabajábamos,**

■ **FIGURA 12.5** Procesos vocálicos encontrados en el español chicano*

Pérdida de vocales átonas	Alzamiento de vocales medias	Descenso de vocales altas	Diptongación de hiatos
acabar > cabar	entender > intender	minoría > menoría	golpear > golpiar
ahora > ora	manejar > manijar	injusticia > enjusticia	cohete > cuete
arrodillar > rodillar	morir > murir	sepultura > sepoltura	peor > pior

* Ejemplos principalmente de Sánchez 1982.

trabájenos por **trabajemos),** (b) las terminaciones **-tes/-stes** por **-ste** en la segunda persona singular del pretérito:

Formas normativas	Formas no normativas
contaste	contates / contastes
hablaste	hablates / hablastes
comiste	comites / comistes
pusiste	pusites / pusistes
viniste	venites / venistes

Se nota también la supervivencia de formas dialectales:

Forma dialectal	Forma estándar	Forma dialectal	Forma estándar
asina	así	haiga	haya
muncho	mucho	semos	somos
anque	aunque	truje	traje
cuasi	casi	trujo	trajo
pos	pues	traiba	traía
abuja	aguja	caiba	caía
agüela	abuela	vide	ví

■ **FIGURA 12.6**   Regularización morfológica en el español chicano*

Desplazamiento del acento en formas de *nosotros,* presente de subjuntivo

hable	ponga	pida
hables	pongas	pidas
hable	ponga	pida
háblemos	**póngamos**	**pídamos**
hablen	póngan	pídan

Verbos en -ir conjugados como los verbos en -er
salemos (por salimos)
pidemos (por pedimos)
vistemos (por vestimos)

Regularización analógica de formas con vocal temática diptongada
pienso / piensamos (por pensamos)
puedo / puedemos (por podemos)
pueda / puédamos (por podamos)

Regularización de los participios irregulares
abrir > abrido
morir > morido
volver > volvido
decir > decido

Creación de participios basados en un cambio del radical
niego > niegado
puedo > puedido
supe > supido
tener > tuvido

*Ejemplos adaptados de Sánchez 1982.

12.2.1 Caló

Originalmente, la palabra **caló** designaba la jerga de los gitanos en España y de hecho se ha sugerido (Webb 1982:129–131) que puede haber una relación genética entre el caló del Suroeste y el de los gitanos, a través del español mexicano. En el contexto estadounidense, el caló es una jerga urbana, al parecer originaria de la región de El Paso, Texas, llamada **pachuco** (**El Pachuco** significa **El Paso** en caló). En la década de 1940 el término pasó a designar a sus hablantes, muchos de los cuales se habían trasladado a Los Angeles, donde captaron la atención nacional por su participación en disturbios callejeros (los *zoot suit riots,* así llamados por los trajes típicos de los pachucos). El caló tuvo originalmente el papel de jerga de las bandas juveniles de los barrios de las grandes ciudades del Suroeste, sea como instrumento de autoidentificación grupal, sea como código intragrupal y símbolo de solidaridad e identidad étnicas.[15] El caló es muy variable. Su sintaxis es básicamente la del español mexicano popular, pero se emplea con mucha flexibilidad, y el léxico combina elementos del español estándar y del popular, además de préstamos y calcos del inglés y creaciones propias. Se reproduce a continuación un breve fragmento de diálogo en caló:

> Guacha, ¿por qué no me alivianas con un aventón y me dejas en el chante? Y mientras que vas por el Chente, yo tiro clavao, me rastío la greña y me entacucho. Te trais al Chente a mi cantón y le digo a la jefa que nos aliviane con un calmante porque a mí ya me trai la jaspia y quiero refinar. (Sánchez 1983:129-130)

ACTIVIDAD 12.2   Basándose en el glosario siguiente, reescriba el texto en caló en español normativo.

alivianar = hacer (algo), ayudar

un aventón = transporte gratuito (< ing. *ride*)

el calmante = la merienda

el cantón = la casa, la residencia

el chante = la casa, la residencia

entacucharse = vestirse bien, ponerse apuesto

la greña = el pelo

guachar (< ing. *watch*) = mirar

la jaspia = el hambre

la jefa = la mujer, la esposa; la madre

rastiar (< rastrillar) = pentear

refinar = comer

tirar (un) clavao = lavarse, bañarse, ducharse

trais = traes

12.3 EL ESPAÑOL CARIBEÑO

El español caribeño se encuentra representado por tres grupos: el cubanoamericano, el puertorriqueño y, en menor escala, el dominicano. La presencia de una comunidad puertorriqueña se debe particularmente a la situación política de Puerto Rico, que fue colonia española desde 1493 hasta 1898. En este año, como resultado de la guerra con España, fue anexado a Estados Unidos como colonia, y en 1952 asumió su actual status de *Commonwealth of Puerto Rico,* o sea, Estado Libre Asociado de Puerto Rico.

La historia lingüística de Puerto Rico desde la anexión ha sido bastante ajetreada (Ortiz–López 2000). A partir de 1902 se reconocieron el inglés y el español como lenguas oficiales, pero hasta 1930 el inglés fue lengua vehicular obligatoria en las escuelas. Considerando que sólo una cuarta parte de la población habla inglés, ya que el español nunca ha dejado de ser la lengua patrimonial de la mayoría de la población, desde 1952 se ha podido usar este idioma como medio de instrucción en las escuelas públicas. Sin embargo, el inglés es asignatura obligatoria como segunda lengua, y se usa como lengua de instrucción en algunas escuelas privadas. En 1990 una ley del Senado de Puerto Rico proclamó el español como única lengua oficial, pero en 1993 se restableció la cooficialidad. Además, el inglés es obligatorio en todos los trámites con el gobierno federal. La población de Puerto Rico era de 3,885,877 habitantes en 2003[16] y más de dos millones de puertorriqueños y sus descendientes, llamados *nuyoricans,* viven en el continente. Según el Censo de 2000, 37% de la población hispana de Nueva York consistía de personas de origen puertorriqueño, concentrados en los distritos (*boroughs*) de Bronx y Brooklyn. Los frecuentes desplazamientos entre la Isla y el continente y la necesidad de saber inglés para avanzar económicamente contribuyen al bilingüismo en una gama variable de dominio de cada uno de los idiomas. La situación de la comunidad en general es bastante desfavorable debido a los bajos ingresos económicos y la limitada movilidad social y geográfica.

A su vez, la comunidad cubanoamericana se halla formada principalmente por los refugiados (y sus descendientes) que salieron de Cuba después de la toma de poder por Fidel Castro en 1959. Según el Censo de 2000, un 52% de la población de origen cubano se encontraba concentrada sobre todo en la ciudad de Miami y en su área metropolitana (Condado de Dade), pero hay concentraciones significativas en Nueva York y Nueva Jersey. El hecho de que la mayoría de los refugiados de los años sesenta y setenta eran personas de clase media, con educación técnica o universitaria, contribuyó a que lograran superar, en un tiempo relativamente rápido, las dificultades creadas por el exilio y alcanzar una buena condición socioeconómica.[17] Las actitudes hacia el inglés y el nivel de dominio de este idioma dependen, entre otros factores, de la edad del inmigrante a su llegada[18] y del tiempo de estancia en el país. Hay un grado elevado de bilingüismo, aunque algunos investigadores han notado, entre los miembros más jóvenes de la comunidad, cierta tendencia a usar el español con menos frecuencia que sus mayores (Solé 1982). Un estudio (García y Otheguy 1988) ha revelado que el 18% de los cubanoamericanos encuestados daban el inglés como su lengua dominante, y otra encuesta entre estudiantes de 13 a 14 años ha determinado que "hay señales de un grado significativo de reemplazo del español por el inglés".[19] De confirmarse esa tendencia, es posible que las futuras generaciones de cubanoamericanos tengan mayoritariamente el inglés como idioma dominante, aunque conserven el español, puesto que pueden usarlo en una gran variedad de contextos comunicativos fuera del ámbito familiar. Contribuye al mantenimiento de la lengua la presencia de miles de hispanoamericanos, residentes o turistas, y asimismo el hecho de que la condición de bilingüe ayuda a conseguir puestos de trabajo en empresas que tienen clientes a nivel nacional e internacional. Influye también la presencia mediática del español, quizás la más fuerte de la nación,[20] que imparte a la lengua una presencia pública y un prestigio que no tiene en el Suroeste o en las grandes ciudades del Este.

La comunidad dominicana empezó a crecer con la inmigración posterior a partir de la década de 1960. Según el Censo de 2000, vivían en el país 765.000 personas de origen dominicano, el 53% de las cuales en la ciudad de Nueva York, concentradas en el área de Washington Heights (Upper Manhattan). Se ha dicho que, en contraste con los cubanoamericanos, los dominicanos "nunca se integran completamente en la sociedad de los EE.UU." y "conservan *un pie aquí y el otro allá,* en la esperanza de regresar a la República Dominicana" (Toribio 2000: 262).

Aparte de la influencia del inglés, el español caribeño hablado en los Estados Unidos no difiere fundamentalmente de las respectivas modalidades de origen, cuyos rasgos más salientes, comentados ya (9.5), son los siguientes:

(a) El seseo y el yeísmo son la norma.

(b) Es frecuente la elisión de consonantes intervocálicas, particularmente /d/ (**comprado** [kompráo], **comido** [komío], **salído** [salío]).

(c) Hay aspiración o elisión de /s/ implosiva, en proporciones variables según el nivel sociocultural del hablante;[21] esos dos fenómenos —la aspiración y la elisión de la /s/— impiden la realización regular de una [z] sonora, alófono de [s] en otras variantes. Puede ocurrir también aspiración de /s/ en posición inicial de sílaba (**dice** [dí-he], **las alas** [la-há-lah]).[22]

(d) El fonema /h/, fonéticamente una fricativa faríngea [h], ocurre en vez de /x/ en otras modalidades (**jíbaro** [hí-βa-ro]).

(e) La articulación de /ʧ/ admite tanto la realización africada [ʧ] como la fricativa [ʃ] (**muchacho** [mu-ʃá-ʃo]).

(f) Particularmente en las modalidades puertorriqueña y dominicana, se dan lambdacismo y rotacismo debido a la subdiferenciación de /l/ y /r/

implosivas (**contar con él** [kon-tál-ko-nél], **dulce** [dúr-se], **a la iz-quierda** [a-laɪs-kɪ̯él-ða]).

(g) En la modalidad puertorriqueña, la / r̄ /, suele realizarse como una frica-tiva uvular, sonora [R] o sorda [X] (**carreta** [ka-Ré-ta] ~ [ka-Xé-ta], **rato** [Rá-to] ~ [Xá-to]). En el español cubano, la / r̄ / es habitualmente alveo-lar, pero tiende a ensordecerse: (**perro** [pé-r̥o]). Asimismo, la /r/ implo-siva no final puede realizarse como una consonante geminada (**carne** [kán:e]) o como una deslizada palatal ([kái̯-ne]).

(h) La nasal /n/ implosiva tiende a velarizarse (/n/ → [ŋ]) tanto en posición final como medial: **un avión** [u-ŋa-βi̯ón]. Suele haber también nasa-lización de la vocal antes de nasal implosiva, **son gatos** [sõŋ-gá-toh]), y es frecuente la elisión de la nasal (**son gatos** [sõ-ɣá-toh]).

Se encuentran en los Estados Unidos personas de todos los países his-panoamericanos, concentradas en comunidades de dimensión variable, cuyos números resulta difícil determinar debido a la presencia de muchos indocu-mentados que no constan en ningún recuento. De todo modos, según datos colegidos por Lipski (2000), a mediados de la década de 1980 había alre-dedor de 850.000 salvadoreños, 50.000 nicaragüenses, 220.000 guatemalte-cos, y 165.000 hondureños. En todos los grupos establecidos en Estados Unidos, y particularmente entre los de inmigración reciente, suele haber mucha diversidad lingüística. Esa circunstancia refleja, por una parte, la va-riación regional y social del país de origen. Los inmigrantes incluyen desde profesionales, que son la minoría, hasta hablantes de modalidades rurales. Su grado de instrucción también es variable, pero la mayoría suele tener un nivel de escolaridad más bien modesto. Además, hay cierto número de hablantes de lenguas indígenas, para quienes el español es una segunda lengua aprendida informalmente.

Queda claro que el español hablado en Estados Unidos presenta mucha variabilidad. Sin embargo, algunos lingüistas han planteado el tema de la convergencia dialectal. Es decir, cuando cierto número de hablantes de va-rias modalidades se encuentran en contacto regular durante un periodo pro-longado, puede pasar que empiecen a minimizar los rasgos diferenciadores de pronunciación o vocabulario, favoreciendo así la comunicación y, a la larga, la formación de una especie de koiné°. Según algunos autores (López García 1995, 1985), fue por ese proceso que se redujeron las diferencias entre los idiomas hispánicos hablados por los participantes en la Reconquista, fomentando la convergencia hacia el castellano y plasmando el español como lengua común. La cuestión que se plantea, pues, es si podrá pasar algo similar entre los hispanohablantes de Estados Unidos. En ciudades como Los Ange-les o Nueva York, por ejemplo, donde conviven miles de personas de varios orígenes, ¿hasta qué punto se puede detectar un proceso de convergencia?

Según Silva-Corvalán, hay "evidencia, si bien anecdótica, de acomodación al léxico mexicano por parte de sudamericanos del Cono Sur", que reemplazan términos de su modalidad de origen por términos mexicanos, como en los siguientes ejemplos:

términos mexicanos	términos sudamericanos
elote	choclo
aguacate	palta
yarda	zacate
pelo chino	pelo crespo
	(Silva-Corvalán 2001:302)

La cuestión es compleja, porque intervienen factores sicológicos, como la identificación étnica con ciertas pronunciaciones u otros rasgos lingüísticos, y asimismo la valoración, positiva o negativa, de los rasgos de los demás dialectos. Sobre esto, es pertinente el ejemplo señalado por Lipski (2000), de que en la comunidad hispanohablante de Miami, se notan entre cubanos y nicaragüenses valoraciones negativas hacia el español de unos y otros. Según aquel lingüista, se trata de comentarios "típicos de actitudes xenofóbicas de todo el mundo", aunque basadas en rasgos reales; cita como ejemplo el hecho de que al contrario de la mayoría de las modalidades centroamericanas, el español cubano en una conversación animada es "marcado por grandes variaciones de entonación, a menudo interpretadas como diferencias absolutas en volumen". Hay también diferencias pragmáticas: los "cubanos (particularmente los varones) tienden a preferir la participación simultánea, y cada parlamento tiene lugar con un volumen de voz más alto, en vez de enfatizar el cambio de turnos, que predomina por todo Centroamérica".[23]

Podría suponerse que la admiración y simpatía recíproca por el habla de los grupos involucrados sea un requisito fundamental para que dos comunidades hagan convergir sus respectivas maneras de hablar. Otra motivación sería cierto mimetismo protector, encontrado entre centroamericanos indocumentados, por ejemplo, que tratan de aproximar su manera de hablar —sobre todo en la pronunciación y vocabulario— a la de los mexicanos y mexicanoamericanos, tratando así de pasar inadvertidos por las autoridades de inmigración. Queda por ver si los resultados de tales tácticas serían permanentes o si desaparecerían al pasar su causa. Aún otra motivación es el prestigio relativo de las modalidades. Dentro de una misma comunidad, como por ejemplo *El Barrio,* localizado en East Harlem (Nueva York), estudiado por Zentella (1990, 1997). La mayoría de los habitantes son puertorriqueños, pero hay también muchos dominicanos, cubanos y un número creciente de mexicanos y centroamericanos. Coexisten allí, por lo tanto, diversas variedades de español, formando un abanico que va desde lo más popular hasta lo normativo, y también dialectos en los que predomina el inglés. Además, hay hablantes de inglés puertorriqueño, inglés vernáculo afroamericano, inglés hispanizado e inglés normativo. Todas esas variedades tienden a superponerse e influirse mutuamente. Un dato significativo es que, pese a que la mayoría de los habitantes de El Barrio hablan modalidades caribeñas, los rasgos considerados prestigiosos son aquéllos asociados a variedades conservadoras (9.5) como la preservación de la /s/ final, que tiende a aspirarse o desaparecer en los dialectos caribeños. Esa circunstancia, según Zentella, "revela el poder abrumador que los factores sociales tienen respecto a los factores lingüísticos".[24] De todos modos, la convergencia dialectal es un proceso relativamente demorado, y como su investigación requiere una gran cantidad de datos y un análisis estadístico detallado, a lo mejor se tardará en lograr resultados significativos sobre su ocurrencia en las comunidades hispanohablantes de Estados Unidos.

 Cuaderno de ejercicios 12.5 "El español caribeño"

12.4 HABLAS DE ÁMBITOS LIMITADOS

En varios puntos de Estados Unidos se encuentran comunidades que, siendo bilingües, mantienen el español, al menos parcialmente, como lengua doméstica y de uso comunitario, hablándolo con fluidez limitada, con un grado variable de influencia del inglés, y no necesariamente para todos los fines comunicativos. En la misma comunidad pueden coexistir personas que hablan la lengua más o menos bien, otras que apenas la hablan, y otras que sólo la entienden, a veces con limitaciones. Tales situaciones, que suelen resultar de un proceso de sustitución del español por el inglés a lo largo de varias generaciones, caracterizan las hablas de ámbitos limitados. En algunos casos, la presencia de la lengua sustituida es vestigial, es decir, limitada a algunas palabras y frases, fórmulas de cortesía, y poco más.

12.4.1 El español tradicional de Nuevo México

En Nuevo México, colonizado por españoles a partir del siglo XVI, se formaron comunidades rurales hispanohablantes que se mantuvieron relativamente aisladas hasta principios del siglo XX, hablando un idioma descendiente de "la variedad más antigua en todas las Américas" (Lipski 1996: 469). Sin embargo, la conservación del idioma fue interrumpida durante el periodo de 1920 a 1960, cuando se implementó una política escolar que imponía el inglés como idioma de enseñanza, a raíz de la cual varias generaciones no adquirieron el español como lengua dominante.

Esa laguna generacional y la posición subordinada al inglés, cuya presencia se extiende virtualmente a todos los ámbitos sociales, han contribuido al aumento del bilingüismo y a que el español, aunque presente en las escuelas y los medios de comunicación, tienda a perder terreno. Específicamente, el aprendizaje incompleto de la lengua por parte de las nuevas generaciones y su empleo en ámbitos limitados contribuye a su pérdida progresiva entre una generación y la siguiente.[25]

12.4.2 Dialectos hispanos de Luisiana y Texas

Se trata de tres dialectos independientes entre ellos, el *isleño* y el *bruli* de la Luisiana y el dialecto del Río Sabinas (Sabine River) en la frontera entre Luisiana y Texas. El dialecto isleño, situado en la parroquia (ing. ***parish***) de Saint Bernard, Luisana, situada al este de la ciudad de Nueva Orleáns, es hablado por descendientes de los colonos venidos de las Islas Canarias a fines del siglo XVIII, razón por la que se les conoce tradicionalmente por el apodo de *isleños*.[26]

Los rasgos más característicos del dialecto isleño reflejan los del español rural de Canarias o del sur de España. Es un habla yeísta, marcada por rasgos fonológicos del español canario, como en los siguientes ejemplos (adaptados de Lipski 1996):

aspiración o pérdida de /s/: **antes** [án-teh], **los** [loh], **nosotros** [no-só-tro]
neutralización de /l/ vs. /r/ en posición implosiva: **tarde** [táḷ-de]
pérdida de /l/ y /r/ en posición final de sílaba: **trabajar** [tra-βa-xá]

Se oyen formas populares con metátesis, como **naide** o **naiden (nadie)**, **marde (madre)**, **parde (padre)**, **drumí (dormir)**, además de formas populares como **haiga, truje o trujo, entoavía, endenantes, ansina.** En la sintaxis, se observan interrogativas sin inversión, semejantes a las del español caribeño, como en **¿Cómo tú dices?, ¿Por qué tú no viniste?** Se da también la sustitución del subjuntivo por el indicativo, como en **No faltó nada que no morimos** por **faltó poco para que nos muriéramos.**

El aislamiento de la comunidad hasta mediados del siglo XX, dedicándose a la pesca y a la caza, permitió mantener el español como lengua comunitaria. Su sustitución por el inglés adquirió un ímpetu definitivo después de la Segunda Guerra Mundial, debido a factores como el servicio militar, la influencia de la instrucción pública, la intensificación de la comunicación y de los transportes, y la dispersión de los isleños causada por huracanes. De los cinco mil hablantes que se estimaba haber en aquellas fechas,[27] se calcula que en mediados de la década de 1990 quedaban sólo unos 300, todos también hablantes del inglés, de los cuales "por lo menos la mitad son hablantes vestigiales" (Lipski 1996: 464).

En la parroquia de Ascención (Ascension Parish), situada hacia el oeste de Nueva Orleáns, se encuentra una comunidad descendiente también de inmigrantes canarios, los llamados *Brule Dwellers*,[15] que según Holloway (1997) lograron hasta principios del siglo XX mantener su dialecto, el cual hoy día sólo es hablado por algunas personas mayores, por lo que se lo puede considerar en vías de extinción.[28]

No muy lejos, en las parroquias de Sabine y Natchitoches (Luisiana) y en el vecino condado tejano de Nacogdoches, se encuentran comunidades rurales donde todavía se habla un poco el llamado *español del río Sabinas* (Sabine River Spanish). Pese a la proximidad geográfica del área del isleño, el habla de la región del río Sabine tiene otro origen: desciende del español rural hablado en México a fines del siglo XVIII, y por lo tanto conserva un buen número de mexicanismos, como **mero** 'mismo' (**aquí mero** 'aquí mismo'), **no más** 'solamente' (**no más quiero hablar contigo** 'sólo quiero hablar contigo'), o **qué tanto** 'cuánto' (**¿Qué tanto ganas?** '¿Cuánto ganas?'). Se ha calculado que los hablantes no sobrepasan unos cien individuos mayores de 60 años, bilingües y no todos "verdaderos hablantes nativos con plenas capacidades" (Lipski 1996: 467). Dada la discontinuidad en la transmisión del dialecto a las nuevas generaciones y la penetración del inglés en todos los ámbitos de la vida de la comunidad, es de suponer que, pese a algunos esfuerzos realizados por mantener estas hablas (Coles 1991), es dudoso que sigan existiendo por mucho tiempo.

ACTIVIDAD 12.3 Analice las formas siguientes, encontradas en el dialecto Brule (Holloway 1997: 89–96), comparándolas con sus versiones normativas, y determine qué procesos lingüísticos las explican.

Español brule	Español normativo
bifunto	el difunto
charruga	la charrúa
lipejo	el espejo
lifante	el elefante
mojá	la almohada
muelso	el almuerzo
talta	la tarta

12.4.3 Judeoespañol

En 1654 un grupo de judíos sefardíes llegó al sitio de la futura Nueva York, entonces la colonia holandesa de Nueva Amsterdam, donde fundaron la primera congregación judía de Norteamérica, a la que se debe la Sinagoga

Portuguesa-Española de aquella ciudad. Pero la mayor parte de los inmigrantes sefardíes llegaron más tarde, a principios del siglo XX, procedentes de los Balcanes y de Asia Menor. Se establecieron principalmente en Nueva York, con comunidades menores en ciudades como Rochester (Nueva York), Atlanta (Georgia), Cincinnati, Toledo y Columbus (Ohio), Montgomery (Alabama), San Francisco (California) y Seattle (Washington). El número de hablantes del judeoespañol en Estados Unidos, estimado en unos quince mil en la década de 1960,[29] tiende a disminuir, puesto que ni se ha conservado como lengua litúrgica, ni tiende a ser adquirido como lengua materna por las nuevas generaciones, que tienden a adoptar el inglés. Por lo tanto, pese a que se conserven muchas tradiciones étnicas, el judeoespañol, en los Estados Unidos como en otras partes, se encuentra claramente en recesión.[30]

12.5 EL ESPAÑOL Y EL INGLÉS EN CONTACTO

En la historia lingüística de los Estados Unidos, el desaparición de los idiomas de las comunidades inmigrantes ha resultado sistemáticamente de la adopción del inglés por las nuevas generaciones, para comunicarse no sólo con los angloparlantes sino también con otros miembros de la comunidad.

Después de la incorporación del Suroeste, hubo algunos intentos de conservar el español. La primera constitución de California (1849) se redactó en ambos idiomas, pero en 1894 se introdujo la exigencia legal del conocimiento del inglés para poder votar. La constitución de Nuevo México define el español como lengua cooficial, pero el inglés predomina en la vida políticoadministrativa, en los medios de comunicación y en la educación. Tanto la ley como la costumbre han oscilado entre posiciones favorables al inglés y cierta ambigüedad que posiblemente haya contribuido a limitar el español al uso doméstico e intracomunitario. Tampoco está claro hasta qué punto los programas de educación bilingüe, actualmente en retroceso, puedan contribuir al mantenimiento del idioma a largo plazo. En 1967 el gobierno municipal de Miami declaró a la ciudad oficialmente bilingüe, y en 1973 se hizo el español cooficial con el inglés en el Condado de Dade, pero en 1980 un referéndum derrogó ese status oficial del español y, además, se prohibió que se gastaran fondos públicos en lenguas otras que el inglés. Hay, además, organizaciones que actúan en contra del uso público o educativo del español (y de otras lenguas), como *US English, English First* o *English Only*. En varios estados, se ha aprobado legislación que otorga al inglés el status de idioma oficial, y en California, en 1998, un referéndum aprobó una propuesta de ley (*Proposition 227*) para enseñar inglés a los alumnos de las escuelas públicas "tan rápida y eficazmente como sea posible", impactando negativamente los programas de educación bilingüe.[31]

El factor fundamental en la presencia del español es la hasta la fecha creciente inmigración de Hispanoamérica.[32] Ese influjo inmigrante ha contribuido fuertemente al incremento del español en los medios de comunicación registrado en las últimas décadas. En 1980 la prensa en español representaba el 39% de las publicaciones en otras lenguas que no fueran el inglés, y según Latino Print Network, el sector de ventas e investigación de National Association of Hispanic Publications, se calcula que en 2003 se publicaron 344 diarios y semanarios en español, o sea un aumento de 178 respecto a los 166 que se publicaban en 1990. En 2004 la empresa Meximerica Media anunció el lanzamiento de *Rumbo* (www.diariosrumbo.com), una red de diarios en español a ser distribuidos por todo el país, y también ha crecido el número de estaciones de radio y televisión que transmiten regularmente en español.[33] Es pertinente notar que el español de los informativos de radio y televisión, así como los periódicos y revistas en sus noticieros, editoriales, y artículos de interés general, tiende a emplear la modalidad estándar, e incluso se educa a los actores para que desarrollen un acento tan neutro como posible.[34] Se ha registrado también un incremento en la presencia del español en la actividad política, como consecuencia de los esfuerzos por conseguir votos entre el número creciente de hispanohablantes habilitados a votar.

Una lengua sólo se mantiene si las nuevas generaciones la adquieren y utilizan regularmente. En Estados Unidos a menudo los inmigrantes adultos contribuyen a sustituir su lengua por el inglés porque optan por dirigirse a los hijos en este idioma para que se acostumbren a hablarlo. También es común que los hijos nacidos en Estados Unidos hablen inglés entre ellos, mientras siguen hablando la lengua de los padres con los abuelos, padres, tíos y quizás algún hermano mayor. Si la sustitución idiomática tiene lugar, para la generación siguiente el *idioma patrimonial*° podrá seguirse usando como lengua familiar, usualmente a medias junto con el inglés, que será el idioma dominante.

Incluso cuando conservan el español como lengua familiar y comunitaria, los hispano estadounidenses suelen hacerse proficientes en inglés, que ya en la segunda generación llega a ser su lengua dominante (Silva-Corvalán 2001: 305). Se ha sugerido que la conservación del español en la comunidad puertorriqueña de Nueva York y en partes del Suroeste, puede constituir una excepción a la tendencia a la sustitución lingüística, puesto que en ambos casos se encuentran hablantes de cuarta generación que lo conservan, aunque sea dentro de un marco bilingüe,[35] pero hace falta mucha más investigación para que se pueda decir algo definitivo al respecto. Mientras que las comunidades más grandes —como, por ejemplo, East Los Angeles, con más de 100.000 hispanohablantes— suelen lograr cierta autosuficiencia lingüística que refuerza el uso de la lengua, en las comunidades pequeñas, al contrario, la preservación de la lengua se hace más precaria. Lo demuestra el estudio llevado a cabo por Rivera-Mills (2000) en la pequeña ciudad de Fortuna, en el norte de California, donde una comunidad hispana de poco más de 500 personas constituía el 6% de una población de 8.788. Se encontró que la preferencia por el inglés tendía ser más alta entre los miembros de la tercera generación (los nietos de los inmigrantes), mientras que bajaba la preferencia por el español. Otro factor que contaba era la clase social: la preferencia por el inglés era directamente proporcional al ascenso social, que conlleva una importante medida de aculturación, o sea la adaptación a la cultura anglopar-lante dominante.

Pese al aumento en el número de hablantes y al incremento de su presen-cia en la vida pública, el español en los Estados Unidos sigue en una posición subordinada que refleja una situación diglósica (10.7) respecto al inglés (Val-dés 2000: 105), que utilizan no sólo para comunicarse con los angloparlan-tes, sino también con otros hispanos, aunque en este caso a menudo alternán-dolo con el español. Al contrario, los angloparlantes que aprenden el español suelen utilizarlo preferentemente en la comunicación con hispanohablantes monolingües, pero no con otros hablantes de inglés. (Las excepciones, como el uso del español por angloparlantes en ambientes académicos, carecen de peso estadístico.) Desde luego, la clara hegemonía del inglés favorece su influencia sobre el español. Se trata de un proceso de transferencia, mediante el cual elementos léxicos del inglés pasan a ser utilizados en español, como en otras épocas este idioma adoptó elementos léxicos de otras lenguas (8.3.6). Asimismo, hay transferencia de estructuras sintácticas.

12.5.1 Léxico

Cuando dos lenguas se encuentran en contacto, nada más natural que una adopte palabras y expresiones de la otra, pero la dirección de ese proceso de préstamo depende de cuál sea el idioma social y culturalmente dominante. En Estados Unidos, no queda duda de que el inglés lleva todas las ventajas, y por eso no sorprende que los préstamos del español al inglés se limiten a un número modesto de palabras fonéticamente adaptadas al inglés. Por lo general se trata de palabras de la cultura hispana tradicional del Suroeste —topónimos, términos de ganadería, construcción, flora y fauna— o relacio-nadas a artículos culturales, como música o la comida (Figura 12.7). Al adap-tarse fonológicamente al inglés, tales palabras se incorporan al léxico de este idioma, cuyos hablantes no tienen necesariamente una idea clara de su ori-gen. Así, **mesa** es [méi̯sə] y no [mésa]; **mesquite** es [məskít] y no [meskíte], **coyote** es [kai̯óu̯ti] y no [koyóte], un **canyon** es [kǽnɪən] y no [kañón], y un **burrito con carne** es [bəɹítou̯ kəŋ kárnə] y no [buří̯tokoŋkárne]. La incorpo-ración se nota también en la adaptación morfológica: el plural de **corral** y **can-yon,** por ejemplo, es respectivamente [kə ɹá lz], [kǽnɪənz], y no [ko r̄ áles],

■ FIGURA 12.7   Préstamos ingleses en el español en los Estados Unidos

Préstamos	Significado	Origen
Tecnología		
boila	caldera	boiler
breca	freno	brake
eslipa	coche cama	sleeper
guasa	arandela	washer
suícha	interruptor	switch
troca	camión	truck
permite	licencia para manejar	permit
Negocios		
bil	factura	bill
buquipa	contador	bookkeeper
chara	estatutos de una sociedad	charter
estraique	huelga	strike
lis	alquiler	lease
seivin	caja de ahorros	savings (bank)
(e)special	rebajas	special (sale)
fil	campo donde trabajan los braceros	field
Alimentación		
aiscrín	helado	ice cream
birria	cerveza	beer
bísquete	galleta	biscuit
lonche	comida del medio día	lunch
otemil	harina de avena	oatmeal

[kañónes]. Por fin, esos préstamos funcionan sintácticamente como sustantivos en sintagmas nominales (6.1) definidos por un determinante inglés: *some burritos, the canyon, two corrals.*

Por otra parte, la influencia del inglés ha impartido al español en los Estados Unidos una impronta específica que contrasta con el español de otros países (Amastae y Elías-Olivares 1982:7). Esta influencia es particularmente evidente en el léxico, mediante los mismos procesos —pero mucho más intensos— de préstamo lingüístico que han añadido tantos anglicismos al español hablado en otros países. Explica ese fenómeno, por lo menos en parte, el papel del inglés como vehículo de una cultura tecnológicamente desarrollada, cuya expansión en el Suroeste y en el Caribe ha propiciado la implantación no sólo de cantidad de objetos, maquinaria y técnicas de producción, sino también de nuevas formas de comportamiento —individual, social, o mercantil— para las cuales no existía el vocabulario apropiado en el español hablado por una población esencialmente rural.

En tales circunstancias, no importa si la terminología correspondiente existía o no en la lengua, pero limitada a diccionarios fuera del alcance de los hablantes en cuestión. Al que no sabe el nombre español de un nuevo aparato, le parece normal llamarlo **breca *(break)*, clocha *(clutch)*,** o **troca *(truck)*.** Nótese que se encontraban en situación similar los anglohablantes que, al aprender de los hispanos el oficio de vaquero, iban añadiendo a su vocabulario voces como ***lariat* (la reata),** *lasso* (lazo) o ***stampede* (estampido).** Unos y otros no hicieron más que adoptar el *signo* (es decir, la palabra) junto con su *referente* (el objeto, institución, o actividad). Se trata de un proceso de aculturación basado en un esfuerzo adaptativo, normal en una situación de lenguas en contacto. Por lo tanto, no sorprende que sean abundantes los préstamos léxicos ingleses incorporados al español hablado en los Estados Unidos (Figura 12.7).

 Cuaderno de ejercicios 12.6 "Lenguas en contacto: Préstamos"

Abundan los *calcos,* es decir traducciones literales de construcciones idiomáticas, como **casa corte *(court house)*,** que a veces utilizan *falsos amigos°*, como **yardas de ferrocarril *(railway yards)*** 'estación de maniobras' (Figura 12.8).

También son comunes los casos de extensión semántica, en los que se atribuye a una palabra existente en español el significado de una palabra inglesa parecida (Figura 12.9). Por ejemplo, las palabras esp. **aplicación** e ing. ***application*** comparten ciertos significados **(Esa idea tiene aplicaciones útiles / *That idea has useful applications*),** pero no otros **(Necesito rellenar un formulario de solicitud / *I have to fill out an application form*).** Asimismo, **colegio** designa una institución de enseñanza secundaria, equivalente a la ***high school*** estadounidense, y no un ***college*** (que es una **universidad** o **facultad).** Sin embargo, la semejanza morfológica y el hábito de usar la palabra inglesa contribuyen a que se extienda el significado de la palabra española y sus cognados, como en (1a–1c):

(1) a. ¿Usted tiene mi aplicación? '¿Tiene usted mi solicitud?'
 b. Voy a aplicar por el colegio. 'Voy a solicitar admisión a la universidad.'
 c. Hay muchos aplicantes por ese job. 'Hay muchos candidatos a esa plaza de trabajo.'

ACTIVIDAD 12.4   Analice y explique el proceso de formación de los términos en cursiva del español usado en los Estados Unidos

1. Ayer en la fiesta *tuvimos un buen tiempo.*

2. Me dejó un mensaje en *la máquina de contestar.*

3. Mi *troca* tiene un problema con la *clocha.*

4. Los libros están en reserva en *la librería,* no circulan.

5. Nosotros vivimos en aquel *bildin.*

■ **FIGURA 12.8**   Calcos del inglés en español en los Estados Unidos

Calco	Significado en español normativo	Expresión inglesa en la que se basa el calco
Expresiones verbales		
llamar patrás	llamar (por teléfono)	to call back
ir patrás	volver, regresar	to go back
dar patrás	devolver	to give back
comprar patrás	readquirir, comprar de vuelta	to buy back
tomar ventaja de	aprovecharse de	to take advantage of
devolver la llamada	llamar (por teléfono)	to return the call
retornar (algo)	devolver (algo)	to return (something)
estar supuesto de	deber	to be supposed to
ser familiar con	conocer, estar al tanto de	to be familiar with
cruzar el mensaje	entenderse	to get the message across
hacerla	tener éxito	to make it
correr por oficina	concorrer a una elección	to run for office
hacer una decisión	tomar una decisión	to make a decision
tomar un examen	hacer/dar un examen	to take an exam
Sustantivos compuestos		
SN + prep + SN:		
corte de distrito	tribunal distrital	court house
cuerda de la luz	cable eléctrico	electric cord
mariscal de la ciudad	jefe de policía	town marshal
sete de platos	juego de platos	set of dishes
harina (de flor)*	harina de trigo	wheat flour
tienda de grocerías	tienda de comestibles	grocery store
N + Adj:		
escuela alta	escuela secundaria	high school
viaje redondo	viaje de ida y vuelta	round trip
casa corte	tribunal	court house

* Como en la pregunta de un mesero en un restaurante de Calistoga, CA: "¿Desea usted tortilla de harina o de maíz?"

■ FIGURA 12.9   Extensión semántica de palabras españolas

Palabra española	Significado esp. normativo	Significado extendido esp. EE.UU.	Palabra inglesa
Sustantivos			
aplicación	acción de aplicar*	formulario, solicitud	application
argumento	razonamiento	discusión	argument
carpeta	cubierta para documentos	alfombra	carpet
colegio	escuela secundaria	universidad	college
complexión	constitución orgánica	cutis	complexion
copa	vaso para bebidas	taza	cup
discusión	altercación	debate	discussion
librería	tienda de libros	biblioteca	library
mayor	de más edad	alcalde	mayor
papel	hoja para escribir	diario, periódico	(news)paper
papel	hoja para escribir	trabajo académico	paper
Verbos			
aplicar	poner una cosa sobre otra	solicitar	to apply
copar (con)	hacer una apuesta**	aguantar	to cope (with)
atender (la escuela)	esperar, aguardar	asistir	to attend
registrarse	inscribirse	matricularse	to register (at school)
realizar	efectuar, hacer	darse cuenta (de)	to realize
llevar	transportar hacia otro sitio	salir	to leave
asumir	hacerse cargo	presumir	to assume

En el sentido de 'hacer algo.'
*** En los juegos de azar, hacer una apuesta equivalente a todo el dinero con que responde la banca. (DRAE)*

 Cuaderno de ejercicios 12.7 "Lenguas en contacto: calcos"

12.5.2 Morfología y sintaxis

A nivel morfológico es habitual la formación de verbos mediante la combinación de una radical inglesa con la terminación **-ar** o **-ear,** como los citados por Clegg (2000), **en + guayn (< *wine*) + ar(se) > enguaynarse** 'emborracharse con vino' o **e + milc** *(< milk)* + *ado* > *amilcado* 'semejante a la leche'. Ejemplos de varias fuentes incluyen:

verbos	significados	palabra que ha influido
corre(c)tar	'corregir'	to correct
deliverar	'repartir'	to deliver
descharchar	'descargar'	to discharge
chainear	'lustrar (los zapatos)'	to shine
güeldear	'soldar'	to weld
parquear	'estacionar'	to park

Estos ejemplos siguen varios procesos regulares. Primero hay la adopción del radical verbal inglés, adaptada a la fonología española. Así, la consonante fricativa inicial de **shine** se reinterpreta como ch /ʧ/; la /w/ inicial de **weld** es interpretada como una /w/ (3.5.2.5) con constricción velar fonéticamente [ᵍweld], lo cual explica la **g** ortográfica; y el diptongo de **type** se asimila al diptongo español /ái̯/. Se asigna al nuevo verbo la vocal temática (5.5) /a/, y por lo tanto, a la primera conjugación que es la única productiva y optativamente se puede usar sea la terminación **-ear,** sea **-ar.**

Aunque todavía queda mucho por hacer, la investigación realizada en las últimas tres décadas permite señalar ciertas tendencias en la sintaxis del español en los Estados Unidos. Por ejemplo, los estudios sugieren que el habla de los hispanohablantes más jóvenes tienden a la simplificación sintáctica. En su estudio de la comunidad puertorriqueña de El Barrio, Zentella (1997: 271) verificó que entre los hablantes de segunda generación los morfemas de tiempo, modo y aspecto (5.5) "además de los del presente, pretérito e imperfecto indicativo, habían sido adquiridos incompletamente, mientras que otros se moldeaban por las reglas del inglés normativo o no normativo". Asimismo, en un trabajo llevado a cabo sobre el tipo y frecuencia de oraciones subordinadas entre hispanohablantes de East Los Angeles (Gutiérrez 1990) se descubrió que los informantes de la tercera generación empleaban menos de la mitad de las oraciones subordinadas que los de la primera generación. Otro estudio sobre East Los Angeles (Ocampo 1990) sugiere que el uso del subjuntivo en el habla de tres generaciones de informantes chicanos decrece más acentuadamente en contextos variables, donde la elección entre el subjuntivo y el indicativo corresponde a una diferencia semántica, que en contextos en los que el subjuntivo es obligatorio según la norma estándar. Asimismo, en el español de California se ha detectado una tendencia diacrónica a simplificar y reducir el paradigma verbal (Acevedo 2000). Por fin, menciónese que varios investigadores[36] han constatado una tendencia a usar el indicativo en construcciones en las que la norma estándar requiere el subjuntivo, como en las oraciones (2a–2f), producidas por hablantes de segunda generación (la forma estándar va entre corchetes):[37]

(2) a. Bueno, espero que todo sale [est. salga] bien. (Cb)

b. ... todos queremos que mi mamá va [est. vaya] con nosotros. (Cb)

c. ... entonces yo dije, ojalá mi hermano me lo trae [est. traiga] mañana. (Ch)

d. ... podía pagar el *fee* antes que su papá le mandaba [est. mandara/ mandase] el dinero. (Ch)

e. Dice que duda que él gana [est. gane] la *waiver.* (Pr)

f. Sí, él quiere que nosotroh traemo [est. traigamos] el paper. (Ch)

g. Cuando yo llego [est. llegue] a mi casa se lo mando por e-mail. (Ch)

12.5.3 Refuerzo y ampliación

La transferencia lingüística se verifica no sólo en la morfosintaxis, sino también en la frecuencia de uso de estructuras o formas específicas. Además, es posible que el contacto entre dos lenguas contribuya a reforzar las estructuras sintácticas comunes a ambos idiomas, y asimismo a ampliar el ámbito de su empleo, reduciendo así el uso de las estructuras que sólo existen en uno u otro idioma. Por ejemplo, tanto el español como el inglés permiten construcciones en que un posesivo modifica un sustantivo referente a una parte del cuerpo (3a–3b):

(3) a. He touched my head with his hand.

b. She was drying her hair.

En español se prefieren construcciones como (4a-4b), en las que se usa el artículo en vez del posesivo, y un pronombre átono como complemento indirecto:

(4) a. Me tocó el brazo con la mano.

b. Ella se estaba secando el pelo.

Sin embargo, las oraciones (5a-5b) no son agramaticales, y es plausible que su uso continuado se haga en detrimento de la construcción del tipo (4a-4b):

(5) a. Ella agarraba mis manos para que yo no me moviera. (Ch)

b. Él estaba rascando su cabeza. (Ch)

c. Me caí y me lastimé mi pie. (Ch)

Como ejemplo de extensión sintáctica, podemos mencionar la construcción pasiva, que aunque menos usada en español que en inglés, permite crear oraciones sintácticamente correctas como (6a), semánticamente equivalente a (6b):

(6) a. Todos fueron invitados.

b. Se invitó a todos.

En cambio, en español normativo no se dan pasivas del tipo (7a–7b), en las que el sujeto es el beneficiario semántico (6.1.2), es decir el sintagma nominal que sería el complemento indirecto de la construcción activa correspondiente. Sin embargo, oraciones como (7c-7f), que discrepan de aquella regla, se oyen habitualmente entre los hispanos de los Estados Unidos:

(7) a. I was given a watch for my retirement.
   b. I was denied that privilege.
   c. Yo fui negado mi derecho. (Cb)
   d. Él fue puesto libre nomás. (Ch)
   e. Fue pedido de no venir. (Ch)
   f. Nosotroh [h]uimo pedidos de venir a ver a usted. (Ch)

ACTIVIDAD 12.5   Analice y explique el proceso de formación de los términos en cursiva del español usado en los Estados Unidos.

1. ¿*Cómo te gustó* esa película?

2. Quiero que tú *vienes* a mi casa mañana.

3. Ahora voy a *trimear* ese arbolito.

4. Yo *fui ofrecido* un trabajo en L.A.

5. Creo que voy a *dropear* esa clase.

12.5.4 Alternancia de idiomas o *code-switching*

Una de las características más señaladas del español en los Estados Unidos consiste en el empleo de ambos idiomas, por el mismo hablante, durante el mismo acto de habla. Es la llamada *alternancia de idiomas,* o *alternancia de códigos,* o en inglés, *code-switching,* que se representa en los ejemplos (8a–8k).[37]

(8) a. *If you want me to,* yo lo llamo mañana. (Cb)
   b. Pues va a tener un niño — *she's going to have a baby* — el mes que viene. (Ch)
   c. Sí, hay uno en San Francisco — *it's really good* — *you know* — nosotros comimos allí hace unos días. (Pr)
   d. *No way* que me deja hablar, man, no way. (Ch)
   e. Quería preguntarle si usted — *if you're going to be in your office* — si tiene horas de oficina hoy. (Cb)
   f. Mi primo está allí — *in the thick of it* — *no kidding.* (Cb)
   g. Hay que esperar a que se seque — y mañana — *we paint it —* *another coat* — y ya está. (Ch)
   h. Todavía no lo he comprado — *it's very expensive, you know* — cuarenta dólares — *forty dollars* — *that's a lot of money* —. (Cb)
   i. Estoy instalando una *ham radio set that I bought from my brother.* (Cb)

    j. Eso yo no lo hago — *no way* — es *unfair* — y después la gente se
        faja (Cb)

    k. Yo hice lo que *I set out to do* pero valió la pena. (Ch)

    l. Yo fui al *downtown* hoy por la mañana *and didn't get back until a*
       half hour ago. (Ch)

    m. *I didn't plan it at all* pero ahora me gusta — agarré la costumbre *to play*
        a little bit every day — es muy importante la práctica ¿verdad? (Ch)

    n. *What about this thing* que no pudistes venir anoche? (Ch)

Pese a que hay estudios metódicos sobre ese modo de comunicación, perdura todavía cierta impresión, tanto entre el público en general como entre ciertos educadores que la alternancia de idiomas es una mezcla errática de idiomas. Al contrario, se trata de un proceso que no sólo tiene reglas estructurales propias como además juega un papel único en la comunicación entre bilingües, como alternativa a la utilización de un solo idioma.

Entre los factores personales que influyen en el proceso, se cuenta el grado de dominio de cada idioma, que condiciona la fluidez con que se alternan las dos lenguas. Por lo general, las personas que lo utilizan son fluentes en ambos idiomas, aunque no necesariamente en todos los ámbitos comunicativos. Tiene también que ver el tema de la conversación: de una manera general, tiende a predominar el español cuando se habla de la vida personal, familiar o comunitaria, mientras que el inglés predomina en conversaciones más formales sobre temas ajenos al ámbito personal o doméstico. Algunos ejemplos sugieren que el vocablo inglés tiene una connotación cultural que —desde el punto de vista del hablante bilingüe— se capta mejor que la palabra española correspondiente:

(9)   No me gusta ir por el *campus* sola — no es *safe* — hace unas semanas
       hubo un *rape* en un *dorm.* [Pr]

Más que otras palabra léxicas —como los sustantivos y los verbos— los adjetivos suelen expresar valores culturales o matices expresivos que no siempre encuentran un equivalente exacto en otro idioma. Por ejemplo, un diccionario (Williams 1963) da las siguientes traducciones para el adjetivo inglés ***nice:*** fino, sutil, delicado; primoroso, pulido, refinado; dengoso, melindroso; atento, cortés, culto; escrupuloso, esmerado; simpático, agradable; complaciente; decoroso, conveniente; preciso, satisfactorio; bien, bueno.

Lo primero que se nota es que esos vocablos no son todos sinónimos, sino que algunos son incompatibles: por ejemplo, una persona **delicada** no es necesariamente **dengosa; refinado** y **complaciente** son características que pueden o no coexistir; y **bien** y **bueno** son rasgos muy generales, pero no necesariamente sinónimos de **preciso.** Por supuesto, el significado de un adjetivo depende en parte del sustantivo que modifica. Parte del contenido semántico del adjetivo ***nice,*** además, es su connotación aprobatoria: en el lenguaje normal (excluyéndose la intención irónica), al decir ***that was a nice movie*** expreso una opinión favorable, por vaga y general que sea. En cambio, la frase desaprobatoria **that's not nice** es casi un modismo como **eso no se hace,** cuyo objeto específico puede ser una cuestión de estética, o una actitud, o algo concreto como unos graffiti en la pared del lavabo o una broma de mal gusto. La cuestión es que se trata de un concepto aprendido directamente a través del inglés, y que cuesta verter a otro idioma con todos los matices que coge en cada contexto específico. No sorprende, por lo tanto, encontrarlo expresado en ese idioma en una oración como (10):

(10) Me parece que no está bien hacer eso — yo qué sé — no — no es
      — *nice.* [Ch]

Otros adjetivos muy frecuentes, sobre todo entre los jóvenes, son **neat, fancy, cool, terrific:**

(11) a. Quiero enseñarte *my new bike* — es muy *fancy.* [Ch]
      b. Yo dije — pues — eso es *terrific* — ¿cómo lo hiciste? [Ch]
      c. Ándale — eso está muy *cool.* [Ch]

La alternancia de idiomas, como parte íntegra del repertorio lingüístico de los bilingües, no se debe a una incapacidad de hablar bien los dos idiomas sino a una motivación expresiva, y funciona como señal de pertenencia a un grupo étnico. Debido a la subordinación —económica, social y política— de la cultura hispana a la angloamericana, el uso del español representa simbólicamente la autoafirmación étnico-cultural, mientras que el uso del inglés puede representar una manera de pasar, también simbólicamente, de una situación subordinada a otra dominante.[38] La alternancia de idiomas es habitual entre todos los grupos hispanos de los Estados Unidos, y aunque algunas personas —quizás sobre todo entre las más instruidas— la rechacen, hay suficiente evidencia de que desempeña una importante función como código comunicativo intragrupal. Pero el favorecer el uso parcial del inglés y del español, podría ser, a la larga, un factor de sustitución lingüística, en la medida en que propicie el uso fático del español, más como símbolo de lealtad étnica que como medio de comunicación cognitiva.

 Cuaderno de ejercicios 12.8 "Diálogo de bilingües"

12.6 CONSERVACIÓN VS. SUSTITUCIÓN

En Estados Unidos la conservación de los idiomas minoritarios como lengua comunitaria tradicionalmente ha dependido del aislamiento relativo de sus comunidades de habla, como en los casos extremos del isleño y los otros dialectos del español en Luisiana y Texas. A medida que las nuevas generaciones se integran en la comunidad angloparlante, la progresiva infrautilización del idioma patrimonial conduce a su pérdida. Hace una década, en un amplio estudio sobre el mantenimiento del español como idioma doméstico entre mexicanos, puertorriqueños, cubanos, suramericanos y otros grupos hispanos, Hart-González y Feingold (1990: 28) detectaron una tendencia general a la sustitución del español por el inglés como lengua del hogar. Es significativo que, incluso cuando la generación inmigrante no logra alcanzar más que un dominio elemental del inglés, entre sus hijos y nietos, educados en inglés, la tendencia parece ser hacia el predominio de este idioma:

> [e]l uso del español decrece rápidamente en todas las regiones entre los emigrantes de segunda y tercera generación. Independientemente del grupo, nueve de cada diez hispanos nacidos fuera de los EE.UU. hablan español en el hogar, frente a sólo cinco de cada diez en el grupo de los nacidos en los EE.UU. (Mendieta 1999: 89)

En sí mismo, el aumento de la población de origen hispano no basta para garantizar el mantenimiento del español, que se ve obstaculizado por la subordinación al inglés. Suponiendo que el español no logre penetrar en ámbitos comunicativos actualmente reservados al inglés, es probable que se incremente aún más el uso de éste como medio de ascenso socio-económico. Paradójicamente, la adopción del idioma dominante no garantiza dicho ascenso. Sin embargo, si éste no se logra, la sustitución lingüística pudiera actuar como un mecanismo psicológico compensatorio. Los sociolingüistas reconocen que la retención de la lengua puede deberse a condiciones sociales negativas:

> La retención del idioma está además en correlación con el nivel de ingresos y de estudios: los hispanos más pobres y con menos estudios tienden a mantener más el español. (Silva Corvalán 2001: 304)

Asimismo, influye el aislamiento social e incluso geográfico:

> ...la marginación mantiene el español...se ha probado que la comunidad hispana de El Barrio de Nueva York es más segregada que cualquier otra en el país, y que nuestra tercera generación todavía no participa de la buena vida lograda por otros... Debido a estos factores, el modelo de pérdida del idioma a través del tiempo no funciona para esa comunidad. (Zentella 1990b:158)

Suponiendo que el español se mantenga en Estados Unidos, ¿qué fisonomía tendrá dentro de algunas décadas? Estados Unidos es el único lugar en donde interactúan a diario tantos hispanohablantes de procedencias tan diversas, y las comunidades hispanas concentradas en las grandes ciudades como Nueva York, Miami o Los Angeles, son unos mosaicos étnicos, culturales y dialectales donde se escucha desde la pronunciación más castiza hasta el *code-switching* más intenso. El tema que se plantea, pues, es si podría llegar a formarse, a la larga, una variedad estadounidense del español, a manera de las modalidades del inglés que se han desarrollado en otras partes del mundo.[39] Teniendo en cuenta lo que se sabe sobre variación lingüística, de momento eso no parece probable, pero lo que sí se nota es que la poca o ninguna presión de una modalidad estándar —consecuencia de que la lengua no juega un papel oficial— ensancha las posibilidades de mezcla con el inglés. En consecuencia, lo que sí parece en vías de consolidarse, bajo la insoslayable influencia de este idioma, es un estilo híbrido de habla, que algunos han apodado *Spanglish*. Aunque no hay ningún argumento lingüístico para impugnar las hablas híbridas como medio comunicativo, la defensa de este estilo ha suscitado críticas,[40] y en la medida que su sintaxis y léxico lo alejan significativamente del español estándar, lo más probable es que su utilidad comunicativa no sobrepase las fronteras del país, aunque aun así se trata de varios millones de usuarios. Quizás eso no acabe de gustarles a unos y otros, pero no estaría demás recordar la advertencia del viejo Nebrija: "en las palabras no hay cosa tan dura que usándola mucho no se pueda hacer blanda."[41] De todos modos, la problemática del español en Estados Unidos es fluida y multifacética, y alberga tendencias contradictorias que dejan claro que queda mucho camino que recorrer antes de que se logre una situación estable.

Términos clave

alternancia de idiomas o códigos *(code-switching)*
calco léxico
calco sintáctico
caló
chicano
convergencia dialectal
desplazamiento del acento tónico
español brule
español del río Sabinas
español isleño
español tradicional de Nuevo México
extensión semántica
formas dialectales
habla de ámbito limitado
idioma patrimonial
judeoespañol
nuyorican
pachuco
préstamo lingüístico
refuerzo y ampliación
sustitución lingüística

MITOS SOBRE EL LENGUAJE   En Estados Unidos los inmigrantes han tradicionalmente aprendido el inglés, y sus hijos y nietos suelen hablarlo como su primera lengua, o incluso como su única lengua. Aunque hay excepciones, la tendencia general es la asimilación lingüística en una o dos generaciones. Sin embargo, hay quienes se alarman por la presencia pública del español en Estados Unidos hoy día. ¿Cuáles serían las causas de esa alarma? ¿Se justifican? ¿Qué consecuencias puede tener?

SUMARIO

La presencia de la lengua española en el territorio estadounidense se remonta a los tiempos anteriores a la colonización inglesa. Actualmente son tres los grupos principales de hispanohablantes: los mexicoamericanos o chicanos, los caribeños (cubanos, puertorriqueños y dominicanos) y los grupos de ámbito limitado (español tradicional de Nuevo México y Colorado, dialectos hispanos de Luisiana y Texas y el judeoespañol).

Aunque cada uno de los tres grupos principales tiene sus características lingüísticas específicas, todos incluyen un alto número de bilingües cuyo dominio relativo de los dos idiomas presenta mucha variación. En todos estos grupos de bilingües hispanos ocurre la alternancia de lenguas, que consiste en usar ambos idiomas a la misma vez. No se trata de una mezcla agramatical de las lenguas (el llamado *Spanglish*), sino de un comportamiento lingüístico típico de los bilingües, que llena diversas funciones, entre éstas la de alternativa a la comunicación en un solo idioma y como símbolo de autoafirmación étnica.

Diversos factores contribuyen al mantenimiento del español, como el aumento de la comunidad de origen hispano, su papel como medio de expresión cultural comunitaria, y la concentración de hispanohablantes en ciertas áreas del país. Por otra parte, contribuye a la sustitución del español por el inglés el hecho de que el español juega un papel institucional más bien limitado, además de que el dominio del inglés sigue siendo un factor importante (aunque no suficiente) para el ascenso socioeconómico.

La conservación del español parecería estar condicionada a que se cambiara su situación de subordinación al inglés, para que pudiera actuar en ámbitos comunicativos hasta ahora reservados a este idioma, sin lo cual el bilingüismo se intensificaría, estimulando la sustitución lingüística. Parece que se está formando una cultura hispana marcada por el contacto con el inglés y la cultura estadounidense, pero la cuestión de si se podría desarrollar una modalidad estadounidense del español, todavía no tiene una respuesta definida. Lo que sí parece claro es que mientras continúe la inmigración de Hispanoamérica, el español seguirá marcando su presencia en la sociedad estadounidense, con todas las consecuencias sociales y lingüísticas que eso pueda conllevar.

PRÁCTICA

A. ¿Cuáles son los principales grupos de hispanohablantes en Estados Unidos?

B. Explique a qué se debe el aumento de hispanohablantes en Estados Unidos.

C. ¿Tienen el mismo arraigo histórico los grupos hispanohablantes de Estados Unidos? Explique su respuesta.

D. ¿Qué es el caló?

E. ¿Cuál es la situación de Puerto Rico respecto a los Estados Unidos, y a qué se debe?

F. ¿Qué variedades de español se encuentran en Luisiana y Texas? ¿Cuál es su situación y cómo se explica?

G. Explique, con arreglo al español hablado en los Estados Unidos, los procesos de préstamo, calco léxico y extensión semántica.

H. Explique los procesos de refuerzo y ampliación de estructuras sintácticas en el español hablado en los Estados Unidos.

I. Las oraciones siguientes provienen de un corpus de ejemplos de transferencia del inglés en el español de hispanos residentes en los Estados Unidos. Identifique y explique las palabras y construcciones que puedan deberse a dicha transferencia.

1. Yo atendí la escuela en Salinas.
2. No soy familiar con revistas extranjeras.
3. Es que asumimos que usted no iba a venir.
4. Yo era supuesto de hablar con usted.
5. Nosotros no queremos un argumento.
6. No señor, esos periódicos yo no los manejo.
7. La mayor parte del militar son minorías.
8. Bueno, chequéelo nomás.
9. Se lo traigo patrás el lunes.
10. Pues, tenía que hacer una decisión.

J. Explique la formación de los siguientes verbos, empezando con una hipótesis sobre el posible origen inglés de cada palabra.

1. guachar   'mirar, vigilar'
2. lonchar   'comer (al mediodía)'
3. setear   'asentar el pelo'
4. vacunear   'pasar la aspiradora'
5. dropear   'abandonar un curso'
6. quitear/cuitear   'abandonar un curso'
7. lonquear   'suspender un curso'
8. reipear   'violar'

K. El texto siguiente es una representación literaria, en ortografía no estándar, de la pronunciación cubanoamericana popular. ¿Qué rasgos fonológicos puede identificar usted?

> Fígurate tú quehtaba media ida pelando papa, y de pronto beo argo sobrel frigidaire, como no tenía lo jepejueloh puehto pue namá que beía un bulto y me figuré quera el cehto de pan, seguí pelando papa y cuando boyabril la puelta del frigidaire pa' sacal la mantequilla pasel suhto de la vida. Abía unombre tranparente con un guanajo bajoel braso sentado sobrel frigidaire. Me recobré un poco y le dije alaparecio: "Gua du yu guan?" El me rehpondió: "Soy San Given." Entonceh yo le dije: "San Given el de la novela?" Y él me dijo: "Yes, el mihmitico." (Roberto G. Fernández, "No-ticiero Miler", *La Vida es un Special $~~1.00~~ .70*. Miami: Ediciones Universal, 77.)

Temas para profundizar

A Si hay una comunidad hispana en su área, organice con otros estudiantes un proyecto de investigación sobre sus características. Busque información demográfica en los datos del Censo de 2000. Identifique qué usos se hace del español —¿hay algún periódico, se ven anuncios, carteles, menús, u otras aplicaciones públicas de la lengua escrita? ¿Qué manifestaciones de la cultura hispánica suelen tenen lugar? Obtenga datos sobre esos y otros temas, analícelos y prepare una charla sobre el tema.

B Si en su estado o condado hay un número grande de hispanos, es posible que haya publicaciones específicas en español, como por ejemplo información sobre cómo conseguir un permiso para manejar vehículos a motor, o información sobre las elecciones locales o del estado. Obtenga algunos ejemplares de esos materiales, analícelos y prepare una charla sobe el tema.

Principales fuentes consultadas

Ingles y anglicismos: Cerda et al. 1953, Fayer, Joan M. 2000, Varela 1983; *bilingüismo, alternancia de idiomas, influencia del inglés, convergencia dialectal:* Amastae y Satcher 1993, Poplack 1982, Sawyer 1970, Torres 1991, Valdés 1982, Zentella 1982a, 1982b, 1987, 1990a, 1990b; Silva-Corvalán 1994, 2001; *cronología de España en Norteamérica:* Beardsley 1982, Apodaca de García 1976; *historia del Suroeste:* Birdsall y Florin 1998; *español del Suroeste:* Craddock 1976, Espinosa 1917, 1930, 1946; Hernández-Chavez, et al. 1975, Ornstein y Valdés-Fallis 1979, Sánchez 1982, 1983; Alvar 1996b; *Pachuco:* Barker 1950 [1970], Coltharp 1970; *español isleño, español Brule y español del río Sabine:* Lipski 1990a, 1990b, 1996, Holloway 1997, Armistead 1991, Alvar 1996b, 2000; *español cubano y puertorriqueño:* Terrell 1982; Navarro Tomás 1966, Canfield 1981; Milán 1982, Ortiz-Lopez 2000; Vélez 2001; *hispanismos en inglés:* Marckwardt 1959, Zentella 1982b; *historia del español en EU:* Barnach Calbó 1980; Lozano 1983; Alvar 2000; *judeoespañol:* Malinowski 1983, Harris 1982b.

Sugerencias para lectura

Armistead 1991, Birdsall y Florin 1998, García y Roca 2000, Lipski 2000b, Macías 2000, Otheguy, Roca 2000, Roca y Colombi 2003, Silva-Corvalán 1994, 2000, Valdés 2000, Veltman 2000, Zentella 2000.

NOTAS

[1]Guadalupe-Hidalgo es una ciudad en el norte de México. El texto del tratado que lleva su nombre se encuentra en *Library of Congress Help Desk,* www.loc.gov/exhibits/ghtreaty.

[2]Birdsall y Florin 1998, Capítulo 13, "The Southwest Border Area".

[3]El tratado fue negociado y firmado por James Gadsden, Ministro de los EE. UU. en Mexico, en Diciembre de 1853. El texto del tratado se encuentra en www.yale.edu/lawweb/avalon/diplomacy/mexico/mx1853.htm

[4]En la terminología del Censo de 2000, español o criollo de base española ("Spanish or Spaish Creole"), pero el número de hablantes de criollo es estadísticamente poco representativo. Fuentes: *Detailed List of Languages spoken at Home for the Popluation 5 years and Over by State: 2000.* www.census.gov/prod/cen2000/doc/sf3.pdf. *Detailed Language Spoken at Home an Ability to Speak English for Persons 5 Years and Over. United States 1990.* www.census.gov/population/socdemo/language/table5.txt.

[5]Datos poblacionales, CIA World Fact Book, julio de 2004.

[6]Estrictamente hablando, *chicano* es alguien de ascendencia mexicana nacido en Estados Unidos; *mexicoamericano* o *mexicanoamericano* designa tanto a los inmigrantes de la primera generación como a sus descendientes. Sobre las diferencias culturales y lingüísticas intergeneracionales, véanse Gómez Quiñones 1977 y Sánchez 1983.

[7]En East Los Angeles, CA, tenían origen hispano 97% de los residentes — más que cualquier región con más de 100.000 habitantes, excepto Puerto Rico.

[8]Lipski 2000: Valdés 11.

[9]Barnach Calbó 1980:32, Sánchez 1983:8.

[10]Sánchez 1983:99.

[11]Esta presentación sigue las líneas generales de Ornstein y Valdés-Fallis 1979 y Sánchez 1983, Cap. 4, "The Spanish of Chicanos".

[12]Se trata del dialecto analizado en el trabajo pionero de Espinoza 1909–1914, 1930, 1946 [1909–1914].

[13]Ornstein y Valdés-Fallis 1979: 144.

[14]Espinosa 1909-1914, 1930, 1946; véase también Lozano 1983.

[15]Colharp 1965.

[16]Estimativa del US Census Bureau www.worldfacts.us/puertorico.

[17]García y Otheguy 1988:167.

[18]Investigaciones llevadas a cabo en otras comunidades hispanohablantes corroboran la importancia de este factor. Véase González y Wherritt 1990:74-75.

[19]Pearson y Mckee 1993:100; trad. MMA.

[20]Según Lynch (2000:274), hay en Miami más estaciones de radio y televisión en español que en Los Angeles y Nueva York juntas, además de varios diarios (*El Nuevo Herald, Diario Las Américas*) y revistas en español de gran circulación.

[21] Guitart 1978, 1980.

[22]Navarro Tomás 1948, Jiménez Sabater 1975, Hammond 1980.

[23]Lipski 2000: 203-204; trad. MMA.

[24]Zentella 1990a: 1102, trad. MMA.

[25]Bernal-Enriquez 2000:128.

[26]Sobre el *isleño* y el dialecto de Sabine River, se sigue a Lipski 1996; véase bibliografía suplementaria en Teschner et. al., 1975.

[27]Teschner et. al. 1975.

[28]El nombre *Brule Dwellers* viene de la expresión francesa *terre brulée* 'tierra quemada', descriptiva de la práctica de quemar la maleza para preparar la tierra para el plantío.

[29]Teschner et al. 1975.

[30]Malinowski 1983 da un resumen de la presencia judeoespañola en los Estados Unidos.

[31]Sobre educación bilingüe y otros temas afines, véanse Torres 1990:142, Crawford 2001 y otros artículos en Crawford, James. "Language Policy Web Site & Emporium" en http://our-world.compuserve.com/homepages/JWCRAWFORD.

[32]Silva-Corvalán 2001:303.

[33]Sobre el espanol en la prensa, véanse García, Fishman et al. 1985, Wides 2004, y www.writenews.com/2004/050704_meximerican.htm (7 de mayo, 2004); en la radio, Lipski 1985, Gallo 1998.

[34]Ahrens 2004.

[35]Zentella 1990, Bills 1989.

[36]Entre ellos Hensey 1976, Solé 1976, Sánchez 1982, Floyd 1983.

[37]Datos recogidos entre estudiantes en la Universidad de California, Berkeley. (Cb = cubano; Ch = chicano; Pr = puertorriqueño.)

[38]Según Poplack (1982:255), hay una estrecha relación entre el intercambio de lenguas y la capacidad bilingüe. Véanse Poplack (1982:259) sobre el empleo emblemático del español y Fernández 1990 sobre actitudes hacia la alternancia de lenguas. Sobre la alternancia de lenguas en la literatura chicana, véase Callahan 2004.

[39]Véase, por ejemplo, Melchers y Shaw 2003.

[40]He aquí una muestra de titulares recogidos en la Web: *Defensor del spanglish provoca a lingüistas / Polémica en ciclo de conferencias en Nueva York / Hablar spanglish es degradar el español / Sobre el ciberspanglish y otras ciberidioteces / Un cóctel lingüístico que invade Nueva York / Impulsor del spanglish desafía a profesores, traductores y lingüistas* (www.elcastellano.org/spangl.html). La referencia básica al Spanglish es Stavans 2003; véanse también Morales 2003, Varo 1971, Cruz 1998. Hay en la Web diversos sitios dedicados al tema.

[41]Nebrija, *Gramática de la lengua castellana,* Libro III, Capítulo IV.

BIBLIOGRAFÍA

Se incluyen en esta bibliografía obras de referencia consultadas, aunque no directamente citadas en el texto.

Abercrombie, David. 1967. *Elements of general phonetics*. Edimburgo: Edimburgo University Press.

Acevedo, Rebeca. 2000. Perspectiva histórica del paradigma verbal en el español de California. *Research on Spanish in the U.S.* Ana Roca (org.). Somerville, MA: Cascadilla Press, 110–120.

Ahrens, Frank. 2004. "Accent on Higher TV Ratings." Washingtonpost.com (August 2), A.01.

Akmajian, Adrian, Richard A. Demers et al. 1990. *Linguistics. An introduction to language and communication*. 5ª edición. Cambridge, Massachusetts: MIT Press.

Alarcos Llorach, Emilio. 1965. *Fonología española*. 4a edición. Madrid: Gredos.

Alarcos Llorach, Emilio. 1994. Gramática de la lengua española. Madrid: Espasa-Calpe.

Alatorre, Antonio. 1989. Los 1,001 Años de la Lengua Española. México, D.F.: Fondo de Cultura Económica.

Alonso, Martín. 1962. Evolución sintáctica del español. Madrid: Aguilar.

Alvar, Manuel. 1996a. Canario. *Manual de dialectología hispánica. El español de España.* Manuel Alvar (org.). Barcelona: Ariel Lingüística, 338.

Alvar, Manuel (Director). 1996b. *Manual de dialectología hispánica. El español de América.* Barcelona: Editorial Ariel.

Alvar, Manuel (Director). 1996c. *Manual de dialectología hispánica. El español de España.* Barcelona: Editorial Ariel.

Amastae, Jon y Lucía Elías-Olivares (orgs.). 1982. Varieties and variations of Spanish in the United States. *Spanish in the United States. Sociolinguistic aspects.* Jon Amastae y Lucía Elías-Olivares (orgs.). Cambridge, Inglaterra: Cambridge University Press, 7–8.

Armistead, Samuel G. 1991. Tres dialectos españoles de Luisiana. *Lingüística española actual,* 13, 279-301.

Asín Palacios, Miguel.1943. *Glosario de voces romances registradas por un botánico anónimo hispano-musulmán (siglos XI–XII).* Madrid: Imprenta de la Viuda de Estanislao Maestre.

Azevedo, Milton M. 2003. *Vozes em Branco e Preto. A representação literária da fala não-padrão.* São Paulo: Editora da Universidade de São Paulo.

Azevedo, Milton M. 2004. Implicaciones pedagógicas de la variación lingüística en literatura. *Hispania* 87:3, 464-475.

Barnach Calbó, Ernesto. 1980. *La lengua española en los Estados Unidos.* Madrid: Oficina de Educación Iberoamericana.

Barrenechea, Ana María (org.). 1987. *El habla culta de la ciudad de Buenos Aires. Materiales para su estudio.* 2 tomos. Buenos Aires: Universidad Nacional.

Barrios, Graciela. 1996. Marcadores lingüísticos de etnicidad. *International Journal of the Sociology of Language* 117, 81–98.

Barrutia, Richard y Armin Schwegler. 1994. *Fonética y fonología españolas*. Nueva York: John Wiley & Sons.

Bartens, Angela. 2003. Notas sobre el uso de las formas de tratamiento en el español colombiano actual. cvc.cervantes.es/obref/coloquio_paris/ ponencias/pdf/cvc_bartens.pdf.

Baum, Richard. 1989. *Lengua culta, lengua literaria, lengua escrita. Materiales para una caracterización de las lenguas de cultura.* Barcelona: Alfa.

Beardsley, Theodore S., Jr. 1982. Spanish in the United States. *Word* 33:1–2, 15–28.

Bell, Anthony. 1980. Mood in Spanish: A discussion of some recent proposals. *Hispania* 63, 377–389.

Bergen, John J. y Garland D. Bills, orgs. 1983. *Spanish and Portuguese in social context.* Washington, D.C.: Georgetown University Press.

Bergen, John J. (org.). 1990. *Spanish in the United States: Sociolinguistic issues.* Washington, D.C.: Georgetown University Press.

Bergen, John. 1978. One rule for the Spanish subjunctive. *Hispania* 61, 218–234.

Bernal-Enríquez, Ysaura. 2000. Factores socio-históricos en la pérdida del español del suroeste de los Estados Unidos y sus implicaciones para la revitalización. *Research on Spanish in the United States. Linguistic Issues and Challenges.* Ana Roca, (org.). Sommerville, MA: Cascadilla Press, 121–136.

Berschin, Helmut. 1982. Dos problemas de denominación: ¿Español o castellano? ¿Hispanoamérica o Latinoamérica? *Estudios sobre el léxico del español en América.* Org. por Matthias Perl, (org.). Leipzig: VEB Verlag Enzyklopädie.

Bills, Garland D. 1989. The US Census of 1980 and Spanish in the Southwest. En Wherritt y García 11–28.

Birdsall, Stephen S. y John Florin. 1998. *An Outline of American Geography. Regional Landscapes of the United States.* http://usinfo.state.gov/products/pubs/geography/geog13.htm

Bjarkman, Peter C. 1989. Radical and conservative Hispanic dialects: Theoretical accounts and pedagogical implications. En *American Spanish pronunciation. Theoretical and applied perspectives.* Bjarkman, Peter C. y Robert M. Hammond (orgs.). Washington, D.C.: Georgetown University Press, 237–262.

Bjarkmann, Peter C. y Robert M. Hammond, (orgs.). 1989. *American Spanish pronunciation. Theoretical and applied perspectives.* Washington, D.C.: Georgetown University Press.

Bjarkmann, Peter C. 1989. Radical and conservative Hispanic dialects: Theoretical accounts and pedagogical implications. En Bjarkman y Hammond 1989, 237–262.

Blake, Robert. 1987. El uso del subjuntivo con cláusulas nominales: regla obligatoria o variable. En López Morales y María Vaquero 1987, 331–360.

Bohórquez C., Jesús Gutemberg. 1984. *Concepto de 'americanismo' en la historia del español.* Bogotá: Instituto Caro y Cuervo.

Bolinger, Dwight. 1974. One subjunctive or two? *Hispania* 57: 462–471.

Bolinger, Dwight. 1975. *Aspects of language*, 2ª edición. Nueva York: Harcourt Brace Jovanovich.

Bolinger, Dwight. 1976. Again—one subjunctive or two? *Hispania* 59:1, 41–49.

Bortoni-Ricardo, Stella Maris. 1985. *The urbanization of rural dialect speakers. A sociolinguistic study in Brazil.* Cambridge: Cambridge University Press.

Bosque, Ignacio y Violeta Demonte. 1999. *Gramática descriptiva de la lengua española.* 3 volúmenes. Madrid: Real Academia Española y Editorial Espasa Calpe.

Bowen, J. Donald y Jacob Ornstein (orgs.). 1976. *Studies in Southwest Spanish.* Rowley, MA: Newbury House.

Boyd-Bowman. 1980. *From Latin to Romance in sound charts.* Washington, D.C.: Georgetown University Press.

Boyd-Bowman. 1972. La emigración española a América: 1540–1579. *Studia hispanica in honorem R. Lapesa*, vol. 2. Madrid: Gredos, pp 123–147.

Boyd-Bowman, Peter. 1976. Patterns of Spanish emigration to the Indies until 1600. *Hispanic American Historical Review* 56: 4, 580–604.

Briz Gómez, Antonio. 1998. El español coloquial en la conversación. *Esbozo de pragmagramática.* Barcelona: Ariel.

Briz Gómez, Antonio, José Ramón Gómez Molina, María José Martínez Alcalde, Grupo Val. Es. Co (org.). 1995. *Pragmática y gramática del español hablado. Actas del II simposio sobre análisis del discurso oral.* Valencia: Universidad de Valencia y Libros Pórtico.

Brown, Penelope and A. G. Levinson. 1987. Politeness. *Some universals in language use.* Cambridge: Cambridge University Press.

Brown, Roger y Albert Gilman. 1960. The pronouns of power and solidarity. En *Style in Language,* T. A. Sebeok (org.). Cambridge, MA: MIT Press, 253–276.

Bunis, Davis M. 1981. A comparative linguistic analysis of Judezmo and Yiddish. *International Journal of the Sociology of Language* 30, 49–70.

Burgess, Anthony. 1992. *A mouthful of air: Language, languages...especially English*. NuevaYork: William Morrow and Co.

Butler, Christopher S. 1992. A corpus-based approach to relative clauses in the spoken Spanish of Madrid. *Hispanic Linguistics* 5: 1–2.

Butt, John and Carmen Benjamin. 2000. *A new reference grammar of modern Spanish*. Lincolnwood, IL: McGraw-Hill.

Callahan, Laura. 2004. *Spanish/English codeswitching in a written corpus*. New York: John Benjamins Publishing Co.

Camilo José Cela. 1999. *Madera de boj*. Madrid: Espasa Calpe.

Cammarota, Federico. 1970. *Vocabulario familiar y del lunfardo*. Buenos Aires: A. Peña Lillo, Editor.

Candau de Cevallos, María del C. 1985. *Historia de la lengua española*. Potomac, MD: Scripta Humanistica.

Canfield, Lincoln D. 1981. *Spanish pronunciation in the Americas*. Chicago: The University of Chicago Press.

Cano Aguilar, Rafael. 1988. *El español a través de los tiempos*. Madrid: Arco/Libro.

Carricaburo, Norma. 1997. *Las fórmulas de tratamiento en el español actual*. Madrid: Arco Libros.

Cartagena Rondanelli, Nelson. 2001. Conservación y variación como factores de divergencia del verbo español en América. Posibilidades y límites de convergencias normativas. Ponencia presentada al II Congreso Internacional de la Lengua Española, Valladolid.

Carvalho, Ana Maria. 1998. *The Social Distribution of Spanish and Portuguese Dialects in the Bilingual Town of Rivera, Uruguay*. Tesis doctoral, University of California, Berkeley.

Carvalho, Ana Maria. 2004. I speak like the guys on TV: Palatalization and the urbanization of Uruguayan Portuguese. *Language Variation and Change,* 16, 127–151.

Cascón Martín, Eugenio. 1995. *Español coloquial. Rasgos, formas y fraseología de la lengua diaria*. Madrid: Edinumen.

Castro, Américo de. 1960. *La peculidaridad lingüística rioplatense y su sentido histórico*. 2ª edición. Madrid: Taurus.

Catalán, Diego. 1958. Génesis del español atlántico. *Revista de Historia Canaria* 24:233–42.

Catalán, Diego. 1964. *El español en Canarias. Presente y futuro de la lengua española,* vol 1, Madrid: Cultura Hispánica, pp. 239–280.

Cerda, Gilberto, Berta Cabaza y Julieta Farias. 1953. *Vocabulario español de Texas*. Austin: University of Texas Press.

Chamberlain, Bobby J. 1981. Lexical similarities of *lunfardo* and *gíria*. *Hispania* 64:3, 415–417.

Chomsky, Noam. 1965. *Aspects of the theory of syntax*. Cambridge, MA: MIT Press.

Chomsky, Noam. 1966. *Cartesian linguistics: A chapter in the history of rationalist thought*. Nueva York: Harper and Row.

Clampitt-Dunlap, Sharon. 2000. Nationalism and native language maintenance in Puerto Rico. *International Journal of the Sociology of Languages,* 142, 25–34.

Clegg, J. Halvor. 2000. Morphological adaptation of Anglicisms into the Spanish of the Southwest. *Research on Spanish in the United States. Linguistic Issues and Challenges*. Ana Roca (org.). Sommerville, MA: Cascadilla Press, 154–161.

Coles, Felice Anne. 1991. The Isleño dialect of Spanish. *Sociolinguistics of the Spanish-speaking world: Iberia, Latin America, United States*. Carol A. Klee y Luis A. Ramos-García (orgs.). Tempe, AZ: Bilingual Press, Editorial Bilingüe, 312–328.

Coltharp, Lurline H. 1970. *Invitation to the dance: Spanish in the El Paso underworld*. En Gilbert 7–17.

Coltharp, Lurline. 1965. *The tongue of the Tirilones: A linguistic study of a criminal argot*. University, AL: University of Alabama Press.

Connor, J. D. 1973. *Phonetics*. Harmondsworth, Middlesex: Penguin Books.

Contreras, Heles. 1985. Spanish exocentric compounds. *Current Issues in Hispanic Phonology and Morphology*, Frank H. Nuessel, Jr. (org.). Bloomington, IN. Indiana University Linguistics Club, 14–27.

Contreras, Heles y Conxita Lleó. 1982. *Aproximación a la fonología generativa. Barcelona: Editorial Anagrama*.

Contreras, Lidia. 1977. Usos pronominales no-canónicos en el español de Chile. En Lope Blanch 1977, 523–537.

Cotton, Eleanor Greet y John M. Sharp. 1988. *Spanish in the Americas*. Washington, D. C.: Georgetown University Press.

Coulmas, Florian (org.). 1998. *The handbook of sociolinguistics*. Londres: Blackwell.

Craddock, Jerry R. 1976. Lexical Analysis of Southwest Spanish. En Bowen y Ornstein 1976, 45–70.

Craddock, Jerry. 1992. Historia del español en los Estados Unidos. *Historia del español de América*. César Hernández Alonso (org.). Valladolid, España: Junta de Castilla y León, 803–826.

Crawford, James. 2001. "La Educación Bilingüe en Estados Unidos: Política Versus Pedagogía." I Jornadas Internacionales de Educación Plurilingüe, Vitoria-Gasteiz (País Vasco), España. Traducción de Teresa Fernández Ulloa. http://ourworld.compuserve.com/homepages/JWCRAWFORD/vitoria.htm

Criado de Val, Manuel. 1961. *Síntesis de morfología española*. Madrid: Consejo Superior de Investigaciones Científicas.

Cruz, Bill. 1998. *The official Spanglish dictionary: un user's guía to more than 300 words and phrases that aren't exactly español or inglés*. Nueva York: Fireside.

Crystal, David. 1969. *Prosodic systems and intonation in English*. Cambridge, Inglaterra: Cambridge University Press.

Crystal, David. 1997. *The Cambridge encyclopedia of language*. 2a. edición. Cambridge University Press.

Dalbor, John B. 1980. Observations on present-day *seseo* and *ceceo* in Southern Spain. *Hispania* 63:1, 5–19

Dalbor, John. 1997. *Spanish pronunciation: Theory and practice*. 3ª edición, Nueva York: Holt, Rinehart & Winston.

Daneš, František, y Josef Vachek. 1966. Prague studies in structural grammar today. *Travaux Linguistiques de Prague* 1; 21–31.

Daneš, František. 1968. Some thoughts on the semantic structure of the sentence. *Lingua* 21, 55–69.

Daniel, Pilar. 1989. Panorámica del argot español. Prefacio a León 1998.

De Pierris, Marta S. 1990. *El habla rioplatense: algunos elementos italianizantes como caracterizadores*. Tesis doctoral. University of California, Berkeley.

Dellepiane, Antonio. 1894. El idioma del delito. *Contribución al estudio de la psicología criminal*. Buenos Aires: Arnoldo Moen, Editor.

DeMello, George. 1990. Denotation of female sex in Spanish occupational nouns: The DRAE revisited. *Hispania* 73:2, 392–400.

Devicienti, Livio A. C. 1987. *Lingüística general para hablantes inquietos (aplicada al castellano rioplatense)*. Buenos Aires: Edición del autor.

Discépolo, Armando. 1969 [1926]. *Obras escogidas*. Buenos Aires; Editorial Jorge Alvarez.

Donni de Mirande, Nélida. 1996. Argentina-Uruguay. *Manual de dialectología hispánica. El español de América*. Manuel Alvar (Director). Barcelona: Editorial Ariel, 209–221.

DRAE. 1992. *Diccionario de la Lengua Española*. Madrid: Real Academia Española.

Elcock, W. D. 1960. *The romance languages*. Londres: Faber & Faber Ltd.

Elías-Olivares, Lucía, Elizabeth A. Leone, René Cisneros y John R. Gutiérrez. 1985. *Spanish language use and public life in the United States*. La Haya: Mouton Publishers.

Elizaincín, Adolfo, Luis Behares, Graciela Barrios. 1987. *Nos falemo brasilero. Dialectos portugueses en Uruguay*. Montevideo: Editorial Amesur.

Elizaincín, Adolfo. 1981. *Estudios sobre el español del Uruguay*. Montevideo: Universidad de la República. Dirección General de Extensión Universitaria.

Escobar, Anna María. 2001. Contact features in colonial Peruvian Spanish. *International Journal of the Sociology of Languages* 149, 70–93.

Eslava Galán, Juan. 1998. *La historia de España contada para escépticos*. Barcelona: Planeta.

Espinosa, Aurelio M., Jr. y John P. Wonder. 1976. *Gramática analítica*. Lexington, MA: D. C. Heath and Company

Espinosa, Aurelio M. 1909–1914. Studies in New Mexican Spanish. *Revue de dialectologie romane*. Republicación parcial, Espinosa 1930, 1946; descripción detallada en Espinosa 1930:8, Nota 1.

Espinosa, Aurelio M. 1917. Speech mixture in New Mexico: The influence of the English language on New Mexican Spanish. En Hernández-Chávez 1975: 99–114.

Espinosa, Aurelio M. 1930. *Estudios sobre el español de Nuevo Méjico*. Traducción y reelaboración con notas por Amado Alonso y Angel Rosenblat. Parte I: Fonética. Buenos Aires: Facultad de Filosofía y Letras de la Universidad de Buenos Aires.

Espinosa, Aurelio M. 1946. *Estudios sobre el español de Nuevo Méjico*. Traducción y reelaboración con notas de Angel Rosenblat. Parte II: Morfología. Buenos Aires: Facultad de Filosofía y Letras de la Universidad de Buenos Aires.

Fayer, Joan M. 2000. Functions of English in Puerto Rico. *International Journal of the Sociology of Languages* 142, 89–102.

Ferguson, Charles A. 1959. Diglossia. *Word* 15, 325–340. Republicado en Giglioli 1972, 232–251.

Fernández García, Antonio. 1972. *Anglicismos en el español (1891–1936)*. Oviedo: Gráficas Lux.

Fernández Rodríguez, Mauro A., Modesto A. Rodríguez Neira et al. 1994. *Lingua inicial e competencia lingüística en Galicia*. Vigo: Seminario de Sociolingüística, Real Academia Galega.

Fernández, Rosa. 1990. *Actitudes hacia los cambios de códigos en Nuevo México: Reacciones de un sujeto a ejemplos de su habla*. En Bergen 1990, 49–58.

Fishman, Joshua A. 1967. Bilingualism with and without diglossia; diglossia with and without bilingualism. *The Journal of Social Issues* 23:2, 29–38.

Fishman, Joshua A. 1971. *Sociolinguistics: A brief introduction*. Rowley, MA: Newbury House.

Fishman, Joshua A. et al. (orgs.). 1985. *The rise and fall of the ethnic revival*. Berlín: Mouton Publishers.

Fletcher, Nataly. 2002(?). Lingüística y colonialidad del poder. El caso del español ecuatoriano. http://www.javeriana.edu.co/pensar/Dis_74.html

Flores Farfán, José Antonio. 1998. On the Spanish of the Nahuas. *Hispanic Linguistics* 10:1, 1–41.

Floyd, Mary Beth. 1983. Language acquisition and use of the subjunctive in Southwest Spanish. En Bergen y Bills 1983, 31–41.

Fontanella de Weinberg, María Beatriz. 1987. *El español bonaerense. Cuatro siglos de evolución lingüística (1580–1980)*. Buenos Aires: Librería Hachette.

Fontanella de Weinberg, María Beatriz. 1973. Comportamiento ante -s de hablantes femeninos y masculinos de español bonaerense. *Romance Philology* 27:1, 50–58.

Fontanella de Weinberg, María Beatriz. 1992. Nuevas perspectivas en el estudio de la conformación del español americano. *Hispanic Linguistics* 4:2, 275–299.

Frank, Francine W. 1985. El género gramatical y los cambios sociales. *Español actual* 43, 27–50.

Gallo, Eliza. 1998. U.S. Television: Fluent in many languages. *Video-Age International*, 18:1, (www.videoageinternational.com).

Galmés de Fuentes, Alvaro. 1983. *Dialectología mozárabe*. Madrid: Editorial Gredos.

García, Carmen. 1992. Refusing an invitation: A case study of Peruvian style. *Hispanic Linguistics* 5:1–2, 207–243.

García, Ofelia y Ricardo Otheguy. 1988. The language situation of Cuban Americans. *Language Diversity. Problem or Resource?* Sandra Lee McKay y Sau-ling Cynthia. Wong (orgs.). Cambridge, MA: Newbury House, 166–192.

García, Ofelia, Joshua A. Fishman, Silvia Burunat y Michael H. Gertner. The Hispanic Press in the United States: Content and Prospects. En Fishman et al. (orgs.) 1985, 343–362.

Gedeones Internacionales. 1977. *El Nuevo Testamento*. Filadelfia: National Publishing Company

Gilbert, Glenn G. 1970. *Texas studies in Bilingualism. Spanish, French, German, Czech, Polish, Serbian, and Norwegian in the Southwest*. Berlín: Walter de Gruyter & Co.

Gili Gaya, Samuel. 1972. *Curso superior de sintaxis española*. 10ª edición. Barcelona: Bibliography, S.A.

Gili Gaya, Samuel. 1971. *Elementos de fonética general*. 5ª edición corregida y ampliada. Madrid: Editorial Gredos.

Gobello, José. 1996. *Aproximación al lunfardo*. Buenos Aires: Ediciones de la Universidad Católica Argentina.

Goilo, E.R. 1972. *Papiamentu textbook*. Aruba: De Wit Stores.

Goilo, E.R. 1974. *Hablemos papiamento*. Aruba: De Wit Stores.

Gold, David D. 1977. Dzhudezmo. *Language Sciences* 47, 14–16.

Gómez Quiñones, Juan. 1977. On culture. *Revista Chicano-Riqueña* 5:2, 29–47.

González, Nora e Irene Wherritt. 1990. Spanish language use in West Liberty, Iowa. En Bergen 1990, 67–78.

Granda, Germán de. 1996. Interferencia y convergencia sintácticas e isogramatismo amplio en el español paraguayo. *International Journal of the Sociology of Language* 117, 63–80.

Granda, Germán de. 2001. Procesos de estandarización revertida en la configuración histórica del español americano: el caso del espacio surandino. *International Journal of the Sociology of Language* 149, 95–118.

Greenfield, Patricia M. y E. Sue Savage Rumbaugh. 1990. *Language and intelligence in monkeys and apes: Comparative developmental perspectives.* Nueva York: Cambridge University Press.

Grimes, Larry M. 1978. *El tabú lingüístico en México: El lenguaje erótico de los mexicanos.* Nueva York: Bilingual Press.

Gumperz, John. 1968. The speech community. *International Encyclopedia of the Social Sciences.* Nueva York: MacMillan, 381–386. Republicado en Giglioli 1972, 219–231.

Gutiérrez Araus. 1978. *Las estructuras sintácticas del español actual.* Madrid: Sociedad General Española de Librería, S.A.

Gutiérrez, Manuel. 1990. Sobre el mantenimiento de las cláusulas subordinadas en el español de Los Angeles. En Bergen 1990, 31–38.

Gynan, Shaw N. 1998. *El reto de la diglosia para la planificación lingüística en el Paraguay.* Hispanic Linguistics 10:1, 42–83.

Hall, Robert A. 1974. *External history of the Romance Languages.* Nueva York: American Elsevier.

Hammond, Robert M. 1982. El fonema /s/ en el español jíbaro. Cuestiones teóricas. *El español del Caribe.* Orlando Alba, ord. Santiago, República Dominicana: Universidad Católica Madre y Maestra, 157–169

Hammond, Robert M. 1982. Las realizaciones fonéticas del fonema /s/ en el español cubano rápido de Miami. *Dialectología hispanoamericana: estudios actuales.* Washington, D.C.: Georgetown University Press, 8–15.

Hammond, Robert M. 1989. American Spanish dialectology and phonology from current theoretical perspectives. En Bjarkman y Hammond 1989, 137–150

Hammond, Robert M. 2001. *The sounds of Spanish: Analysis and application (with special reference to American English).* Somerville, MA: Cascadilla Press.

Harmer, L. C. y F. J. Norton. *A Manual of Modern Spanish.* 2ª edición. Londres: University Tutorial Press Ltd. 1969:102.

Harris, James H. 1990. Our present understanding of Spanish syllable structure. En Bjarkman y Hammond 1989, 151–169.

Harris, James W. 1985. Spanish word markers. Current issues in hispanic phonology and morphology. Frank H. Nuessel, Jr. (org.). Bloomington, IN. Indiana University Linguistics Club, 34–54.

Harris, Tracy K. 1994. *Death of a language: The history of Judeo-Spanish.* Newark, DE: University of Delaware.

Harris, Tracy K. 1982a. Editor's note: the name of the language of the Eastern Sephardim. *International Journal of the Sociology of Language* 37, 5.

Harris, Tracy K. 1982b. Reasons for the decline of Judeo-Spanish. *International Journal of the Sociology of Language 37,* 71–97.

Hart-González, L. y M. Feingold. 1990. Retention of Spanish in the home. *International Journal of the Sociology of Language* 84, 5–34.

Hassán, Iacob M. 1995. El español sefardí (judeoespañol, ladino). *La lengua española, hoy.* Manuel Seco y Gregorio Salvador, coords. Madrid: Fundación Juan March, 117–140.

Haverkate, Henk. 1994. La cortesía verbal: estudio pragmalingüístico. Madrid: Gredos.

Henríquez Ureña, Pedro. 1921. Observaciones sobre el español de América. *Revista de Filología Española* 8, 357–390.

Hensey, Frederick G. 1972. *The Sociolinguistics of the Brazilian-Uruguayan Border.* La Haya: Mouton Publishers.

Hensey, Fritz G. 1976. Toward a grammatical analysis of Southwest Spanish. En Bowen y Ornstein 1976, 29–44.

Hernández Alonso, César. 1996. Castilla la Vieja. *Manual de dialectología hispánica. El español de España.* Manuel Alvar (Director). Barcelona: Editorial Ariel, 197–212.

Hernández-Chávez, Eduardo, Andrew D. Cohen, y Anthony F. Beltramo. 1975. *El lenguaje de los chicanos.* Arlington, VA: Center for Applied Linguistics.

Hidalgo, Margarita. 1990a. The emergence of standard Spanish in the American continent: implications for Latin American dialectology. *Language Problems and Language Planning.* 14: 47–63.

Hidalgo, Margarita. 2001a. One century of study in New World Spanish. *International Journal of the Sociology of Language*, 149, 9–32.

Hidalgo, Margarita. 2001b. Sociolinguistic stratification in New Spain. *International Journal of the Sociology of Language*, 149, 55–78.

Holloway, Charles E. 1997. *Dialect death. The case of Brule Spanish.* Amsterdam/Philadelphia: John Benjamins Publishing Company.

Hurley, Joni Kay. 1995. Pragmatics in a language contact situation: verb forms used in requests in Ecuadorian Spanish. *Hispanic Linguistics* 6/7, 225–264.

Hymes, Del. 1967. Models of the interaction of language and social settings. *Journal of Social Issues* 23:2, 8–28.

Jaramillo, June A. 1995. Social variation in personal address etiquette. *Hispanic Linguistics* 6/7, 191–224.

Jiménez Sabater, Max A. 1975. *Más datos sobre el español de la República Dominicana.* Santo Domingo: Instituto Tecnológico de Santo Domingo.

Jones, Daniel. 1956. *An outline of English phonetics.* 8a edición [1a ed. 1918.] Cambridge, Inglaterra: Heffer.

Joos, Martin. 1967. *The five clocks. A linguistic excursion into the five styles of English usage.* Nueva York: Harcourt, Brace & World.

Kany, Charles E. 1951. *American-Spanish syntax.* 2a. edición. Chicago: The University of Chicago Press.

Kany, Charles. 1960. *American-Spanish euphemisms.* Berkeley: University of California Press.

Kaye, Alan S. 2001. Diglossia: the state of the art. *International Journal of the Sociology of Language*, 152, 117–129.

Klee, Carol A. y Luis A. Ramos-García (orgs.). 1991. *Sociolinguistics of the Spanish-speaking world: Iberia, Latin America, United States.* Tempe, AZ: Bilingual Press/Editorial Bilingüe.

Ladefoged, Peter. 2001. *A Course in Phonetics.* 4ª edición. Forth Worth, TX: Harcourt College Publishers.

Lantolf, James P., Francine Wattman Frank y Jorge M. Guitart, orgs. 1979. *Colloquium on Spanish and Luso-Brazilian linguistics.* Washington: Georgetown University Press.

Lapesa, Rafael. 1980. *Historia de la lengua española.* 8ª edición. Madrid: Gredos.

Lapesa, Rafael. 1997. *Historia de la lengua española.* 9ª edición. Madrid: Gredos.

Lavandera, Beatriz. 1984. *Variación y significado.* Buenos Aires: Hachette.

Lázaro Mora, Fernando A. 1999. La derivación apreciativa. En Bosque y Demonte, Vol. 3, 4647–4682.

León, Victor. 1998. *Diccionario de argot español y lenguaje popular.* Nueva edición ampliada. Madrid: Alianza Editorial.

Levinson, Stephen. 1983. *Pragmatics.* Cambridge, Inglaterra: Cambridge University Press.

Lipski, John M. 1994. *Latin American Spanish.* Londres: Longman.

Lipski, John M. 1996. Los dialectos vestigiales del español en Estados Unidos: estado de la cuestión. *Signo & Seña. Revista del Instituto de Lingüística* 6, 461–489.

Lipski, John M. 2000a. Back to zero or ahead to 2001? Issues and challenges in U.S. Spanish Research. *Research on Spanish in the United States. Linguistic Issues and Challenges.* Ana Roca (org.). Sommerville, MA: Cascadilla Press, 1–41.

Lipski, John M. 2000b. The linguistic situation of Central Americans. *New Immigrants in the United States. Readings for Second Language Educators.* Sandra Lee McKay y Sau-ling Cynthia Wong (orgs.). Cambridge: Cambridge University Press, 189–215.

Lipski, John M. 1985. Spanish in United States broadcasting. En Elías-Olivares et al. 1985, 217–233.

Lipski, John M. 1990a. *The Language of the Isleños. Vestigial Spanish in Louisiana.* Baton Rouge: Louisiana State University Press.

Lipski, John M. 1990b. Sabine River Spanish: A neglected chapter in Mexican-American dialectology. En Bergen 1990 1–13.

Lleal Garcerán, Coloma. 1990. *La formación de las lenguas romances peninsulares.* Barcelona: Barcanova.

Lloyd, Paul M. 1987. *From Latin to Spanish.* Vol. I: *Historical phonology and morphology of the Spanish language.* Filadelfia: American Philosophical Society.

Lope Blanch, Juan Lope (org.). 1977. *Estudios sobre el español hablado en las principales ciudades de América.* México: Universidad Nacional Autónoma de México.

Lope Blanch, Juan M. [1982], 1987. Fisonomía del español en América: unidad y diversidad. En
    López-Morales y Vaquero 1987, 59–78.

Lope Blanch, Juan M. 1953. *Observaciones sobre la sintaxis del español hablado en México*.
    México: Instituto Hispano Mexicano de Investigaciones Científicas.

Lope Blanch, Juan M. 1983. *Estudios sobre el español de México*. México, D.F.: Universidad
    Nacional Autónoma de México.

López García, Ángel. 1991. *El rumor de los desarraigados. Conflicto de lenguas en la península
    ibérica*. Barcelona: Editorial Anagrama.

López-Morales, Humberto. 1989. *Sociolingüística*. Madrid: Gredos.

López-Morales, Humberto y María Vaquero, editores. 1987. *Actas del I Congreso Internacional
    sobre el español de América*. Puerto Rico: Academia Puertorriqueña de la Lengua Española.

Lorenzo, Emilio. 1994. El español de hoy, lengua en ebullición. 4ª edición. Madrid: Gredos.

Lozano, Anthony G. 1970. Non-reflexivity of the indefinite 'se' in Spanish. *Hispania* 53:3, 452–457.

Lozano, Anthony G. 1983. Oversights in the history of United States Spanish. En Bergen y Bills
    1983, 12–21.

Lozano, Anthony. 1972. Subjunctives, transformations, and features in Spanish. *Hispania* 55:1,
    76–90.

Lozano, Anthony. 1975. In defense of two subjunctives. *Hispania* 58:1, 277–283.

Luque Durán, Juan de Dios, Antonio Pamies, Francisco José Manjón. 1997. El arte del insulto.
    Estudio lexicográfico. Barcelona: Ediciones Península.

Lynch, Andrew. 2000. Spanish-speaking Miami in sociolinguistic perspective: bilingualism,
    recontact, and language maintenance among the Cuban-origin population. *Research on
    Spanish in the United States. Linguistic Issues and Challenges*. Ana Roca (org.). Sommerville,
    MA: Cascadilla Press, 271–283.

Macías, Reynaldo F. 2000. The flowering of America. Linguistic diversity in the United States.
    New Immigrants in the United States. Readings for Second Language Educators. Sandra Lee
    McKay y Sau-ling Cynthia Wong (orgs.). Cambridge: Cambridge University Press, 11–57.

Malinowski, Arlene. 1982. A report on the status of Judeo-Spanish in Turkey. *International
    Journal of the Sociology of Language* 37, 7–23.

Malinowski, Arlene. 1983. Judeo-Spanish language-maintenance efforts in the United States.
    International Journal of the Sociology of Language 44, 137–151.

Mar Molinero, Clare. 1997. *The Spanish-speaking world*. Londres y Nueva York: Routledge.

Mar Molinero, Clare. 2000. *The politics of language in the Spanish-speaking world*. Londres y
    Nueva York: Routledge.

Marckwardt, Albert H. 1959. *American English*. Nueva York: Oxford University Press.

Marcos Marín, Francisco A. 2002. El español: variantes europea y americana. *As línguas da
    Península Ibérica*. Edited by Maria Helena Mira Mateus. Lisbon: Edições Colibri, 35–48.

Marcos Marín, Francisco. 1984. *Comentarios de lengua española*. 2a edición corregida. Madrid:
    Editorial Alhambra.

Marqués, René. 1963. *La carreta*. Río Piedras, Puerto Rico: Editorial Cultural.

Matilde Graell y Antonio Quilis. 1989. El voseo en Panamá. *Revista de Filología Española* LXIX,
    173–178.

McArthur, Tom (org.). 1992. *The Oxford Companion to the English language*. Oxford, New York:
    Oxford Unviersity Press.

McManis, Carolyn, Deborah Stollenwerk, y Zhang Zheng-Sheng. 1987. *Language files. Materials for
    an introduction to language*. 4ª edición. Reynoldsburg, Ohio: Advocate Publishing Group.

McWhorter, John H. 2000. *The missing Spanish Creoles. Recovering the birth of plantation contact
    languages*. Berkeley: University of California Press.

Megenney, William. 1983. Common words of African origin used in Latin America. *Hispania* 66:
    1, 1–10.

Megenney, William M. 1986. *El palenquero. Un lenguaje post-criollo de Colombia*. Bogotá:
    Instituto Caro y Cuervo.

Megenney, William W. 1984. Traces of Portuguese in three Caribbean creoles: evidence in
    support of the monogenetic theory. *Hispanic Linguistics* 1:2, 177–189.

Melchers, Gunnel y Philip Shaw. 2003. *World Englishes*. Londres: Arnold.

Mendes Chumaceiro, Rita. 1982. Language maintenance and shift among Jerusalem Sephardim.
    International Journal of the Sociology of Language 37, 25–39.

Mendieta, Eva. 1999. *El préstamo en el español de los Estados Unidos*. Nueva York: Peter Lang.

Menéndez Pidal, Ramón. 1971. *Crestomatía del español medieval*. Tomo I. Acabada y revisada por Rafael Lapesa y María Soledad de Andrés. 2ª edición. Madrid: Editorial Gredos, S.A.

Menéndez Pidal, Ramón. 1973. *Manual de gramática histórica española*. 14ª edición. Madrid: Espasa-Calpe, S.A.

Meo Zilio, Giovanni. 1964. *El cocoliche rioplatense*. Santiago de Chile: Editorial Universitaria.

Micheau, Cheri. 1991. The voseo in Latin America: insights from historical sociolinguistics. *Sociolinguistics of the Spanish-speaking world: Iberia, Latin America, United States*. Carol A. Klee y Luis A. Ramos-García (orgs.). Tempe, AZ: Bilingual Press, Editorial Bilingüe, 77–91.

Milán, William G. 1982. Spanish in the inner city: Puerto Rican speech in New York. *Bilingual education for Hispanic students in the United State*. Joshua Fishman y Gary Keller (orgs.), 191–206.

Moliner, María. 1983. *Diccionario de uso del español*. 2 volúmenes. Madrid: Editorial Gredos.

Morales, Ed. 2003. *Living in Spanglish: the search for a Latino identity in America*. Nueva York: Martin's Griffin.

Moreno de Alba, José G. 1995. El español americano. *La lengua española, hoy*. Manuel Seco y Gregorio Salvador, coords. Madrid: Fundación Juan March, 95–104.

Moreno Fernández, Francisco. 1996. Castilla la Nueva. *Manual de dialectología hispánica. El español de España*. Manuel Alvar (Director). Barcelona: Editorial Ariel. 213–232.

Muñoz Garrigós, José. 1996. Murciano. *Manual de dialectología hispánica. El español de España*. Manuel Alvar (Director). Barcelona: Editorial Ariel, 317–324.

Murillo Fernández, Mary Edith. 2002(?). El polimorfismo en los pronombres de tratamiento del habla payanesa. http://cvc.cervantes.es/obref/coloquio_paris/ponencias/pdf/cvc_murillo.pdf

Myers-Scotton, Carol. 1998. Code-switching. *The handbook of sociolinguistics*. Florian Coulmas (org.). Londres: Blackwell, 217–235.

Narbona Jiménez, Antonio y Ramón Morillo-Velarde Pérez. 1987. *Las hablas andaluzas*. Córdoba, España: Publicaciones del Monte de Piedad y Caja de Ahorros de Córdoba.

Narbona, Antonio, Rafael Cano, Ramón Morillo. 1998. *El español hablado en Andalucía*. Barcelona: Editorial Ariel.

Narváez, Ricardo A. 1970. *An outline of Spanish morphology*. St. Paul, MN: EMC Corporation.

Navarro Tomás, Tomás. 1948. *El español en Puerto Rico*. Río Piedras: Editorial Universitaria.

Navarro Tomás, Tomás. 1974. *Manual de pronunciación española*. 18ª edición. Madrid: Consejo Superior de Investigaciones Científicas.

Navarro Tomás, Tomás. 1966. *El español en Puerto Rico*. Río Piedras: Editora Universitaria, Universidad de Puerto Rico.

Nebrija, Antonio de. 1926. *Gramática de la lengua castellana*. Edición de Ignacio González-Llubera. Londres: Oxford University Press.

Nuessel, Frank. 1997. A Linguistic Analysis of the Puerto Rican Dialect of Spanish in René Marqués's *La carreta*. *Linguistic Studies in Honor of Bohdan Saciuk*, organizado por Robert M. Hammond y Marguerite G. MacDonald. West Lafayette, IN: Learning Systems, Inc., 189–199.

Nuessel, Frank. 2000. A Linguistic Analysis of the Puerto Rican Dialect of Spanish in René Marqués's *La carreta*. *Linguistic Approaches to Hispanic Literature*. New York/Ottawa/Toronto: LEGAS, 83–96.

Ocampo, Francisco. 1990. *El subjuntivo en tres generaciones de hablantes bilingües*. En Bergen 1990, 39–48.

O'Grady, William, John Archibald, Mark Aronoff and Janie Rees-Miller. 2001. *Contemporary linguistics. An introduction*. 5ª edición. Boston: Bedford/St. Martin's.

Ornstein, Jacob y Guadalupe Valdés-Fallis. 1976. On defining and describing United States varieties of Spanish: Implications of dialect contact. *Colloquium on Spanish and Luso-Brazilian Linguistics*. James P. Lantolf, Francine Wattman Frank, y Jorge M. Guitart (orgs.), 141–159.

Ortiz-López, Luis A. 2000. Proyecto para formar un ciudadano bilingüe: política lingüística y el español en Puerto Rico. *Research on Spanish in the United States. Linguistic Issues and Challenges*. Ana Roca (org.). Sommerville, MA: Cascadilla Press, 390–405.

Otheguy, Ricardo, Ofelia García y Ana Roca. 2000. Speaking in Cuban. The language of Cuban Americans. *New immigrants in the United States. Readings for second language educators*. Sandra Lee McKay y Sau-ling Cynthia Wong (orgs.). Cambridge: Cambridge University Press, 165–168.

Otheguy, Ricardo, Ofelia García y Mariela Fernández. 1989. Transferring, switching, and modeling in West New York Spanish: an intergenerational study. En Wherritt y García 41–52.

Parodi, Claudia. 1995. *Orígenes del español americano.* México: Universidad Nacional Autónoma de México.

Parodi, Claudia. 2001. Contacto de dialectos y lenguas en el Nuevo Mundo: La vernacularización del español en América. *International Journal of the Sociology of Language* 149, 33–53.

Pearson, Barbara Zurer y Arlene McGee. 1993. Language choice in Hispanic-background junior high school students. *Spanish in the United States. Linguistic contact and diversity.* Ana Roca y John M. Lipski (orgs.). Berlín y Nueva York: Mouton de Gruyter, 91–102.

Pena, Jesús. 1999. Partes de la morfología. Las unidades del análisis morfológico. En Bosque y Demonte, Vol. 3, 4305–4366.

Penny, Ralph. 1991. *A history of the Spanish language.* Cambridge: Cambridge University Press.

Penny, Ralph. 2000. *Variation and Change in Spanish. Cambridge:* Cambridge University Press.

Perissinotto, Giorgio. 1994. The Spanish sibilant shift revisited: The state of seseo in sixteenth century Mexico. *Studies in language learning and Spanish linguistics in honor of Tracy D. Terrell.* P. Hashemipour et al. (eds.). Nueva York: McGraw-Hill, 289–301.

Pierson, Peter. 1999. *The history of Spain.* Westport, CT: Greenwood Press.

Placencia, María E. 1997. Address forms in Ecuadorian Spanish. *Hispanic Linguistics* 9:1, 165–202.

Polo Figueroa, Nicolás. 1981. *Estructuras semántico-sintácticas en español.* Bogotá: Universidad Santo Tomás.

Poplack, Shana. 1982. Sometimes I'll start a sentence in Spanish y termino en español: Toward a typology of codeo-switching. En Amastae y Elías-Olivares, 1982, 230–263.

Poulter, Virgil L. 1990. *An introduction to old Spanish.* Nueva York: Peter Lang.

Prado, Marcial. 1989. Aspectos semánticos de la pluralización. *Hispanic Linguistics* 3:1–2, 163–181.

Pratt, Chris. 1980. *El anglicismo en el español peninsular contemporáneo.* Madrid: Editorial Gredos.

Puga Larraín, Juana. 1997. *La atenuación en el castellano de Chile: Un enfoque pragmalingüístico.* Valencia: Universitat de València.

Quilis, Antonio y José Fernández. 1975. *Curso de fonética y fonología españolas para estudiantes angloamericanos,* Collectanea Phonetica 2. 8ª ed. Madrid: Consejo Superior de Investigaciones Científicas.

Quilis, Antonio. 1996a. La lengua española en Guinea Ecuatorial. *Manual de dialectología hispánica. El español de España.* Manuel Alvar (Director). Barcelona: Editorial Ariel, 381–388.

Quilis, Antonio. 1996b. La lengua española en Filipinas. *Manual de dialectología hispánica. El español de América.* Manuel Alvar (Director). Barcelona: Editorial Ariel, 233–243.

RAE - Real Academia Española. 1962. *Esbozo de una nueva gramática de la lengua española.* Madrid: Espasa-Calpe.

RAE - Real Academia Española. 1999. *Ortografía de la lengua española.* Edición revisada por las Academias de la Lengua Española. Madrid: Editorial Espasa Calpe.

Reider, Michael. 1990. Neg-transportation, Neg-trace, and the choice of mood in Spanish. *Hispania* 73:1, 212–222.

Reinecke, John E. et al. 1975. A bibliography of pidgin and creole languages. Honolulu: The University Press of Hawaii.

Resnick, Melvyn C. 1981. *Introducción a la historia de la lengua española.* Washington, D.C.: Georgetown University Press.

Revista de Filología Española. 1915. Alfabeto fonético. 2:15, (enero–marzo), 374–376.

Robinson, Kimball L. 1979. On the voicing of intervocalic S in the Ecuadorian highlands. *Romance Philology* 33:1, 137–143.

Roca, Ana (org.). 2000. *Research on Spanish in the United States. Linguistic Issues and Challenges.* Sommerville, MA: Cascadilla Press.

Roca, Ana y M. Cecilia Colombi (orgs.). 2003. *Mi lengua. Spanish as a Heritage Language in the United States. Research and Practice.* Washington, D.C.: Georgetown University Press.

Roca, Iggy and Wyn Johnson. 1999. *A course in phonology*. Oxford and Malden, MA: Blackwell.

Rosenblat, Ángel. 1962. *El castellano de España y el castellano de América. Unidad y diferenciación*. Caracas: Universidad Central de Venezuela.

Rosenblat, Ángel. 1963. *Fetichismo de la letra*. Caracas: Universidad Central de Venezuela.

Rosenblat, Ángel. 1987. *Estudios sobre el habla de Venezuela. Buenas y malas palabras*. 2 tomos. Caracas: Monte-Avila Editores.

Russinovich Solé, Yolanda. 1995. Language, nationalism, and ethnicity in the Americas. *International Journal of the Sociology of Language* 116, 111–137.

Sánchez, Rosaura. 1982. *Our linguistic and social context*. En Amastae y Elías-Olivares 1982, 9–46.

Sánchez, Rosaura. 1983. *Chicano Discourse: Socio-historic Perspectives*. Rowley MA: Newbury House Publishers.

Sanmartín Sáez, Julia. 1999. *Diccionario de Argot*. Madrid: Espasa.

Saussure, Ferdinand de. 1968. Cours de linguistique générale. Paris: Payot.

Sawyer, Janet B. 1970. Spanish-English bilingualism in San Antonio, Texas. En Gilbert 1970, 18–41.

Scavnicky, Gary E. (org.). 1980. *Dialectología hispanoamericana. Estudios actuales*. Washington: Georgetown University Press.

Schiffman, Harold F. 1998. *Diglossia as a sociolinguistic situation. The handbook of sociolinguistics*. Florian Coulmas (org.). Londres: Blackwell, 205–216.

Schwegler, Armin. 1984. El palenquero: ¿una lengua mixta neo-española? En Richard Barrutia y Armin Schwegler, *Fonética y fonología españolas,* 2a edición, Nueva York: John Wiley & Sons, 245–257.

Schwegler, Armin. 1996. La doble negación dominicana y la génesis del español caribeño. *Hispanic Linguistics* 8:2, 247–315.

Schwegler, Armin. 1998. Palenquero. América negra: panorámica actual de los estudios lingüísticos sobre variedades criollas y afrohispanas. Matthias Perl y Armin Schwegler (orgs.). Frankfut: Vervuert, 220–291.

Schwegler, Armin and Thomas Morton. 2003. Vernacular Spanish in a microcosm: *Kateyano* in el Palenque de San Basilio (Colombia). *Revista Internacional de Lingüística Iberoamericana* 1:1, 97–159

Sedano, Mercedes. 1997. Breve caracterización sintáctica del español de América. *Hispanic Linguistics* 9:2, 359–392.

Silva-Corvalán, Carmen. 1989a. *Sociolingüística. Teoría y análisis*. Madrid: Editorial Alhambra.

Silva-Corvalán, Carmen. 1989b. Past and present perspectives on language changes in US Spanish. En Wherritt y García 53–66.

Silva-Corvalán, Carmen. 1994. *Language contact and change. Spanish in Los Angeles*. Oxford: Clarendon Press.

Silva-Corvalán, Carmen. 2001. *Sociolingüística y pragmática del español*. Washington, D.C.: Georgetown University Press.

Siracusa, María Isabel. 1972. Morfología verbal del voseo en el habla culta de Buenos Aires. *Filología* 16, 201–213.

Sloat, Clarence, Sharon Henderson Taylor y James E. Hoard. 1978. *Introduction to Phonology*. Englewood Cliffs, N. J. Prentice Hall, Inc.

Solé, Carlos A. 1991. El problema de la lengua en Buenos Aires: Independencia o autonomía lingüística. *Sociolinguistics of the Spanish-Speaking World: Iberia, Latin America, United States*. Carol A. Klee y Luis A. Ramos-García (org.). Tempe, AZ: Bilingual Press/Editorial Bilingüe, 91–112.

Solé, Yolanda R. de. 1976. Continuidad/discontinuidad idiomática en el español tejano. *The Bilingual Review/La revista bilingüe* 4:3, 188–199.

Solé, Yolanda R. de. 1978 [1975]. El mejicano-americano ante el español: uso lingüístico y actitudes. *Lingüística y Educación. Actas del IV Congreso internacional de la ALFAL*. Lima: Universidad Nacional Mayor de San Marcos, 608–618.

Solé, Yolanda R. y Carlos Solé. 1977. *Modern Spanish Syntax. A Study in Contrast*. Lexington, MA: D. C. Heath.

Spaulding, Robert K. 1943. *How Spanish grew*. Berkeley: University of California Press.

Spinelli, Emily. 1990. *English grammar for students of Spanish. The student guide for those learning Spanish*. 2ª edición. Ann Arbor, MI: The Olivia and Hill Press.

Stavans, Ilan. 2003. *Spanglish. The Making of a New American Language*. Nueva York: Rayo/HarperCollins Publishers.

Stephens, Thomas M. 1999. *Dictionary of Latin American racial and ethnic terminology*. 2ª edición. Gainesville: University Press of Florida.

Stephens, Thomas M. 2002. *A game of mirrors. The changing face of ethno-racial constructs and language in the Americas*. New York: University Press of America.

Stewart, Miranda. 1999. *The Spanish language today*. Londres: Routledge

Stiehm, Bruce.1987 [1982]. Sintaxis histórica, dialectos de América y sintaxis natural. En López-Morales y Vaquero 1987, 441–447.

Stockwell, Robert P. y J. D. Bowen. 1965. *The Sounds of English and Spanish*. Contrastive Series. Chicago: University of Chicago Press.

Stockwell, Robert P., J. Donald Bowen y John W. Martin. 1965. *The grammatical structures of English and Spanish*. Chicago: University of Chicago Press.

Sugano, Marian S. 1981. The idiom in Spanish language teaching. *Modern Language Journal* 65:1, 58–66.

Takagaki, Toshihiro. 1984. Subjunctive as the marker of subordination. *Hispania* 67:1, 248–256.

Terrell, Tracy D. 1982. Current trends in the investigation of Cuban and Puerto Rican phonology. En Amastae y Elías-Olivares 1982, 47–70.

Teruggi, Mario E. 1978. *Panorama del lunfardo*. Buenos Aires: Editorial Sudamericana.

Teschner, Richard V. 1996. *Camino oral. Fonética, fonología y práctica de los sonidos del español*. Nueva York: McGraw-Hill.

Teschner, Richard V. y William M. Russell. 1984. The gender patterns of Spanish nouns: An inverse dictionary-based analysis. *Hispanic Linguistics* 1:1, 115–132.

Teschner, Richard V., Garland D. Bills, y Jerry R. Craddock, (orgs.). 1975. *Spanish and English of United States hispanos: A critical, annotated, linguistic bibliography*. Washington, D.C.: Center for Applied Linguistics.

Toribio, Almeida Jacqueline. 2000. Nosotros somos dominicanos: Language and self-definition among Dominicans. *Research on Spanish in the United States. Linguistic issues and challenges*. Ana Roca (org.). Sommerville, MA: Cascadilla Press, 252–270.

Torrejón, Alfredo. 1986. Acerca del *voseo* culto de Chile. *Hispania* 69:3, 677–683.

Torrejón, Alfredo. 1991. Fórmulas de tratamiento de segunda persona singular en el español de Chile. *Hispania* 74:4, 1068–1076.

Torres, Lourdes. 1991. The Study of U.S. Spanish Varieties. *Sociolinguistics of the Spanish-speaking world: Iberia, Latin America, United States*. Carol A. Klee y Luis A. Ramos-García (orgs.). Tempe, AZ: Bilingual Press, Editorial Bilingüe, 255–270.

Torres, Lourdes. 1990. Spanish in the United States: The struggle for legitimacy. En Bergen 1990, 142–151.

Trask, R. L. 1999. *Language: The basics*. 2ª edición. Londres y Nueva York: Routledge.

Trujillo, Ramón. 1978. *El silbo gomero: Análisis lingüístico*. Santa Cruz de Tenerife.

Uber, Diane Ringer. 1985. The dual function of *usted*: Forms of address in Bogotá, Colombia. *Hispania* 68, 388–392.

Ulmer-Avcikurt, Angelica. 1996. Linguistic variation in present day Judeo-Spanish in Istanbul. *Hispanic Linguistics* 8:1, 178–199.

Väänänen, Veikko. 1966. *Le latin vulgaire des inscriptions pompéiennes*. 3ª edición. Berlin: Akademie-Verlag.

Väänänen, Veikko. 1981. *Introduction au latin vulgaire*. Paris: Klincksieck.

Val Álvaro, José Francisco. 1999. La composición. En Bosque y Demonte, Vol. 3, 4757–4841.

Valdés, Guadalupe. 1988. The language situation of Mexican Americans. *Language diversity. Problem or resource?* Sandra Lee McKay y Sau-ling Cynthia Wong (orgs.). New York: Newbury House, 111–139.

Valdés, Guadalupe. 1997. Bilinguals and bilingualism: Language policy in an anti-immigrant age. *International Journal of the Sociology of Languages* 127, 25–52.

Valdés, Guadalupe. 2000. Bilingualism and language use among Mexican Americans. *New Immigrants in the United States. Readings for Second Language Educators*. Sandra Lee McKay y Sau-ling Cynthia Wong (orgs.). Cambridge: Cambridge University Press, 99–136.

Valdés, Guadalupe. 1982. Social interaction and code-switching patterns: a case study of Spanish/English alternation. En Amastae y Elías-Olivares 1982, 209–229.

Valdés, Juan de. 1969. *Diálogo de la lengua*. Edición de Juan M. Lope Blanch. Madrid: Castalia.

Vaquero, María. 1996. Antillas. *Manual de dialectología hispánica. El español de América*. Manuel Alvar (Director). Barcelona: Editorial Ariel.

Varela, Beatriz. 1983. Contact phenomena in Miami, Florida. En Bergen y Bills 1983, 61–66.

Varo, Carlos. 1971. *Consideraciones antropológicas y políticas en torno a la enseñanza del "spanglish" en Nueva York*. Río Piedras, P.R.: Ediciones Librería Internacional.

Vaz de Soto, José María. 1981. *Defensa del habla andaluza*. Sevilla: EdiSur.

Vélez, Jorge A. 2001. Understanding Spanish-language maintenance in Puerto Rico: political will meets the demographic imperative. *International Journal of the Sociology of Languages* 142, 5–24.

Veltman, Calvin. 2000. The American linguistic mosaic. Understanding language shift in the United States. *New immigrants in the United States. Readings for second language educators*. Sandra Lee McKay y Sau-ling Cynthia Wong. (orgs.). Cambridge: Cambridge University Press, 58–98.

Vigara Tauste, Ana María. 1980. *Aspectos del español hablado. Aportaciones al estudio del español coloquial*. Madrid: Sociedad General Española de Librerías.

Webb, John T. 1982. Mexican-American caló and standard Mexican Spanish. En Amastae y Elías-Olivares 1982, 121–134.

Wherritt, Irene y Ofelia García (orgs.). 1989. US Spanish: The language of latinos. *International Journal of the Sociology of Language, 79*.

Whitley, M. Stanley. 2002. *Spanish/English contrasts. A course in Spanish linguistics*. 2ª ed. Washington, D.C.: Georgetown University Press.

Wides, Laura. 2004. Spanish newspapers, competition expanding in US. Posted by editor on March 29, 2004; Associated Press, 3/28/2004; (www.nshp.org/node/view).

Williams, Edwin B. 1963. *Diccionario inglés y español*. Edición aumentada. Nueva York: Holt.

Yule, George, 1996. *Pragmatics*. Oxford: Oxford University Press.

Zamora Munné, Juan Clemente. 1976. *Indigenismos en la lengua de los conquistadores*. Río Piedras, P.R.: Universidad de Puerto Rico.

Zamora Munné, Juan Clemente. 1982. Amerindian loanwords in general and local varieties of American Spanish. *Word* 33:1–2 (April–August), 159–171.

Zamora Munné, Juan C. y Jorge M. Guitart. 1982. *Dialectología hispanoamericana*. Salamanca: Ediciones Almar, S.A.

Zamora Vicente, Alonso. 1970. *Dialectología española*. Madrid: Gredos.

Zentella, Ana Celia. 1982a. Code-switching and interactions among Puerto Rican children. En Amastae y Elías-Olivares 1982, 354–385.

Zentella, Ana Celia. 1982b. Spanish and English in contact in the United States: The Puerto Rican experience. *Word* 33:1–2, 41–57.

Zentella, Ana Celia. 1987. El habla de los niños bilingües del barrio de Nueva York. En López-Morales y Vaquero 1987, 877–886.

Zentella, Ana Celia. 1990a. Lexical leveling in four New York City Spanish dialects: Linguistic and social factors. *Hispania* 73, 1094–1105.

Zentella, Ana Celia.1990b. El impacto de la realidad socio-económica en las comunidades hispanoparlantes de los Estados Unidos: Reto a la teoría y metodología lingüística. En Bergen 1990, 152–166.

Zentella, Ana Celia. 1997. *Growing up bilingual: Puerto Rican children in New York*. Malden, MA: Blackwell.

Zentella, Ana Celia. 2000. Puerto Ricans in the United States. Confronting the linguistic repercussions of colonialism. *New immigrants in the United States. Readings for second language educators*. Sandra Lee McKay y Sau-ling Cynthia Wong (orgs.). Cambridge: Cambridge University Press, 137–164.

GLOSARIO*

Los números en paréntesis se refieren a los capítulos en que aparecen los términos. Las **negrillas** señalan entradas específicas en este glosario.

A

acento En fonética, el acento tónico o intensivo es el grado mayor de fuerza expiratoria con que se pronuncia una sílaba, llamada *acentuada* o *tónica*, en relación a las demás sílabas de la misma palabra, llamadas *inacentuadas* o *átonas*. En la escritura, el acento es la señal que se pone sobre una vocal para indicar que es tónica; en este caso, también se llama *tilde*. La palabra *acento* también se refiere a la manera típica de cada uno de pronunciar las palabras. (3)

activa, voz Designativo de construcciones en que un verbo transitivo aparece en su forma conjugada normal, v.g., *Juan rellenó la papeleta*, en contraste con la construcción **pasiva**, caracterizada por el verbo *ser* combinado con un participio, y optativamente por la construcción *por + sintagma nominal,* v.g. *La papeleta fue rellenada por Juan,* en la cual *Juan* es a la vez el agente de la pasiva y el **actor** semántico. De las dos clases de construcciones, la pasiva es el término **marcado** y la activa es el término no marcado. (7)

actor Función **semántica** que representa el ser que realiza una acción, como *Marta* en *Marta firmó el cheque* o *El cheque fue firmado por Marta*. Ver **paciente, beneficiario**. (6)

afasia Trastorno del lenguaje resultante de alguna lesión del sistema nervioso central. Produce la pérdida, total o parcial, de la capacidad de hablar. (2)

afijo Los **sufijos** y **prefijos** considerados juntos. (5)

africanismos Nombre genérico de las palabras originarias de los idiomas africanos que han entrado en el español. (9)

alfabetización El proceso de enseñar a leer. (2)

Alfabeto Fonético Internacional El sistema de transcripción fonética desarrollado bajo los auspicios de la Asociación Fonética Internacional, con sede en París, a partir de fines del siglo XIX. Es generalmente conocido por las iniciales de su nombre en inglés, IPA (International Phonetic Alphabet). (3)

alófono Cada uno de los fonos por los que se manifiesta un **fonema**. (4)

alomorfo Cada una de las manifestaciones de un **morfema**, como *-s* y *-es*, alomorfos del morfema *plural* respectivamente en *casas, lápices*. (5)

ambiguo En lingüística se entiende por ambigüedad la posibilidad de dar a un enunciado más de una interpretación. Por ejemplo, *Juana le compró la casa al hijo* puede significar que Juana compró la casa y se la regaló al hijo, pero también que compró la casa que pertenecía al hijo. (11)

analfabetismo La situación de alguien que no sabe leer (analfabeto). (2)

arcaizarse, arcaísmo Un arcaísmo es una forma lingüística que ha dejado de usarse (es decir, se ha arcaizado), como *maguer,* que en español antiguo significaba 'a pesar de que.' Si una forma lingüística se arcaíza en una modalidad pero sigue viva en otras, no cabe decir que es un arcaísmo. (2, 8)

asimilación Proceso fonológico por el que un fono se asimila, es decir, se hace más semejante a otro, por lo general contiguo. Un ejemplo de asimilación en sonoridad es el cambio de la fricativa sorda [s] de *los* a la fricativa sonora [z] cuando el sonido siguiente es una consonante sonora, como en *los dos* [lozðós]. (4)

B

base Se dice de una palabra usada para formar otras palabras mediante la añadidura de **sufijos**, como *casa* en *casucha, casita, casona*, o **prefijos** como *moderno* en *posmoderno, premoderno, antimoderno*. (5)

beneficiario Función semántica que representa el ser que recibe un objeto, o un favor, o disfavor; sintácticamente, suele representar el complemento indirecto, como *Pedro* en *Le regalaron un coche a Pedro, Le dieron un aumento de sueldo a Pedro, Le propinaron una paliza a Pedro*. Ver **actor, paciente**. (6)

C

clítico Una palabra átona que se añade a otra como si fuera una sílaba extra, formando una unidad fonológica, como los pronombres clíticos o átonos (*me, te, se, lo, las*, etc.). (5)

cognado Se dice de dos o más lenguas, como el portugués y el español, que tienen el mismo origen. Por extensión, se dice que dos palabras son cognadas cuando se originan de la misma palabra, como *cadera* y *cátedra*, ambas provenientes del gr. *cathedra*. (9)

competencia comunicativa Ver **competencia lingüística.** (6, 11)

competencia lingüística Noción desarrollada a partir de las ideas de Noam Chomsky, según la cual el ser humano tiene una capacidad innata para adquirir una lengua y utilizarla, generando enunciados (frases, oraciones) que nunca ha escuchado. Se entiende también por competencia lingüística el conocimiento, por lo general intuitivo, que cada ser humano tiene de su lengua materna. Complementa esa noción la de **competencia comunicativa**, que es lo que nos permite generar enunciados apropiados a cada **contexto** situacional. (11)

comunidad de habla Término genérico que designa un grupo de personas que interactúan verbalmente con regularidad. También se usa en un sentido más amplio, para designar a todos los hablantes de una modalidad lingüística, como la lengua española. (9)

contexto El contexto situacional es el entorno o ambiente extra-lingüístico en que ocurre un enunciado, y por lo general influye en el significado y la interpretación de éste. Así, *Eres un tonto* tiene un significado si se dice entre dos personas que se quieren o entre dos adversarios políticos. (11)

continuo dialectal Un conjunto de modalidades de la misma lengua en el que la transición de una modalidad a otra se hace de manera progresiva. (8)

coordinación Proceso sintáctico por el cual dos palabras u oraciones se únen en una secuencia: *Pablo y María; Comió croquetas y murió envenenado*. (2)

criollo Idioma desarrollado a partir de un habla **pidgin** cuando ésta es adquirida como lengua materna de alguien cuyos padres hablan el pidgin. (1, 9)

D

desoclusivización El proceso fonológico de pérdida del elemento oclusivo inicial de la africada /ʧ/. (9)

diacrónico Relativo al desarrollo a través del tiempo. La lingüística diacrónica, o histórica, estudia los procesos por los que las lenguas se desarrollan temporalmente. Ver **sincrónico**. (2, 8)

dialecto Se dice de una modalidad o variedad de un idioma relativamente bien caracterizada, sea por la pronunciación, o por la morfosintaxis, o el léxico, o una combinación de esos factores. Por lo general, *dialecto* se refiere a una variedad regional; pero también se habla de dialectos sociales (o sociolectos), característicos de determinados grupos socioeconómicos, dentro de una **comunidad** de habla. (9)

diatópico Relativo a la variación regional. Ver **dialecto**. (9)

dígrafo Se dice de dos letras que representan un sólo sonido, como *ch* en español (*muchacha*) o en inglés (*cheap*). (3)

discurso Se entiende por discurso la clase de enunciados que tienen lugar en la comunicación real (en contraste con las frases y oraciones aisladas que se encuentran, por ejemplo, en un manual de lingüística.) El discurso presupone un marco de referencia, que es el **contexto** en el que se inserta. (11)

E

elisión Eliminación de un fono, como [s] en *los amigos* [lo-a-miɣo]. (9)

enlace El proceso mediante el cual una consonante final de palabra se enlaza, es decir se conecta con una vocal siguiente, pasando a posición inicial de sílaba, como en *un amigo* → *u-na-mi-go, el alemán* → *e-la-le-mán*. (4)

entorno Se dice del contexto (fonológico, fonético, sintáctico, etc.) en el que tiene lugar algún proceso. V.g., la consonante representada por *b* se articula como oclusiva en el entorno [+nasal] _____, como en *ambos* o *sin voz*. (4)

enunciado Una o más palabras pronunciadas en una situación comunicativa. Un enunciado puede o no constituir una **oración** o incluir varias oraciones. (6)

estándar (variedad, modalidad estandarizada) Nombre que se da a la modalidad de una lengua considerada correcta o aceptable para el uso general, sobre todo en actividades públicas y en la escritura. El estándar suele basarse en una modalidad de prestigio y tiene una gramática que ha sido *estandarizada*, es decir, establecida explícitamente, sea por una academia de la lengua, como en el caso del español, sea por el consenso de los escritores, editores y otros usuarios cultos, como en el caso del inglés. (1)

F

falsos amigos Se dice de parejas de palabras o expresiones de dos lenguas distintas, suficientemente parecidas como para causar problemas de traducción (como esp. *embarazada* e ing. *embarrassed*) o para permitir el proceso de extensión semántica, responsable por el uso de *aplicación* por *solicitud*, debido a la influencia de ing. *application*. (12)

fático Término introducido por el antropólogo Bronislaw Malinowski para designar el uso del habla para establecer y solidificar las relaciones amistosas entre los hablantes, en vez de transmitir información. (2)

filología El estudio del desarrollo de una lengua a través de textos antiguos. (9)

fonema En el sistema de fonos de un idioma, la unidad mínima distintiva que permite contrastar significados en pares como *cama / cana, cama / caña, cana / caña,* en las que se identifican los fonemas españoles /m/, /n/, /ñ/. Ver **alófono**. (4)

fono Nombre que se da a los sonidos del lenguaje. (2)

fonotáctica El conjunto de las relaciones entre los fonemas o fonos de un idioma. Las reglas fonotácticas describen qué fonemas o fonos pueden o no estar juntos, o en qué posición pueden ocurrir. Así, las reglas fonotáticas del español no permiten la secuencia *s + consonante* en posición inicial, y por eso una palabra como *stress* se pronuncia como *estrés*. (4)

G

gallego-portugués Nombre de un idioma **romance** hablado en la Edad Media en el noroeste de la Península Ibérica, del cual se derivaron el gallego y el portugués modernos. (1)

gentilicio Sustantivo o adjetivo referente a las naciones, o a las nacionalidades, como *español, americano, estadounidense* o a otras regiones de origen, como *madrileño, bonaerense, elcerritense,* etc. (2)

gramática Básicamente, una gramática es un sistema de reglas de una lengua (*la gramática del español*) o un libro que contiene dichas reglas (*la Gramática de Nebrija*). Se dice también de las reglas de la lengua internalizadas por sus hablantes, que las aplican intuitivamente, aunque no sepan describirlas en términos técnicos. (2)

H

hiato Dos vocales contiguas que se hallan en sílabas distintas, como la *ú* y la *a* en *con-ti-nú-a*. (3).

hipercorrecto, hipercorrección Se dice de formas incorrectas, debidas a un esfuerzo por introducir una corrección innecesaria, como en *bacalado*, por *bacalao*. (10)

hipocorístico Se dice de los nombres de pila modificados por abreviación o por un sufijo diminutivo, generalmente con intención afectiva, como *Francisco* → *Pancho, Paco; Concha* → *Conchita.*

homónimo Se dice de palabras que tienen la misma forma fónica, aunque tengan significados distintos, como *grabar/gravar, vino* 'bebida'/*vino* 'llegó.' (9)

homorgánico Se dice de fonos que tienen el mismo punto de articulación, como las consonantes *d* y *t* en *dátil*, o la *v* y la *m* en *vamos.* (3)

idioma patrimonial El idioma tradicional de una comunidad, ya sea el de un grupo inmigrante, o de una tribu indígena. (12)

indigenismos Nombre genérico de las palabras originarias de los idiomas indígenas de una región, particularmente en Hispanoamérica. (9)

K

koiné Originalmente, la koiné era la variedad del griego usada como lengua común en la región mediterránea en la Antigüedad. Se usa con el significado de lengua común de una región, como llegó a ser el castellano en la Península Ibérica en la Edad Media. (9)

L

léxico 1. (n.) conjunto de palabras de una lengua. 2. (adj.) relativo al léxico de un idioma. (1)

locución Grupo de palabras que funciona como una unidad gramatical, como *junto a, al lado de* (*estaba junto a la casa; lo dejé al lado de la chimenea*). (8)

M

marcado En un conjunto de dos o más elementos, se dice del elemento o elementos que no constituyen el caso genérico (llamado *no marcado*). Por ejemplo, el fonema /s/ tiene un alófono no marcado sordo [s] y otro marcado, [z], que sólo ocurre ante consonante sonora (*las dudas* [lazðúðas]). (6)

marcador del discurso Palabra o **locución** que se usa con diversas funciones, como señalar una pausa, o una duda, o un cambio de dirección en el **discurso**, como *bueno, a ver, vamos a ver,* etc. Ver **muletilla**. (11)

modal Un **verbo modal** expresa nociones como permisión, posibilidad, obligación, necesidad, como *Usted* **puede** *pasar,* **Deben** *llegar mañana,* **Precisamos** *comprar esas cosas.* (6)

morfema La unidad mínima de morfología que conserva un significado, como *hombr-* que se une con otros morfemas para formar palabras, como *hombre, hombría, hombridad. Hombr-* es un ejemplo de morfema léxico, que tiene un **referente** extralingüístico, mientras que *-s* en *hombres* representa un morfema *gramatical*, que señala un elemento estructural de la lengua, es decir la noción de *plural*. Ver **alomorfo**. (5)

morfosintáctico Se dice de un proceso o **rasgo** morfológico que tiene implicaciones sintácticas, como el plural de los nombres, que requiere el proceso morfosintáctico de concordancia, por el cual los artículos y adjetivos modificadores también tienen que venir en el plural: *la casa amarilla* → *las casas amarillas.* (5, 8)

muletilla Ver **marcador del discurso**

N

neolatino/a Las lenguas neolatinas, **románicas** o **romances** son las derivadas históricamente del latín. Las principales, en número de hablantes, son el español, el portugués, el francés, el italiano, el catalán y el gallego. (1)

nominal Relativo a los sustantivos. (6)

nominalizar, nominalización Se dice del proceso de transformar en sustantivo una palabra que no lo es. Se lleva a cabo mediante la anteposición del artículo *el* ante un verbo (*el trabajar demasiado no es bueno para la salud*) o del artículo *lo* ante un adjetivo (*lo bueno de estar jubilado es que no tienes que poner el despertador*). (5)

O

oración En sintaxis, una construcción que contiene por lo menos un sintagma verbal y generalmente uno o más sintagmas nominales. (6)

P

paciente Función semántica que representa al ser que recibe la acción de un verbo transitivo, como *casa* en *Destruimos la casa* o *el Quijote* en *Cervantes escribió el Quijote.* Sintácticamente suele corresponder al complemento directo**.** Ver **actor**, **beneficiario**. (6)

papel En el lenguaje teatral, *papel* se refiere a la parte de una pieza representada por cada actor. En sociolingüística, se refiere a las distintas funciones en las que una misma persona actúa en su vida —el papel de padre, de profesor, de jefe, de amigo, etc. (11)

par mínimo Dos secuencias de **fonos** que difieren en significado por un único fono, v.g. *pero/perro, cada/cara, pato/gato.* Esos contrastes permiten identificar los **fonemas** /r/ vs. /r̄/, /d/ vs. /r/, y /p/ vs. /g/. (3)

pasiva, voz o **construcción** Ver **activa**. (7)

peyorativo Se dice de una palabra o expresión que tiene un significado negativo o desfavorable. También se dice *despectivo*. (5)

pidgin Nombre genérico de una lengua simplificada que se ha desarrollado mediante el contacto entre dos otras lenguas, a menudo en situaciones de contacto comercial. El pidgin se transforma en un idioma **criollo** cuando un niño lo adquiere como su lengua materna. (1)

poema épico Poema narrativo, por lo general largo y elocuente, en el que se celebran hechos y personalidades heroicos. (8)

post-criollo Relativo a un idioma criollo cuya estructura ha cambiado de manera a ser más semejante a la forma estándar del idioma lexificador. Cuando pasa eso, suelen coexistir en la misma comunidad varias formas del idioma, una más parecidas y otra menos parecidas al idioma lexificador, formando un *continuo post-criollo.* (9)

pragmática División de la lingüística que estudia el lenguaje desde el punto de vista de su uso en las interacciones sociales. (11)

prefijo Un **morfema** que se afija al principio de una palabra para formar otra, como *pre-* en *prehistórico* o *anti-* en *anticomunista.* Ver **sufijo, afijo**. (1, 5)

préstamo Palabra o expresión que se toma a otra lengua, fonéticamente adaptada o no, como *estrés* (< ing. *stress*) en español, o *tortilla* en inglés. (8)

provenzal Nombre de una lengua **romance** hablada en la región de Provenza (Fr. Provence), en el sur de Francia. Se usó en hasta el siglo XIV una importante literatura poética en Francia y en el noreste de España. (1)

R

rasgo Término técnico que significa 'característica.' Por ejemplo, los rasgos fonéticos caracterizan los **fonos** de una lengua; los rasgos sintácticos caracterizan la estructura de los **enunciados** u **oraciones**. (3)

red social Se dice del conjunto de las líneas de contacto entre los miembros de una comunidad. Una red social será más o menos densa según cada individuo esté relacionado con un número mayor o menor de los demás individuos. (10)

referente La entidad extralingüística, concreta o abstracta, que constituye el significado de una palabra léxica, como *casa, coche, gobierno, trabajar,* etc. (5)

registro Se entiende por registro una modalidad de lengua caracterizada por la manera cómo se usa en situaciones definidas socialmente. La variación por registro puede afectar no sólo el léxico (registros profesionales u ocupacionales) sino la pronunciación y la morfosintaxis, y suele tener un componente de formalidad/informalidad. (11)

rioplatense Relativo a la región del Río de la Plata, es decir el estuario de los ríos Uruguay y Paraná, donde se encuentran las ciudades de Montevideo y Buenos Aires. El español *rioplatense* es la modalidad hablada en esa región. (9)

romance Nombre genérico de las lenguas derivadas del latín. Ver **neolatino**, **románico**. (1)

románico Ver **romance**. (1)

S

semántica Parte de la lingüística dedicada al estudio del significado de las palabras y enunciados. (6, 8)

semicultismo Palabras latinas que entraron al español antiguo, sin pasar por todas las transformaciones sufridas por los vocablos patrimoniales. (8)

sincrónico Relativo a un determinado punto en el tiempo, por lo general el presente. La lingüística sincrónica, o descriptiva, estudia las lenguas sin tener en cuenta el pasaje del tiempo. Ver **diacrónico**. (2, 8)

sintaxis El conjunto de reglas que definen la estructura de un idioma (en este caso, significa lo mismo que **gramática**). A medida que uno adquiere su lengua materna, se va desarrollando intuitivamente una sintaxis, gracias a la cual puede crear **enunciados** y **oraciones** que nunca ha escuchado. (2, 6, 7)

subordinación Proceso sintáctico por el cual una oración es insertada en otra mediante una palabra como la conjunción *que: Ellas quieren que vengamos.* (7)

subordinada Se dice de una oración que no puede venir sola, sino que depende de otra (la *principal,* o *matriz*), en la que viene insertada por una palabra gramatical, v.g., *Quiero* [matriz] *que tú vengas* [subordinada]. (7)

sufijo Un **morfema** que se afija al final de una palabra para formar otra, como *-ico* en *histórico* u *-oso* en *estudioso.* Ver **prefijo, afijo**. (1, 5)

T

timbre Término de fonética referente a las características auditivas de los sonidos, aparte de la altura musical, volumen, y duración; se usa particularmente en referencia a la calidad de los fonos vocálicos. (3)

topónimo Nombre de lugar, e.g. *Guadalajara, Madrid, El Cerrito, Sierra Nevada.* (1, 2)

transformación Una operación formal mediante la cual una estructura se reemplaza por otra. Se puede decir que, formalmente, una oración como *La casa fue comprada por Juana* resulta de la transformación de *Juana compró la casa.* Esta clase de transformación se llama *pasivización.* Nótese que se trata de un artificio analítico; no se supone que en el uso normal del lenguaje la producción de una oración pasiva empiece con una oración activa. (7)

N O T A S

*Entre otras fuentes, se han utilizado en la preparación de este glosario *An Encyclopedic Dictionary of Language and Languages,* de David Crystal (Penguin Books, 1992) y *The Concise Oxford Dictionary of Linguistics,* de Peter Matthews (Oxford University Press, 1997).

ÍNDICE TEMÁTICO

Créditos

Expresamos nuestro agradecimiento por:

El extracto de "El djudeo-español -ainda bivo?", de Moshe Shaul, originalmente publicado en *ABC/Sábado Cultural,* 10/agosto/1985, pág. X.

Los extractos del Génesis 11:9, de la *Biblia Medieval Romanceada Judio-Crisitana*, edición del P. José Llamas, O. S. A. (Madrid 1950, pág. 26) y del *Manual de pronunciación española,* de Tomás Navarro Tomás, 18a. edición, pág. 210.

El extracto de "Noticiero Miler", de *La vida es un special $1.00*75, de Roberto Fernández (Ediciones Universal, Miami, 1981).

Los extractos de "El impacto de la realidad socio-económica en las comunidades hispanoparlantes de los Estados Unidos: Reto a la teoría y metodología lingüística", de Ana Celia Zentella, originalmente publicado en *Spanish in the United States: Sociolinguistic Issues,* organizado por John Bergen (Washington, D.C., 1990, págs. 158 y 163).

Los extractos de *El castellano de España y el castellano de América: Unidad y diferenciación,* de Ángel Rosenblat (págs. 6-8).

Los extractos de *Chicano Discourse. Socio-historic perspectives,* de Rosaura Sánchez (Rowley MA: Newbury House, 1983, págs. 129-130).

Los extractos de la *Gramática de lengua castellana,* de Antonio de Nebrija, edición de Ignacio González-Llubera (Oxford, 1926, págs. 19, 79, 86 y 115).

El extracto en papiamento, del *Diario Araba.*

El extracto de *La carreta,* de René Marqués, Editorial Cultural, Río Piedras PR.

El extracto de *Stéfano,* de Armando Discépolo, de Editorial Jorge Alvarez SA, Buenos Aires, Argentina, 1969.

Ejemplos de jerga hispana, de "Jergas de habla hispana,' en   www.jergasde-hablahispana.org/ejemplos; Autora y webmaster: Roxana Fitch.

"Our Father" in Chabacano. Versión de Bernardino S. Camins, en *Chabacano de Zamboanga Handbook* (1988), www.iespana.es.

Las citas de la *Gramática de la lengua castellana,* de Antonio de Nebrija, edición a cargo de Antonio Quilis, Editora Nacional, Madrid, 1980.

Las citas de *Estudios sobre el español de México,* de Juan M. Lope Blanch, México, d.F., Universidad Nacional Autónoma de México, 1983.

Cita de Juan de Valdés, *Diálogo de la lengua,* edited by Juan M. Lope Blanch, Madrid, Editorial Castalia, 1969.

Fonemas consonánticos del español y sus principales alófonos

Fonemas	Alófonos	Sonoridad	Punto de articulación	Modo de Articulación
/p/	[p]	[–son]	bilabial	oclusivo
/b/	[b]	[+son]	bilabial	oclusivo
	[ß]	[+son]	bilabial	fricativo
/t/	[t]	[–son]	linguodental	oclusivo
/d/	[d]	[+son]	linguodental	oclusivo
	[ð]	[+son]	interdental	fricativo
/k/	[k]	[–son]	dorsovelar	oclusivo
/g/	[g]	[+son]	dorsovelar	oclusivo
	[γ]	[+son]	dorsovelar	fricativo
/f/	[f]	[–son]	labiodental	fricativo
/s/	[s] [1]	[–son]	predorsoalveolar	fricativo
	[z] [1]	[+son]	predorsoalveolar	fricativo
	[h]	[-son]	glótico o faríngeo	fricativo
/θ/ [2]	[θ]	[–son]	interdental	fricativo
/x/	[x]	[–son]	dorsovelar	fricativo
	[ç] [3]	[–son]	dorsopalatal	fricativo
/h/ [4]	[h]	[–son]	glótico o faríngeo	fricativo
/tʃ/	[tʃ]	[–son]	dorsopalatal	africado
	[ʃ]	[-son]	dorsopalatal	fricativo
/l/	[l]	[+son]	dorsoalveolar	lateral
/ʎ/ [5]	[ʎ]	[+son]	dorsopalatal	lateral
/y/	[ŷ] [6]	[+son]	dorsopalatal	africado
	[y] [6]	[+son]	dorsopalatal	fricativo
	[ʒ] [7]	[+son]	dorsopalatal	fricativo
	[ʃ] [7]	[-son]	dorsopalatal	fricativo
/r/	[r]	[+son]	apicoalveolar	vibrante simple
/r̄/	[r̄]	[+son]	apicoalveolar	vibrante múltiple
/m/	[m]	[+son]	bilabial	nasal
/n/	[n] [8]	[+son]	laminoalveolar	nasal
/ñ/	[ñ]	[+son]	dorsopalatal	nasal
/w/	[w]	[+son]	bilabio-velar	fricativo

[1] En la variedad castellana hay las fricativas apicoalveolares [ś] y [ź].
[2] /θ/ ocurre en la variedad castellana y es reemplazado por /s/ en las demás variedades.
[3] El alófono palatal [ç] sólo ocurre en algunas regiones, como en Chile.
[4] El fonema glótico o faríngeo /h/ corresponde al fonema fricativo velar /x/ en ciertas regiones, como el Caribe.
[5] /ʎ/ ocurre en la variedad castellana y en algunas regiones de Hispanoamérica.